BIBLIOGRAPHIE

PARISIENNE

IL A ÉTÉ TIRÉ DE CET OUVRAGE

500 exemplaires numérotés sur papier vélin.

N°

ÉVREUX, IMPRIMERIE DE CHARLES HÉRISSEY.

BIBLIOGRAPHIE
PARISIENNE

TABLEAUX DE MŒURS

(1600-1880)

Par Paul LACOMBE, Parisien

AVEC UNE PRÉFACE

PAR M. JULES COUSIN

Conservateur de la Bibliothèque et du Musée historique
de la ville de Paris.

PARIS

CHEZ P. ROUQUETTE, LIBRAIRE

71, PASSAGE CHOISEUL, 71

1887

A Monsieur JULES COUSIN,

Conservateur de la Bibliothèque et du Musée historique
de la ville de Paris.

_____

Mon cher ami,

Vous voulez bien me servir de parrain. Vous voulez bien patronner un travail que je n'aurais jamais osé entreprendre sans vos précieux encouragements et que je ne saurais poursuivre sans vos excellents conseils.

Permettez-moi de vous remercier très sincèrement de votre bienveillance.

PAUL LACOMBE.

PRÉFACE

La bibliographie générale de Paris est à peu près impossible à faire. Beaucoup y ont songé et plusieurs l'ont entreprise — car il est peu de sujets plus intéressants pour toutes les classes de lecteurs et d'observateurs. — Mais, dès le début, pour le simple établissement du plan, surgissent des difficultés, des hésitations telles que les plus ardents se découragent ou se perdent dans les méandres de l'inextricable labyrinthe. Les plus savants, ceux qui connaissent le mieux la matière, qui en comprennent plus clairement l'ampleur et la diversité, sont précisément les plus timides. Ils n'osent même pas aborder un travail dans lequel de plus inexpérimentés s'engagent témérairement sans pouvoir ensuite en sortir à leur honneur, ne se rendant compte de l'immensité de la tâche qu'à mesure que leurs études nouvelles leur en révèlent l'étendue. Ils bâclent alors ou coupent court ; à moins qu'ils ne meurent inédits sur le monceau de fiches péniblement amassées à travers les catalogues de bibliothèques, de libraires et de ventes publiques ; sources dangereuses, pleines d'indications erronées, exagérées ou incomplètes suivant la vulgaire inspiration des intérêts mercantiles.

C'est que, pour dresser une bonne bibliographie, il faut connaître, il faut voir, il faut feuilleter tous les livres dont on parle, en saisir l'esprit en même temps qu'on en décrit la forme et qu'on en relève le titre exact, en révéler les auteurs anonymes, en distinguer les éditions souvent déguisées ; enfin percer à jour les ruses et les subtilités que des gens de lettres nés malins ont inventées pour garantir leur repos et leur liberté, ou que les libraires ont imaginées pour sauvegarder leurs bénéfices.

Et quand il s'agit d'une capitale comme Paris, théâtre de l'histoire de France depuis dix siècles, songez à quelle infinie variété de publications on a affaire : Histoire proprement dite, mœurs, institutions, documents politiques administratifs et judiciaires de tout genre...... La liste s'allonge, le livre grossit ; auteur et éditeur s'arrêtent effrayés avant d'avoir posé la première pierre de cette tour de Babel. Voila pourquoi M. Paul Lacombe, parisien — il s'en vante — et parisien très au courant des antiquités et *modernités* de sa bonne ville, s'est résolu à ne donner que par sections choisies en raison de leur plus grand intérêt d'utilité ou de curiosité, la bibliographie analytique et raisonnée des ouvrages relatifs à l'histoire de Paris. Hier, c'était les ouvrages, brochures et pièces relatives à l'histoire religieuse pendant la Révolution ; demain, ce sera la topographie générale et particulière, les guides-cicerone ; aujourd'hui, c'est la bibliographie spéciale des tableaux de mœurs.

Faisant ainsi, M. Paul Lacombe papillonne nécessairement dans notre jardin de Carnavalet, créé d'ailleurs et cultivé exprès pour cela ; et c'est pourquoi cet érudit consciencieux, doublé de l'homme le plus délicat, tient à ce que je sois le parrain de son livre, à ce que je le présente au public par cette Préface que je vais tâcher de rendre un peu moins inutile que les autres, en y exposant le plan général de la bibliothèque spécialement consacrée à l'histoire de Paris, que nous reconstituons depuis quinze ans à l'hôtel Carnavalet.

A la suite du désastre qui anéantit en 1871, à l'Hôtel de ville, l'ancienne bibliothèque de la ville de Paris, riche de plus de cent mille volumes, je fus chargé d'en former une nouvelle, réduite à la spécialité *parisienne* rigoureuse, mais assez largement comprise pour offrir aux travailleurs non pas un simple

cabinet de lecture, mais un laboratoire, un arsenal bien fourni
pour écrire et perfectionner l'histoire de Paris. Ainsi que je
l'exposai plus tard à M. Hérold, préfet de la Seine, et *parisien*
(dualité rare), à qui revient en partie l'honneur de cette création,
on ne pouvait comprendre l'histoire de Paris comme celle de
toute autre grande ville de France. Ce ne pouvait être une chronique de clocher, une monographie de pays. Là où bat le cœur de
la France, où bouillonne son cerveau, où rayonne son génie,
l'histoire locale prend nécessairement de vastes proportions et
les fastes de notre histoire littéraire, scientifique, théâtrale, etc.,
ne peuvent être séparés des glorieuses annales de la cité. Tout ce
qui a joué un rôle dans l'histoire de France a vécu à Paris ; il n'est
pas une pierre de la noble ville sur laquelle on ne puisse inscrire un nom illustre, et presque tous les mémoires des cinq
derniers siècles ne sont que la chronique vécue de la société
parisienne ; la cour et la ville, comme on disait jadis. Il fallait
donc résolument élargir le cadre en conséquence, faire la bibliothèque de Paris-Capitale, constituer un fond qui permît d'étudier sous toutes ses faces ce merveilleux modèle ondoyant et
divers, assemblage de toutes les grandeurs et de toutes les
faiblesses, de toutes les vertus et de tous les vices, de toutes les
splendeurs et de toutes les hideurs ; mais qui est ainsi, et que
l'on doit pouvoir peindre tel, sous peine de ne le pouvoir peindre
ressemblant. Graves magistrats ou folles courtisanes, profonds
politiques, où petits-maîtres éventés, le théâtre à côté de l'hôpital, la mode à côté de l'échafaud, on devait trouver et, en
effet, on trouve tout cela dans cette vaste usine de documents
parisiens dédiée non seulement aux savants érudits, mais à tous
les curieux, et surtout à ceux qui ont charge d'instruire les
autres, aux journalistes obligés d'improviser sur le thème mouvant de l'actualité, d'enseigner aujourd'hui ce qu'ils ignoraient
complètement hier, ce qu'ils auront oublié demain.

A cet effet, nous avons dressé un catalogue méthodique, aussi
clair et aussi pratique que possible, qui comprend déjà environ
vingt-cinq mille numéros et qui est appelé à devenir, quand
nous le publierons, le jugeant assez complet, la véritable biblio-

graphie générale de Paris. En voici la distribution. Ce sont les séries 74, 75 et 76 que M. Paul Lacombe a développées ici en les commentant avec la science et la finesse qui le caractérisent et en les complétant par de nombreuses additions empruntées à la Bibliothèque nationale, à sa riche bibliothèque personnelle et à nos autres séries de mœurs spéciales :

BIBLIOGRAPHIE GÉNÉRALE DE PARIS

DIVISIONS DU CATALOGUE
DE LA BIBLIOTHÈQUE PUBLIQUE DE LA VILLE
(BIBLIOTHÈQUE CARNAVALET)

J'ai dit que ce livre correspondait aux séries 74, 75 et 76 du tableau ci-dessus, augmentées de larges additions empruntées aux séries de mœurs spéciales 81 à 85, 102 à 105. Par suite de scrupules légitimes ou tout au moins excusables, M. Paul Lacombe s'est montré très sobre sur le chapitre de la galanterie, si important dans l'histoire des mœurs de la *moderne Babylone*. Beaucoup d'articles manquent, qu'on eût été curieux d'y trouver et dont il eût été facile de faire passer les titres, voilés de quelques points pudibonds ; mais le commentaire pouvait prêter au scandale et l'absolue répugnance de l'auteur a fait faux bond aux exigences du lecteur. Nous n'avons le courage ni de l'en blâmer, ni de l'en féliciter, et c'est sur ce point seulement que l'on trouvera son travail incomplet. On y peut suppléer du reste, à l'aide de la Bibliographie érotique du Cte d'I.

Ce que les raffinés constateront au contraire avec une entière satisfaction, c'est le soin minutieux avec lequel M. Paul Lacombe a relevé ses indications bibliographiques, impeccables, toutes *de visu*, et la précision, l'intérêt des analyses qui rendent la lecture de cette bibliographie — matière assez sèche d'ordinaire — aussi attrayante qu'instructive. On ouvre le volume pour chercher un renseignement et on s'oublie à bouquiner avec l'auteur qui parcourt les livres et vous les résume en quelques mots, exposant la table des matières, mettant le doigt juste aux bons endroits, vous signalant le détail piquant, le fait peu connu avec une parfaite connaissance, bien rare par l'érudition de pacotille qui court. Cette même qualité de savoir et de finesse se retrouve dans la recherche des anonymes et pseudonymes. Certes, sous ce rapport, M. Paul Lacombe doit beaucoup à Barbier et à Quérard — c'est lui-même qui, par un sentiment d'excessive délicatesse, m'a prié de le constater ; — mais il a fait, de son côté, des découvertes d'une ingéniosité rare qui le placent, dès à présent, à côté de ces deux illustres devanciers.

A de très rares exceptions près, motivées par la valeur documentaire de l'ouvrage cité, l'auteur a négligé, de parti pris, les romans et les pièces de théâtre, qui auraient pris trop de place, sans utilité pour les recherches et même au détriment des recherches auxquelles les œuvres de pure imagination apportent rarement un appoint sérieux. Il a négligé aussi ces innombrables pièces et factums judiciaires, édits, arrêts, etc., souvent curieux au point de vue des mœurs, mais d'un caractère tout spécial, et dont les intitulés filandreux sont parfois aussi longs que le texte même de la pièce.

A côté des souvenirs et impressions de voyageurs étrangers, il aurait pu classer, dans cette série, les souvenirs et impressions des mémorialistes contemporains, c'est-à-dire les mémoires intimes qui peignent, souvent mieux que les observations des moralistes, la vie et les mœurs d'une époque ; mais, comme nous l'avons fait dans notre catalogue, il a réservé ces mémoires personnels, ainsi que les épistolaires et les chroniques journalières, pour la série de l'*Histoire successive des événements* dont les mémoires particuliers sont le principal répertoire ; tandis que les observations de voyageurs portent, en général, bien moins sur les faits historiques que sur les mœurs, les coutumes et les plaisirs de la ville qu'ils traversent en curieux.

On pourra regretter dans cette excellente bibliographie le mélange un peu brusque des sujets ; sans doute quelques cahots surprennent et étonnent l'esprit, ainsi l'*Itinerarium Galliæ* de *Jodocus Sincerus* se présente entre les *Cartels de deux Gascons* et *Les Tragiques* d'Agrippa d'Aubigné.

Mais il fallait choisir entre l'ordre chronologique absolu qui offre toujours une relation appréciable entre les ouvrages cités, et l'ordre de matière, d'autant plus difficile à établir que fort peu de ces ouvrages sont rigoureusement spéciaux, la plupart peignant les mœurs de leur époque en général ou des traits de mœurs multiples. On eût été obligé de descendre et remonter dix fois peut-être du xviie au xixe siècle, ce qui eut apporté dans l'ouvrage une bien autre perturbation. — D'ailleurs, une table alphabétique des auteurs et des titres des ouvrages anonymes remédie en partie à cet inconvénient inévitable.

Pour la plus grande facilité des constatations et des recherches, l'auteur a pris soin d'indiquer à la suite de chaque article le numéro sous lequel il se trouve conservé à la Bibliothèque nationale ou à la Bibliothèque Carnavalet. On pourra ainsi se faire présenter l'ouvrage sans hésitation et sans perte de temps. Il va sans dire que ces indications toujours exactes ne sont pas toujours absolues et que, pour les ouvrages peu rares, la mention d'une seule des deux bibliothèques ne veut pas dire que l'autre ne les possède pas.

Il convient d'ajouter un mot sur les essais de bibliographie de l'histoire de Paris qui ont précédé celui-ci. Il n'y a guère que deux publications spéciales, formant corps d'ouvrage.

La Bibliographie historique et topographique de la ville de Paris, de Girault de Saint-Fargeau (*Paris*, 1847, *brochure de 47 pages*, *in*-8) n'est qu'un tirage à part extrait de la Bibliographie historique et topographique de la France du même auteur, laquelle n'est elle-même que la réunion des petites notices bibliographiques excessivement sommaires dispersées dans son Dictionnaire des communes de France.

Ce qu'on peut dire de mieux de cette bibliographie, c'est qu'elle n'existe pas.

Il fallait l'inventer, et M. l'abbé Dufour s'en est chargé. Au prix de laborieux efforts et de sacrifices personnels dont il nous a fait confidence dans sa préface, il a mis en lumière la première bibliographie de Paris, fort incomplète encore et un peu nébuleuse ; mais il a fait preuve de savoir et de bon vouloir, et il peut dire au public qui attend toujours la bibliographie de ses rêves :

> ...Si de t'agréer, je n'emporte le prix,
> J'aurai du moins l'honneur de l'avoir entrepris.

Pendant ce temps-là, un autre travaillait de son côté, et travaillait ferme, en bon retraité qui ne sait plus que faire de ses

journées et de ses soirées. Ce n'était pas un profane en la matière.
M. Charles Brunet, ancien chef de bureau au ministère de l'Intérieur, s'est fait connaître (ou plutôt reconnaître, — car on se
perd un peu parmi les trois Brunet bibliographes) par d'excellents
travaux sur Marat et le Père-Duchène. Il avait formé la collection la plus complète du journal d'Hébert — collection que
nous avons payée près de trois mille francs à sa vente; mais il
était fort peu au courant de l'histoire de Paris et quand il vint
chez nous, ayant déjà levé trois ou quatre mètres, en épaisseur,
de fiches sur papier mince, opérant au hasard, au courant de la
plume, à travers les catalogues de bibliothèques et les catalogues
de vente, je pus me convaincre qu'il n'avait vu et tenu aucun
des ouvrages cités. Nous avions entrepris ensemble la révision
et le classement de ses fiches, quand il mourut, laissant le travail à peine ébauché. Au pis aller, ces fiches pourront être
conservées parmi les manuscrits de la bibliothèque de la ville.
Ni M. l'abbé Dufour, ni M. Paul Lacombe ne s'en sont servis.
Elles m'ont été confiées pour examen et révision par un éditeur, mort depuis, qui avait eu quelque velléité de les publier.

A l'exception du travail de M. l'abbé Valentin Dufour, il n'existait donc pas encore de bibliographie parisienne. Mais, à défaut
d'ouvrages spéciaux, nous avons d'excellents chapitres relatifs
à la bibliographie de Paris, dans la *Bibliothèque historique* du
Père Lelong, dans le catalogue de la Bibliothèque nationale et
même dans le *Manuel de Bibliographie universelle* (1857, *gr.
in-8*), de MM. Denis et Pinçon.

Il ne faut pas oublier non plus quelques catalogues de bibliothèques d'amateurs plus ou moins gâtés malheureusement dans
l'intérêt de la vente. Je citerai seulement les principaux, ceux
où l'on peut trouver l'indication de documents vraiment rares et
même disparus depuis :

Catalogue Paul Lacroix, 1839. — Faucheux, 1853. — Leroux
de Lincy, 1855. — M. de N*** (Paul Lacroix), 1856. — Général
Rebillot, 1856. — Lassus, 1858. — Gilbert, 1858. — Victor
Foucher, 1866. — Ruggieri, 1873 (pour les fêtes publiques). —
Bigillion, 1878. — Bonnardot, 1886, etc.

Mais tout cela est loin de constituer une bibliographie générale et raisonnée de Paris, telle que nous la comprenons, telle que nous la fait espérer et entrevoir l'auteur du présent livre. M. Paul Lacombe est jeune, laborieux, plein d'ardeur et d'expérience, c'est-à-dire dans les meilleures conditions pour mener l'œuvre à bonne fin. Nous le félicitons sincèrement, nous tous qui nous intéressons à l'histoire de Paris, de ces premiers essais qui promettent et qui tiennent, et nous lui crions comme le vieillard de Molière : « Courage, confrère, voilà de la bonne bibliographie ! »

« Science et conscience », telle paraît être sa devise. Plus heureux que ses devanciers, il a trouvé un éditeur hardi et intelligent qui n'hésite pas à affronter les chances d'un succès d'estime pour une publication sérieuse exigeant une assez forte mise de fonds ; il en sera récompensé, j'en suis sûr, par un honnête succès d'argent ; car les études bibliographiques de M. Paul Lacombe sont amusantes autant qu'utiles.

> *Omne tulit punctum... et cœtera.* J'espère
> Que vous m'épargnerez de vous parler latin.

JULES COUSIN.

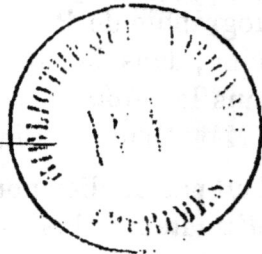

BIBLIOGRAPHIE

PARISIENNE

1. — Thomas Coryate. Voyage à Paris (1608) traduit et annoté par Robert de Lasteyrie. — *Paris, (Nogent-le-Rotrou, imp. Daupeley-Gouverneur,)* 1880, *in*-8, 34 *p.* [Carn., 14830 *.]

Tirage à part des « Mémoires de la Société de l'histoire de Paris et de l'Ile-de-France » (1879), tome VI (Paris, Champion, 1880, in-8), p. 24-53.

Les extraits traduits et annotés par M. de Lasteyrie comprennent tout ce que Coryate a écrit sur Paris et ses environs dans un ouvrage dont le titre est aussi long que bizarre. Il est ainsi conçu : « Coryat's crudities, hastily gobled up in five moneths travells in France, Savoy, Italy, Rhetia commonly called the Grisons country. Helvetia alias Switzerland, some parts of high Germany and the Netherlands; newly digested in the hungry aire of Odcombe in yᵉ County of Somerset, and now dispersed to the nourishment of the travelling members of this Kingdome ». Le volume de Coryate a d'abord été imprimé à Londres en 1611 ; une nouvelle édition fut faite dans la même ville en 1776. C'est de cette dernière que s'est servi le traducteur.

Les observations du voyageur sont très intéressantes, mais malheureusement très brèves. Il faut signaler ses remarques sur la procession de la Fête-Dieu à laquelle il assista à Notre-Dame, remarques dans lesquelles, en protestant convaincu et fanatique, il ne ménage pas son mépris pour les catholiques.

On trouve un article sur Coryate dans le tome IV de la « Retrospective Review ».

2. — Les Ballieux des ordures du monde. Nouvellement imprimé pour la première impression, par le commandement de nostre puissant l'économe. — *A Rouen, chez Abraham Cousturier, S. D.* (16..), *in*-8, 16 *p.* [Bibl. nat., Y.]

Curieuse satire en vers octosyllabiques. Je n'en connais point l'auteur et ne puis même pas préciser d'une façon exacte la date de sa publication. On peut supposer que cette pièce a été écrite dans les dernières années du xvıᵉ siècle, ou dans les premières du xvııᵉ, vers la fin du règne de Henri IV. Le style est d'une crudité de haute saveur qui exclut toute possibilité d'une citation de quelque étendue. L'auteur appelle un chat un chat...; à bon entendeur... suffit.

Il existe une seconde édition des « Ballieux des ordures du monde ». (S. L., 1628, in-8, 16 p.), elle comporte quelques variantes.

La première édition, celle de Rouen, a été réimprimée textuellement par les soins de M. P.-A. Gratet-Duplessis, à 32 exemplaires, dont 8 sur papier de Hollande (Chartres, imp. de Garnier fils, 1833, in-8, 16 p.). Cette réimpression est rare, mais se trouve à la Bibliothèque nationale (Y, Réserve), ainsi que l'édition de 1628 (ibid.). Cf. l'article suivant.

3. — Le Donnez-vous garde du temps qui court. — *S. L. N. D.* (16..), *petit in*-8, 15 *p.* [Bibl. nat., Y.]

Même pièce que la précédente à quelques différences près.

4. — Discours sur l'apparition et faits prétendus de l'effroyable tasteur, dédié à mesdames les poissonnières, harangères, fruitières et autres, qui se lèvent du matin d'auprès de leurs maris. Par ANGOULEVENT. — *Paris pour Nicolas Martinaut, demeurant rue de la Harpe, au Mouton Rouge, 1613, in-12, 1 f. de tit. et 10 p.* [Carn., 15792 *, tom. 1.]

Cette facétie assez curieuse contient de nombreux passages intéressants pour l'histoire des mœurs.

Edouard Fournier l'a réimprimée dans ses « Variétés historiques et littéraires » (1855, in-16, t. 11, p. 37) [Carnavalet 12,004*, 11] avec des notes assez curieuses. « Il est très vrai dit-il, dans l'une d'elles, qu'au commencement de cette année 1613, on fit grand bruit à Paris de l'apparition d'une espèce de moine bourru, qu'on appelait le *Tasteur*, à cause de ses habitudes plus que galantes et dont les femmes avaient la plus grande peur. Malherbe en parle à Peiresc dans sa lettre du 8 janvier 1613... »

Voyez la « Bibliographie » de M. l'abbé Dufour (1882, in-8. p. 19), où se trouvent quelques indications sommaires sur Angoulevent; voyez aussi les *Supercheries* de Quérard. Cf. ci-dessous le nº 5.

5. — Le Tondeux qui court en certains quartiers de la France, et pourquoi il tient la campagne. — *S. L., 1615, pet. in-8. 1 f. de tit. et 14 p.* [Bib. nat., Li³ 1.]

Pièce rare, mais d'un intérêt secondaire. « Le Tondeux » un voleur de profession; le récit de ses exploits contient de nombreux traits de mœurs relatifs aux différentes classes de la société. Il y est question du « Tasteux de deux ou trois ans il y a. » (Voyez ci-dessus le nº 4.)

6. — Harangue du sieur MISTANGUET, parent de Bruscambille, pour la défense des droits du Mardi-Gras, aux députés du pays des Morfante, en faveur des bons compagnons.—*Paris, 1615, petit in-8, 21 p.* [Bibl. nat., Li³ 242.]

Facétie à l'occasion du carnaval.

7. — Cartels de deux Gascons et leurs rodomontades, avec la dissection de leur humeur espagnole. — *S. L., 1615, pet. in-8, 16 p.* [Carn., 11939 *.] [Bibl. nat., Y² 98 Rés.]

La dédicace est signée : I. L. B. — Cette facétie assez curieuse donne quelques détails sur la manière de vivre des Gascons à Paris. Elle a été réimprimée dans les « Variétés historiques et littéraires » de Fournier (1855), t. II, p. 315.

8. — JODOCI SINCERI Itinerarium Galliæ, ita accomodatum, ut ejus ductu mediocri tempore tota Gallia obiri, Anglia et Belgium adiri possint; nec bis terve ad eadem loca rediri oporteat : notatis cujusque loci, quas vocant, deliciis. Cum appendice de Burdigala. — *Lugduni, apud Jacobum Du Creux, alias Molliard, 1616, in-16.* [Bibl. nat., L²⁵ 4.]

Jodocus Sincerus est le nom latin de J. ZINZERLING. Cet ouvrage a été traduit en français; voyez le nº suivant. Dans cette édition, qui me semble être l'édition originale, ce qui se rapporte à Paris se trouve aux pages 31 et 323-350. Il y a une autre édition, *Genève, P. Chouët*, 1627, in-12. [Bib. nat., L²⁵ 4 A.]. M. Thalès Bernard (V. ci-dessous) en cite une d'*Amsterdam, J. Janson*, 1649, sans en indiquer le format; je ne l'ai pas vue, mais j'en ai noté une autre, d'après un catalogue, *Amsterdam, Janson*, 1655, pet. in-12, avec frontisp. et plans gravés ; au nombre de ces derniers, se trouve un plan de Paris.

Malgré ces différentes réimpressions, cet ouvrage est devenu rare.

9. — Voyage dans la vieille France avec une Excursion en Angleterre, en Belgique, en Hollande, en Suisse et en Savoie, par JODOCUS SINCERUS, écrivain allemand du xviiᵉ siècle. Traduit du latin par THALÈS BERNARD... Ouvrage publié dans « La France littéraire de Lyon ». — *Paris, Dentu, Vanier ; Lyon, Librairie Nouvelle, Meton, 1859, in-12, 2 f. et 359 p.* [Bibl. nat., L²⁹ 77.]

Traduction de l'ouvrage précédent.

Voyage en France de 1612 à 1615, écrit en latin par un auteur qui se nommait en Allemand J. ZINZERLING. Quoique son ouvrage soit surtout rédigé d'après ce qu'il a vu, il s'est beaucoup servi cependant d'auteurs contemporains, tels que Merula, Pasquier, Corrozet, et autres. Ce qui se rapporte à Paris se trouve, dans cette traduction, aux pages 51 et 279-299. — Cf. Babeau, « Les Voyageurs en France », p. 75.

10. — AGRIPPA D'AUBIGNÉ. Les Tragiques. Edition nouvelle publiée d'après le manuscrit conservé parmi les papiers de l'auteur; avec des additions et des notes par M. CHARLES READ. — *Paris, Librairie des Bibliophiles*, 1872, in-8, XLVII-360 p. [Carn., 2833.]

Célèbre pamphlet contre la cour de Henri III. La première édition parut en 1616; celle-ci est la plus récente. Cet ouvrage, qui avait déjà été réimprimé en 1857, dans la *Bibliothèque Elzévirienne*, avec des notes de M. Ludovic Lalanne [Carnavalet 2832], fournira beaucoup des traits

de mœurs au lecteur assez courageux pour aller
les y chercher, mais trouverait peut-être mieux
sa place dans la série des écrits politiques.

11. — JOANNIS SECUNDI, Hagensis
Batavi, Itineraria tria : Belgicum,
Gallicum, et Hispanicum ; edente
nunc primum DANIELE HEINSIO. —
Leydæ, ex officina Jacobi Marci, 1618,
pet. in-8, 4 f. et 71 p. [Bibl. nat., G.]

Cet ouvrage est écrit en prose mêlée de vers
et dans un latin très obscur. Je n'ai tenu à le
signaler ici que pour ne pas être accusé de l'a-
voir omis. Cela me donne aussi l'occasion de
dire qu'il est tout à fait insignifiant et que le
chercheur perdra ses peines à le parcourir.
Au reste, ce voyage se trouve classé ici à sa
date de publication, mais sa composition est de
près d'un siècle plus ancienne, puisque JEAN
EVERAERTS, ou EVERTS, dit JEAN SECOND, né à
La Haye en 1511, est mort en 1536. Cet itinéraire
se trouvait donc en dehors du cadre chronologique de mon travail.

12. — Les Ruses et finesses des
courtisanes. — *Paris, I. Mesnier*,
1618, *in-16*. [Bibl. nat., Li⁵ 70. Rés.]

Cette pièce est la même que la suivante.

13. — La Découverte du style
impudique des courtisanes de Nor-
mandie, envoyé pour étrennes à
celles de Paris. De l'invention d'une
courtisane anglaise.—*Paris, Alexandre*, 1618, *in-8*. [Bibl. nat., Li⁵ 71.
Rés.]

Même pièce que la précédente. Elle a été réimprimée par Ed. Fournier dans ses « Variétés
hist. et litt. » (1855), tome I, p. 333. Elle se
trouve aussi dans le Recueil Caron, t. II.

14. — Le Tocsin des filles d'amour.
— *A Paris, chez Joseph Bouillerot,
rue de la Calandre, près le Palais*, 1618,
in-8. [Bibl. nat., Li⁵ 69. Rés.]

Signé : TURLUPIN ; PIERRE DUPUIS. Cette pièce
a été réimprimée, avec des notes curieuses par
Ed. Fournier, dans ses « Variétés hist. et litt. »
(1855), tome II, p. 265.

15. — La Mine éventée des dames
de courtoisie de Paris, avec la résolution prise en leur assemblée générale ;
avec la suite du pot aux roses, dé-
couvert par les filles d'Amour. — *A
Paris, chez la veuve Jean du Carroy,
rue des Carmes, à la Trinité*, 1619,
petit in-8, 14 p. [Carn., 15792*, t. II.]

16. — Les Regrets des filles de joie
de Paris, sur le sujet de leur bannis-
sement. — *Paris, chez la veuve Jean*

*du Carroy, rue des Carmes, à la Tri-
nité, S. D.* (1620), *pet. in-8.* [Bibl.
nat., Li⁵ 72. Rés.]

Cette pièce a été réimprimée par Ed. Fournier
dans ses «Variétés hist. et littér. » (1855), t. III,
p. 77.

17. — La Repentie de la cour. —
Petit in-8. 16 pages. [Bibl. nat., Li³ 2.]

Satire contre les dames de la cour. — Dans
l'exemplaire de la Bibliothèque nationale [Li³2].
le titre manque ; l'intitulé ci-dessus se lit à la
page 3. — Cette pièce semble dater du commencement du xviiᵉ siècle (vers 1620 ?).

18. — Des Durchlauchtigen Hoch-
gebornen Fürsten und Herrn, Herrn
Johann Ernsten des Jüngern, Hertzo-
gen zu Sachsen, Jülich, Cleve und
Berg, Landgrafen in Düringen, Marg-
grafen zu Meissen, Grafen zu der
Margk und Ravenspurg, Herrn zu
Ravenstein, Reise in Franckreich,
Engelland und Niederland. Beschrie-
ben durch Herrn JOHAN WILHELM NEU-
MAYR von Ramssla, doselbsten Erb-
gesessen. — *Leipzig, bey Henning
Grossen dem Jüngern, im Jahr* 1620,
in-4. Front. grav. et une pl. [Bibl.
nat., L²⁹ 57.] [Carn. 12479 (in-8.)]

« Voyage du très gracieux seigneur Jean
Ernest le jeune, duc de Saxe, Juliers, Clèves et
Berg, etc., en France, en Angleterre et
dans les Pays-Bas. Décrit par le sieur Jean
GUILL. NEUMAYR de Ramssla... »
La description de Paris occupe les pages 90 à
129. L'auteur parle, d'une manière assez som-
maire, de l'Université, des églises, du Châtelet,
des divers quartiers de la ville, des Tuileries.
Les pages 130 à 153 sont consacrées aux envi-
rons de Paris : Saint-Denis, Saint-Germain,
Saint-Cloud, Fontainebleau, etc.

19. — La Pourmenade du Pré aux
Clercs. (28 juin.) — *S. L.*, 1622, *in-8,
32 p.* [Bibl. nat., Lb³⁶ 1994] [Carn.,
11891*.]

Pamphlet contre les mœurs des Parisiens de
toutes classes ; traits violents contre les ecclésiastiques, les gens de robe, les mouchards, les
écoliers et les médecins. Curieux détails sur
l'observation du repos dominical (p. 18). — Il
y a deux éditions de cette pièce ; elles n'offrent
entre elles aucune différence. Cf. l'article suivant.

20. — Le Satyrique renversé ou
l'anti-pourmenade du Pré aux Clercs.
— *S. L.*, 1622, *in-8. 14 p. et 1 f. non
chif.* [Bibl. nat., Lb³⁶ 1995.] [Carn.,
11891*.]

Réponse à la pièce précédente.

21. — La Chasse au viel grognard de l'antiquité. — *S. L.*, 1622, *pet. in-8*, 32 *p.* [Bibl. nat., Lb³⁶ 2063.]

Apologie du temps présent contre ceux qui regrettent les mœurs du temps passé, et comparaison des anciens usages de Paris avec les nouveaux. — Pièce rare et curieuse qui a été réimprimée avec des notes intéressantes dans les « Variétés historiques et littéraires » (Jannet, 1855), par Edouard Fournier, t. III, p. 27. On les trouve aussi dans les « Archives curieuses de l'histoire de France » publiées par Cimber et Danjou (1834), 2ᵉ série, t. II, *in fine*.

22. — Les Grands Jours tenus à Paris par M. Muet, lieutenant du petit criminel. — *S. L.*, 1622, *pet. in-8*, 32 *p.* [Carn., 2834.]

Réimprimé par Edouard Fournier dans les « Variétés historiques et littéraires » (1855), t. I, p. 193, avec d'excellentes notes. Signalons particulièrement la première de ces notes, trop longue pour être reproduite ici, dans laquelle le savant éditeur nous avertit que M. Leber possédait deux exemplaires de cette pièce qui, selon lui (et son éloge n'est pas exagéré), « est une critique enjouée et fort piquante du barreau, des mœurs et de diverses personnes ». M. Fournier a signalé plusieurs réponses et imitations auxquelles donna lieu la publication des « Grands jours... » ; pour une de ces imitations, voy. ci-dessous le n° 24.

23. — La Vraie Histoire comique de Francion, composée par CHARLES SOREL, sieur de Souvigny. Nouvelle édition avec avant-propos et note par EMILE COLOMBEY. — *Paris, A. Delahays*, 1858, *in-12.* 2 *f. de tit. et* 539 *p.* 1 *fig.* [Carn., 5445.]

La première édition est de 1622. Ce roman peut être considéré comme le plus ancien roman de mœurs français. Il nous présente un vivant tableau de la société parisienne au commencement du XVIIᵉ siècle, avec les détails les plus intéressants sur les personnages des différents degrés de l'échelle sociale. C'est un excellent document pour l'histoire des mœurs et des ridicules de l'époque. Courtisans, filles publiques, gens de lettres, pédants, filous, gens de loi, etc., défilent sous les yeux du lecteur.

Les anciennes éditions ont été très nombreuses ; il faut lire à ce sujet l'excellente notice de M. EMILE COLOMBEY (de son vrai nom EMILE LAURENT) placée en tête de cette réimpression. Voyez aussi Brunet, « Manuel », III, 1931, et surtout Quérard. « Supercheries », II, 1208, qui discute l'attribution à un sieur NICOLAS DE MOULINET, nom sous lequel l'ouvrage avait originairement paru.

Quérard a donné au même endroit l'indication de nombreuses études à consulter sur le roman de Sorel.

24. — Les Estats tenus à la Grenouillière les 15, 16, 17 et 18 du présent mois de juin, mil six cens vingt trois. Avec la Résolution et Closture desdits Estats. — *S. L.*, 1623, *pet. in-8*, 32 *p.* [Carn., 2835.]

Pièce curieuse dans le même genre que celle citée sous le n° 22. Je ne crois pas qu'il en ait été fait de réimpression.

Nombreux sont les plaignants aux « Etats de la Grenouillère » : on y voit défiler les « pauvres prêtres étudiants », la noblesse, les bourgeois, les pâtissiers, les boulangers, le capitaine des gueux, etc. Les harangues de tout ce monde sont assez amusantes, ainsi que la réponse que le président adresse à chacun. — Cette pièce touche aussi à l'histoire de l'hôtel et du parc de la reine Marguerite.

25. — Almanach pour le temps passé, contenant les mutations de l'air, et partie des affaires du monde ; composé et calculé par M. JEAN GUÉRIN, parisien, ci-devant président de la justice établie en la cuisine de la Royne Marguerite, et à présent professeur ès-sciences passées, et néanmoins cachées à faute d'être divulguées. — *S. L.*, 1623, *pet. in-8*, 27 *p.* [Carn., 2836.]

Pièce satirique assez curieuse.

26. — L'Infortune des filles de joie. — *S. L.*, 1624, *pet. in-8*, 58 *p.* [Carnavalet 18358.]

Par ADRIEN DE MONTLUC, comte DE CRAMAIL. Portrait peu flatté des courtisanes de l'époque et tableau repoussant du genre de vie auquel elles étaient condamnées. Cet opuscule a été réimprimé par Gay (*Paris*, 1863, in-12, 51 p.) à 100 exemplaires. [Carnavalet 3777.]

27. — Ballet nouvellement dansé à Fontainebleau par les dames d'amour ; ensemble leurs complaintes adressées aux courtisans de Vénus, à Paris. — *Paris*, 1625, *in-8*. [Bibl. nat., Li⁵ 80 Rés.]

Cette pièce, qui fut publiée à l'occasion d'un séjour de la cour à Fontainebleau, et des mesures prises par Louis XIII pour réprimer les scandales et la débauche, a été réimprimée par Ed. Fournier, avec des notes, dans ses « Variétés historiques et littéraires » (1856), t. V, p. 321.

J'aurais pu augmenter d'une façon très notable l'énumération des pièces volantes, factums, etc., analogues à celles-ci ou à celles que j'ai citées depuis le commencement de mon travail. J'ai pensé que c'était le grossir inutilement et qu'il était suffisant d'en citer les plus importantes et les plus curieuses. Il en existe pourtant un grand nombre d'autres. Voyez le « Catalogue de l'histoire de France » (Bibliothèque nationale), t. VII, p. 665, et *passim*, ainsi que les « Variétés » de Fournier auxquelles j'ai déjà renvoyé plusieurs fois.

28. — Recueil général des caquets de l'accouchée, ou Discours facétieux, où se voit (*sic*) les mœurs, actions et façons de faire des grands et petits de ce siècle. Le tout discouru par Dames, Demoiselles, Bourgeoises et autres ; et mis par ordre en VIII après-dinées, qu'elles ont fait leurs assemblées, par un secrétaire qui a le tout ouï et écrit. Avec un discours du relèvement de l'accouchée. — *Imprimé au temps de ne se plus fâcher*, 1624, in-12, 3 *f. et* 198 *p.* [Carn., 12739.]

Cet ouvrage est une satire des plus remarquables du dix-septième siècle. Il a été publié pour la première fois en 1622 par petits cahiers de quelques feuillets, puis en 1623, sous forme de recueil, avec un titre identique à celui donné ci-dessus. Sans parler des différentes éditions qu'a citées l'auteur du *Manuel du libraire*. ni de la réimpression devenue introuvable qui fut faite à Metz en 1847 (in 16 de 268 p.), et tirée seulement à 75 exemplaires, je citerai seulement celle qui fait partie de la *Bibliothèque elzévirienne* et dont voici le titre :

29. — Les Caquets de l'accouchée. Nouvelle édition, revue sur les pièces originales et annotées par M. Edouard Fournier, avec une introduction par M. Le Roux de Lincy. — *Paris*, P. Jannet, 1855, in-16, XLVII-300 *p.* [Carn., 2837.]

Cette réimpression (voy. l'article précédent) ne laisse rien à désirer et est absolument complète. On a même joint aux huit « après-dinées » trois pièces qui en sont un complément nécessaire et dont les originaux sont aussi introuvables que ceux des *Caquets*. L'introduction de M. Le Roux de Lincy est, comme tous les travaux de cet éminent amateur, des plus intéressantes. Elle contient des détails bibliographiques que je ne veux pas reproduire en entier, puisque chacun pourra les y trouver.
En ce qui concerne le nom probable de l'auteur, M. Le Roux de Lincy ne pense pas que les *Caquets* puissent être attribués ainsi qu'on l'a cru, au comédien Deslauriers, qui, sous le nom de *Bruscambille*, a publié plusieurs ouvrages facétieux.
Il serait porté à croire que c'est plutôt dans la magistrature parisienne qu'il faut chercher l'auteur anonyme ; peut-être même cet auteur se rencontrerait-il dans l'entourage du ministre d'alors, le célèbre Richelieu. Quoi qu'il en soit, il nous suffit à nous que cette satire soit essentiellement parisienne ; elle l'est en effet ; et l'on y trouve, sur l'histoire physique et morale de Paris, des détails nombreux. Tels sont ceux qui ont rapport au *Pont-Neuf* et au *Charlatan* (p. 10). au *feu de la Saint-Jean* (p. 23), à l'*hôpital Saint-Germain* (p. 25), à la construction du *Pont-au-Double* (p. 41), à la canonisation de *Sainte-Thérèse* (p. 48), à l'incendie du *Pont-au-Change* et la cherté du loyer des maisons (p. 58),

aux voleurs (p. 70), à la statue de Cérès du couvent des *Carmélites* (p. 74), aux Pères de l'*Oratoire* (p. 78) et aux *Jésuites* (p. 82). Au reste, l'édition qui nous occupe ici contient un très bon *index alphabétique* qui me dispense d'entrer dans les détails, et les notes de M. Edouard Fournier, le célèbre fureteur parisien, complètent un ensemble du plus haut intérêt.

30. — La Promenade du Cours. — *A Paris*, 1630, *pet. in-8*, 14 *p. et* 1 *f. blanc.* [Carn., 11890.]

Cette pièce de vers octosyllabiques est des plus importantes à cause des détails minutieux qu'elle contient sur la Promenade du Cours « hors la porte Saint-Antoine », ainsi qu'il se nommait pour le distinguer du *Cours-la-Reine*, et sur la société qui la fréquentait. Elle a été réimprimée avec d'excellentes notes de l'éditeur. dans les « Variétés historiques et littéraires » d'Edouard Fournier, tome IX, p. 195. Il est intéressant de rapprocher de cette pièce curieuse un autre morceau qui n'est pas moins digne d'être signalé et qui a pour titre : « Vers faits sur le sujet du Cours, adressés à un Prince, en l'année 1653 ». Quoique publié vingt-trois ans plus tard que le précédent, ce morceau se rapporte aussi au Cours de la porte Saint-Antoine. Il a été réimprimé par les soins de M. E. de Barthélemy, dans le « Bulletin du Bibliophile » de Téchener, année 1860, p. 1184. L'original se trouve à la Bibliothèque nationale n° 4725 du Supplément français, fol. 328.

31. — Le Bréviaire des courtisans, enrichi d'un grand nombre de figures, par le Sr De La Serre, historiographe de France. — *A Paris, chez Mathurin Henault...*, 1630. *pet. in-8.* 7 *f. et* 304 *p., plus* 1 *frontisp. gravé et* 8 *pl.* [Carn. 6649.]

Cet ouvrage a été réimprimé à Bruxelles en 1671 (Voy. Brunet, III, 851). L'auteur, paraphrasant l'office religieux, passe en revue les défauts et les vices des courtisans, ce qui lui donne l'occasion de fournir plusieurs détails assez curieux pour l'histoire des mœurs.

32. — Thomæ Erpenii, V. C. De Peregrinatione Gallica utiliter instituenda tractatus ; item brevis admodum totius Galliæ descriptio... — *Lugduni Batavorum, apud F. Hegerum*, 1631, *in-24.* 8 *f.*, 128 *p. et* 1 *f. de table.* [Bibl. nat., L25 5.]

Ce volume ne contient qu'une description très sommaire de la France ; Paris, lui-même, ne fait le sujet que de quelques lignes ; aussi cet ouvrage ne mériterait-il pas d'être signalé, s'il n'était précédé de quelques conseils relatifs au voyage de France ; à un point de vue général, ceux-ci offrent quelqu'intérêt.

33. — Le Bourgeois poli. Où se voit l'abrégé de divers compliments selon les diverses qualités des per-

sonnes. Œuvre très utile pour la conversation. — *A Chartres, chez Claude Peigné, imprimeur, rue des Trois Maillets*, 1631 (*Chartres, imprimerie Garnier*, 1847), in-12, 3 *f. limin.*, 59 *p. et* 2 *f. non chiffrés.* [Carn., 17525.]

Les documents relatifs aux habitudes domestiques de nos aïeux sont assez rares, pour que je me sois cru autorisé à mentionner ici cette réimpression, quoique l'original ne soit pas une publication particulièrement parisienne. On peut cependant trouver des renseignements curieux dans ces dialogues naïfs, et c'est à ce titre que j'ai cru devoir les signaler.

Une note du nouvel éditeur, dit que cette pièce a pour auteur un chanoine de Chartres, nommé FRANÇOIS PÉDOUE, qui jouit dans la région d'une certaine notoriété. Il paraît que l'édition de 1631 avait été précédée d'une autre, publiée en 1626. Cette réimpression, faite en 1847, est fidèle et soignée ; elle n'a été tirée qu'à 70 exemplaires.

La courte notice dont elle est suivie est signée G. D., c'est-à-dire GEORGES GRATET-DUPLESSIS.

34. — Le Tableau des piperies des femmes mondaines, où par plusieurs histoires se voient les ruses et artifices dont elles se servent. (1632.) Texte original avec une notice par le Bibliophile JACOB. — *Paris, L. Willem*, 1879, *in-8.* xx-244 *p.* [Carn., 15978.]

Réimpression à 375 expl., dont 25 sur *Whatman* et 350 sur *Hollande*, d'une curieuse et rare satire contre les femmes, qui, sous un titre bizarre, fut publiée *à Paris, chez Jean Denis, rue Neuve-Saint-Louis, près le Palais, à la Fortune,* en 1632. La notice historique et bibliographique qui l'accompagne est pleine d'intérêt tant au point de vue de la publication elle-même qu'au point de vue de publications analogues et de la même époque.

L'auteur du « Tableau des piperies » est sévère pour les dames, aussi sévère que s'était déjà montré le canoniste Jacques Olivier qui publia en 1617 son opuscule célèbre « Alphabet de l'imperfection et de la malice des femmes ». On a peine à croire que le tableau qu'ils nous ont l'un et l'autre tracé des mœurs des Parisiennes ne soit pas chargé plus que de raison et seulement pour le besoin de la bonne cause.

35. — Facétieuse adventure de deux bourgeois de Paris, nouvellement arrivée dans les Marais du Temple de ladite ville ; avec ce qui s'est passé en icelle le jeudi 3 février 1633. Ensemble les étranges rencontres qu'ils firent, et les dangers où ils se sont trouvez. Le tout pour passer le caresme-prenant. — *Paris*, 1633, *pet. in-8,* 16 *p.*

Voyez sur cette pièce une longue notice dans le « Bulletin du Bibliophile » de Téchener, année 1862, p. 875.

« Il résulte de cette facétie, y lit-on, qu'en 1633 le sieur Morel était le directeur privilégié des ballets dansés au Jeu de Paume du Petit Louvre ; et que ce spectacle avait lieu dans l'après-midi, puisqu'on en sortait avant sept heures du soir. La toilette de la courtisane est un curieux spécimen des modes du temps ; et les infortunes de ces deux bourgeois prouvent que, sous le règne de Louis XIII, la police de la ville de Paris ne s'inquiétait guère de la sécurité publique ».

36. — La Foire de Saint-Germain. — *Paris, Jonas Brequigny*, 1643, *in-4,* 19 *p.*

Par P. SCARRON. — Édition originale, excessivement rare, de ce petit chef-d'œuvre du genre burlesque, qui a été plusieurs fois réimprimé avec le nom de l'auteur (voy. par exemple les nos 40 et 41), puis en dernier lieu par les soins du Bibliophile Jacob dans son « Paris ridicule et burlesque au XVIIe siècle » (voy. le no 52).

37. — Les Différents Caractères des femmes du siècle. Avec la description de l'amour-propre. Contenant six caractères et six perfections. — *Paris, chez la veuve de Charles Coignard, au milieu du quai des Augustins, à la première chambre, dans son imprimerie ; et Claude Cellier, rue Saint-Jacques, au Grand Navire,* 1694, *in-12,* 1 *f. de tit.,* 5 *pour la dédicace,* 2 *pour la préface,* 2 *pour la table,* 1 *pour le privilège et* 310 *p.* [Carn., 11137.]

Les coquettes. — Les bigottes. — Les spirituelles. — Les économes. — Les joueuses. — Les plaideuses.

Par Mme de PRINGY. — La première édition (*La Haye*, in-12) est sans date, mais a paru vers 1650. Une édition, *Paris, Brunet*, 1699, *in-12,* porte le nom de l'auteur. (Voy. Barbier.)

38. — Paris burlesque, par le sieur BERTHOD, où est contenu les filouteries du Pont-Neuf ; les discours de la galerie du Palais ; l'entretien de la Grande-Salle ; le désordre des embarras devant le Palais ; une rue en rumeur contre un homme qu'on prend pour un autre ; le haut style des secrétaires de S. Innocent ; l'adresse des servantes qui ferrent la mule ; l'inventaire de la friperie ; l'éloquence des harangères de la Halle et quantité d'autres choses de cette nature. — *A Paris, chez la veuve Guillaume Loyson, au Palais, en la galerie des prisonniers, au nom de*

Jésus ; et Jean-Baptiste Loyson, au Palais, sur le Perron royal, près la porte de la Grande-Salle, à la Croix d'or, 1652, avec privilège du Roy, in-4, 3 f. limin. et 97 p. [Bibl. nat., Y + 5028] [Carn., 10795 Rés. Edit. de 1655].

Le privilège est daté du 5 août 1650. — L'exemplaire de la Bibliothèque nationale ne contient pas de planche.
A la bibliothèque Carnavalet [10795 Réserve], un exemplaire en tous points identiques, mais avec la date de 1655, contient une planche par François Chauveau.
M. P. Lacroix a réimprimé ce poème dans son « Paris burlesque ». (Voy. ci-dessous le n° 52.) On trouve dans l'introduction de cette réimpression (p. xvi) quelques détails sur l'auteur et sur ses ouvrages. Le Bibliophile Jacob avait, dit-il, d'abord supposé que le nom de BERTHOD (qu'on trouve aussi écrit Berthaud Berthauld et Bertaut) n'était qu'un pseudonyme ; celui de François Colletet ; mais il a renoncé à cette opinion sans arriver pourtant à percer les ténèbres qui couvrent l'individualité de ce poète.
Renvoyant à l'étude du Bibliophile Jacob et au « Manuel du libraire » de Brunet (t. I, col. 818), je ne citerai pas ici toutes les éditions du « Paris burlesque ». Elles ont été très nombreuses. Voici seulement l'indication de celles que j'ai eues entre les mains.

39. — La Ville de Paris en vers burlesques, contenant toutes les galanteries du Palais, la chicane des plaideurs, les filouteries du Pont-Neuf, l'éloquence des harangères de la Halle, l'adresse des servantes qui ferrent la mule, l'inventaire de la friperie, le haut style des secrétaires de S. Innocent, et plusieurs autres choses de cette nature. Par le sieur BERTHAUD. — A Paris, chez Jean Promé, en sa boutique proche les Augustins, au Cheval de Bronze, 1660, pet. in-12, 99 p. [Carn., 17464].

40. — La Ville de Paris en vers burlesques, contenant les galanteries du Palais... [comme dans le n° suivant]. — A Paris, chez Charles Saugrain, sur le quay de Gèvres, au Perroquet, 1665, in-16, 84 p. [Carn., 1803 *.]

A la Bibliothèque Carnavalet (5187 Réserve), se trouve un exemplaire sous la même date, identique sous tous rapports, mais avec l'adresse d'Ant. Rafflé.

41. — La Ville de Paris en vers burlesques, contenant les galanteries du Palais. La chicane des plai-

deurs. Les filouteries du Pont-Neuf. L'éloquence des harangères de la halle. L'adresse des servantes qui ferrent la mule. L'inventaire de la friperie. Le haut style des secrétaires de S. Innocent, et plusieurs choses de cette nature. Par le sieur BERTHAUD. Augmentée de la Foire S.-Germain, par le sieur SCARON. — A Paris, chez Antoine Rafflé, rue du Petit-Pont, à l'image S. Antoine, S. D. (   ), avec Permission, in-12, 96 p. [Bib. nat., Y + 5028 A.]

Edition différente de la précédente, mais donnant le même texte.

42. — Une Promenade dans Paris en 1650, avec un poète burlesque. Lecture faite à la Société des Beaux-Arts de Caen par EMILE TRAVERS, archiviste paléographe... — Caen, typographie F. Le Blanc-Hardel, 1877, in-8, 34 p. [Bibl. nat., Lk⁷ 19457.]

Tirage à part, à 100 exemplaires, des Mémoires de la Société des Beaux-Arts de Caen. Réimpression, avec notes et commentaires, d'un passage du « Paris burlesque », de Berthod (voy. les n⁰ˢ 38, 39, 40, 41 et 52), relatif à Guérineau, graveur et marchand d'estampes au Charnier des Innocents.

43. — A Survey of the estate of France, and of some of the adjoining ilands ; taken in the description of the principal cities, and chief provinces ; with the temper, humor and affections of the people generally... By PETER HEYLYN... — London, printed by E. Cotes for Henri Seile.... 1656, pet. in-4, 24 f. limin. et 424 p. [Carn., 12478 (in-8).]

Cet ouvrage paraît avoir eu plusieurs éditions. Voyez Lowndes, « Bibliographer's Manual », II, 1059.
Les pages 33-121 du Voyage de HEYLYN sont seules intéressantes pour nous. On y trouve d'abord des considérations sur les mœurs, puis, p. 50 : La vallée de Montmorency, Montmartre, Saint-Denis, le château de Madrid, Rueil, Saint-Germain, Vincennes et Bicêtre. — Page 64 : Paris, ses remparts, ses rues : les habitants. — Page 73 : les fauxbourgs en général. L'abbaye de Saint-Germain. Le Prévot des marchands. Les armes de la Ville. L'Hôtel de Ville. Le Grand Châtelet. L'Arsenal. La Place royale, etc. — Page 80 : L'Université et les Collèges. — Page 90 : La Cité. Les Ponts. Notre-Dame. Le Pont-au-Change. Le Petit Châtelet. — Page 104 : Le Parlement. Le Palais. La justice. — Page 113 : Le Louvre. L'Hôtel de Bourbon, les Tuileries, etc. On trouvera un article sur Heylyn dans le tome

III, de la « Retrospective Review », p. 22-31.
Voyez aussi Babeau « Les Voyageurs en France », p. 406.

44. — Journal d'un voyage à Paris en 1657-1658, publié par P. Faugère. — *Paris, Benjamin Duprat*, 1862, *in-8*, xvi-518 *p*. [Bibl. nat., Lk⁷ 6474.] [Carn., 2842.]

Publication intéressante et curieuse; elle est devenue rare et mérite d'être recherchée. C'est le *Journal* de messieurs de Villiers, deux jeunes gens appartenant à une des premières familles de Hollande, venus en France pour compléter leur éducation. Sans parler des détails pleins d'intérêt que contient ce volume sur la cour de Louis XIV et l'histoire de notre pays en général, il faut signaler ceux qu'il y renferme sur la physionomie, les monuments, les mœurs, la société et les habitudes du Paris de cette époque. La matière est, on le voit, pleine de variété : c'est au point qu'il nous faut, à notre grand regret, renoncer à donner une analyse de ce volume, à la fin duquel se trouve, du reste, un index alphabétique suffisamment détaillé.

45. — Galliæ accurata descriptio, ejusdem delineatio per vias, sive itinera; cui . . . . adjectæ sunt vicinæ provinciæ Belgicæ... Item iter Bruxella Lutetiam et leges peregrinantibus observandæ. — *Trajecti ad Rhenum, E Typis Gisberti a Zyll et Theodori ab Ackerdick*, 1650, *in-12*. Frontisp. gravé. [Bibl. nat., L²⁵ 7.]

La description de Paris et de ses environs occupe les pages 8-20.

46. — La Chronique scandaleuse, ou Paris ridicule de Cl. Le Petit. — *Cologne, P. de la Place*, 1668, *pet. in-12*, 47 *p*. (*A la Sphère.*)

Edition originale de ce poème qui est très remarquable et très intéressant. On pense qu'elle fut imprimée à Amsterdam par D. Elzevier. Elle est très rare. « Le *Paris ridicule* a dit M. P. Lacroix, était, comme l'auteur le dit lui-même, *une pièce du temps de ses anciennes folies*; on peut donc supposer avec certitude qu'elle avait été écrite vers l'année 1655 ou 1656... Elle reproduit avec beaucoup de vérité (en faisant la part de l'hyperbole) la physionomie physique et morale de Paris avant 1660. Il y a dans ce poème, entaché de négligence et d'incorrections, une verve, une énergie, une couleur qu'on ne trouve que chez les poètes de l'école de Saint-Amant. C'est Saint-Amant que Claude Le Petit a voulu imiter, en opposant son *Paris ridicule* à la *Rome ridicule* de son maître... Mais Claude Le Petit est allé plus loin que Saint-Amant, et l'on doit même supposer que les passages les plus hardis de son ouvrage furent supprimés ou adoucis dans les impressions qui ont été faites après sa mort... »

Je ne pouvais mieux faire, on le comprend, que de reproduire ici ces quelques lignes du célèbre et regretté Bibliophile Jacob.

Cette citation, que j'ai été, contre mon gré, obligé d'écourter, est extraite de la préface du volume publié par ses soins en 1859 sous le titre de *Paris ridicule et burlesque au dix-septième siècle*. (Voy. ci-dessous le n 52.)

Claude Le Petit fut, dans son temps, un pamphlétaire acharné; son impiété et ses penchants au libertinage lui valurent une fin cruelle et terrible. Il était fils d'un tailleur de Paris. Boileau a dit au deuxième chant de l'*Art poétique* :

> Toutefois n'allez pas, goguenard dangereux,
> Faire Dieu le sujet d'un badinage affreux ;
> A la fin tous ces jeux que l'athéisme élève
> Conduisent tristement le plaisant à la Grève.

« Quelques années avant la publication de ce poème (l'*Art poétique*), dit Brossette dans son commentaire, un jeune homme fort bien fait, nommé Petit, fut surpris faisant imprimer des chansons impies et libertines de sa façon. On lui fit son procès et il fut condamné à être pendu et brûlé nonobstant de puissantes sollicitations qu'on fit agir en sa faveur. »

Il était né en 1638 ; son supplice eut lieu en 1662. Je n'entrerai ici dans aucun détail sur les pièces « impies » qui valurent à leur auteur un châtiment si terrible. Ceux qui en voudront connaître les titres plus que licencieux les trouveront avec des particularités très étendues sur la biographie de Cl. Le Petit et sur la bibliographie de ses œuvres dans les ouvrages suivants :

1° La *Préface* déjà citée du Bibliophile Jacob et placée en tête de son volume. (Voy. le n° 52.)

2° *Claude Le Petit, sa fin tragique en place de Grève à Paris, et ses ouvrages*, par Edouard Tricotel. — Paris, J. Techener, 1863, in-8, 19 p.

3° *Manuel du libraire* de Brunet, t. III, col. 991-92, et dans le *Supplément*, t. I, col. 836-837.

4° Dans le *Bulletin du Bibliophile*, de Téchener, année 1862, p. 1165 se trouve aussi une note courte et intéressante rédigée par M. Paul Lacroix à l'occasion d'une édition de 1671.

Je ne veux point énumérer ici toutes les éditions du *Paris ridicule* : la seule à consulter — je ne parle pas pour les collectionneurs — est celle du Bibliophile Jacob citée ci-dessous (n° 52); c'est la plus complète, puisqu'elle reproduit les variantes de toutes les éditions anciennes.

Cependant je crois devoir donner la description des éditions qui se trouvent à la Bibliothèque Carnavalet. Voyez les articles qui suivent celui-ci.

47. — Paris ridicule par Petit, où il y a cent vingt-six dizains, c'est-à-dire 1260 vers. Pièce satyrique. — *S. L.*, 1672, *in-12*. 70 *p*. [Carn., 1801.]

Consulter l'article précédent et le suivant.

48. — Rome, Paris et Madrid ridicules, avec des remarques historiques et un recueil de poésies choisies, par Mʳ de B*** [de Blainville], en Espagne. — *A Paris, chez Pierre le*

Grand, 1713, *in*-12, 2 *ff*. *limin*., 222 *pages et* 1 *f. tabl. Figure*. [Carn., 1800*.]

En outre de la « Rome ridicule » de Saint-Amant, ce volume contient le « Paris ridicule » de Petit, qui en occupe les pages 47-102. 104 stances.

Dans une autre édition (1714?) [Carnavalet 1800 A], cette pièce occupe les pages 229-284. 104 stances.

On trouve aussi à Carnavalet [1790] une copie manuscrite qui semble du xviiᵉ siècle, mais qui m'a paru sans intérêt particulier. Voyez encore l'article suivant.

49. — Paris ridicule de Petit, suivi d'un recueil de pensées rimées, sur les affaires du temps et autres. — A Londres, 1748, pet. in-8. 48 pages. [Carn., 16643.]

Voyez les articles précédents.

Cette édition contient 104 stances qui occupent les pages 1-40. Le reste du volume consiste en chansons assez insignifiantes.

50. — Le Tracas de Paris, ou la seconde partie de la ville de Paris en vers burlesques. Contenant la Foire Saint-Laurent. Les marionnettes. Les subtilités du Pont-Neuf. Le départ des coches. L'intrigue des servantes. Le pain de Gonesse. L'afféterie des bourgeoises de Paris. Le vin d'Espagne. Les mauvais lieux qu'on fait sauter. Les crieurs d'eau-de-vie. Les aveugles. Les Gobelins. Les étrennes. Et divers autres descriptions plaisantes et récréatives. — A Paris, chez Antoine Rafflé, rue de [sic] Petit-Pont, entre le Petit-Chastelet et la Fontaine Sainct-Severin, à l'enseigne du Chaudron, 1666, in-16, 6 f. et 84 p. [Carn., 5187 A* Rés.]

Edition originale du poème de François Colletet, dont le nom se lit à la fin de la dédicace. On la trouve presque toujours reliée à la suite des éditions de même format du « Paris burlesque » de Berthod. (Voy. les nᵒˢ 40 et 41.)

Dans cette édition, dont *l'achevé d'imprimer* est du 2 mars 1666, se trouve un privilège en date du 16 avril 1658 ; ce qui assigne à la composition de cet ouvrage une date bien antérieure à celle de sa publication.

« Le tracas de Paris » a été réimprimé en 1859 par M. P. Lacroix (voy. ci-dessous le nᵒ 52); la poésie en est pitoyable ; mais il est excessivement curieux. On se rappelle que Boileau (Satire I) a ridiculisé la misère de Colletet, le pauvre poète « crotté jusqu'à l'échine ».

On trouve à la Bibliothèque nationale une édition dont l'intitulé est identique à celui de l'édition originale; mais on lit au bas du titre : *A Paris, chez Antoine Rafflé, rue du Petit-Pont, à l'image Saint-Antoine, 1692, avec privilège du Roy*. Cette édition est de format in-12, de 5 f. limin. et 86 p.; elle est reliée à la suite de l'exemplaire du « Paris burlesque » de Berthod que j'ai cité sous le nᵒ 41.

51. — Les Embarras de Paris. (Satire par Boileau-Despréaux.)

« Bien que les œuvres de Boileau soient dans les mains de tout le monde, dit M. P. Lacroix dans son *Paris ridicule et burlesque au dix-septième siècle* (p. 201), et quoique cette satire sur les embarras de Paris, composée en 1665, présente un grand nombre de passages imités de Juvénal, d'Horace et de Martial, nous avons cru devoir l'admettre dans un recueil spécial où sa place semble marquée à la suite du *Tracas de Paris* de François Colletet. On y retrouve d'ailleurs les mêmes tableaux rendus en meilleurs vers : en lisant ce morceau plus littéraire, mais moins riche de détails que le poème burlesque, on est forcé de reconnaître que le grand satirique se ressouvenait des naïves et verbeuses descriptions du pauvre crotté ».

Ce qu'a si bien dit M. Lacroix au sujet des motifs qui l'ont engagé à insérer cette satire bien connue dans son recueil, je ne pouvais que le répéter à mon tour à propos de mon travail. Je n'y joindrai qu'une seule remarque ; c'est que je ne m'explique pas pourquoi M. Lacroix a dit que ce morceau avait été composé par Boileau en 1665. Brossette dit positivement que cette satire a été composée en 1660 et qu'elle faisait primitivement partie de la première satire du poète, dont il se décida plus tard à la détacher.

52. — Paris ridicule et burlesque au dix-septième siècle par Claude le Petit, Berthod, Scarron, François Colletet, Boileau, etc. Nouvelle édition revue et corrigée avec des notes par P. L. Jacob, Bibliophile. — Paris, A. Delahays, 1859, in-16, 2 f.-xxiv-370 p. et 1 f. de tabl. [Carn., 1798.]

Papier vergé. Le faux-titre porte en plus : « Bibliothèque gauloise ». Ce volume a été réimprimé depuis en papier ordinaire.

Les pièces que contient cet intéressant recueil ont déjà été citées ci-dessus à leur date respective de composition. Les titres de ces anciennes éditions sont très détaillés, excepté pour le poème de Cl. le Petit, mais il faut avouer que ces morceaux perdraient toute leur saveur à une analyse qui ne pourrait être que bien imparfaite. Je me contenterai donc de renvoyer aux articles particuliers.

Voyez pour Scarron, le nᵒ 36 ; pour Berthod, les nᵒˢ 38 et suivants ; pour Le Petit, le nᵒ 46 : pour F. Colletet, le nᵒ 50 ; pour Boileau, le nᵒ 51.

J'ajouterai que le volume de M. P. Lacroix se termine (p. 299-370) par une réimpression des « Cris de Paris », dont la première édition a paru vers 1520. Tout curieux et intéressant que soit ce document je suis obligé, en raison de la classification que j'ai adoptée pour la *Bibliographie parisienne,* de le laisser pour le moment de côté. Cf. le n° 57.

53. — Voyage au royaume de coquetterie, par François Hédelin. Nouvelle édition. — *Paris, chez Claude Mercier,* 1793, *in-*12, 53 *p.* [Carn., 11614.]

L'édition originale a paru, **sous le voile de l'anonyme, en 1660.** Cette réimpression est précédée d'une courte notice sur l'auteur qui naquit à Paris en 1604, fut d'abord avocat, puis ecclésiastique. Mlle de Scudéry reprocha à Hédelin de s'être inspiré de sa « Carte du Tendre » pour son « Voyage au royaume de coquetterie ».

54. — Premier Divertissement de la muse de la cour, contenant la déroute et l'adieu des filles de joie de la ville et fauxbourg de Paris, qui s'en vont aux îles éloignées. Avec leur nom, leur nombre, les particularités de leur prise et de leur emprisonnement; de plus, la réforme des habits de la basse bourgeoisie, la recherche générale des voleurs, filoux vagabonds, recéleurs, recéleuses et autres gens de mauvaise vie. Le tout exactement observé suivant les nouveaux règlements de police. — *A Paris, chez Alexandre Lesselin, imprimeur-libraire, au coin de la rue Dauphine, où il se distribue aussi tous les jeudis au matin de chaque semaine la « Muse de la cour », galante et divertissante,* 1666, *in-*4, 11 *p.*, *avec privilège du roi.* [Carn., 10376.]

Cette pièce de vers, très curieuse, a été réimprimée dans le format in-12, sans date, sous le titre de « La déroute et l'adieu des filles de joie... » [Carn., 10376 A.]

55. — Le Roman bourgeois, ouvrage comique. — *Paris, chez Guillaume de Luyne, marchand libraire au Palais, dans la Galerie des Merciers, sous la montée de la Cour des Aydes, à la Justice,* 1666, *avec privilège du Roy, in-*8, 6 *f. et* 700 *p. Front. gravé.* [Carn., 6747 Rés.]

Par Antoine Furetière. On trouve des exemplaires qui portent sur le titre le nom d'autres libraires. Voyez Brunet, *Manuel,* II, 1426, où sont cités plusieurs noms, à l'exception de celui que nous indiquons ci-dessus. Ce même bibliographe donne l'indication de plusieurs réimpressions dont les unes portent le nom de l'auteur et les autres ne le portent pas. Je ne citerai ici que celle de *Nancy, Cusson,* 1713, in-12, *fig.* Carn., 2839], la seule édition vraiment intéres-

sante étant l'édition définitive qui a été donnée de nos jours et qui est décrite dans l'article suivant.

56. — Le Roman bourgeois. Ouvrage comique par Antoine Furetière. Nouvelle édition avec des notes historiques et littéraires par M. Edouard Fournier, précédée d'une notice par M. Charles Asselineau. — *Paris, P. Jannet,* 1854, *in-*16, 350 *p.* [Carn., 2838.]

Ce roman célèbre (pour l'édition originale voy. l'article précédent), peinture aussi exacte que vive des habitudes et des travers de toute une classe de la société est un véritable tableau. On y trouve caricaturés les types les plus variés : gens de lettres et de robe, plaideurs et pédants, bourgeois et marquis, chacun est l'objet d'une analyse détaillée, et les critiques les plus compétents sont d'accord pour rendre justice à l'exactitude et à la fidélité de description du satirique.

57. — Korte Beschrijvinge van Parys; en de manieren en zeden van die haer daer onthouden. — *Tot Vlissinghe, gedruckt by Abraham van Laren,*... S. D. [167..?] *pet. in-*4 de 42 *f.* [Carn., 6779.]

« Courte description de Paris. » Ce petit poème hollandais est rare et contient des particularités curieuses sur les mœurs parisiennes au xvii° siècle. Sa date de publication est sûrement postérieure à 1666. La brochure contient deux pièces de vers : la 1re a pour titre : « Korte Beschrijvinge... » (26 pages, en vers alexandrins). La 2° est intitulée : « Af-scheyt of Vaer-wel van Parys. » (Adieux à Paris), elle est écrite en vers de 8 syllabes (49 pages). Ce sont évidemment des imitations d'opuscules en vers, relatifs aux mœurs de la ville de Paris, au milieu du xvii° siècle, et qui ont été publiés par le Bibliophile Jacob dans son *Paris ridicule et burlesque* (n° 52 ci-dessus).

58. — L'Illustre Parisienne, histoire galante et véritable. Nouvelle édition revue et corrigée. — *A Nancy, et se trouve à Paris chez Pierre Witte,* 1714, *in-*16. *Frontisp. gravé,* 1 *f. de titre et* 209 *p.* [Carn., 15666.]

Ce roman est de Préchac, d'après Barbier qui cite une autre édition. *Amsterdam, S. D.* (1754), *in-*12 et ajoute que l'édition originale, *Paris,* 1679, contient le nom de l'auteur.

59. — Les Caractères de Théophraste, traduits du grec, avec les caractères ou les mœurs de ce siècle. — *A Paris, chez Estienne Michallet, premier imprimeur du Roy, rue St.-Jacques, à l'image Saint-Paul,* 1688, *avec*

privilège de Sa Majesté, in-12, 30 f.
non paginés (y compris le titre), 360
p. et 2 f. non paginés, l'un pour le
privilège, l'autre pour l'errata.

Edition originale des « Caractères » de J. DE
LA BRUYÈRE. Nous ne devons naturellement pas
nous permettre d'entrer ici dans le détail des
différentes éditions de cette œuvre célèbre. Tout
n'a-t-il pas été dit — et par des auteurs beaucoup
plus autorisés que nous — sur l'ouvrage du
« Théophraste moderne » ? Nous nous contenterons
de renvoyer le lecteur aux bibliographies suivantes : Barbier, *Dictionn. des anonymes*, I, 499;
Brunet, III. *Manuel*, 5ᵉ édition, III, 719; *Notice sur
la personne et les écrits de la Bruyère* (1781, in-18,
par Suard), etc.; enfin aux travaux de MM. Wal-
ckenaer, Destailleurs et Asselineau..
Pour l'amour de la précision bibliographique,
nous avons cité l'édition originale du moraliste;
si celle-ci est digne des recherches des bibliophiles et des collectionneurs, disons que les
véritables travailleurs pourront se servir soit de
l'édition donnée par M. Chassang (*Paris, Garnier frères*, 1876, 2 vol. *in-8*), soit mieux encore
de l'édition publiée par M. G. Servois, dans la
collection des grands écrivains de la France
(*Paris, Hachette*, 1865-1878, 3 vol. *in-8*). Le t. III,
p. 129-202, contient une importante notice bibliographique.

60. — Lettre d'un Silicien [Sicilien]
à un de ses amis, contenant une
agréable critique de Paris et des
Français. Traduite de l'italien. —
Chambéry, P. Maubal, 1714, *in-12*. 48
p. [Bibl. nat., Li³ 3.] [Carn., 11924,
édition de 1710?]

L'auteur de cette lettre. JEAN-PAUL MARANA,
résidait à Paris en 1692. Les matières qu'il traite
ne sont qu'effleurées, mais en revanche elles sont
des plus variées. En voici un aperçu : — Manière de vivre de l'auteur à Paris. — Bruit des
carrosses et des cloches. — Cris de Paris. —
Aveugles. — Maisons. — Hôtelleries. — Le
peuple. — Le luxe. — Les femmes. — Légèreté des Français. — Fripiers. — La langue.
— A quoi on connaît un Français. — Le loyer
des maisons. — Les fruits. — Le vin. — Les
marchands. — La variété du temps. — Les
théâtres. — Le palais. — Avocats. — Médecins.
— Filoux. — La dévotion. — Ajustements. —
Académies. — Alchimistes. — Libraires. —
Galanterie. — Civilité. — Foire Saint-Germain.
— Lanternes. — Les Tuileries. — Abbés. —
Charlatans. — Liberté de Paris.
Cette lettre a été publiée pour la première fois
dans le « Saint-Evremoniana » (*Paris*, 1700, in-8,
p. 385). Il en a été fait ensuite deux éditions à
l'état isolé. L'une, *Chambéry, P. Maubal*,
1710, in-8, 46 p.; l'autre en 1714, dont le titre
est reproduit en tête de cet article.

61. — JEAN-PAUL MARANA. Lettre
d'un Sicilien à un de ses amis. Introduction et notes par l'abbé VALEN-
TIN DUFOUR. — *Paris, A. Quantin*,
1883, *petit in-8*, XXIII-144 *p.*

Cette intéressante réimpression (voy. l'art.
précédent) fait partie de la Collection (nominale)
des anciennes descriptions de Paris. M. l'abbé
Dufour l'a fait précéder d'une notice très substantielle dans laquelle il étudie les raisons qui
lui ont fait attribuer la « Lettre d'un Sicilien »
à J.-P. MARANA. Il a su réunir d'intéressants
renseignements sur son auteur, avec des indications bibliographiques, dont quelques-unes m'ont
été utiles pour la rédaction de la note précédente. Il a placé en tête de sa réimpression un
sommaire qui correspond à peu près à l'aperçu
des matières donné par moi dans cette même
note, d'après l'édition originale, mais il est
fâcheux qu'il ait supprimé les manchettes de
l'ancien texte, dont la disposition facilite les
recherches.
Cette réimpression, publié avec un certain luxe, a été
tiré à 330 exemplaires, dont 30 sur Chine et 300
sur papier vergé.
L'édition que je crois être de 1710 se trouve
à Carnavalet ; malheureusement dans cet exemplaire, le titre a été refait à la main; mais
M. l'abbé Dufour qui a étudié à fond cet opuscule
m'a assuré que cette date de 1710 devait être
exacte. Ce qui est certain, c'est que ces deux
éditions, celle de 1710 et celle de 1714, sont
absolument semblables quant au texte, mais
qu'elles sont absolument différentes quant à la
disposition typographique. Toutes deux cependant portent la faute *Silicien* pour *Sicilien*.
Ni l'une ni l'autre n'ont de filet sous le titre
courant; ni l'une ni l'autre ne portent à la
fin la date du 20 août 1692 que M. l'abbé Dufour
a imprimée dans la publication qu'il a faite de
ce document intéressant.
La « Lettre d'un Sicilien » a été trois fois
réimprimée de nos jours : d'abord en 1840, dans
la *Collection* Cimber et Danjou, 2ᵉ série, tome
XI; puis en 1860, dans l' » Annuaire du dépar-
tement de la Seine », publié par M. Louis Lacour, et enfin en 1883, par les soins de M. l'abbé
V. Dufour.

62. — Les Petits-maîtres. Satire.
— *Paris, Cl. Barbin*, 1694, *in-4*,
17 *p.* [Carn., 5376.]

63. — Aventures secrètes. Par Monsieur De G***. — *A Paris, chez Jacques Le Febvre*, 1696, *petit in-8*, 2 *f.*,
259 *p. et 2 f. de table*. [Carn., 17668.]

Contient vingt-quatre anecdotes ou aventures
que l'auteur, dans sa préface, assure être véritables. Plusieurs d'entre elles contiennent des
traits de mœurs parisiennes qui méritent d'être
signalés. Barbier ne cite pas cette édition, mais
il en mentionne trois autres, dont deux sous la
même date que celle-ci, et la troisième, sous la
date de 1706. Il indique le nom de l'auteur, DE
GRAAFT, d'après une note manuscrite de l'abbé
Lenglet-Dufresnoy.

64. — Les Sœurs rivales. Histoire
galante. — *Paris, chez Michel Brunet.
Grand'Salle du Palais, au Mercure
Galant*, 1698. *in-16*, 1 *f. de tit.*.
4 *pour la Préface. 1 pour le privilège*
et 296 *p.* [Carn., 11877.]

Histoire (sous des noms supposés) des demoiselles Loison, dont la beauté et les agréments agitèrent beaucoup les galants de Paris à la fin du règne de Louis XIV. (Note d'un rédacteur de catalogue.)

65. — A Journey to Paris in the year 1698. By Dr Martin Lister. — *London, printed for Jacob Tonson, at the judges-head near the Inner-Temple-Gate in Fleet-street, and at Gray's-Inn-Gate in Gray's-Inn-Lane*, 1699, *in*-8. 3 *f*., 245 *p*.; 6 *planches*. [Carn., 12196.]

Quoi qu'en aient dit Lowndes et Brunet, cette édition est bien l'édition originale du fameux ouvrage de Lister; je suis convaincu qu'il ne faut pas croire à l'existence d'une édition publiée en 1698. Voyez les articles suivants.

66. — A Journey to Paris in the year 1698. By Dr Martin Lister. The second edition. — *London, printed for Jacob Tonson at the judges-head, near the Inner-Temple-Gate in Fleet-street, and at Gray's-Inn-Gate, in Gray's-Inn-Lane*, 1699, *in*-8, 3 *f*. 245 *p*.; 6 *pl*. [Bibl. nat., Lk⁷ 6005.]

Au point de vue du texte, cette seconde édition m'a semblé ne pas offrir de différences avec celle qui est citée sous le n° précédent. Les variantes et additions n'apparaissent que dans la troisième édition, dont voici la description.

67.—A Journey to Paris in the year 1698. By Dr Martin Lister. The third edition. — *London, printed for Jacob Tonson, at Gray's-Inn-Gate, next Gray's-Inn-Lane*, 1699, *in*-8. 3 *f*., 248 *p*. *et* 6 *planches*.

Je possède le seul exemplaire que j'aie jamais vu de cette troisième édition. Elle a sur ses devancières l'avantage de contenir, en seize endroits différents, des passages plus ou moins importants dont je vais donner, pour les uns, la simple indication, pour les autres la traduction intégrale, traduction qu'il sera utile de reproduire ici puisque les traducteurs de l'édition française de la Société des Bibliophiles (voy. le n° 70) n'ont pas connu cette troisième édition, et que cette troisième édition n'a été elle-même reproduite dans son intégrité que par un traducteur allemand (voy. le n° 68); elle avait déjà échappé à Henning (voy. le n° 69), ainsi qu'à Pinkerton.

Voici l'énumération de ces additions.

1°. — Page 5 de l'édit. originale, avant le dernier alinéa de trois lignes qui termine l'*Avis au lecteur*, il manque un passage de dix-sept lignes qui se trouve dans la troisième édition, page 5, et qui trouverait sa place dans la traduction de la Société des Bibliophiles, page 19. Ces dix-sept lignes commencent par : « There was nothing...» et finissent ainsi : «... for the fowls and hares.»

En voici la traduction : « Sur la route de Paris, rien ne m'enchanta plus, à ce triste moment de l'année, que les plaines splendides qui environnent Chantilly, la résidence du prince de Condé. Ces plaines sont entourées d'un côté par de petites collines boisées, et, de l'autre, par une vallée profonde et d'un bel aspect. Cette vallée, de quelques milles d'étendue, est plantée de taillis et de petits bois espacés où se trouvent beaucoup de perdrix, de faisans et de gibier de toutes sortes que nous vîmes vers le soir, par grandes compagnies, çà et là dans la plaine, prenant leur nourriture comme s'ils avaient été apprivoisés. De place en place, entre les taillis, sont des champs cultivés et ensemencés en vue de la chasse ; on ne les récolte jamais : on les réserve, au contraire, aux oiseaux et aux lièvres. »

2°. — Page 18 de l'édition originale, après le dernier alinéa du paragraphe intitulé : « Boats upon the River », il manque un passage de seize lignes qui se trouve dans la troisième édition, p. 19-20, et qui trouverait sa place dans la traduction de la Soc. des Bibl., p. 32. (It is a wonder... quantity of fuel before hand.)

« Il y a lieu de s'étonner que, pendant des hivers longs et rigoureux, tels qu'on les a souvent dans ce pays, une ville aussi grande et aussi populeuse (que Paris) puisse être approvisionnée suffisamment de combustible, cela en bois de chauffage seulement, et en n'usant, comme moyen de transport que de la voie de terre et de la rivière; tandis qu'à Londres, c'est par mer aussi que nous arrive le bois et le charbon. Il est certain que sans le canal de Briare qui traverse le pays sur une étendue de quelques cent milles, on aurait peine à arriver à ce résultat. C'est qu'aussi on a grand souci de cette affaire à Paris ; les marchands de bois sont assujettis à un règlement constant et strict, et sont obligés d'avoir en magasin une quantité déterminée de combustible. »

Je remarque en passant que Lister était mal renseigné sur la longueur du canal de Briare. Ce canal n'a que 55 kilomètres, soit environ 35 milles anglais.

3°. — Page 55 de l'édition originale, entre l'alinéa qui traite des pierres à bâtir et celui dans lequel il est question des « ruines romaines de la rue de la Harpe », il manque un passage de douze lignes qui se trouve dans la troisième édition, p. 57, et qui trouverait sa place dans l'édition de la Soc. des Bibl., p. 61-62. (I was often... will be something extraordinary.)

« Je suis allé souvent à l'hôpital des Invalides parce qu'il était proche de notre logement ; il ne répondit pas à mon attente : les galeries et la plupart des pièces destinées au service sont étroites et trop petites pour la grande quantité de ses hôtes ; à mon avis, la situation de ce monument et les avenues qui y conduisent ne forment pas un ensemble aussi beau que ce que nous possédons à Chelsea ; notre hôpital, en effet, sous le rapport du nombre des habitants, du bon air et de la propreté (pour ne pas parler du monument lui-même) est de beaucoup au-dessus de celui de Paris. Il est vrai de dire que le dôme et la chapelle, une fois leur construction terminée, seront quelque chose d'extraordinaire. »

4°. — Page 72 de l'édition originale, dans le paragraphe consacré aux collections du P. Plumier, du couvent des Minimes, il y a une lacune de vingt-neuf lignes qui se trouvent dans la troisième édition, p. 74, et qui trouveraient leur place dans l'édition de la Soc. des Bibl., p. 75. (M. Du Pes, surgeon... every man his just praise.) Mais je ne veux parler de ce passage, consacré à une dissertation scientifique, que pour indiquer que Lister y nomme « Monsieur Du Pes, chirurgien interne de l'Hôtel-Dieu », qui lui communiqua le crâne d'un individu décédé dans son hôpital. Notre voyageur fait aussi mention de « Monsieur Poupart », membre de l'Académie royale, au sujet de la dissection d'une sangsue.

5°. — Page 79 de l'édition originale, avant le paragraphe où il est question de l'abbé Bignon, lacune de cinq lignes qui sont dans la troisième édition, p. 81, et qui trouveraient leur place dans l'édition de la Soc. des Bibl. p. 81. (The monthly Register... of them neither.) « Le Registre mensuel, ou Transactions philosophiques [Mémoires de l'Académie] est un des plus beaux ouvrages qui ait été imprimé de notre temps; on le vend actuellement 13 livres sterling, et il est presque épuisé. »

6°. — Page 136 de l'édition originale, après le paragraphe relatif à une vente de livres dans la rue Saint-Jacques, lacune de dix lignes qui sont dans la troisième édition, page 138, et qui trouveraient leur place dans l'édition de la Soc. des Bibl.,p . 127 (I had it from... their manufactures.) « J'ai entendu dire par un des meilleurs libraires de Paris que la cherté du papier et des livres provenait non seulement des impôts, mais aussi du manque d'ouvriers, ainsi que de la fermeture d'un certain nombre de moulins ; il ajoutait que, tandis qu'avant la guerre, on fabriquait habituellement 120.000 rames de papier par an en Saintonge seulement, on n'en fabrique actuellement pas même 15,000 rames. Il paraît qu'il en est de même dans un grand nombre d'autres fabriques. »

7°.— Page 140 de l'édition originale, le passage relatif à la manufacture de porcelaine de Saint-Cloud est incomplet de deux lignes; édition de la Soc. des Bibl., p. 130. Ajoutez : « Moi et d'autres personnes, nous emportâmes quelques uns de ces vases avec nous ». (Troisième édition, p. 142.)

8°. — Page 145 de l'édition originale, à la fin du paragraphe sur le plâtre, il y a une lacune de dix lignes. Édition de la Soc. des Bibl., p. 134. — Troisième édition, p. 147. (The plaster here gives... to make it tough.) « Le plâtre donne ici de grandes facilités pour les constructions parce qu'il se travaille aisément; on en fait des mottes que l'on place les unes sur les autres et l'on élève ainsi une cheminée ou un mur de plusieurs pieds de haut ; mais cette construction se dégrade facilement et il n'est pas aisé de la réparer. Ce plâtre sèche et se durcit si promptement qu'il semble impossible de le mélanger avec du sable pour le faire prendre. »

9°. — Page 148 de l'édition originale, avant le paragraphe consacré à des observations sur l'usage des légumes secs. il y a une lacune de dix-huit lignes. Édit. de la Soc. des Bibl., p. 136. Troisième édition, p. 150 (I have heard of the old fishermen... the King's slaughter house.) Il n'est question dans ce passage que du sel employé par les pêcheurs de Scarborough.

10°.—Page 155 de l'édition originale, édition de la Soc. des Bibl., page 143, paragraphe relatif aux champignons ; la troisième édition contient, p. 158, six lignes de plus, sans intérêt.

11°. – Page 164 de l'édition originale, à la suite des mots « anised water » qui terminent la page, ajoutez vingt et une lignes qui manquent dans l'édit. de la Soc. des Bibl., p. 151, et se trouvent dans la troisième édition, p. 167. (I must not forget... excellent brandy.)

« Il ne faut pas que j'oublie l'eau-de-vie ordinaire ou *brandy* de Nantes qui n'était autrefois que la boisson du matin des *crocheteurs*, mais qui maintenant, de beaucoup améliorée, est considérée comme un des meilleurs spiritueux de l'Europe ; et cependant elle n'est fabriquée qu'avec un raisin blanc de Bretagne, pauvre, à moitié mûr et aigrelet... »

12°.— Page 169 de l'édition originale, après le mot « palatable » ajoutez douze lignes (éd. de la Soc. des Bibl., p. 154) qui se trouvent dans la troisième édition, p. 172. (Monsieur Geofrys hath this caution... particularly well described.)

« Monsieur Geofrys [Geoffroy] qui, en raison de ses fonctions de magistrat, possède une conduite d'eau dans sa cour, prend certaines précautions au sujet de l'eau de Seine et ne la boit que quand elle a été filtrée au travers d'une couche de sable épaisse de trois pieds disposée dans un grand réservoir; de cette façon, on boit de l'eau claire, fraîche et sans doute plus salubre. Les citernes de Venise sont construites en ce genre ; Sir Georges Wheeler les a très bien décrites dans ses Voyages. »

13°.—Page 173 de l'édition originale : édition de la Soc. des Bibl., p. 159, lacune de treize lignes qui se trouvent dans la troisième édition, p. 177. (We may add... of crimson velvet.)

« Je dois encore parler des grands bals qui se donnent à la cour et ailleurs. Monseigneur l'ambassadeur est allé au bal chez monsieur de Montargis le mardi gras ; les déguisements étaient nombreux et charmants; il y avait au moins six cents dames. Les rues étaient tellement encombrées par les carrosses que celui de l'ambassadeur ne put bouger jusqu'à sept heures du matin, de sorte que sa seigneurie fut, par l'autorité du suisse; contrainte de faire un certain chemin à pied avant qu'on pût le faire avancer. Parmi les masques, on remarquait le duc d'Elbeuf, Mᵐᵉ de Porthsmouth, et plusieurs autres personnes, en robes de velours cramoisi. »

14°.—Page 174 de l'édition originale, à la suite du paragraphe où il est question des sermons (édit. de la Soc. des Bibl., p. 160), lacune de vingt-six lignes qui se trouvent dans la troisième édition, p. 178-179. (I cannot say... school of good breeding.)

« Je ne puis dire que notre qualité de protestants ait été pour nous la cause de quelque ennui dans nos conversations. même quand nous avons rencontré le Saint-Sacrement, ce qui nous est arrivé souvent, soit à pied, soit en voiture, je ne me suis pas aperçu qu'il nous ait été fait le moindre affront. J'ai pu observer aussi que, quant à la religion, le caractère des Français diffère beaucoup de ce qu'il était il y a quelques années. Je dois dire que chez la noblesse ou au milieu des savants je ne me suis aperçu de rien, à cause de leurs bonnes manières, mais dans les classes inférieures c'était beaucoup plus visible : je veux parler d'un certain air d'animosité contre tous les protestants, mêlé de dédain et de mépris pour eux. Si cet esprit de bigoterie, qui ne provient sans doute que de la persécution que les Français ont fait subir à leurs frères et à leurs voisins, prend racine chez eux : et si des relations intimes ne sont pas renouées de façon à ce que ce mal grandissant vienne à prendre fin par la fréquentation, on pourra constater chez eux un caractère odieux et tout nouveau ; ils deviendront le scandale de toute l'Europe, de même qu'ils étaient autrefois son peuple favori et considérés comme des maitres en fait de bonne éducation. »

Au sujet de ces observations assez curieuses, comparez un passage du « Voyage à Paris en 1657, » publié par Faugère, p. 183-184.

15⁰. — Page 175 de l'édition originale, à la suite du paragraphe consacré aux jeux (édit. de la Soc. des Bibl., p. 160-161). lacune de dix-huit lignes qui se trouvent dans la troisième édition. p. 180. (Not long after... with the last *feu d'artifice*.)

« Peu de temps après notre arrivée à Paris, au commencement de janvier, nous eûmes le spectacle d'un magnifique feu d'artifice donné par le cardinal de Furstemberg : son hôtel, construit dans l'abbaye de Saint-Germain, était admirablement illuminé, et le feu d'artifice fut tiré sur un échafaudage élevé presque sur le faite des deux tours carrées qui se trouvent à l'extrémité occidentale de l'église de l'abbaye. Tout danger était ainsi éloigné et en même temps un beau spectacle fut visible, non seulement pour les habitants de la ville, mais aussi pour ceux de Saint-Cloud, de Meudon et de tout le pays environnant. On dit que ce personnage a été la cause ou le prétexte de la guerre entre l'empereur et le roi de France et que c'est pour cette raison qu'il a voulu terminer par un feu d'artifice les réjouissauces publiques données à l'occasion de la paix. »

La paix de Ryswick (sept.-oct. 1697) donna lieu à la célébration de plusieurs fêtes et cérémonies à Paris ; elles ont été décrites dans des brochures contemporaines devenues fort rares. Je ne citerai que celle qui a pour titre : « Dessin du feu d'artifice fait par ordre de son Altesse éminentissime monseigneur le cardinal de Furstemberg, en son abbaye de Saint-Germain-des-Prés. pour la paix entre l'empereur, la France et l'empire, le vingt-six janvier 1698. » (s. l. n. d., in-4.)

16⁰.— Page 176 de l'édition originale, après le second alinéa (édition de la Soc. des Bibl., p. 161, ajoutez treize lignes qui se trouvent dans la troisième édition, p. 181. (The toys or *bijou*... believe them a penniworth.)

« Les jouets ou les bijoux sont très ingénieux et très bien faits ; l'esprit des fabricants est toujours occupé à ajouter quelque chose à leurs anciens produits ou à en inventer de nouveaux, mais tout cela est d'une cherté extravagante. A la Foire Saint-Germain, de même qu'au Palais, se trouvent quelques boutiques où l'on vend à crédit à n'importe quel client, qu'il soit étranger ou parisien ; les prix sont inscrits clairement et tout au long sur chaque article. C'est un moyen prompt et facile de faire des achats pour quiconque a assez de confiance pour croire qu'il en a pour son argent. »

Voyez l'article suivant.

68. — Herrn Dr MARTIN LISTER's... Reise nach Paris... aus der dritten englischen Ausgabe ins Deutsche übersetzet... von JOHANN GEORG MEINTEL. Mit Kupfern. — *Schwabach, J.J. Enderes,* 1753, *pet. in*-8. 14 *f. limin.,*

264 *p. et* 6 *f. de table ;* 6 *pl.* [Carn., 11395.]

Les six planches sont les mêmes que dans l'original. Un second titre porte la date de 1752. La table, rédigée en forme d'*index alphabétique,* parait assez détaillée. Cette traduction est assez rare en France. Elle a l'avantage de reproduire le texte de la troisième édition anglaise, la plus complète. (Voyez l'article précédent et les deux suivants.)

69. — An Account of Paris, at the close of the seventeeth century: relating to the buildings of that city, its libraries, gardens, natural and artificial curiosities, the manners and customs of the people, their arts, manufacturers, etc. By MARTIN LISTER M. D., now revised, with copious biographical, historical and literary illustrations and anecdotes, and a sketch of the life of the author, by GEORGE HENNING. M. D. — *London, published by Black. Young, and Young,* 1823, *in*-8, 219 *p.* [Bibl. nat., Lk⁷ 6006.] [Carn., 14545.]

Ainsi que je l'ai dit ci-dessus, l'éditeur n'a pas connu la troisième édition ; il n'a pas même reproduit la première édition dans son intégrité.

Le texte du voyage de Lister avait été quelques années auparavant publié aussi par Pinkerton dans sa « Collection of the best and most interesting voyages and travels ». (*London,* 1808-1814, *in*-4) Tous les passages supplémentaires dont l'énumération a été donnée plus haut, manquent dans la publication de Pinkerton, qui me parait avoir reproduit la 1re ou la 2e édition. sans avoir tenu compte de la 3e. Voyez l'article suivant.

70. — Voyage de LISTER à Paris en MDCXCVIII, traduit pour la première fois ; publié et annoté par la Société des Bibliophiles français. On y a joint des Extraits des ouvrages d'EVELYN relatifs à ses voyages en France de 1648 à 1661. — *A Paris, pour la Société des Bibliophiles, (typographie Lahure,)* 1873, *gr. in*-8. 2 *f. de titre,* III-XXVIII-344 *p.* [Bibl. nat., Lk⁷ 6005 *bis.*] [Carn., 5879.]

Publication luxueuse et intéressante comme le sont toutes celles de la Société des Bibliophiles français. Il est fâcheux que les éditeurs n'aient pas connu la troisième édition du texte de Lister (n° 67) ; j'ai donné plus haut l'indication des passages supplémentaires fournis par cette troisième édition ; certains d'entre eux ne manquent pas d'importance.

L'*Avertissement* est signé : E. DE SERMIZELLES. Le même nom se lit (p. XXII) sous la note relative à Evelyn. Une autre notice, aussi relative à Evelyn, est signée PAULIN PARIS.

La *Préface* (p. 1) est traduite de Henning. ainsi que l' « Essai sur la vie du Dr Lister » (p. 3). Je crois que M. le baron Pichon a eu la plus grande part à la traduction et à la publication du volume entier ; les notes signées B. J. P. sont de lui ; celles signées C. de R. sont de M. le comte CLÉMENT DE RIS. Les extraits d'Evelyn sont à la page 221. Un excellent *index* qui occupe la fin du volume depuis la page 317, facilite toute espèce de recherches.

La traduction du voyage de Lister est divisée en chapitres. Les indications ci-dessous donnent à grand traits le contenu de cet ouvrage capital. I. Paris en général. — II. Les rues et les places publiques. — III. Palais et autres édifices. Curiosités de la nature ou de l'art. — IV. Collections particulières. — V. Bibliothèques. Hommes de lettres. — VI. Nourriture habituelle des Parisiens. — VII. Vins et liqueurs. — VIII. Divertissements. Comédies. Sermons. Promenades. — IX. Jardins. Hôtels particuliers . — X. Châteaux royaux et leurs jardins. Versailles. Saint-Cloud. Marly. Meudon. — XI. Considérations hygiéniques et médicales.

On trouve un excellent article sur Lister dans la « Retrospective Review » (London, 1820-1826, in-8), tome XIII, p. 95. [Bibl. nat., Z. 2421] : un autre dans la « Revue britannique » (1840, tome XXVI), intitulé : «Paris, il y a 140 ans ».

Je suis mal renseigné sur un ouvrage qui a pour titre « Journey to London in the year 1698, after M. Lister's manner » publié sous le pseudonyme de SORBIÈRE par le Dr ? et qui paraît être une critique de Lister. Voyez une note de M. Rathery dans l'exemplaire de la Bibliothèque Carnavalet, no 12196.

M. le baron Jérôme Pichon, que je remercie ici de l'amabilité avec laquelle il m'a communiqué ce qu'il possédait des éditions de Lister, m'a dit qu'il n'y avait lieu de faire aucun cas de la traduction écrite vers 1720, qui se trouve au département des Manuscrits de la Bibliothèque nationale.

71. — Le Gentilhomme étranger voyageant en France, observant très exactement les meilleures routes qu'il faut prendre, faisant aussi la description des antiquités, des églises des tombeaux, des couvents, des palais, des arcs triomphaux ; et en un mot de tout ce que chaque province renferme de plus digne de la curiosité d'un voyageur, soit dans les villes, soit dans la campagne. Par le baron G. D. N. — *Leyde, B. Van der Aa, 1699, in-12. 3 f. et 241 p. Frontispice gravé*. [Bibl. nat., L²⁵ 9.]

La description de Paris et de ses environs occupe les pages 2-32 ; elle est très superficielle.

72. — Amusements sérieux et comiques. — *A Paris, chez Claude Barbin, au Palais, sur le second perron de la Sainte-Chapelle, 1699,* *avec privilège du Roy. in-12 de 2 f., 288 p. et 32 f. de table.* [Carn., 17531.]

Par CH. RIVIÈRE DUFRESNY. — Ceci est l'édition originale. Elle est divisée en 12 chapitres : I. Préface. — II. Le monde, la cour. — III. Embarras de Paris. Les plaisirs. — IV. Le palais, les juges et les plaideurs. — V. L'Opéra. — VI. Les Promenades : le Bois de Boulogne, le Cours, les Tuileries. Les femmes et la galanterie. — VII. Le mariage. — VIII. L'Université : le pays latin. Les sciences. — IX. La Faculté : médecins et charlatans. — X. Le jeu. Les cafés. — XI. Le monde bourgeois : mœurs de famille. — XII. Le public : considérations générales servant de conclusion.

Cet ouvrage a été très souvent réimprimé. Voyez Barbier *Diction. des Anon.*, I, 161 a ; Quérard, *Superch.*, II, 62, a ; Quérard. *France littér.* II, 649. Je ne pourrais que reproduire leurs indications. Je possède en plus une édition de 1739; *Paris, chez Briasson*, in-24, et j'en connais une autre, sans date, in-12. Cette dernière se trouve à *Carnavalet*, 11103.

Une édition donnée en 1869, in-12, chez Jouaust n'a été tirée qu'à 300 ex., dont 15 sur pap. de Chine.

Il y a de curieux rapprochements à faire entre l'ouvrage de Dufresny et les « Lettres persanes » de Montesquieu ; consultez le no 87 ci-dessous.

73. — Relation de diverses aventures arrivées au Roule. — *Paris, Veuve Laisné, 1707, pet. in-12, 12 p.* [Carn., 5682.]

Cette petite plaquette, dont le principal mérite est la rareté, contient le récit de trois aventures assez insignifiantes.

74. — La Musique du diable, ou le Mercure galant dévalisé. — *A Paris, chez Robert Le Turc, rue d'Enfer, 1711, pet. in-12, 11 f. limin. et 381 p., 1 fig.* [Bibl., nat., Li³ 503.]

Les feuillets liminaires sont occupés par une préface et une table des matières. Ce petit volume se compose d'anecdotes plus ou moins scandaleuses sur divers personnages; quelques-unes sont assez curieuses.

75. — Le Critique et l'apologiste sans fard, ou caractères opposés des différents états et conditions. — *Paris, François Fournier, 1711, in-12. 4 f. limin., 350 p. et 1 f. pour le privilège.*

C'est un recueil de *caractères*, genre La Bruyère, bien inférieur à l'ouvrage du célèbre moraliste, mais cependant non sans quelque valeur. Je n'ai pu en découvrir l'auteur. D'après une note insérée dans l'*Intermédiaire* (XVII, 382), il y aurait des exemplaires sous la date de 1710 ; C'est ce que je ne comprends pas, car l'approbation est du 9 mai 1711, l'enregistrement du privilège du 18 juin et l'achevé d'imprimer du 11 juillet de la même année.

76. — Entretiens sérieux et comiques des cheminées de Paris. — Paris, Prault, 1712, in-12.

Par l'abbé L. Bordelon. Cité d'après Barbier. On retrouve le contenu de ce volume dans les « Entretiens des cheminées... » publiés en 1736. (Voy. le n° 92.)

77. — Aventure de Phélidor sur le quai des Orfèvres. Le prix est de dix sols. — A Paris, au Palais, chez Denys Mouchet..., chez Pierre Huet..., 1713, in-16, 46 p. et 1 f. pour l'approbation. [Carn., 15085.]

Roman de mœurs, aventures galantes, etc.

78. — Satires sur les femmes bourgeoises qui se font appeler Madame, avec une distinction qui sépare les véritables d'avec celles qui ne le sont que par le caprice de la fortune, la bizarrerie et la vanité du siècle. Volume in-octavo, enrichi de figures en taille-douce. — A La Haye, chez Henry Frick, 1713, in-8. 8 f. limin., 500 p. et 2 f. non chiffrés, 11 fig. [Carn., 6151.]

Ce volume de vers est très intéressant et très curieux ; il mérite d'être recherché, mais il est malheureusement très rare, car il fut saisi à son apparition à causes des impertinences dont il était rempli, et son auteur, Jean Félix d'Hénissant, fut mis à la Bastille.

Il y a peut-être deux éditions ; en tous cas, des exemplaires de l'édition ci-dessus ont un titre avec la rubrique Paris.

Les figures sont assez mauvaises, mais elles sont très intéressantes.

Il faut consulter sur cet ouvrage :
Quérard, Supercheries, I, 834, f.
Barbier, Dictionn. des anon., IV, 431, e.'
Brunet, Manuel, V, 147.
Bulletin du Bibliophile, année 1857, p. 515.

79. — La Promenade du Luxembourg, par Monsieur Le***. — Paris, Claude Jombert, 1713, in-12. 6 f. limin. et 372 p., 1 fig. [Carn., 17665.]

Sorte de roman galant renfermant des conversations plus ou moins intéressantes sur toutes sortes de sujets, mœurs, usages, personnages, etc.

Cet ouvrage est du chevalier de Mailly ; il n'est pas cité par Barbier. Quérard le cite dans la France littéraire sous le nom de cet écrivain sans dire qu'il soit anonyme : il existe peut-être des exemplaires avec le nom de l'auteur. « La Promenade du Luxembourg », quoique portant le nom d'un libraire parisien, a été imprimée à Rouen.

80. — La Coterie des antifaçonniers établie dans L. C. J. D. B. L. S. Première relation où l'on traite de l'établissement de cette coterie. — A Paris, chez Charles Le Clerc, quai des Augustins, près le Pont S.-Michel, à la Toison d'Or, 1716, in-12, 4 ff. et 152 p. [Carn., 12871.]

Par l'abbé L. Bordelon. L'auteur entre dans quelques détails sur les personnes qui composaient cette association laquelle est, d'après Barbier, d'une existence douteuse. Ses explications, qui portent sur des noms supposés, donnent lieu à quelques traits qui peuvent ne pas être sans intérêt pour l'histoire des mœurs. — On trouve dans l'ouvrage de Dinaux sur les « Sociétés badines » quelques détails sur la coterie des antifaçonniers, ainsi que l'indication d'une autre édition de la brochure de l'abbé Bordelon.

J'ai vu dans un catalogue l'annonce d'un exemplaire de cette brochure sous la rubrique supposée Leyde, J. Sambix (à la sphère), 1675 (sic, pour 1716), petit in-12.

81. — Viaggi per l'Italia, Francia, e Germania di Niccolo Madrisio patrizio Udinese, descritti in versi con annotazioni copiose... — Venezia, G. G. Hertz, 1718, 2 vol. pet. in-8. Front. gravé. [Bibl. nat., G.]

Ces voyages sont très agréablement écrits. L'ouvrage est composé d'un texte et de remarques. Le texte est en vers, c'est la relation même du voyageur ; les remarques ou notes sont en prose et constituent un heureux complément à la composition poétique de Madrisio. L'ouvrage est divisé en quatre chants, et celui de ces chants qui est consacré à Paris se trouve à la page 137 du premier volume ; il y a 950 vers et les notes occupent environ 150 pages. Le poète n'a guère donné que des descriptions des lieux, sans y rien mêler de ses aventures personnelles.

On trouve une analyse de cet ouvrage dans le Journal des savants, 1720, p. 513 et 520. Cette analyse, dont j'ai résumé les points principaux dans les lignes ci-dessus, ne contient aucune remarque sur la partie parisienne de l'ouvrage de Madrisio. Voy. aussi « Les Voyageurs en France » par Babeau, p. 252.

82. — Séjour de Paris, oder getreu Anleitung welchergestalt Reisende von Condition sich zu verhalten haben wenn sie ihre Zeit und Geld nützlich und wohl zu Paris anwenden wollen. Nebst einer zulänglichen Nachricht von dem Königlichen Hoff, Parlament, Universität, Academien, Bibliothequen, Gelehrten, Künstlern, etc. entworffen von Timentes. — Franckfurth am Main, bei Friederich Wilhelm Förster, 1718, pet. in-8, 461 p. et 17 f. de table. [Carn., 12361.]

Timentes est à peu près l'anagramme de Nemeitz, auteur de cet intéressant volume dont il existe au moins une traduction française (voy. le n° 84).

Kayser cite une première édition sous la date de 1717 sans mentionner que le titre ne porte pas le véritable nom de l'auteur; je ne crois pas qu'il en existe avec cette date. Il cite en plus une deuxième édition en 1722, une troisième en 1725 et enfin une quatrième en 1750 dont voici le titre :

83. — *Séjour de Paris*, oder getreu Anleitung welchergestalt Reisende von *Condition* sich zu verhalten haben, wenn sie ihre Zeit und Geld nützlich und wohl zu Paris anwenden wollen. Nebst einer zulanglichen Nachricht von dem Königl. Französischen Hoff, Parlament, Universität, Academien, Bibliothequen, Gelehrten, Künstlern, etc., entworffen von JOACHIM CHRISTOPH NEMEITZ. Vierte Auflage, an vielen Orten, und sonderlich im Staat von Frankreich, vermehret und verbessert. Mit einem vollständigen Register. — *Strasburg, Stochdorph*, 1750, *pet. in-8. 8 f.*, 506 *p. et 24 f. non chiffrés.* [Carn., 12361 A.]

Quatrième et dernière édition allemande de l'ouvrage déjà cité sous le numéro précédent et dont une traduction est indiquée sous le numéro suivant.

84. — Séjour de Paris, c'est-à-dire Instructions fidèles pour les voyageurs de condition, comment ils se doivent conduire s'ils veulent faire un bon usage de leur temps et argent, durant leur séjour à Paris; comme aussi une description suffisante de la cour de France, du Parlement, de l'Université, des Académies et Bibliothèques, avec une liste des plus célèbres savants, artisans, et autres choses remarquables qu'on trouve dans cette grande et fameuse ville. Par le Sr J.-C. NEMEITZ, conseiller de S. A. S. Monseigneur le prince de Waldeck. Ouvrage très curieux, composé principalement en faveur et pour l'usage des voyageurs; enrichi de quantité de belles noes [*sic*, notes] et figures; avec une table complète des matières. Divisé en deux tomes. — *A Leyde chez Jean Van Abcoude*, 1727, 2 parties, pet. in-8, 7 f., 630 p. et 27 f. non chiffrés. Plan et figures. [Bibl. nat., Lk⁷ 6011.] [Carn., 224.]

Traduction de l'ouvrage précédent. La pagi-

nation se suivant dans les deux parties, l'ouvrage est le plus souvent relié en un seul volume. Le titre de la seconde partie se trouve en ce cas entre la page 420 et la page 421.

Le « Séjour à Paris » serait peut-être à proprement parler un *Guide cicérone*, mais il a été rédigé par un voyageur qui a voulu faire profiter ses compatriotes de sa propre expérience ; c'est ce qui m'a engagé à lui donner sa place ici. Aussi bien Nemeitz donne à ses lecteurs — en plus de la description de tout ce qu'il a vu de curieux dans la capitale — des conseils très utiles et assez pratiques sur la manière dont on doit vivre à Paris, sur le temps qu'il y faut rester, sur l'époque du voyage, sur le choix d'un hôtel, sur la fréquentation des cafés et autres lieux publics, etc., etc. Tel chapitre est intitulé : « Si on doit prendre un homme français pour son valet » ; tel autre : « De la conversation avec le beau sexe », etc.

Cette traduction française contient de nombreuses planches dont quelques-unes sont assez jolies ; il n'y en a pas dans les éditions allemandes que j'ai vues.

Dans une *Préface de l'imprimeur de cette nouvelle édition*, le lecteur est averti que « cette nouvelle édition en français est par l'auteur, dessus les précédentes, tant augmentée que méliorée, selon que le changement des choses et du temps l'a permis et exigé ».

Faut-il conclure de ces mots qu'il existe une autre édition française du « Séjour à Paris » ? Celle-ci est cependant la seule que j'aie jamais rencontrée. Dans la préface de sa quatrième édition allemande, publiée en 1750, Nemeitz se plaint de ce que son ouvrage ait été traduit en français à son insu. Voilà qui semble donner un démenti à l'assertion de l'imprimeur de l'édition française.

85. — Diario degli anni MDCCXX-MDCCXXI, scritto di propria mano in Parigi da ROSALBA CARRIERA Dipintrice famosa : Posseduto, illustrato, et publicato dal signor Dr GIOVANNI VIANELLI, Canonico della cathedrale di Chioggia. — *Venezia, nella stamperia Coleti*, 1793, *in-4.*

Edition originale de l'ouvrage dont la traduction est citée sous le numéro suivant.

86. — Journal de ROSALBA CARRIERA pendant son séjour à Paris en 1720 et 1721; publié en italien par VIANELLI, traduit, annoté et augmenté d'une biographie et de documents inédits sur les artistes et les amateurs du temps, par ALFRED SENSIER. — *Paris, Téchener*, 1865, *in-18, 2 f. et* 569 *p.* [Bibl. nat., Lk⁷ 11785.]

ROSALBA CARRIERA (ROSA-ALBA CARRIERA) connue aussi sous le nom de LA ROSALBA, ne fut pas une artiste de premier ordre, mais elle s'est pourtant fait une certaine réputation par ses œuvres et surtout par ses portraits au pastel. Elle vint à Paris en 1720, en pleine Régence et

2

tint un journal (*Diario*, voy. l'article précédent) de son voyage. Accueilli à la cour où ses pastels faisaient fureur, elle fut en relation avec la plus haute société de l'époque; aussi son journal, en outre des nombreux renseignements artistiques qu'on y trouve, contient-il de précieuses indications sur le mouvement parisien de l'époque. La traduction de M. Sensier est accompagnée de notes et de commentaires qui en augmentent sensiblement l'intérêt.

Un index alphabétique termine le volume.

Mariette n'a pas oublié La Rosalba dans son « Abecedario ».

87. — Lettres persanes. — Amsterdam, P. Brunel, 1721, 2 vol gr. in-12. [Carn., 2844 et 2845, autres éditions.]

Je n'ai pas à entrer ici dans beaucoup de détails sur cette œuvre capitale et très connue de MONTESQUIEU. Il me suffit, pour la règle bibliographique de mon travail, de rappeler que l'édition originale des « Lettres persanes » a paru sous le voile de l'anonyme et que, maintes fois réimprimées depuis, elles sont, pour l'historien des mœurs parisiennes, une mine très riche de renseignements précieux et d'observations plus fines. Remplies de hardiesse et quelquefois d'irrévérences, elles agitent toutes les questions, les disséquent et déroulent à l'imagination du lecteur un tableau des plus intéressants de l'histoire morale de la fin du règne de Louis XIV, ainsi que de celle du commencement de la Régence. On peut dire que Montesquieu a égalé La Bruyère mais il ne l'a pas dépassé; il s'est souvenu de lui, mais il ne l'a pas imité. Montesquieu a un style qui lui est propre, une philosophie que j'oserais dire un peu gaie et qui n'appartient qu'à lui.

Montesquieu n'avait guère plus de trente ans quand il publia les « Lettres persanes »; aussi, si le futur et grave auteur de « L'Esprit des lois » (1748) perce déjà dans de nombreux passages de cette œuvre de jeunesse, on ne peut s'empêcher de remarquer dans son ouvrage cette pointe de libertinage qui caractérise la Régence et l'a assaisonné au goût de l'époque où il a été publié.

On connaît le plan des « Lettres persanes »; Usbeck et Rica, deux amis, deux Persans de qualité, quittent leur pays et font le voyage d'Europe; ils tracent dans leurs lettres, adressées à leurs compatriotes ou aux serviteurs qui ont la garde de leur sérail, un tableau de tout ce qui les frappe, au point de vue moral, dans leur voyage. Nombre de leurs lettres, et principalement celles d'Usbeck, le personnage principal, sont datées de Paris.

D'autres avant moi ont émis une supposition qui ne manque pas de vraisemblance et d'après laquelle Montesquieu aurait dû l'idée de faire ainsi parler des Persans, à Dufreny qui avait, avant lui et de la même façon, mis en scène un Siamois dans les « Amusements sérieux et comiques ». (Voy. ci-dessus le n° 72.) Mais combien Montesquieu s'est montré supérieur au devancier qui l'aurait inspiré !

J'ai résumé ici, plus brièvement que je n'aurais eu le désir de le faire, les observations que m'a suggérées la lecture de ce livre qui avec tous ses défauts, est, comme l'a dit Sainte-Beuve, « un des livres de génie qu'a produits notre littérature » et je me suis inspiré de l'excellent article que l'éminent critique a consacré à Mon-

tesquieu dans ses *Causeries du Lundi*; mais la lecture de cette note trop écourtée ne dispensera pas les chercheurs de se reporter à cet article qui se trouve dans le tome VII (3e édition, *Garnier frères*), p. 41. Voyez aussi dans le même recueil, t. IX, p. 369, une curieuse et très juste critique écrite par Marivaux sur les « Lettres persanes », et que Sainte-Beuve a transcrite en entier; enfin, consulter dans les *Etudes critiques*, par M. Maurice Meyer (1850), p. 174, un intéressant travail sur les « Lettres persanes ».

Si le bibliophile et le collectionneur doivent rechercher les anciennes éditions des « Lettres persanes », le travailleur fera mieux de consulter les éditions modernes; pour les particularités bibliographiques relatives aux œuvres de Montesquieu, il faut consulter : « Montesquieu; bibliographie de ses œuvres, par L. Vian ». (*Paris, Durand et Pedone-Lauriel*, 1872, in-16, 32 p.), ainsi qu'un article du même auteur, signé des initiales L. V., dans « L'amateur d'autographe » de Charavay, numéros des 1er et 16 juillet 1869. p. 205.

Parmi les éditions les plus modernes et les plus complètes des « Lettres persanes », il faut citer celle publiée chez *Garnier frères*, 1866, ou années suivantes, in-12.

88. — Les Nouvellistes du Luxembourg. Nouvelle comique. Le prix est de 24 sols. — Paris, Pierre Huet, Alexis Mesnier, Chaubert, 1728, pet. in-8, 44 p.

Facétie morale et politique assez insignifiante.

89. — Des Deusch Françœs JEAN CHRÉTIEN TOUCEMENT Voyages. Ite Partie, oder Description von Paris, was man da kan observir von Rarité und Magnificence, von Manier szu leb, von die Naturell und Conduite der Francœsisch Nation, von die Dames und Messieurs, ock von die Petits Maîtres und ander Curiosité, uff die lustigck Manier wie sein ander Elaboration. — Leipzig, unter die Rath-Ausz, in die Boetiusisch Boutique, 1733, pet. in-4. 80 p., y compris 2 pl. et les titres. [Carn., 11266.]

« Voyages de l'Allemand-Français Jean Chrétien Toucement. 1re partie ou description de Paris, des choses rares et magnifiques qu'on y peut observer, de la manière de vivre, du caractère et des mœurs de la nation française, des dames et des messieurs, des petits-maîtres et autres curiosités, décrits en manière plaisante comme l'autre ouvrage de l'auteur ».

La première partie traite des raretés et de la magnificence de la ville, de la manière de vivre et du caractère des Parisiens, des Dames, des Messieurs et des Petits-Maîtres. Le titre de la seconde indique qu'il y est plus spécialement question des fiacres, des décrotteurs et autres curiosités de la rue. — La pagination se suit dans les deux parties.

L'opuscule est rédigé dans un mauvais allemand, tel que pourrait le parler un Français ne connaissant pas bien cette langue. L'auteur a l'intention de critiquer la manie d'imiter la langue et les coutumes françaises, manie qui était générale en Allemagne pendant une grande partie du xviii* siècle.

90. — Histoire d'un voyage littéraire fait en 1733, en France, en Angleterre et en Hollande; avec une Lettre fort curieuse concernant les prétendus miracles de l'abbé Pàris, et les convulsions risibles du chevalier Folard. — A La Haye, chez Adrien Moëtjens, 1735, in-12. 4 f., 204 p. et 17 f. pour la table. [Carn., 11844.]

Rédigé sous un point de vue spécial, cet ouvrage est intéressant à consulter sur les bibliothèques et quelques collections particulières. Il contient un index alphabétique. — Barbier l'attribue à C.-E. JORDAN et dit qu'il y a aussi une édition de 1736. Voyez dans son « Dictionnaire » la longue note qu'il lui consacre.

91. — Paris ou le Mentor à la mode. Par M. le chevalier de M***. — A la Haye, chez Jean Neaulme, 1735-1737, 3 parties pet. in-8, viii-155, 174 et 141 p. [Carn., 10711.]

La première partie contient en plus un feuillet non chiffré pour la fin de la table ; la seconde contient en plus 4 feuillets pour le titre, la table et le privilège ; il en est de même dans la troisième partie. Celle-ci porte l'adresse : Paris, chez Pierre Ribou... — L'ouvrage est dédié « A Monsieur Hérault, conseiller d'Etat, lieutenant général de Police ». Ce très insipide roman est de CHARLES DE FIEUX, chevalier DE MOUHY. L'édition originale est de Paris, Poilly, 1735, 3 part. in-12.

92. — Entretiens des cheminées de Paris. Ouvrage rempli de caractères vrais et fidèlement copiés d'après les originaux. — A la Haye, chez Pierre de Hondt, 1736, in-12. 120 p. plus 1 f. de tit. et 1 f. pour l'avertissement. [Carn., 2846*.]

Par l'abbé L. BORDELON.
On trouve dans le titre une réminiscence du Diable boiteux qui s'introduisait par les cheminées; mais on ne trouve pas dans le corps du volume le même esprit que dans l'écrit de Lesage.
L'ouvrage comprend dix Entretiens qui roulent sur les mœurs en général ; l'auteur, dans l'Avertissement, nous apprend que les quatre premiers avaient déjà été imprimés à Paris en 1712 (sous le titre de « Entretiens sérieux et comiques. », voy. ci-dessus le n° 76). Cf. Barbier, II. 133. e.
M. Léon Vallée, de la Bibliothèque nationale, qui s'est occupé de recherches bibliographiques sur Lesage, m'a dit qu'il avait rencontré les « Entretiens des cheminées » dans un grand nombre d'éditions des œuvres de Lesage ; il pense que cet opuscule pourrait bien être de l'auteur du « Diable boiteux », et non de l'abbé Bordelon.

93. — Recueil de divers écrits sur l'amour et l'amitié, la politesse, la volupté, les sentiments agréables, l'esprit- et le cœur. A. R. — Paris, veuve Pissot, 1736, in-12. 8 ff. limin. et 293 p. [Carn., 12579.]

Ce volume est l'objet d'une longue note dans le Dictionnaire de Barbier (IV. 60 d). — Je ne m'explique pas la signification des initiales A. R. qui se lisent sur le titre, au-dessus de l'adresse du libraire.

94. — La Béquille, poème moral, critique et apologétique, avec une courte dissertation sur la trivialité, en forme de préface. — A Paris, chez Pierre Clément, libraire, au passage du quai de Gèvres, Pont N.-D., 1737, avec permission, in-12, 22 p. [Carn., 10838.]

Insignifiant. A propos des chansons alors en vogue sur la béquille du P. Barnabas.

95. — Lettres d'un sauvage dépaysé [à son correspondant en Amérique], contenant une critique des mœurs du siècle et des réflexions sur les matières de religion et de politique. — A Amsterdam, chez Jean-François Jolly, 1738, pet. in-8. 2 f. et 240 p. [Carn., 6029.]

Par J. JOUBERT DE LA RUE. Voy. Quérard, Supercheries, III. 607 f. Ces lettres, au nombre de 30, paraissaient le lundi et le jeudi. Le volume ne constitue qu'un recueil des feuilles publiées périodiquement. Il y a des exemplaires sous la date de 1746, simple changement de frontispice.
Ce volume contient des détails curieux malheureusement noyés dans des dissertations ennuyeuses qui en rendent la lecture pénible.

96. — Herrn GEORGEN VON FURST.., curieuse Reisen durch Europa in welcher allerhand Merckwürdigkeisen zu finden. Nebst einer Vorrede vom rechten Gebrauche dieser Reisen begleitet von M. CHRISTOPH SANCKEN... — Soran, bey Gottlob Hebold, 1739, pet. in-8. 7 f., 460 p., 2 ff. de table et 1 frontisp. [Carn., 14494.]

« Curieux voyages de G. FURST en Europe, dans lesquels on trouve toutes sortes de choses remarquables. Avec une préface sur le bon usage de ces voyages, par CHR. SANCKEN. »
Long chapitre sur Paris, p. 196-246, dont les premières (196-217) sont consacrées à Saint-

Denis, Saint-Germain, Saint-Cloud et Versailles. Pour Paris, l'auteur donne l'énumération des églises, des monuments et des quartiers les plus importants avec quelques détails intéressants.

97. — Lettres infernales et les Tisons. —*Aux Enfers,* 1740, *in-*12, 1 *f.* de tit. et 123 *p.* [Carn., 12866.]

Satire contre les divers états de la société. « Les Tisons », qui occupent les 23 premières pages du volume, sont un composé de divagations philosophiques assez insipides. Le reste du volume offre un peu plus d'intérêt, mais ne mérite que peu d'attention.

98. —Almanach nocturne à l'usage du grand monde, à l'instar de l'almanach de Liège, pour l'année 1741, enrichi de seize centuries, d'une historiette nocturne à la fin de chaque mois, de prédictions nouvelles, de remarques curieuses et d'énigmes nocturnes. Par Madame la marquise D. N. N. C. — *Imprimé à Nuitz, chez Serotin Luna, au Vesper,* 1741, *in-*12, 124 *p.* [Carn., 14590.]

Quelques historiettes parisiennes. — Par le chevalier de Neuville-Montadon, d'après Quérard (*Superch.* I. 966 *b.*). Je possède dans ma collection l'année 1742. Cet almanach a paru aussi pour 1739 et 1740, et il en est question dans les Lettres de Mᵐᵉ du Châtelet, *Paris,* 1806, in-8 et in-12, p. 133-153.

99. — L'Hiver de Paris. Etrennes. Le prix est de douze sols. — *Paris, de l'imprimerie de Gissey, rue de la Vieille-Bouclerie,* 1741, *in-*12, 23 *p.* [Bibl. nat., Li³ 4.]

L'approbation est du 19 décembre 1740. — Cette pièce est curieuse ; elle pourrait être intitulée : «La journée d'une femme à la mode ». L'auteur nous y peint une jolie femme (Philismène !) depuis l'heure de sa toilette du matin et nous permet de la suivre à la promenade, en visite, dans un dîner de cérémonie, à l'opéra et enfin dans un bal.

100. — Les Annales amusantes, ou Mémoires pour servir à l'histoire des amusements de la nation en tout genre. — Première suite contenant les mois de mai.... septembre 1741. — *S. L.,* 1742, *in-*12, 94 *p.* [Carn., 2846 *.*]

Mœurs, modes, galanterie, spectacles, etc. Volume curieux. Barbier, qui attribue cet ouvrage à Ph. Bridard de la Garde, dit que l'édition entière fut saisie.

101. — L'Espion civil et politique, ou Lettres d'un voyageur sur toutes sortes de sujets, par Mr. D. V***. [Emer de Vattel??], surnommé le Chrétien errant. — *A Londres, chez Thomas Cooper,* 1744, pet. *in-*8, 2 *ff.* et 363 *p.* [Carn., 5357.]

Recueil, en forme de lettres, d'historiettes dont quelques-unes sont parisiennes. Assez insignifiant.

102. — Les Mœurs de Paris, par M. de L. P. Y. E. — *Amsterdam, G. Castel,* 1747, *in-*18, 200 *p.* [Bibl. nat., Li³ 5.] [Carn., 17524.]

Cet ouvrage intéressant est d'un certain de La Peyre sur lequel je ne possède aucune indication. — Cf. le nº 129.
Table des Matières : I. Des Dames. — II. De l'Accent et de plusieurs portraits. — III. De la Mode. — IV. Des Petits-Maîtres. — V. Des Politiques. — VI. De quelques endroits surprenants (vice et libertinage). — VII. Des Gens de lettres. — VIII. De différents caractères. — IX. Des jeunes gens qui veulent faire les petits maîtres. —X. De ce qu'il y a de plus remarquable à Paris. — XI. De la religion.
Il y a une autre édition, anonyme aussi, *Amsterdam, G. Castel,* 1748, in-18, 200 p. [Bibl. nat., ibid., A.], qui avait été précédée d'une autre, portant le nom de l'auteur, décrite dans le nº suivant.

103. — Les Mœurs de Paris, par M. Lapeyre. — *Amsterdam, G. Castel,* 1747, *in-.*12 [Bibl. nat., Li³ 5 B.]

Voy. le numéro précédent et cf. le nº 129.

104. — Les Fêtes de Paris inventées par un philosophe chinois, pour le divertissement du peuple. — *S. L. N. D. (vers* 1747), *in-*8, 16 *p.* [Bibl. nat., Li³ 6.]

Satire contre les mœurs.

105. — Les Masques. (Epigraphe : « O quanta species ! Cerebrum non habet. » *Phèdre.*) — *S. L. N. D. (vers* 1747), *in-*8. 16 *p.* [Bibl. nat., Li³ 7. Rés.]

Par l'abbé G.-F. Coyer. Très curieuse satire des mœurs de l'époque. Une note manuscrite sur l'exemplaire de la Bibliothèque nationale porte que cet écrit fut supprimé.

106. — Découverte de la pierre philosophale. (A Paris, le 1 juin 1747.) — *S. L. N. D. (*1747), *in-*4, 8 *p.* [Bibl. nat. Li³ 8.]

Par l'abbé Coyer. Le pays est ruiné, dit l'auteur ; on peut l'enrichir en taxant les vices au lieu de taxer les biens. C'est ainsi qu'on pourrait taxer d'un impôt le Parjure, la Médisance, le Larcin de l'honneur, l'Infidélité conjugale, les Débiteurs, les Petites Maisons. Ce badinage donne lieu à quelques critiques de mœurs assez curieuses. — Réimprimé dans les « Bagatelles morales ». (Voy. ci-dessous le n° 137), et cf. le numéro suivant.

107. — Découverte de la pierre philosophale. L'Année merveilleuse avec un supplément. — A Pégu, 1748, in-8. [Bibl. nat., Li³ 8 A.]

Autre édition de l'ouvrage précédent auquel on a joint deux autres opuscules du même auteur.

108. — L'Année merveilleuse. — S. L. N. D. (avril 1748), in-4, 7 p. [Bibl. nat., Li³ 11.] [Carn., 17438 * et 14939 * copie ms.]

Par l'abbé Coyer. Le 1er août de l'année courante se fera une étonnante métamorphose : les hommes seront changés en femmes, car ce sont elles qui mènent le monde ; si elles parlent moins, elles pensent davantage, etc. — Voy. le numéro suivant.

109. — L'Année merveilleuse, ou Prédictions qui doivent avoir leur accomplissement. — Paris, 1748, pet. in-8, 16 p. [Bibl. nat., Li³ 583.]

Même pièce que la précédente ; elle a encore été réimprimée dans les « Bagatelles morales ». (Voy. ci-dessous le n° 137.)

110. — Lettre en réponse à « L'Année merveilleuse », par Mme Le Prince D. B. (Le Prince de Beaumont.) — Nancy, H.-T. Thomas..., avec permission, S. D. (1748), in-4, 8 p. [Bibl. nat., Li³ 12.]

Les femmes perdraient à la métamorphose prédite par l'auteur de « L'Année merveilleuse ». N'épargnons rien, dit-on ici, pour prévenir un semblable malheur.

111. — Lettre d'un ami à son ami avant l'impression de celle à un abbé sur « L'Année merveilleuse ». (Mai 1748.)

Je ne sais si cette pièce a été imprimée. Il s'en trouve une copie manuscrite à Carnavalet (14939*, in-4)

112. — Lettre à un abbé sur « L'Année merveilleuse ». (A Paris, le 8 mai 1748.) — S. L. N. D. (1748), in-4, 7 p. [Bibl. nat. Li³ 13.] [Carn,. 14939 *.]

Critique de la brochure de l'abbé Coyer.

113. — Supplément de « L'Année merveilleuse ». — A Pégu, 1748, in-4, 1 f. de tit. et 6 p. [Bibl. nat., Li³ 14.] [Carn., 14939 *, copie ms.]

Par l'abbé Coyer.—Le titre de départ, page 1, porte : *Histoire arrivée à Pégu, premier effet de « L'Année merveilleuse » et commencement des prodiges qu'elle annonce.*
« Nous touchons, dit l'auteur, à ce grand événement »... C'est toujours la même chose !

114. — Lettre de Mlle D* à M. l'abbé du R*** sur le « Supplément de l'Année merveilleuse ». — S. L. N. D. (juin 1748), in-4, 6 p. [Bibl. nat., Li³ 15.] [Carn., 14939 * copie ms.]**

« Croyez-moi, mon cher abbé..., envisageons les choses dans leur vrai point de vue et ne nous *alambiquons* pas l'esprit... L'auteur de *l'Année merveilleuse* avait sans doute été témoin de quelques singularités pareilles à celles que nous voyons tous les jours sous nos yeux. N'étant point partie d'y mettre ordre, son intention a été d'en interrompre le cours par la critique fine et toute spirituelle qu'il en a faite. Sûr de passer dans toutes les mains, et d'être lu de tous les gens de mérite, il s'est flatté de réussir ; mais le succès n'est pas encore complet... »
« Plus nous irons et plus les abus se glisseront...»

115. — L'Astrologue du jour. (A l'Observatoire, ce 23 juin 1748.) — S. L. N. D. (1748), in-4, 7 p. [Bibl. nat., Li³ 10.]

Puisque ce sont les femmes qui donnent aujourd'hui le ton, la nature a résolu d'opérer une révolution générale dans tous les états actuels des hommes, dans la société et dans les sexes. — Cette pièce, qui est peut-être de l'abbé Coyer, n'a pas été citée par Barbier.

116. — La Magie démontrée. — A Paris, le 73 de la lune de Caslcu, l'an 88 de notre transmigration (vers 1748), in-4, 8 p. [Bibl. nat., Li³ 9.]

Par l'abbé Coyer.
Critique des mœurs en général. L'auteur prédit que les hommes seront dans peu changés en femmes. — Réimprimé dans les « Bagatelles morales ». (Voy. ci-dessous le n° 137.) — *Casleu* est un terme de chronologie hébraïque. C'est le neuvième mois de l'année sacrée, troisième de l'année civile chez les Juifs, correspondant à la fin de novembre et au commencement de décembre.

117. — Plaisir pour le peuple. — Paris, 1748, in-12.

Par l'abbé COYER. — Cité d'après le Dictionnaire de Barbier. — Cet écrit a été réimprimé
dans les « Bagatelles morales ».(Voy. le n° 137.)

118. — Lettre de l'hiver au printemps. — *S. L. N. D.* (1749), *in*-8,
8 *p.* [Bibl. nat., Li³ 16.]

L'approbation est du 29 janvier 1749. — Publication de circonstance sans grand intérêt.

119. — Lettre à une jeune dame
nouvellement mariée. (Paris, 7 août
1749.) — *S. L. N. D.* (1749), *in-4*, 8 *p.*
[Bibl. nat., Li³ 17.]

Par l'abbé G.-F. COYER.
Très curieuse peinture de mœurs. Détails sur
les habitudes, la manière de vivre des dames du
grand monde; leurs usages en société, etc. Cette
pièce a été réimprimée dans les « Bagatelles morales ». (Voy. le n° 137.)
En 1876, on a cité dans *l'Intermédiaire* (IX,
202), d'après le catalogue de la vente Techener,
n° 10459 une « Lettre de M. le baron *** à Mme la
marquise de ***, anglaise, mariée à Paris depuis
six mois. » (*S. L. N. D.*, in-12, 34 p.) Cette pièce
serait-elle la même que celle-ci ? La question
n'a pas encore reçu de réponse.

120. — Réponse d'une jeune dame
anglaise nouvellement mariée à Paris,
à M. l'abbé C***. (15 septembre 1749.)
— *S. L. N. D.* (1749), *in-4*, 8 *p.* [Bib.
nat., Li³ 18.]

Réplique à la brochure précédente. Elle en
est une suite toute naturelle et n'est pas moins
curieuse. Il en a été fait en 1769 une réimpression sous un autre titre. Voy. ci-dessous le n° 186.

121. — Lettera ad una sposa, tra-
dotta dal francese. (7 octobre 1749.)
— *In Livorne, appresso G.-T. Fante-
chi*, 1752, *in-4*. [Bibl. nat., Li³ 284.]

122. — Riposta della sposa, man-
data in una lettera dal Sig... al Sig.
G. B. Z.—*S. L.*, 1752, *pet. in-4*, 22 *p.*
[Bibl. nat., Li³ 285.]

Réponse à la pièce précédente; elle est datée
du 9 octobre 1749.

123. — Lettre de **** à une lady de
ses amies, à Londres, traduite de
l'anglais. (20 décembre 1749.) — *S.
L. N. D.*, *in-4*, 8 *p.* [Bibl. nat., Li³ 19.]

Même sujet que les deux numéros précédents.
Quoique moins intéressante, cette brochure mérite aussi d'être recherchée.

124. — Paris artistique et monu-
mental en 1750. Lettres du Dr MAI-
nows, traduites de l'anglais par PHI-
LIPPE FLORENT DE PUISIEUX. Réimprimées pour la première fois, avec
préface, sommaires et notes par
HIPPOLYTE BONNARDOT.—*Paris, Firmin-
Didot et Cie*, 1881, *in-12*, 2 *f. de tit,
et* 239 *p.* [Carn., 17043.]

Volume intéressant. Extrait de la table des
matières : Lettre I. L'hôtel de Cluny et le Palais
des Thermes. — II. Accroissements successifs de
Paris. — III-IV. Notre-Dame. — V. La Sainte-
Chapelle. — VI. L'église des Jésuites; le col-
lège Louis-le-Grand; l'abbaye de Sainte-Gene-
viève; digression sur les enterrements. — VII.
L'abbaye de Saint-Germain-des-Prés. — VIII. Les
Célestins. — IX. Le couvent des Jacobins-Saint-
Jacques. L'église Saint-Leu. Le Temple. Les
églises des Jésuites et de la Culture-Sainte-Cathe-
rine. L'église Saint-Paul. L'Ave-Maria. Saint-
Victor. Sainte-Pélagie. Saint-Nicolas-du-Char-
donnet. — X. Saint-Séverin. Les Mathurins.
Saint-Benoit. Les Carmélites. Le Val-de-Grâce.
La Sorbonne. Saint-André-des-Arts. Les Grands-
Augustins. Les Quatre-Nations. — XI. Le Louvre.
— XII. Palais et jardin des Tuileries. — XIII.
Palais et jardin du Luxembourg. — XIV. Edi-
fice et jardin du Palais-Royal. — XV. L'hôtel de
Soubise. Le palais Mazarin. L'hôtel de Soissons,
de Bourbon, de Toulouse et d'Evreux.

125. — Essai sur les mémoires de
M. Guillaume.... — *S. L. N. D.* (*vers
1750*), *in-12*, x-100 *p. et* 3 *f. non
chiffrés.* [Carn. 3227 *.]

Cet ouvrage se trouve aussi dans les OEuvres
complètes de CHEVRIER, t. III, p. 248-338.[Carn.,
500.]
M. Guillaume est, au moment où il publie ses
mémoires, « un bon bourgeois d'auprès de Paris » ;
mais il se souvient toujours qu'il a été « cocher
de place », qu'ensuite il a « mené un petit
maitre » qu'il a « planté là pour les chevaux
d'une brave dame » ; cette brave dame l'a fait
ce qu'il est « au jour d'aujourd'hui ». « Dans ces
quatre conditions-là, dit M. Guillaume, j'ai vu
bien des choses,... ce qui fait que je me suis
mis à rêver en moi-même comment je m'y pren-
drais pour coucher cela par écrit ». Après ce
préambule, M. Guillaume nous raconte quatre
aventures parisiennes dont il a été témoin et qui
contiennent des passages curieux et assez intéressants.
M. Gillet (Notice... sur Chevrier, p. 163) ne
pense pas que l' « Essai sur les mémoires de
M. Guillaume » soit de cet auteur. Il me semble
que rien ne plaide bien sérieusement en faveur
de cette assertion, et, pour moi, je ne serais pas
éloigné de le lui attribuer.

126. — Le Cabriolet brisé, ou les
Courtauds humiliés. — *S. L. N. D.*
(*vers 1750 ?*), *in-4*, 4 *p.*, 1 *planche repliée.* [Bibl. nat., Li³ 510.]

Pièce curieuse par les indications qu'elle donne
sur les véhicules à la mode. Elle est peut-être
de l'abbé COYER ? La planche représente les voitures de diverses espèces.

127. — Déclaration de la mode, portant règlement sur les promenades du boulevard. (Epigr. « Stultus est labor ineptiarum. » Mart.) — *S. L. l'an XLII des Bilboquets, VIII des Pantins, et I des Navets (Paris, vers 1750?), pet. in-12, 21 p. y compris le titre gravé.* [Bibl. nat., Li⁸ 14. Rés.] [Carn., 12004 * in-4°, t. V, n° 19, copie ms.]

Signé : Girouette.
Facétie en forme de promulgation de loi. Elle débute ainsi : Girouette, Elégantine des grâces, princesse de Frivolité, Duchesse de Bagatelle et souveraine de l'Empire des modes. A tous Ducs, Marquis, Comtes, Barons. Petits-Maîtres, Gens du bel air, Plaisants, Gens oisifs, Persifleurs, Chevaliers, Militaires, Abbés, Robins, grands et petits Financiers ; Duchesses, Comtesses, Marquises..., Bourgeoises à la mode, Précieuses, Minaudières... et autres, nos sujets : Salut. »
L'article I porte « que le *beau jour* de promenade soit le jeudi de chaque semaine ». L'article VIII contient des détails intéressants sur les voitures alors à la mode. — Cette petite pièce, assez amusante est très rare. Il y a une autre édition ; voy. le numéro suivant.

128. — Déclaration de la mode, portant réglement pour les promenades du boulevard. (Epigr. « Stultus labor est ineptiarum. » Mart.) (Donné en la capitale de notre empire, l'an XLIX des Bilboquets, III des Pantins, II des Navets, et I des Cabriolets.) — *S. L. N. D. (Paris, vers 1750?), in-4, 8 p.* [Bibl. nat., Li⁸ 14 A.]

Signé : Girouette.
A l'exception de la date facétieuse, cette pièce est la réimpression textuelle de la précédente.

129. — Lettres sur la galanterie des jeunes conseillers au Parlement de Paris, écrite à un avocat de province, par M. D.... — *A Londres, 1750, in-12, 132 p. et 1 f. d'errata.* [Bibl. nat., Li⁵ 9.]

Signé : Lapeyre. — Par Sonouhet, d'après Barbier. Cet écrit est très piquant, assez spirituel et très amusant. — Cf. le n° 102.

130. — Découverte de l'île Frivole. — ....1750, in...

Par l'abbé Coyer. — Barbier cite cette pièce d'après une note de l'inspecteur de la librairie *D'Hémery ;* elle a été réimprimée dans les « Bagatelles morales ». (Voy. le n° 137.)

131. — Le Papillon, ou Lettres parisiennes ; ouvrage qui contiendra tout ce qui se passera d'intéressant, de plus agréale et de plus nouveau dans tous les genres. — *A. La Haye, chez Antoine Van Dole, 1746-1751, 4 parties pet. in-12,* VIII-320, 320, II-320 *et* VIII-292 *p.* [Carn., 6676.]

Par Ch. de Fieux, chevalier de Mouhy. — Les quatre volumes contiennent 18 lettres (19 décembre 1746 - 21 octobre 1751). Chroniques et anecdotes parisiennes.

132. — Considérations sur les mœurs de ce siècle. — *S. L.,* 1751, *in-12, 2 f. limin. et 369 p.*

Première édition du célèbre ouvrage de Duclos, plusieurs fois réimprimé dès l'origine. Il paraît que cette édition, *sans indication de lieu,* et imprimée en gros caractère doit être préférée à toutes les autres. Voyez ce que dit Barbier à ce sujet (I, 723, *f),* ainsi que la longue noté anecdotique qu'il a consacré aux « Considérations sur les mœurs ».
L'ouvrage de Duclos n'est pas un ouvrage de morale générale ; l'auteur s'est attaché surtout à peindre les nuances de la mode et l'esprit de société ; c'est là ce qui rend son ouvrage intéressant pour nous. Il n'a pas les mouvements variés ni les expressions pittoresques de La Bruyère et ne saurait, du reste, lui être comparé. On a fait cette remarque curieuse que, dans ce livre qui traite des mœurs, il n'est nullement question des femmes, dont le nom ne se trouve employé qu'une seule fois. M. Clément de Ris a donné une bonne *Etude sur la vie et les œuvres de Duclos* dans l'édition qu'il a publiée de cet écrivain en 1855. Voyez aussi le *Dictionnaire* de Jal, les *Causeries du lundi* de Sainte-Beuve, t. IX, etc.

133. — Lettres siamoises, ou Le Siamois en Europe. — *S. L. (Paris ?),* 1751, *in-16, faux-titre,* VI-158 *p. et* 1 *fig.* [Carn., 11350 *.]

Par Joseph Landon, d'après *Barbier. Quérard,* dans « La France littéraire », dit que ces lettres sont aussi attribuées à Dupuy(?).
Ce petit volume rentre dans le genre des « Lettres persanes » ; il est bien au-dessous du modèle, auquel j'ose à peine le comparer, mais cependant n'est pas indigne d'attention.

133 bis. — Les Embarras du jubilé à Paris. — *S. L.,* 1751, *in-12, 22 p.*

Ecrit satirique contre les faux dévots et les mondains ; livre à clef.

134. — Les Ridicules du siècle. — *A Paris, chez Prault fils, libraire,* 1752, *pet. in-12,* VIII-95 *p.*

Par Chevrier. Barbier cite une édition différente de celle-ci.
Ce petit volume se compose de peintures de types et de caractères qui rappellent le genre de

La Bruyère. Extrait de la *Table* : La cour. — La bonne compagnie. — Les femmes du grand monde. — Les petits-maitres. — Les beaux-esprits. — L'Opéra. — Les cafés. — Les promenades. — Le jeu. — Les gens de robe. — Les financiers. — Les comédiens français.

« Les Ridicules du siècle » se retrouvent aussi dans les « OEuvres complètes de M. de Chevrier », t. III. (*A Londres, chez l'éternel Jean Nourse, l'an de la Vérité* 1774, *in-*12.) [Carn., 509, t. III.]

L'édition citée par Barbier et que je ne connais pas *de visu* est sans doute la même que celle que cite M. Gillet dans sa « Notice.... sur Chevrier » (p. 100) ; elle porterait comme suscription : *Londres*, 1752; (*pet. in-*12, 3 *f. limin. et* 132 *p.*)

Il paraît que ce livre a été condamné.

135. — Lettres d'Osman. — *A Constantinople*, 1753, 3 *parties in-*12 *de* 178, 179 *et* 179 *p.* [Carn., 2847.]

Sur les mœurs en général. Ouvrage assez intéressant. Par Ph.-Aug. DE SAINTE-FOIX, chevalier D'ARCQ, d'après Barbier.

135 *bis*. —The Englishman in Paris. By SAMUEL FOOTE. — ... 1753...

Cité d'après Watt; suivant ce bibliographe, S. Foote était à la fois auteur comique et acteur. Cf. le n° 143 *bis* ci-dessous.

136. — La Folie du jour, ou la Promenade des boulevards. — *S. L. N. D.* (1754), *in-*4, 7 *p.* [Bibl. nat., Li³ 656.]

Pièce satirique, par MICHEL MARESCOT, d'après Barbier qui cite une édition en 17 pages in-12 sous la date de 1754, sans citer cette édition in-4.

137. — Bagatelles morales. (Epigr. : « Ridentem dicere verum quid vetat? ») — *A Londres; et se trouvent à Paris, chez Duchesne...*, 1754, *in-*12, 249 *p.* [Bibl. nat., R.]

Par l'abbé G.-F. COYER. Cet ouvrage a eu de nombreuses éditions. Celle-ci est la première; le dernier feuillet est, par erreur, paginé 349. La seconde édition, anonyme aussi, est en 239 p. Les « Bagatelles morales » ont été postérieurement réimprimées avec le nom de l'auteur. Ce volume se compose de pièces, qui, à l'exception de la première avaient déjà été publiées plusieurs années auparavant; ce sont : « Le Siècle présent. » (Paraît ici pour la première fois). — « Découverte de la pierre philosophique. » (Voy. le n° 106.) — « L'Année merveilleuse ». (Voy. ci-dessus le n° 108.) — « La Magie démontrée ». (Voy. le n° 116.) — « Plaisir pour le peuple. » (Voy. le n° 117.) — « Lettre à un grand. » (Je ne connais pas l'édition originale de cette pièce qui n'est pas citée par Barbier, mais qui doit cependant exister, sous ce titre ou sous un autre, ainsi que cela résulte de la *Préface* des *Bagatelles morales.*) — « Découverte de l'île frivole ». (Voy. le n° 130.) — « Lettre à une dame anglaise. » (Voy. le n° 119.)

Le Bibliophile Jacob a donné récemment une nouvelle édition des « Bagatelles morales » ; voy. l'article suivant.

138. — L'abbé COYER. **Bagatelles morales, publiées par** LE BIBLIOPHILE JACOB. **Eau-forte par** AD. LALAUZE. — *Paris, librairie des bibliophiles (imp. Jouaust et Sigaux)*, 1884, *pet. in-*8, x-99 *p.*, *fig.*

Cette réimpression, précédée d'une bonne notice, ne contient que cinq pièces. Ce sont : « Le Siècle présent », « L'Année merveilleuse » (p. 17), « Lettre à un grand » (p. 31), « Découverte de l'île frivole » (p. 43), « Lettre à une dame anglaise » (p. 87). — Le Bibliophile Jacob a omis de parler dans sa notice des différents écrits suscités par les brochures de l'abbé Coyer, et que nous avons cités plus haut à leur date de publication.

139. — Mémoires de Justine ou les Confessions d'une fille du monde qui s'est retirée en province. — *Londres, chez Jean Nourse*, 1754, 2 *parties in-*12.

J'ai lu dans le « Bulletin du bibliophile » de Téchener (année 1862, p. 135) que ce roman, quoique très décent dans la forme, expose cependant des situations assez peu convenables, puisqu'il roule tout entier sur les aventures d'une *fille du monde* ou courtisane. Il est, paraît-il, de J.-B.-M. MAGNY.

140. Les Délices du jour. — *Amsterdam; et Paris, chez Cailleau, quai des Augustins, à l'Espérance et à S.-André*, 1755, *pet. in-*8, 28 *p.* [Bibl. nat., Li³ 21.]

Conversation entre un financier et une femme à la mode. Description de l'appartement de cette dernière; son langage. — A cet époque, le boulevard avait son jour... qu'en 1884 on aurait appelé son jour *pschutt*; c'était, en 1755, le jeudi.

141. — Le Boulevard de jour. Scènes comiques. — *S. L. N. D.* (*Paris*, 1755), *in-*12, 12 *p.* [Bibl. nat., Li³ 22 Rés.]

Cette petite plaquette dont la rareté est le principal mérite ne contient que deux scènes dialoguées. Le dernier feuillet porte que l'« on donnera sous peu le *Boulevard de nuit* »; je ne connais pas cette seconde partie.

142. — Pensées philosophiques d'un citoyen de Montmartre. — *A la Haye*, 1756, *in-*12, 123 *p.* [Carn., 11796.]

Par le P. PIERRE SENNEMAUD, jésuite. On l'attribue aussi à un P. DUMAS.—Dissertation philosophique contre les mœurs du temps, mais plus spécialement dirigée contre les *Encyclopédistes*.

143. — Les Spectacles nocturnes. Ouvrage épisodique. — *A Londres, et se trouvent à Paris, chez Duchesne, 1756, 2 parties in-12 de 178 et 143 p.* [Carn., 11303.]

Par Jean-Baptiste-Michel Magny, chirurgien. Composition ennuyeuse et fade; sorte de roman galant dans lequel la capitale est dépeinte sous le nom de *Cythéropolis*. Le seul chapitre qui mérite peut-être d'être signalé est celui qui est consacré aux *petites-parties* arrangées par les *petits-maîtres* pour de *petits soupers* dans leurs *petites maisons*.
Il est certain que ce volume contient quelques passages intéressants, mais aller jusqu'à dire, ainsi que l'a fait M. P. Lacroix, que c'est lui qui pourrait bien avoir donné à Sébastien Mercier l'idée de son « Tableau de Paris », c'est peut-être lui faire beaucoup d'honneur. (Voy. le « Bulletin du Bibliophile » de Téchener, année 1862, p. 1350-1351.)

143 bis. — The Englishman returned from Paris. By Samuel Foote. — London, 1756, in-8.

D'après Watt. — Cf. le n° 135 *bis* ci-dessus.

144. — Het Pompadoure en cabriolette leeven, of de quintessence der mode, gedroomd door een veritabel Hollander. Tweede druk. — In s'Gravenhage, by H. Bakhuysen, boekverkoper..., 1757, in-16, 147 p. [Bibl. nat., Li³ 23.]

« La vie à la Pompadour et en cabriolet, ou la quintessence de la mode, rêvée par un véritable Hollandais. Deuxième édition. — A La Haye, chez H. Bakhuisen, libraire... »
La mode à Paris au milieu du xviiie siècle. Les bons vivants, les galants, les petits-maîtres, etc.
Ce volume ne serait-il pas une traduction du français?

145. — Préservatif contre l'anglomanie. — *Minorque, 1757, in-8, 58 p.* [Bibl. nat., Li³ 24.]

Par Fougeret de Monbron.

146. — La Dernière Guerre des bêtes. Fable pour servir à l'histoire du xviiie siècle. Par l'auteur d' « Abassaï » (Mlle Fauque). — *Londres, C.-J. Seyffert, 1758, 2 parties in-12, 218 p., plus les titres et l'errata.* [Carn., 16032.]

Satire politico-sociale. Suivant *Barbier* il existe une clef pour ce volume. L'exemplaire de Carnavalet n'en contient pas, non plus que d'errata.

147. — Des Herrn Johann Peter Willebrand Königl. Dänischer wirkl. Justitzrath in der Regierung zu Glückstadt, Historische Berichte und Praktische Anmerkungen auf Reisen in Deutschland und andern Ländern. Neue vermehrte und verbesserte Auflage. — *Leipzig, Heinsius, 1769, in-8, 8 ff., 478 p. et 10 ff., vignette gravée sur le titre.* [Bibl. nat., M.]

« Renseignements historiques et observations pratiques sur les voyages en Allemagne et dans d'autres pays, par Jean-Pierre Willebrand, conseiller royal de Danemark dans le gouvernement de Gluckstadt. Nouvelle édition, revue et augmentée. »
La première édition est de 1758. L'ouvrage est écrit sous forme de lettres, suivies chacune d'une série d'indications pratiques pour les voyages. Sur les vingt-huit lettres contenues dans le volume, la septième est consacrée au séjour à Paris (p. 142-168). La description de la ville est des plus sommaires ; par contre, les renseignements pratiques qui terminent la lettre sont très intéressants.

148. — La Berlue. — *A Londres, à l'enseigne du Lynx, 1759, in-18, x-166 p.* [Carn., 10820; et édition de 1826, 18206 *.]

Critique de mœurs. — Par Louis Poinsinet de Sivry, d'après Barbier, qui cite deux autres éditions de cet ouvrage, l'une de *Londres*, 1773, in-12, 160 p., et l'autre de *Paris*, 1826, in-32. Suivant Barbier, « La Berlue » a été reproduite presque en entier dans « La Lorgnette philosophique » en 1785. Voy. ci-dessous le n° 262.
Il paraît que cet ouvrage a été poursuivi : Voyez le « Catalogue des ouvrages... condamnés », par F. Drujon (1879, in-8°), p. 48.

149. — Tableau du siècle, par un auteur connu. — *A Genève, 1759, in-12, xxiv-228 p.* [Bibl. nat., Li³ 279.] [Carn., 2848.]

Genre des caractères de La Bruyère.
Table des matières : De la religion (p. 1). — Des femmes (p. 19). — De la justice (p. 32). — Du militaire (p. 37). — De la finance (p. 49). — Du commerce (p. 56). — Des moines (p. 77). — Des médecins (p. 113). — De la cour (p. 126). — De la ville (p. 141). — De la province (p. 150). — De la vénalité des charges (p. 158). — De la littérature (p. 176). — Des modes (p. 195). — Des spectacles (p. 204).
Le *Dictionnaire* de Barbier contient sur cet écrit une note importante à laquelle je renvoie. L'auteur serait Nolivos de Saint-Cyr, ancien capitaine d'infanterie. L'ouvrage a été interdit et contrefait: la bonne édition, assez rare, est précédée d'une Épître dédicatoire au chancelier Maupeou.
L'exemplaire de la Bibliothèque nationale porte une note manuscrite d'après laquelle le « Tableau du siècle » serait de Laval (comé-

dien) ; cette attribution n'est pas admise .par Barbier.

Les deux exemplaires que j'ai eus sous les yeux sont probablement de la contrefaçon.

150. — L'Ecole des filles, ou les Mémoires de Constance. — *A Londres* (*sans nom de libraire*), 1759, 4 vol. pet. in-12. [Carn., 15022.]

Roman de mœurs. — Je ne sais si cet ouvrage est une réimpression de l'un de ceux que cite Barbier, II, 18.

151. — La Capitale des Gaules, ou la Nouvelle Babilonne (*sic*). Première partie. Nouvelle édition. (Epigr.: « Plurima in paucis.») — *A La Haye*, 1760, in-12 ; faux-titre et 67 p. — La Capitale des Gaules, ou la Nouvelle Babilone (*sic*). Seconde partie. (Epigr: « Parcere personis, dicere de vitiis. ») — *A Bagdat*, 1759, in-12, 140 p. et 1 f. d'errata. [Bibl. nat., Li³ 25.] [Carn., 2849.]

Par Fougeret de Monbron. — Réflexions sévères sur les mœurs du temps. Cet ouvrage est assez curieux. Je n'en ai jamais vu d'exemplaire qui ne portât pas la mention : « Nouvelle édition ». Il est difficile d'expliquer pourquoi la première partie porte toujours la date de 1760, tandis que la seconde est datée de 1759, particularité que j'ai constatée dans tous les exemplaires qui m'ont passé sous les yeux : et j'en ai vu beaucoup, car l'ouvrage n'est pas très rare. Les deux parties se trouvent généralement reliées en un seul volume. Quérard n'a mentionné que la date de 1759 ; d'après Barbier, il faudrait lire 1740-1759 ; quoique celui-ci ne signale pas l'existence d'une faute typographique, ce serait peut-être une explication de cette anomalie. Il existe cependant une édition absolument différente (voy. le numéro suivant), dans laquelle je l'ai remarquée aussi.

Cf. le n° 153.

152. — La Capitale des Gaules, ou la Nouvelle Babilonne (*sic*). Première partie. Nouvelle édition. (Epigr. : « Plurima in paucis... ». — *Imprimé en France, chez Va-de-bon-cœur, chantre des armées du Roy*, 1760. — La Capitale des Gaules, ou la Nouvelle Babilone (*sic*). Seconde partie. (Epigr. : « Parcere personis... ». — *A Bagdat*, 1759. — L'Anti-Babylone (*sic*), ou Réponse à l'auteur de « La Capitale des Gaules ». — *A Londres*, 1760, pet. in-12, 180 p.

Autre édition de l'ouvrage précédent, et qui semble n'être qu'une contrefaçon, car elle contient la réfutation de Goudar. (Voy. le numéro suivant.) La pagination se suit d'un bout à l'autre ; j'y remarque la particularité de la date dont j'ai parlé dans l'article précédent. Les trois titres donnés ci-dessus se trouvent aux pages 1, 41 et 139.

153. — L'Anti-Babylonne (*sic*), ou Réponse à l'auteur de « La Capitale des Gaules ». — *Londres*, 1759, in-12, 76 p. [Bibl. nat., Li³ 26.] [Carn., 2849*.]

Par Ange Goudar. — Réfutation ingénieuse du livre de Fougeret de Monbron. L'auteur montre que celui-ci a été trop sévère pour Paris ; il ajoute qu'il s'est souvent placé à un point de vue trop absolu et trop général, et que les reproches qu'il adresse à la capitale de la France pourraient aussi bien s'adresser à tout le monde civilisé.

Dans la seconde partie de « La Capitale des Gaules », Fougeret de Monbron nous apprend qu'il a été aussi attaqué très vivement par l'abbé de La Porte.

154. — Le Livre à la mode. — *A Verte-feuille, de l'imprimerie du Printemps, au Perroquet, l'année nouvelle* (*Paris, Duchesne*, 1759), pet. in-8, xx-79. p.

Par L.-A. de Caraccioli. — Badinage sur les usages et les modes. Tout le volume est imprimé en vert. Il y a une seconde édition (voy. l'article suivant); c'est un ouvrage absolument différent.

155. — Le Livre à la mode. Nouvelle édition, marquetée, polie et vernissée. — *En Europe, chez les libraires*, 100070060, pet. in-8, xxxvi-79 p.

Par L.-A. de Caraccioli. Cette soi-disant « nouvelle édition » n'a rien de commun dans la forme avec la précédente ; elle ne se rattache à elle que par le fond qui n'est pas moins futile. Tout le volume est imprimé en rouge.

On joint à ces deux volumes celui qui est cité sous le numéro suivant.

156. — Le Livre de quatre couleurs. — *Aux quatre éléments, de l'imprimerie des Quatre-Saisons*, 4444 (*Paris, Duchesne, vers 1760*), pet. in-8, 2 ff. de tit., xxiv-114 p. [Bibl. nat. Li³ 27.]

Par L.-A. de Caraccioli. — Publication facétieuse sur les modes et les mœurs ; tableau de la société, etc. Le titre est polychrome ; les pages I-XXIV sont imprimées en jaune ; les pages 1-26 en bleu ; 27-50 en brun ; 51-74 en rouge, et 75-114 en jaune. — A la fin du volume on lit la date du 3 août 1757. — Suivant Barbier, on trouve un compte rendu du « Livre de quatre couleurs » dans « L'Année littéraire », 1760, t. III, p. 217.

Cet opuscule peut se joindre aux deux précédents.

157. — Anecdotes galantes, ou le Moraliste à la mode. Par M. J. Ha***. — A Amsterdam ; et à Paris, Duchesne, Cuissart, 1760, in-16, xxiv-120 p. [Carn., 15178.]

Par Joseph Hacot. — Anecdotes assez fades contenant quelques traits de mœurs.

158. — Anecdotes morales sur la fatuité, suivies de recherches et de réflexions critiques sur les petits-maîtres anciens et modernes. — A Anvers, et se trouve à Paris, chez Urbain Coutelier, et chez Cuissart, 1760, in-12, 324 p. [Carn., 3783.]

Par C.-C.-F. Thorel de Champigneulles. — On retrouve dans ce volume « Cléon ou le petit-maître esprit fort », qui avait déjà été publié en 1756. Consulter Barbier, I, 617, b.

159. — Entendons-nous. Ouvrage posthume de M. Gobe-Mouche. — Aux boulevards, S. D. (1760), in-12, 39 p. [Carn., 12024*.]

Satire contre les mœurs, et traits contre différents personnages qui ne sont pas désignés par leurs noms, mais seulement par des périphrases. L'exemplaire de la bibliothèque Carnavalet contient l'indication manuscrite de quelques-uns de ces noms.
Par Barth.-Cl. Graillard de Graville et Jean-François Guichard, d'après Quérard et Barbier.
Je vois dans les Supercheries, II, 191 b, qu'il a été publié une suite à cette brochure, sous le titre suivant :

160. — Lettre de M. Gobe-Mouche à tous ceux qui veulent entendre. — Amsterdam, 1765, in-8.

Suite de l'article précédent ; cité d'après Quérard.

161. — Lettre d'un provincial à un ami sur la promenade des boulevards. — S. L., 1760, in-8, 18 p. [Carn., 14904 *.]

Tableau intéressant et description morale des boulevards ; traits satiriques et réflexions sur le spectacle varié qu'ils présentent à l'observateur. En vers de dix syllabes.

162. — Représentations à Monsieur Le Lieutenant Général de police, sur les courtisanes à la mode et les demoiselles de bon ton. — A Paris, de l'imprimerie d'une société de gens ruinés par les femmes, 1760, sans approbation des demoiselles du bon ton, in-12, ix-226 p. [Carn., 3782.]

Il y a une autre édition, qui porte absolument le même titre, mais avec la date de 1762, in-12, IX-177 p. [Carn., 11340.]

163. — Le Colporteur, histoire morale et critique par M. de Chevrier. — A Londres, chez Jean Nourse, l'an de la Vérité (1761), in-12.

Imprimé à La Haye ou à Bruxelles en 1761, ce volume, qui paraît avoir été en France l'objet des recherches de la police, semble n'y être parvenu que dans les premiers mois en 1762. Il en est question dans les Mémoires de Bachaumont, t. I, p. 55 et 73, ainsi que dans la Correspondance littéraire de Grimm t. III, p. 91. (Cf. les Mémoires de Favart, t. II, p. 20.).
Le Colporteur n'est probablement qu'un ramas de sottises et de calomnies ; il faut bien se garder de prendre pour certains ses racontars et ses cancans. Je crois inutile d'en donner ici une analyse.
Le bibliographe le plus courageux renoncera à donner le détail des différentes éditions de cet ouvrage ; elles ne diffèrent guère entre elles que par le plus ou moins grand nombre de fautes typographiques, et sur ce point, on serait bien embarrassé de savoir à laquelle accorder la préférence. L'édition la plus récente paraît être celle qui fait partie des Œuvres de Chevrier. Londres, 1774, 3 vol. in-12, t. I. [Carn., 500.]
Pour ce qui est des éditions isolées, j'en connais au moins cinq [Bibl. nat., Li³ 28 à 28 D], mais il en existe certainement davantage. On peut consulter à ce sujet une « Notice historique et bibliographique sur Chevrier » par M. Gillet. (Nancy, impr. de Mme veuve Raybois, 1864, in-8, 182 p. Extrait des Mémoires de l'académie de Stanislas, 1863, tiré à 120 ex.) [Carn., 501.]
M. Gillet cite sept éditions ; d'après lui, l'édition originale est en 224 p., signatures A²-T², avec titre rouge et noir, encadré de noir.
J'ai remarqué que l'édition en 202 p. est moins complète que les autres : il lui manque le dernier paragraphe intitulé Postface ; on doit donc préférer à cette édition celles qui sont en 220, 224 ou 228 p.
C'est par erreur que Quérard, dans la France littéraire assigne au Colporteur la date de 1753 comme date de publication.
On trouve une clef et une critique du « Colporteur » à la fin du t. III des « Œuvres » de Chevrier (1774).

164. — L'Inoculation du bon sens. — Londres, 1761, in-12, 34 p. [Bibl. nat., Li³ 29.]

I. — Autre édition. — Londres, 1761, pet. in-12, 60 p. [Bibl. nat., Li³ 29 A.]

II. — Autre édition. — Londres, 1762, in-12, 69 p. [Bibl. nat., Li³ 29 B.]

III. — Autre édition. — Londres, 1761, pet. in-12, 62 p. [Bibl. nat., Li³ 29 C.]

Satire très vive contre les mœurs du temps par Nic.-Jos. Sélis, d'après Quérard et Barbier.

attribuée aussi à JEAN SORET par la « France littéraire » de 1778 et par celle de Ersch. Voyez dans
le Dictionnaire de Barbier (II, 923 a) une note
relative à cette attribution, et d'après laquelle
il existerait des exemplaires avec le nom de Sélis. — Voyez l'article suivant.

**165. — Le Contre-poison, ou la
Nation vengée. —** *Amsterdam,* 1761,
*in-*12, 55 *p.* [Bibl. nat., Li³ 30.]

Réponse à « L'Inoculation du bon sens ».
« Le faiseur d'inoculation, dit l'auteur de cette
critique. aurait dû mettre dans beaucoup d'endroits des raisons à la place des déclamations
et des injures. La multitude de ces inepties nous
fait ressouvenir que le siècle n'est jamais décrié
que par des écrivains obscurs qui le déshonorent.
Cependant les gens éclairés savent que le genre
humain est plus heureux qu'il n'a jamais été. »
L'auteur du « Contre-poison » était indulgent
pour son siècle. Barbier, ne cite point cet écrit.

**166. — Bibliothèque des petits-
maitres, ou Mémoires pour servir à
l'histoire du bon ton et de l'extrême-
ment bonne compagnie. —** *Au Palais-
Royal, chez la petite Lolo, marchande
de galanteries, à la Frivolité,* 1762,
*in-*12, 168 *p.* [Bibl. nat., Li³ 31.]
[Carn., 9717.]

Par FR.-CH. GAUDET, d'après Barbier qui cite
aussi des éditions sous les dates de 1741, 1742,
1761, in-18; et 1771, in-16. Quérard ne cite que
la présente édition et celle de 1761.
Le plan général de ce petit ouvrage consiste
en une comparaison des mœurs de l'ancienne
Rome avec les mœurs de Paris. L'auteur nous y
montre le « petit-maître » qu'on appelait aussi
à cette époque un « merveilleux » comme un personnage très fat et très désagréable. C'est lui,
dit-il, que l'on rencontre aux *Français* le ven-
dredi..., il parait que c'était le jour à la mode
de ce temps-là. — A la fin du volume, les amateurs de bibliographie fantaisiste trouveront une
longue liste des ouvrages imaginaires composant
la bibliothèque des petits-maitres.
Ce charmant petit volume a été analysé par
Ch. Monselet, sous le titre de *Une Vie parisienne
du temps de Louis XV,* dans les « Galanteries du
XVIIIᵉ siècle ».

**167. — Mémoires d'un Frivolite,
par l'auteur ambulant. En deux
parties. —** *S. L.,* 1762, *in-*12, 2 *f.,*
110 *p. et* 1 *f. de table.* [Carn., 15475.]

La pagination se suit dans les deux parties.
Ce roman de mœurs qui contient quelques
traits critiques assez intéressants est de TOUSSAINT-
GASPARD TACONET. Barbier ne cite qu'une édition, *Paris,* 1761, 2 *parties in-*12, qui m'est inconnue.

**168. — Almanach des gens d'esprit,
par un homme qui n'est pas sot;
calendrier pour l'année** 1763 **et le**

reste de la vie, publié par l'auteur
du « Colporteur ». — *Toujours à Londres, chez l'éternel M. Jean Nourse,*
1763, *pet. in-*8, 120 *p.* [Carn., 9362.]

L'avertissement, qui se trouve à la fin du volume, est signé CHEVRIER.
Anecdotes satiriques sur diverses personnalités
parisiennes, principalement sur le monde galant
et théâtral. Une autre édition de ce pamphlet,
qui porte sur le titre : « Calendrier pour toute
la vie, publié en l'année 1762 », se trouve dans
les œuvres de Chevrier, t. I, p. 265. [Car., 500.]
C'est en 1762 que cet ouvrage a fait son apparition : il parait qu'il a été immédiatement saisi.
Voyez la « Notice historique et bibliographique sur
Chevrier », par M. Gillet, (Carn., n° 501), p. 155.

169. — Les Nymphes de la Seine.
Poème. — *S. L.,* 1763, *in-*12, 29 *p.*
[Carn., 6290.]

Le sujet de ce petit poème n'a rien de mytho-
logique : « Quel sujet! Les filles de Paris, dit
l'auteur dans sa préface; oh! pour le coup
n'en dites pas de mal. Trouvez m'en un qui intéresse plus de gens! »
Par le marquis DE LUCHET, d'après une note
manuscrite.

170. — Le Goût du siècle. — *Genève,*
1765, *in-*12, 81 *p.* [Bibl. nat., Li³ 32.]

Par A.-F. RICCOBONI, d'après Barbier qui cite,
en outre de celle-ci, une édition parue à *Londres*
(*Paris*), 1762, in-8. Quérard ne cite dans la *France
littéraire* que l'édition de 1762. — Très violente critique des mœurs en général. Cf. l'article suivant.

171. — Lettre à un révérend père.
—*Amsterdam,* 1765, *in-*12, 23 *p.* [Bibl.
nat., Li³ 33.]

Contre l'ouvrage précédent.

**172. — Travels through France and
Italy: containing observations on
character, customs, religion, govern-
ment, police, commerce, arts and
antiquities. With a particular description of the town, territory, and
climate of Nice; to which is added a
register of the weather, kept during
a residence of eighteen months in
that city. By T. SMOLLETT. M. D. The
second edition.—***London, R. Baldwin,*
1766, 2 *vol. in-*8, 372 *et* 296 *p., plus
les titres.* [Bibl. nat., L.²⁹ 58.]

La première édition avait vraisemblablement
paru la même année.
Il y a aussi une édition sous la même date,
Dublin, 2 *vol. in-*8.
Sur les 41 Lettres dont se compose cet ouvrage,
deux seulement, les lettres VI et VII (p. 81-122,

1er vol.) sont datées de Paris, 12 octobre 1763. Le voyageur ne s'occupe guère que des mœurs et des usages, et encore, au point de vue parisien, ses observations — presque toutes malveillantes — sont-elles très superficielles. Malgré son esprit de dénigrement, Smollet est bien forcé d'avouer que, tout en tenant compte de leurs *absurdités* les Français ont, au point de vue des modes, une supériorité marquée sur ses compatriotes.

Les appréciations de Smollet ont été vivement critiquées par un écrivain anglais, Thicknesse, dont les ouvrages sont cités ci-dessous, nos 176, 177 et 225.

Sterne a aussi plaisanté le voyageur sous le nom de *Smellfungus*.

Les lettres de Smollet ont été analysées et appréciées avec exactitude par M. Babeau dans ses « Voyageurs en France », p. 212 et suiv. Voyez particulièrement p. 226.

173. — Le Papillotage, ouvrage comique et moral. — *A Rotterdam, chez E. V. D. W., et Compagnie*, 1766, *pet. in-8*, 131 p. [Carn., 5422, édition de 1767.]

« Le papillotage est nouveau... C'est lui qui donne cette sémillante légèreté, si propre à faire briller les esprits, et à orner la société, qui répand ses gentillesses, dont notre siècle tire avec raison son mérite et sa gloire... et qui, laissant à l'écart tout système économique et politique, ne connaît d'études que celles des modes et des plaisirs... ». Je crois que cette citation est plus que suffisante pour donner une idée de ce volume qui, quoique futile par son sujet et par sa forme, contient quelques notions curieuses sur les mœurs aristocratiques du XVIIIe siècle.

Je ne sais à qui il faut attribuer « Le Papillotage ». Il y a une autre édition, même titre et même rubrique, mais sous la date de 1767, petit in-8. 118 p., qui se trouve à Carnavalet.

174. — Paris, histoire véridique, anecdotique, morale et critique, avec la clef. Par M. CHEVRIER. — *A La Haye*, 1767, 88 p. [Carn., 2850.]

Avec cette épigraphe : *La vérité a conduit le pinceau.* — Chap. I. Avertissement. — II. Paris en général — III. De la cour. — IV. Du sénat. — V. De la haute noblesse. — VI. Des Bramines (c'est-à-dire du clergé). — VII. De la robe subalterne (avocats, procureurs, etc). — VIII. De la noblesse du second ordre. — IX. Des trésoriers de France, etc. — X. Des comédiens et filles de l'Opéra. — A la fin du volume se trouve la clef dans laquelle on rencontre plusieurs noms de marque. — Ce pamphlet est un peu moins violent que « Le Colporteur » (voy. le n° 163), mais cependant ce que j'ai dit de celui-ci peut, jusqu'à un certain point, s'appliquer à celui-là.

175. — La Ratomanie, ou Songe moral et critique d'une jeune philosophe. Par Madame***. — *A Amster-*dam, 1767, *pet. in-8*, 196 p. [Carn., 12450.]

Par l'abbé ANT. SABATIER, de Castres.

Dans les 87 premières pages, l'auteur expose ses théories morales et philosophiques. Il aborde ensuite la satire et exerce sa critique sur les *Petits-maîtres* (p. 88). les *Femmes* (p. 118), les *Auteurs* (p. 137). et les *Comédiens* (p. 176).

Pour l'explication de ce titre « La Ratomanie », je rappellerai que l'expression « avoir des rats », c'est-à-dire des idées folles, extravagantes, est un reste d'une locution du XVIIe siècle. Voyez dans les « Variétés historiques et littéraires » (1855) de Fournier les notes jointes par l'éditeur à la réimpression d'une pièce intitulée : « Privilèges et Règlements de l'archiconfrérie vulgairement dite des cervelles émouquées, ou des Ratiers ». Il paraît qu'on chantait sous la Régence une chanson dont le refrain était :

> Oui ce sont les rats
> Qui font que vous ne dormez guère, etc...,

et sur l'air de laquelle avait été réglée une fameuse contredanse nommée, à cause d'elle, *contredanse des rats*.

175 bis. — Miscellaneous poems, written by a lady, being her first attempt. The author's journey to Paris; memoir of a lady now in the bloom of life. — *London, Dodsley*, 1767, 3 *vol. pet. in-8.*

D'après Watt.

176. Observations on the customs and manners of the french nation, in a series of letters, in which that nation is vindicated from the misrepresentations of some late writers, by PHILIP THICKNESSE, esq. — *Dublin, printed for W. Sleater, D. Chamberlaine, and J. Petts, booksellers*, 1767, *in-12*, 2 *f. de tit. et* 139 *p.*

Ce petit volume est intéressant ; il contient 23 Lettres. Les Lettres VIII et IX sont seules datées de Paris (20 et 30 juin 1766). Les Lettres X-XII sont datées de Saint-Germain (21 juillet-4 octobre 1766), mais ne sont pas moins en rapport immédiat avec notre sujet. L'auteur s'est attaché à donner des détails sur sa manière de vivre, à transmettre ses impressions à son correspondant, beaucoup plus qu'à donner des descriptions que l'on peut trouver ailleurs. Watt ne cite pas cet ouvrage, absolument différent de celui qui est décrit sous le n° suivant ; mais il en cite un autre, dont on trouvera le titre ci-dessous, n° 225.

177. — Useful Hints to those who make the tour of France, in a series of letters written from that kingdom. By PHILIP THICKNESSE, esq. These letters contain some account of the interior police of that kingdom in general, and of Paris in particular. —*London, R. Davis...,* 1768, *in*-8, 2 *f. et* 284 *p.* [Bibl. nat., L²⁹ 3.]

Ainsi qu'il l'avait déjà fait dans l'ouvrage cité ci-dessus, n° 176, l'auteur s'attache à réfuter les opinions erronées émises par ceux de ses compatriotes qui ont voyagé en France. Il est surtout frappé des exagérations et des extravagances de Smollet. (Voy. le n° 172.) Son volume contient 33 Lettres, dont la plupart sont datées (12 janvier-10 août 1767) de Saint-Germain-en-Laye, où il a résidé; ces lettres méritent d'être lues; malheureusement le style de l'auteur m'a semblé souvent assez obscur et plein d'allusions dont plusieurs m'ont échappé.

178. — Dictionnaire critique, pittoresque et sentencieux, propre à faire connaître les usages du siècle ainsi que ses bizarreries. Par l'auteur de « La Conversation avec soi-même ». (L.-A. DE CARACCIOLI). — *Lyon, B. Duplain,* 1768, 3 *vol. in*-12. 399, 353 *et* 351 *p., plus les ff. de tit. et le privilège.* [Bibl. nat., Li³ 34.]

Cet ouvrage, dont le titre fait bien connaître le contenu, peut, dans des cas très rares, être bon à consulter; mais il a le grand tort d'être absolument ennuyeux et ne supporte pas une lecture suivie.

179. — Complainte des filles auxquelles on vient d'interdire l'entrée des Tuileries, à la brune. — *S. L. N. D.* (*Paris,* 1768), *in*-8, 15 *p.* [Carn., 1588.]

En vers. — Par J.-H. MARCHAND. En raison de l'analogie de composition qui existe entre cette pièce et les cinq suivantes, je ne serais pas éloigné d'attribuer celles-ci au même auteur.

180. — Les Sultanes nocturnes et ambulantes de la ville de Paris, contre les réverbères. — *A la petite vertu,* 1768, *in*-8, 16 *p.* [Carn., 10471*.]

Même pièce, à quelques variantes près, que « Les Ambulantes à la brune ». (Voy. ci-dessous le n° 182.)

181. — Testament d'une fille d'amour mourante. — *A Londres,* 1768, *in*-8, 15 *p.* [Carn., 10471 *.]

En vers. — Il y a des exemplaires sous la date de 1769. [Carn., 3787 *.]

182.— Les Ambulantes à la brune, contre la dureté du temps. — *A la Chine,* 1769, *in*-8, 16 *p.* [Carn., 10471 *.]

Même pièce, à quelques variantes près, que « Les Sultanes nocturnes ». (Voy. ci-dessus le n° 180.) Edouard Fournier a réimprimé « Les Sultanes nocturnes » dans « Les Lanternes » (*Paris, Dentu,* 1854, *in*-8°). Il considère « Les Sultanes » comme une seconde édition des « Ambulantes », réduite ici, augmentée là. Il donne aux deux pièces la date de 1769; pour moi, « Les Sultanes » étant de 1768, je les considère comme étant la publication originale. Du reste, cela a peu d'importance.

183. — Brevet d'apprentissage d'une fille de modes. — *A Amatonte,* 1769, *in*-8, 12 *p.* [Carn., 10471 *.]

En vers. Cette pièce a été réimprimée dans les « Variétés historiques et littéraires » de Fournier (1857), tome VIII, p. 223.

184. — Plaintes des filoux et écumeurs de bourses à nosseigneurs les réverbères. — *A Londres,* 1769, *in*-8, 16 *p.* [Carn., 10471 *.]

En vers. Cette pièce a été réimprimée par Edouard Fournier, dans « Les Lanternes » (*Paris, Dentu,* 1854, *in*-8°).

185. — Les Coeffeurs de dames contre ceux des messieurs. — *A Paris,* 1769, *in*-8, 16 *p.* [Carn., 10471 *.]

En vers.

186. — Les Dames anglaises francisées par les soins d'un abbé. — *A Londres,* 1769, *in*-8, 16 *p.* [Bibl. nat., Li³ 18 *.] [Carn., 12025 *.]

Même pièce que la « Réponse d'une jeune dame anglaise », citée sous le n° 120.

187. — La Jolie Femme, ou la Femme du jour. — *A Amsterdam, aux dépens de la Compagnie,* 1769, 2 *parties in*-12, 162 *et* 145 *p., plus les titres et les tables.* [Carn., 3167.]

Par NIC.-TH. BARTHE. Voy. Barbier, qui cite d'autres éditions et renvoie, au sujet de cet ouvrage, à la « Correspondance littéraire » de l'abbé Sabatier de Castres. *Londres,* 1780, *in*-12, *p.* 57. Il ajoute que cet ouvrage a été attribué par Ersch à L.-S. MERCIER.

« La Jolie Femme » n'est qu'un roman, mais ce roman contient beaucoup de réflexions sur les mœurs du temps.

188. — Lettre aux académiciens du royaume et à tous les Français sensés. — *Paris, Le Jay,* 1769, *in*-8, 1 *f. de tit. et* 66 *p.* [Bibl. nat., Li³ 35.]

De la politesse dans les lettres et dans la conversation. Du luxe de la table. Usages domes-

tiques : la bougie, le sucre. Trois nouveautés :
La poste aux lettres mieux organisée, les porteurs
d'eau et les vidangeurs. Des cimetières. Des
livres nouveaux. Des biens de la fortune, etc. —
Cet opuscule ne manque pas d'intérêt.

189. — Lunettes à éclaircir la vue,
ou Aventure singulière arrivée récemment à Paris en un hôtel garni,
et rapportée par M. D. L., sous le
nom de QUIDAM ; et cela pour le bien
des maîtres d'hôtels et des honnêtes
gens qui y logent, et celui de beaucoup d'autres personnes de tous les
âges et tous les états, en tous pays....
Poème burlesque. — *Amsterdam, et
Paris, Humaire,* 1769, *in*-12, IV-61 *p.*
[Carn., 12430.]

Diatribe en vers contre une servante d'hôtel de
Paris. Considérations et élucubrations politiques
et économiques d'un maniaque.

190. — Le Waux-Hall populaire,
ou les Fêtes de la guinguette, poème
grivois et poissardi-lyri-comique en
cinq chants, enrichi de rondes de
tables et vaudevilles nouveaux paro-
diés sur les ariettes les plus jolies ;
dédié à M. de Voltaire. — *A la Gaîté,
chez le compère La Joie (Paris, Cailleau
1769), avec permission des Riboteurs,
in*-8, 127 *p.*

Voyez sur ce poème assez insipide, mais dans
lequel on trouve un curieux tableau des mœurs
parisiennes, une intéressante note de M. P. Lacroix, dans le « Bulletin du Bibliophile » de Téchener, année 1862, p. 1353.

191. — Le Cosmopolisme, publié
à Londres à l'occasion du mariage
de Louis-Auguste, Dauphin de France. Ouvrage traduit de l'anglais. —
A Amsterdam (Paris, Valude), 1770,
in-8, 95 *p.* [Carn., 11791.]

Le faux-titre porte : « L'Anglais à Paris ». —
D'après Barbier et Quérard, qui tous deux ont
inexactement reproduit le titre de cet écrit, l'auteur est l'abbé J.-H. RÉMY, qui fut avocat au
parlement de Paris. Son ouvrage est, du reste,
très peu intéressant et ne consiste qu'en divagations philosophiques et politiques à peu près
étrangères à notre sujet.

192. — Lettre d'un philosophe
moitié gai, moitié chagrin, sur quelques-unes de nos sottises, au baron
de ***. — *Paris, S. Jorry,* 1770, *in*-8,
40 *p.* [Bibl. nat., Li³ 37.]

Mœurs parisiennes. Spectacles : les Marion-

nettes, le Théâtre-Français et l'Opéra. La littérature et les hommes de lettres.

193. — Le Sauvage de Taïti aux
Français ; avec un envoi au philosophe ami des sauvages. — *A Londres,
et se trouve à Paris, chez Lejay,
libraire, rue S.-Jacques, au Grand
Corneille,* 1770, *in*-12, XXIV-149 *p.*
[Bibl. nat., Li³ 36.]

Par NIC. BRICAIRE DE LA DIXMERIE. — Des
mœurs, des usages et des modes des Parisiens
en général. Cet ouvrage est assez insignifiant.

194. — A View of society and
manners in France, Switzerland, and
Germany ; with anecdotes relating to
some eminent characters. By JOHN
MOORE, M. D. ,... The fourth edition,
corrected. — *London, printed for
W. Strahan and T. Cadell,* 1781,
2 *vol. in*-8, XVI-451 *et* XV-440 *p.*
[Carn., 11083.]

En forme de lettres. Les dix-sept premières
sont écrites de Paris et fort intéressantes.
L'auteur apprécie tout ce qu'il voit avec beaucoup de justesse et de bon sens. Il est à regretter qu'il n'ait consacré à notre capitale que les
150 premières pages de son ouvrage. Voyez les
articles suivants.

195. — Lettres d'un voyageur
anglais sur la France, la Suisse et
l'Allemagne. Traduit de l'anglais de
M. MOORE. — *Genève, I. Bardin,* 1781,
3 *vol. in*-8. [Bibl. nat., L²⁹ 60.]

Traduction de l'ouvrage précédent par HENRI
RIEU.
Les dix-sept premières lettres occupent les
pages 1-120 du premier volume. C'est tout ce
qui concerne Paris. Cette traduction que je n'ai
malheureusement pas pu rapprocher de celle qui
est décrite sous le n° 196 m'a cependant paru
n'en différer sur quelques points peu
importants, particulièrement dans le début de
la première lettre. Quelques différences aussi
dans la division des lettres ; ainsi, tout le passage
qui se rapporte à la statue de Louis XV se trouve,
dans la traduction de Rieu, reporté dans la
lettre XII, tandis que dans la traduction de
M¹¹ᵉ de Fontenay il se trouve dans la lettre XI.
Cf. le n° 196.

195 bis. — Tableau de la société
et des mœurs, en France, en Suisse
et en Allemagne ; avec des anecdotes
relatives à quelques personnages
distingués, par J. MOORE, M. D.
Traduit de l'anglais sur la troisième
édition corrigée. — *La Haye, P.-F.*

Gosse, 1781, 2 *vol. in*-12, xxviii-374 et xvii-366 *p.*

L'article précédent était composé quand j'ai acquis cette édition qui me semble être une reproduction de la traduction de H. Rieu, traduction que je n'ai plus à ma disposition ; en tous cas, cette édition en deux volumes in-12 est absolument différente de celle qui est citée sous le numéro suivant.

196. — Voyages de John Moore, en France, en Suisse et en Allemagne Traduits de l'anglais par Mlle***. — *Paris, Perlet,* 1806, 2 *vol. in*-8, viii-303 *et* viii-308 *p.*

Autre traduction de l'ouvrage précédent attribuée par Quérard à Mlle de Fontenay devenue plus tard madame la comtesse de Ruolz. Ces lettres ne sont pas datées, mais paraissent se rapporter au voyage que fit John Moore en France vers 1770.
Parmi les lettres les plus intéressantes, il faut signaler : Lettre III. — Le Colysée. Caractères. — IV. Mœurs françaises. — V. Paris et Londres. — XI. Préjugés anglais. Conversations avec M. B... — XI. Théâtre. La statue de Louis XV. XIII. Le chevalier de B... et sa femme. Mme de M...; son caractère. — XV. Dubois et Fanchon : anecdote. — XVII. Théâtre. Le Kain, etc.

197. — Voilà vos étrennes. — *S. L. N. D.* (*vers* 1770), *in*-8, 16 *p.* [Bibl. nat., Li^3 40.]

Par l'abbé Coyer. Revue des mœurs du temps.

198. — L'An deux mille quatre cent quarante. Rêve s'il en fut jamais. —*A Londres,* 1771, *in*-8. viii-416 *p.* [Bibl. nat., Li^3 38.]

Ouvrage célèbre de L.-S. Mercier. Il l'écrivit de 1768 à 1770. Le sujet est un rêve — « rêve s'il en fut jamais ». — L'auteur songe qu'il se réveille en 2440, âgé de 700 ans, et le tableau des perfectionnements et des progrès qu'il trouve réalisés sont pour lui l'occasion de la plus amère critique des choses de son temps; son ouvrage est très curieux et très original.
« L'an 2440 » a fait le sujet d'une série d'excellentes analyses critiques dans une Revue de province peu connue, « La Ruche catholique », 2e année (1881-1882, p. 3, 91, 147, 210, 227, 296 et 306. (Pau, imp. Vignancour, in-8°).
Cette édition de *Londres,* 1771, est la plus ancienne que je connaisse, et, jusqu'à nouvel ordre, je la considère comme l'édition originale. Elle contient 44 chapitres et 30 lignes à la page. L'ouvrage de Mercier a eu de nombreuses contrefaçons, mais il existe au moins deux autres éditions publiées avec l'assentiment de l'auteur (n°s 202, 205 et peut-être aussi n° 204).

199. — L'An deux mille quatre cent quarante. Rêve, s'il en fut jamais. — *Londres,* 1775, *pet. in*-8, 1 *f. de tit.* viii-472 *et* iii *p.*

Contrefaçon. Voy. l'article précédent, 44 chapitres; 28 lignes à la page.

200. — L'An deux mille quatre cent quarante. Rêve s'il en fut jamais. — *Londres,* 1775, *in*-12, viii-404 *p.* [Bibl. nat., Li^3 38 A.]

Contrefaçon. Voyez les articles précédents. 44 chapitres; 30 lignes à la page.

201. —L'an deux mille quatre cent quarante.... — *Londres,* 1785, 2 *vol. in*-8. [Bibl. nat., Li^3 38 D.]

Contrefaçon...? Voyez les articles précédents.

202. — L'An deux mille quatre cent quarante. Rêve s'il en fut jamais, suivi de l'Homme de fer, songe. Nouvelle édition avec [3] figures. — *S. L.,* 1786, 3 *vol. in*-8, xvi-380 *p. et* 1 *f.;* 2 *f. de tit.,* 381 *p. et* 1 *f. de table;* 2 *f. de tit.,* 312 *p. et* 1 *f. de table.* [Bibl. nat., Li^3 38 E.]

Réimpression (voy. les articles précédents) faite par l'auteur. Elle est beaucoup plus ample que l'édition originale et contient 82 chapitres ; c'est par erreur que la table en indique 84. Mercier parle de cette édition dans l'introduction de l'édition de l'an VII (n° 205 ci-dessous), et dit qu'elle a paru au mois de mars 1786.

203. — L'An deux mille quatre cent quarante.... — *Londres,* 1787, 3 *vol. in*-8. [Bibl. nat., Li^3 38 F, incomplet.]

Contrefaçon...? Voyez les articles précédents.

204. — L'An deux mille quatre cent quarante. Rêve s'il en fut jamais, suivi de l'Homme de fer, songe. Dernière édition, revue par l'auteur. — *S. L.,* 1793, 3 *vol. in*-12, 358, 342 *et* 286 *p., plus* 1 *f. de table dans chaque volume.* [Bibl. nat., Li^3 38 B.]

Cette édition semble avoir été publiée par l'auteur (voy. les articles précédents). La préface est datée de 1786. Il y est dit que la première édition a été publiée en 1770 (lisez 1771), à Amsterdam, chez feu Van Harrevelt et qu'il faut regarder comme inexactes les contrefaçons qui ont paru de 1770 à 1786.

205. — L'An deux mille quatre cent quarante. Rêve s'il en fut jamais, suivi de l'Homme de fer, songe. Par L.-S. Mercier, ex-député à la Convention nationale et au Corps législatif, membre de l'Institut na-

tional de France. Nouvelle édition imprimée sous les yeux de l'auteur. Avec figures. — *Paris, Brosson et Carteret ; Dugour et Durand, an VII*, 3 vol. in-8, XL-356, 346 et 349 p., *plus les titres, 1 portrait et 3 fig.* [Bibl. nat., Li³ 38 C.] [Carn., 1731.]

Comme la précédente, cette édition contient 82 chapitres. Elle est précédée d'un « Nouveau discours préliminaire » daté du 21 fructidor an VI, dans lequel l'auteur dit qu'au bout de 28 ans, c'est la troisième fois qu'il réimprime cet ouvrage. Ces trois réimpressions seraient alors celles de 1786 (n° 202), de 1793 (n° 204), et la présente. L'auteur dit aussi que la première édition a paru en 1771, et que le texte de cette édition de l'an VII est absolument conforme à celui de l'édition de 1786.

Voyez encore le numéro suivant.

206. — Het Jaar twe duizend vier honderd ën veertig. En droom ; door den heer MERCIER… — *Harlem, F. Bohn et A. Loosjes*, 1792, 2 vol. in-8. [Bibl. nat., Li³ 39.]

Traduction hollandaise de « L'an 2440 », de Mercier.

207. — Les Nuits parisiennes, à l'imitation des « Nuits attiques » d'Aulu-Gelle ; ou Recueil de traits singuliers, anecdotes, usages remarquables, faits extraordinaires, observations critiques, pensées philosophiques, etc., etc. Nouvelle édition corrigée et augmentée. — *Aux Deux-Ponts ; et se trouve à Paris, chez Lacombe, libraire, rue Christine, près la rue Dauphine*, 1771, 2 parties en 2 vol. pet. in-8, VIII-384 et 1 f.-385 p.

Par CHOMEL, frère du médecin, d'après Barbier. Attribué aussi au marquis MASSON DE PEZAY. Voyez à ce sujet la note insérée dans le *Dictionnaire des anonymes*. La première édition a paru en 1769 ; Barbier cite aussi une édition de 1772, qui, probablement, n'est autre que celle de 1771.

« Les Nuits parisiennes » auraient peut-être dû — n'était leur titre — ne pas figurer dans cette bibliographie. On y trouve bien, comme l'annonce l'intitulé, quelques « usages remarquables », quelques « observations antiques », mais les passages qui seraient intéressants pour nous sont rares et de peu d'importance.

208. — Avis aux vivants, au sujet de quelques morts, par l'auteur de « Charles et Vilcourt ». — *Amsterdam ; et Paris, chez F. Gueffier*, 1772, in-8, 27 p. [Bibl. nat., Li³ 512.]

Par JEAN DROMGOLD, d'après Barbier. Diatribe

satirique contre les mœurs du temps et contre l'anglomanie qui commençait à devenir à la mode à cette époque.

209. — Lettres de HORACE WALPOLE écrites à ses amis pendant son voyage en France (1739-1775). Traduites et précédées d'une introduction par le comte DE BAILLON. — *Paris, Didier et Cie*, 1872, *grand in-8*, LXVIII-327 p. [Carn., 5356.]

Horace Walpole fit six voyages à Paris : en 1739, en 1765-66, en 1767, en 1769, en 1771 et en 1775.

210. — Les Matinées du Palais-Royal. — *Paris, J.-F. Bastien*, 1772, 2 parties pet. in-12, 201 et 219 p., *plus les titres et le privilège.* [Carn., 11864.]

Roman de mœurs, assez ennuyeux.

210 *bis*. — A Short Trip to and from Paris… By a gentleman lately returned from thence. — *London, Almon*, 1773, 2 vol. in-8.

D'après Watt.

211. — Les Astuces de Paris ; anecdotes parisiennes, dans lesquelles on voit les ruses que les intrigants et certaines jolies femmes mettent communément en usage pour tromper les gens simples et les étrangers. Par M. N*** [NOUGARET.] — *A Londres ; et se trouve à Paris, chez Cailleau*, 1775, 2 parties in-12, de VII-174 et 166 p., *plus, dans la seconde partie, 1 f. de tit. et 1 f. d'errata.* [Bibl. nat., Li³ 42.] [Carn., 2851.]

Détail des chapitres : — I. Le héros de ce livre et Nicette, sa sœur, arrivent à Paris. — II. Ruses qu'emploient la plupart des fiacres, et tromperies usitées à leur égard. — III. Finesses champêtres, qui ne sont pas trop rustiques. — IV. Autres finesses champêtres et parisiennes. — V. Bijoux trouvés. Avis au lecteur. — VI à XV. Autres astuces parisiennes… — XVI. Les petits spectacles des boulevards… — XXVII. Aventures chez un traiteur du boulevard. — XXVIII. Les Académies de jeu… — XXXVII. Histoire d'une femme entretenue. — XXXVIII-XXXIX. Coup d'œil sur les prisons… — XLI. Départ… Dernière astuce aux barrières de Paris.

Une nouvelle édition a été publiée en l'an VII. Voyez ci-dessous le n° 387 et consultez la note du n° 275.

Quérard cite une édition de 1776, que je n'ai jamais vue.

212. — Les Confidences d'une jolie femme. — *Amsterdam; et Paris, veuve Duchesne,* 1775, *4 parties in-12.*

Par Mlle D'ALBERT (DE LUYNE?]. Il paraît que ce roman est bien écrit, plein d'intérêt, et qu'il peint bien les caractères qui y sont mis en scène. Voyez le « Bulletin du Bibliophile » de Téchener, année 1862, p. 1253.

213. — Lettre de Henri IV, à la nation françoise. (De l'Olympe, le 15 février 1775.) — *A Amsterdam,* 1775, *in-8,* 36 *p.* [Bibl. nat., Li³ 41.]

Brochure écrite avec esprit, et dont le tour ne manque pas d'un certain sel. Henri IV, comparant les mœurs de son temps à celles du XVIIIe siècle, qu'il observe du haut de l'Olympe, trouve d'abord que ses sujets lui paraissent plus communément ridicules qu'aimables, mais il en arrive à convenir qu'ils ont fait du progrès dans certains genres. Ce qu'il leur reproche le plus, c'est leur légèreté d'esprit, qui se traduit dans tous leurs actes. Que de travaux projetés et non encore commencés! Que de projets ébauchés et non encore achevés! La capitale en offre maints exemples. « Tâchez, leur dit-il, de ne plus être extrêmes dans vos goûts, dans vos plaisirs, dans vos opinions, dans vos jugements, dans vos préjugés, et jusque dans les moindres bagatelles. Purgez-vous de cette funeste inconséquence... et ne criez pas qu'on vous ôte le nécessaire, quand c'est vous-même qui vous épuisez par le jeu, le faste, le libertinage, les superfluités et les fantaisies de la débauche et de la vanité ».

214. — Essai sur le caractère et les mœurs des Français comparées à celles des Anglais. — *Londres,* 1776, *in-12,* 2 *f. et* 294 *p.* [Bibl. nat., Li⁴ 12.]

Par le chevalier DE RUTLIDGE. Cet ouvrage a été imprimé en anglais en 1770 sous le titre de « An account of the character and manners of the French »; c'est du moins ce qui est dit à la page 286 du volume.
On ne rencontre dans cet écrit de passages directement relatifs à Paris que ceux qui se trouvent aux pages 19 et suivantes. L'auteur y fait une sorte de comparaison entre notre capitale et celle de l'Angleterre. Le volume est, en général, consacré à l'étude des différentes classes de la société, l'observateur y passe en revue le clergé, la magistrature, la noblesse, etc. Les femmes ont une large part dans son étude.

215. — La Quinzaine angloise à Paris, ou l'art de s'y ruiner en peu de temps. Ouvrage posthume du docteur STÊARNE, traduit de l'anglois par un observateur. — *A Londres,* 1776, *in-12,* XVI-287 *p.* [Carn., 6646.]

Par le chevalier DE RUTLIDGE. Édition originale de cet ouvrage qui a été souvent réimprimé (voy. ci-dessous les n°s 224, 369). Il est divisé en quinze journées ou chapitres. Le voyageur, lancé dans « le monde où l'on s'amuse », est le héros ou la victime de toutes sortes d'incidents. Le chapitre IX (courses de chevaux) est particulièrement curieux; mais il faudrait tout citer. La vogue qu'a eue cet écrit me paraît très justifiée. J'en connais une traduction suédoise, publiée à Stockholm en 1792. Voy. ci-dessous le n° 346, et pour une traduction anglaise, le n° 215 *bis*. Rutlidge a aussi écrit un « Supplément à la Quinzaine anglaise... » Voyez le n° 283.

215 bis. — The Englishman's fortnight in Paris, or the Art of ruining one's self in a few days. Translated from the French. — *London, Kairsley,* 1777, *in-8.*

D'après Watt.

216. — Les Rêveries d'un amateur du Colisée, ou les femmes sans dot. — *Londres; et Paris, Ruault,* 1776, *in-8,* 160 *p.* [Bibl. nat., Li³ 233.]

« Cette bagatelle a deux objets, dit l'auteur dans son *Avertissement* : 1° Elle expose les avantages nombreux et considérables qui en résulteraient pour le bonheur public, si l'on publiait une loi qui ordonnât que les femmes désormais n'apporteront aucune dot à leurs maris. 2° Elle propose des amusements du genre le plus intéressant et le plus noble qu'on pourrait donner à la nation dans le Colisée. »
Cette brochure est assez curieuse.
On sait que le Colisée, sur l'emplacement duquel est située la rue actuelle du même nom, était un lieu de plaisir dont la construction fut commencée en 1769 et terminée en 1772. C'était un établissement délicieux qui attirait tout Paris; musique, danse, feux d'artifice, joûtes, courses de chevaux, boutiques de curiosités, de modes, de bijoux, cafés, spectacles, etc., tout y était charmant. Il fut supprimé et démoli en 1780.

217. — Voyage à Paris en 1776. Souvenir. — *Paris, typogr. de Plon frères,* 1854, *in-8,* 32 *p.* [Bibl. nat., Lk⁷ 6345.]

Cette brochure, dont l'intérêt fait regretter la brièveté, contient six lettres datées de Paris. Aucune signature, aucune indication ne peut aider à en reconnaître l'auteur, qui semble avoir appartenu à l'aristocratie. Les détails qu'il donne sur ses visites à la haute société parisienne et aux lieux de plaisirs fréquentés du beau monde sont pleins de la saveur de l'époque. Une lettre, datée de *Thorigny,* semble donner à entendre que l'auteur était le neveu de M. de C. (sic), qui possédait un magnifique château dans cette localité.

218. — PIDANZAT DE MAIROBERT. Les Conversations du jour de l'an chez madame Du Deffand il y a un siècle (janvier 1777). Précédées d'observations nouvelles sur les « Mémoires secrets » dits de Bachaumont et sur « l'Espion anglois », par A.-P. MALASSIS. Avec un fac-similé de la reliure *aux Chats* de madame Du Deffand. — *Paris, J. Baur, janvier 1877, pet. in-8, x-52 p., 1 f. de table et 1 f. blanc.* [Carn., 12459.]

Publication de bibliophile, tirée à 170 exemplaires. C'est la réimpression, augmentée d'intéressantes observations, d'un passage caractéristique du tome V de « l'Espion anglais ». (Cf. le n° 228.)

219. — Anecdotes intéressantes et historiques de l'illustre voyageur pendant son séjour à Paris. Dédiées à la Reine. Seconde édition, corrigée et augmentée. — *Paris, Ruault, 1777, in-12, 162 p. Portrait.* [Bibl. nat., Lb³⁹ 214 A.] [Carn., 523.]

Par le chevalier Du Coudray, dont le nom se lit à la fin de l'*Epître dédicatoire à la Reine.* Joseph II, voyageant sous le nom du comte de Falckenstein, arriva à Paris le 18 avril 1777, à quatre heures du soir. Il descendit au Petit Luxembourg, où logeait le comte de Merci, son ambassadeur, ou plutôt à l'*Hôtel de Troisville*, rue de Tournon.
Ce volume est assez amusant. Dans « Le Comte et la Comtesse du Nord », *préface*, p. 7, Du Coudray nous a donné (voy. ci-dessous le n° 240) des détails précis sur ses « Anecdotes intéressantes ». Elles eurent trois éditions consécutives. La première édition, tirée à 1,000 exemplaires, fut vendue en cinq jours; la seconde, tirée à 3,000, fut vendue en deux mois; et la troisième, tirée à 2,000, s'écoula « en fort peu de temps ». Ces trois éditions portent la date de 1777; la troisième, en deux parties, est beaucoup plus ample. L'Université, par une ordonnance en son tribunal, en date du 12 mars 1781, a admis l'ouvrage de Du Coudray au nombre des prix qu'elle distribuait à ses écoliers.
Les « Anecdotes intéressantes » ont été traduites en allemand sous le titre de « Der erlauchte Reisende... » (*Augsbourg, Bartholomaï*, 1777, *in-8°*).
On peut encore y joindre : « Anthologische Beschreibung der Reise des Herrn Graffen von Falkenstein nach Paris. 1777 » (*Schwabach, S. D., petit in-4°, 2 f. et* 132 p.). Le voyage à Paris occupe les pages 33-105. Cet ouvrage est très rare, mais se trouve à Carnavalet (12334).

220. — Aux Merveilleux d'en haut. (10 août 1777.) — *S. L.*, 1777, *in-8, 28 p.* [Bibl. nat., Li³ 43.]

Sur les mœurs en général. Peu intéressant.

221. — Les Charmes de la solitude et de la médiocrité. Epître à mon ami, en vers de huit syllabes et croisés. Par M. RANDON, avocat. —

A Londres, 1777, *in-8, 1 f. de tit. et 18 p.* [Carn., 12945 *.]

Curieux petit poème donnant des détails sur l'intérieur et la manière de vivre d'un avocat de Paris, à la fin du xviiie siècle.

222. — Paris, le modèle des nations étrangères, ou L'Europe française; par l'éditeur des « Lettres du pape Ganganelli ». — *A Venise; et se trouve à Paris, chez la veuve Duchesne*, 1777, *in-12, xvi-358 p.* [Bibl. nat., Li³ 45.] [Carn., 2852.]

Par L.-A. DE CARACCIOLI. — Comparaison des mœurs de Paris avec celles des autres capitales. L'ouvrage se compose de 44 chapitres. Il convient de signaler :
Chap. XIV, Du luxe. — XVIII, Des brochures. — XXV. Des Spectacles. — XXVI. Des Ouvrages périodiques. — XXVII, Des Promenades. — XXXI. Des Cafés. — XXXIX. De la Politesse. — XL. Des Modes. — XLI. Des Plaisirs. — XLII. Des Petits-maîtres. — XLIII. Des Conversations. — Chacun de ces articles est, du reste, peu important. — Le titre courant, en haut des pages, porte : « L'Europe française »; c'est le titre sous lequel cet ouvrage avait paru l'année précédente ; *Paris, V° Duchesne*, 1776, *in-12.*

223. — Peinture des mœurs du siècle, ou Lettres et discours sur différents sujets; par M. DE LA CROIX, avocat. — *A Amsterdam, et se trouve à Paris, chez Lejay*, 1777, 2 *vol. in-12, 360 et 368 p.* [Bibl. nat., Li³ 44 Rés.]

Ces lettres, dont quelques-unes sont très intéressantes pour l'histoire des mœurs, sont assez spirituelles et assez amusantes; elles sont extraites du « Spectateur français » (1771-1773, 6 vol. in-12). On trouve, à la fin du second volume, une table du contenu entier de l'ouvrage. L'exemplaire de la Bibliothèque nationale est très défectueux, et les notes manuscrites de Jamet qu'il contient sont tout à fait insignifiantes.

224. — Premier et Second Voyages de mylord de-*** à Paris, contenant la « Quinzaine Anglaise », et le Retour de Mylord dans cette capitale après sa majorité. Par le ch. R***. [Le chevalier RUTLIDGE.] — *Yverdon, imp. de la Société litt. et typ.*, 1777, 3 *vol. in-12, xxiv-308, 314 et 286 p.* [Bibl. nat., Y².] [Carn., 12434, édition de 1786.]

Le premier volume contient la « Quinzaine anglaise », déjà publiée en 1776 (voy. ci-dessus n° 215) et réimprimée sous un autre titre en l'an VI (voy. ci-dessous le n° 369). Les deux autres volumes contiennent le « Second Voyage de mylord *** », qui paraît ici pour la première fois. — Comme dans la « Quinzaine anglaise », l'auteur conserve dans cet ouvrage la forme romanesque. Je n'y signalerai que les chapitres suivants : VI. Trajet dans la voiture publique. — VII. Académie des sciences. — IX. Remarques sur une nouveauté dramatique (le *Pygmalion* de J.-J. Rousseau). — X. Théâtre bourgeois. — XI. Idée des journaux. — Et dans le tome III : Chap. I. Académie des quarante. — III. Mœurs actuelles, bal de l'Opéra. — IV. De l'éducation. — V. La musique et l'Opéra. — VI. Comédie-Française. — VII. Le barreau. — VIII. La chaire. — IX. — Les arts. — X. Bibliothèques publiques.

Il y a eu de nombreuses éditions de cet ouvrage, je citerai par exemple celle de *Londres*, 1786, 3 *vol. petit in-12 de* 216, 230 *et* 226 *p.*, qui se trouve à Carnavalet.

225. — A Year's Journey through France and part of Spain, by PHILIP THICKNESSE. — London, 1777, 2 *vol. in-8.*

Je ne connais cet ouvrage que par Watt, qui mentionne aussi une seconde édition « with additions », *Londres*, 1778, 2 *vol. in-8.*

226. — L'Horloge parlante, ouvrage critique et moral. — *A La Dominique; et à Paris, chez Onfroy, libraire, rue du Hurepoix; et chez les libr. qui vendent des nouv.*, 1778, in-12, 43 p. [Bibl. nat., Li³ 46.]

Ce petit volume est assez curieux ; il vaudrait presque la peine que l'on en fît une analyse afin de le comparer aux « Heures parisiennes » de Delvau. Chaque heure sert de prétexte à des observations critiques sur les mœurs, et ces observations ne manquent pas d'un certain intérêt.

227. — L'Observateur anglais, ou Correspondance secrète entre milord ALL' EYE et milord ALL' EAR. — *Londres, J. Adamson*, 1777-1778, 4 *vol. in-12.* [Bibl. nat., Lb³⁹ 218.]

Par PIDANSAT DE MAIROBERT. Ces quatre volumes ont été réimprimés sous le titre de « L'Espion anglais », et, dans ce cas, forment les quatre premiers volumes de l'ouvrage décrit sous le n° suivant.

228. — L'Espion anglais, ou Correspondance secrète entre milord ALL' EYE et milord ALL' EAR. Nouvelle édition revue, corrigée et considérablement augmentée. — *Londres, J. Adamson*, 1779-1784, 10 *vol. in-12.* [Bibl. nat., Lb³⁹ 219.] [Carn., 514, autre édition.]

Par PIDANSAT DE MAIROBERT. Pour l'édition originale des quatre premiers volumes, voyez l'article précédent. Il y a des exemplaires, sous le

titre de « l'Espion anglais », dont les deux premiers volumes portent la date de 1777. Tel est l'exemplaire de Carnavalet, qui offre quelques différences avec celui de la Bibliothèque nationale. Au reste, ces différences ne valent peut-être pas la peine d'être signalées ; chaque volume ayant été réimprimé suivant son débit du moment, sous des dates très diverses, il est très difficile et très rare de trouver un exemplaire uniformément composé. Pour moi, je donne la préférence aux exemplaires dont les volumes portent tous la mention « Nouvelle édition, revue... », comme ci-dessus. Chaque volume est précédé d'une table. — « L'Espion anglais » constitue une correspondance parisienne très intéressante pour les années 1775-1779. Je donne ci-dessous l'indication des articles qui méritent plus spécialement d'être signalés. On remarquera que dans les quatre premiers volumes le numérotage des lettres se continue, et qu'à partir du t. V, le numérotage recommence à chaque volume. Les dates entre parenthèses sont celles de chaque lettre. J'ai fait ce dépouillement dans l'exemplaire de la Bibliothèque nationale, parce qu'il m'a semblé le plus complet de ceux que j'avais à ma disposition. Dans cet exemplaire, le premier volume commence par six lettres de « L'Observateur hollandais », plus deux autres lettres (qui sont les deux premières de « L'Espion anglais »), toutes consacrées à la politique. Il me reste à signaler :

Tome II. Lettre VIII. Sur la dame Gourdan et sa maison ; sur une dame de condition arrêtée chez elle. (11 septembre 1775.) [Voyez aussi, dans le même volume, la lettre XXIV (16 février 1776) ; ainsi que dans le tome X, les lettres X et XII]. — Lettre IX. Du Wauxhall d'été et d'hiver ; de celui des nouveaux boulevards, etc. — Lettre X. Sur l'entrée de comte d'Artois à Paris. (5 octobre 1775.)

Tome III. — Lettre XXXV. Sur l'Opéra. Révolution arrivée à ce spectacle. (29 mai 1776.)

Tome IV. — Lettre XLII. Sur l'établissement d'une caisse d'escompte. (11 juillet 1776.)

Tome V. — Lettre III. Des conversations du jour de l'an. (29 janvier 1777.) [Cf. le n° 218 ci-dessus.] — Lettre VIII. Sur le Journal des théâtres. (Mars 1777.)

Tome VI. — Lettre I. Exécution de Desrues et son histoire. (6 mai 1777.) — Lettre VI. Voyage de l'Empereur à Paris. (15 juin 1777.) [Cf. le n° 219 ci-dessus.] Lettre XI. Sur la scène française ; sur les acteurs et actrices. (11 août 1777.)

Tome VII. Lettre III. Sur l'Académie de peinture ; sur le salon, les artistes. (13 sept. 1777.)

Tome VIII. Lettre V. Journal des faits les plus importants passés à Paris du 1ᵉʳ janvier au 20 février 1778. — Lettre VI. Séance du Bureau de législation dramatique. (2 mars 1778.) — Lettre IX-X. Séjour de Voltaire à Paris ; son apparition à la Comédie-Française. (2-6 avril 1778.) [Cf. aussi tome IX, lettre VIII.]

Tome IX. La chevalière d'Eon et Beaumarchais. [Cf. aussi tome VIII, lettre I.] (13 mai 1778.) — Lettre VI. Différentes nouvelles de Paris, 20 avril-20 juin 1778. — Lettre X. Sur la mort de Rousseau et sur Ermenonville. (31 juillet 1778.) — Lettre XII. Sur les fêtes célébrées à Paris à l'occasion du retour du duc de Chartres. (28 août 1778.)

Tome X. Lettre I. Sur les foires ; sur les spectacles forains. (Vers septembre 1778.) — Lettre IV. Fête funéraire en l'honneur de Voltaire. (30 novembre 1778.) — Lettre XI. Sur l'église Saint-Sulpice ; le peintre Greuze. (4 janvier 1779.).— Lettre XV. Fêtes et spectacles en l'honneur de la naissance de la fille du roi. (22 février 1779.)

229. — L'Espion anglais, ou Correspondance entre deux milords sur les mœurs publiques et privées des Français. — *Paris, L. Collin,* 1809, 2 *vol. in-8,* ii-520 *et* 476 *p.* [Bibl. nat., Lb ³⁹ 220.] [Carn., 515.]

Édition abrégée de l'ouvrage précédent. Le premier voulume contient 28 lettres et le second 25. Ce ne sont pas les plus curieuses qui ont été reproduites. — Publié par Toussaint Merlin.

230. — L'Indiscret, ou Les Aventures parisiennes. — *A Londres; et se trouve à Paris, chez J.-F. Bastien,* 1779, *in-12.*

Par P.-J.-B. Nougaret. — Je ne cite cet ouvrage que d'après Barbier et un catalogue de libraire.

231. — Les Juvénales. A. Fr. L. L. B. DE L. L. — *A Vancé,* 1779, *petit in-8,* 66 *p.* [Carn., 15015.]

Satires. La première a pour titre : « Le siècle dégénéré », en vers octosyllabiques. La seconde : « La fausse grandeur », en vers irréguliers, ainsi que les pièces suivantes. La troisième : « Le maître laquais, et le laquais maître ». Enfin, la quatrième : « La captivité ». Dans l'exemplaire de Carnavalet, ces 66 pages sont suivies de « Les ténèbres de Longchamps » en 7 pages, chiffrées à part.

M. Maurice Tourneux m'a fait remarquer que la publication de ces satires a été signalée dans la « Correspondance secrète » de Métra, tome VIII, p. 92, sous la date du 10 juin 1779. La majeure partie de la première d'entre elles y est reproduite, mais malheureusement le gazetier ne nous dit rien de l'auteur. On pourrait, au premier abord supposer que les initiales qui se trouvent sur le titre désignent le comte de Lauraguais, à qui l'ouvrage aurait été dédié, mais ces initiales ne correspondent pas complètement à ses nom et prénoms qui étaient, je crois, Louis-Léon-Félicité, et non François...

Vancé est peut-être l'anagramme imparfaite de *Caen,* mais cette hypothèse est encore bien hasardée.

232. — Mon Oisiveté. — *Amsterdam; et Paris, Gueffier,* 1779, *in-8,* 2 *ff.,* 430 *p. et* 1 *f. d'errata,* 1 *fig.* [Bibl. nat., Li³ 63.]

Par Cu. Remi. — Cet ouvrage a été reproduit en 1787 sous le titre de « Considérations philosophiques... ». Voyez ci-dessous le n° 282. — Titres de quelques chapitres : De l'éducation (p. 57). — Des femmes (p. 69). — Des carrosses, etc., etc., (sic) (p. 91). — Ouvrage diffus, mais qui, par moments, pourrait procurer quelques trouvailles curieuses à un lecteur patient... et indulgent.

C'est par erreur que *La France littéraire* date ce volume de 1771.

233. — L'Almanach véridique sur les mœurs du temps pour l'année MDCCLXXX. — *Genève et Paris, chez les march. de nouv.;* 1780, *in-8,* 35 *p.* [Bibl. nat., Li³ 47.]

« Cet ouvrage répond-il à son titre ? Relisez-le. N'y répond-il pas ? Ce ne sera pas le premier almanach qui aura menti. » Telle est la dernière phrase de ce petit volume qui est futile, mais dans lequel on peut trouver quelques traits curieux ou intéressants.

234. — L'Espion français à Londres, ou Observations critiques sur l'Angleterre et sur les Anglais. Par M. le chevalier DE GOUDAR, auteur de « L'Espion chinois ». — *A Londres, aux dépens de l'auteur,* 1780, 2 *vol. in-12,* 240 *et* 264 *p.* [Carn., 10728.]

Recueil de lettres ou chroniques (27 février-6 juin 1778), contenant des anecdotes sur divers personnages et des comparaisons entre Paris et Londres.

235. — Graves Observations sur les bonnes mœurs faites par le Frère PAUL, Hermite de Paris, dans le cours de son pélerinage. — *A l'Hermitage,* 1780, *pet. in-8,* 171 *p.* [Carn., 12452.]

Recueil de poésies assez libres. — Par P.-P. Gudin. Voyez Quérard, *Supercheries.* III. 42, *b;* je ne connais pas l'édition de 1779 qui est citée par le bibliographe. D'après lui, ce volume a été réimprimé en l'an XII (1804).

236. — Nouvelles Lettres d'un voyageur anglais; par M. SHERLOCK. — *A Londres; et se trouve à Paris, chez Esprit, libraire, au Palais-Royal; chez la veuve Duchesne, rue Saint-Jacques,* 1780, *in-8,* 248 *p.* [Bibl. nat.; G.]

Cet ouvrage, quoique ne portant aucune indication de tomaison, peut être considéré comme le second volume des « Lettres d'un Voyageur anglais ». (*Londres,* 1779, *in-8,* 159 *p., sans nom d'auteur, mais par* Sherlock). Le premier volume ne contient aucune lettre sur le séjour de l'auteur à Paris ; il n'en est pas de même du second dont les pages 129-248 sont consacrées à la capitale.

L'auteur s'occupe beaucoup des mœurs et des usages, ainsi que des modes ; il donne ses appréciations sur la société qu'il a fréquentée, et ses appréciations sont toujours favorables. Il aime à constater « qu'il est impossible de quitter Paris sans regret ».

Quoiqu'écrit par un étranger, ce livre est d'un style suffisamment agréable. Je ne sais si ces lettres ont été aussi publiées en anglais.

237. — Epître circulaire, ou Cadeau à faire à tous mes neveux, mes nièces, mes cousins, mes cousines, mes voisins et voisines de tous les âges, les rangs et les classes que nous représente le premier jour de l'an 1781 et jours suivants. — *Amsterdam; et Paris, chez tous les march. de nouv.*, 1781, in-8, 26 p. [Bibl. nat. Li^{10} 4.]

Sur l'abus des visites du jour de l'an et l'ennui qu'elles causent à ceux qui les reçoivent.

238. — Paris vu tel qu'il est. — *A Londres; et se trouve à Paris, chez les libraires qui vendent les nouveautés*, 1781, in-8, 31 p. [Bibl. nat., Li^3 51.] [Carn., 5370.]

« Je m'ennuie en province, dit un jour la baronne de *** à son mari.... J'ai entendu parler de Paris, je veux y aller. Point de réplique... Partons. »

Le couple arrive dans la capitale, se lance dans le beau monde, passe tout en revue : les promenades, l'Opéra, la Comédie-Française, et les autres théâtres. Ce livre donne lieu à des observations piquantes et nous fournit des détails intéressants, mais malheureusement très succincts.

Cet ouvrage a été pillé par l'auteur de « Il n'y a qu'un Paris dans le monde », publié en 1813. Voy. le n° 483.

239. — Les Sottises et les Folies parisiennes; aventures diverses, etc. Avec quelques pièces curieuses et fort rares : le tout fidèlement recueilli par M. Nougaret. — *A Londres; et se trouve à Paris, chez la veuve Duchesne, libraire, rue Saint-Jacques, au Temple du Goût*, 1781, 2 *parties* in-12 de VIII-144 et 130 p. [Bibl. nat., Li^3 50.] [Carn., 2853.]

Recueil d'anecdotes. Voyez ci-dessous la note du n° 275. Il y a peut-être une édition avec la rubrique *Hambourg*, mais je ne la connais que par la mention que j'en ai rencontrée dans un catalogue de libraire.

240. — Le Comte et la Comtesse du Nord; anecdote russe mise au jour par M. le chevalier Du Coudray. — *A Paris, chez Belin, libraire, rue Saint-Jacques*, 1782, in-12, 144 p. (Bibl. nat., Lk^7 6492, t. V.] [Carn., 330, t. II.]

Le faux-titre porte : « Suite des Essais sur Paris.

Le Comte et la Comtesse du Nord. Prix 30 sols, avec le portrait de ces illustres voyageurs. » Ce volume se rencontre quelquefois séparément, mais il forme une partie (pour l'autre partie voyez ci-dessous le n° 252) du tome V des « Nouveaux Essais historiques sur Paris, pour servir de suite et de supplément à ceux de M. de Saint-Foix ».

Leurs Altesses impériales Paul Petrowitsch, duc de Holstein-Gottorp, grand-duc de Russie, et Marie Fæderowna de Wurtemberg, son épouse, sous le nom modeste du comte et de la comtesse du Nord, arrivèrent à Paris le samedi 18 mai 1782 et y séjournèrent jusqu'au 19 juin. Ils étaient descendus à l'hôtel de l'ambassadeur de Russie, rue de Grammont, au coin du boulevard, dans l'immeuble où est actuellement la Librairie Nouvelle. Le récit de leur séjour dans la capitale contient beaucoup de détails curieux.

Il convient de rapprocher de ce volume plusieurs chapitres des « Mémoires » de Mme d'Oberkirch (*Charpentier* 1853, 2 vol. in-12, chap. x et suivants). La baronne d'Oberkirch, amie intime de la princesse de Wurtemberg qui devint grande-duchesse de Russie, accompagna les illustres personnages dans leur voyage, et son récit complète très heureusement celui de Du Coudray. Cf. le n° 252 ci-dessous.

241. — L'Espion dévalisé. (Epigr. : « Feliciter audax ».) — *Londres*, 1782, in-8, VII-240 p. [Bibl. nat., Lb^{39} 317.] [Carn., 516.]

Recueil d'anecdotes scandaleuses sur divers personnages de l'époque; aventures parisiennes, cancans, etc.

Cet ouvrage est-il de Beaudouin de Guémadeuc, ancien maître des requêtes, ou bien du comte de Mirabeau ? La question n'a pas encore été résolue définitivement; à mon avis, il faut penser qu'il est dû à la collaboration de ces deux personnages. Barbier n'a consacré à la discussion de cette paternité que deux lignes dans lesquelles il penche en faveur de Beaudouin de Guémadeuc; son affirmation semble trop absolue. Il faut consulter à ce sujet « L'Intermédiaire » (année 1882) tome XV, p. 605, et surtout ce même recueil (année 1869), tome V, p. 67. On y trouve reproduits un extrait de l' « Analecta Biblion » de M. du Roure et un passage des « Mémoires secrets », tous deux très intéressants pour la bibliographie de ce pamphlet.

Il existe une autre édition de « L'Espion dévalisé », *Londres*, 1783, in-12.

242. — Les Numéros. Première [-quatrième] partie. — *A Amsterdam; et se trouve à Paris, rue et hôtel Serpente*, 1782-1784, 4 *parties* in-16 de 214, 161, 2 f. et 178, et VIII-148 p. [Bibl. nat., Lb^{39} 318-318 B.] [Carn., 2854.]

La première partie porte, ainsi que la seconde, la date de 1782, sans mention d'édition; la troisième partie porte : « Seconde édition, augmentée d'une troisième partie », avec la date de 1783; la quatrième partie porte : « Troisième édition augmentée d'une quatrième partie », avec la date de 1784.

En fait, il n'y a qu'une seule édition de cet ouvrage ; tous les exemplaires complets sont ainsi composés, et contiennent 57 « Numéros » ou chapitres.

« Les Numéros » sont de Charles de Peysonnel : c'est une critique des mœurs de l'époque, mais l'ordre des matières est assez confus. Cet ouvrage, absolument différent de celui qui est cité ci-dessous sous le n°,293, a été réimprimé en 1785. Voy. le n° 257.

243. — Le Petit Tableau de Paris. — S. L., 1783, in-12, 94 p. [Bibl. nat., Li³ 54.]. [Carn., 16647 et 2861.]

Le *Dictionnaire* de Barbier attribue cet écrit à C.-C. de Rulhière ; *La France littéraire* le cite sous le nom du marquis de Luchet, mais le passe sous silence à l'article Rulhière. Une note manuscrite dans l'un des exemplaires de la Bibliothèque Carnavalet; indique le marquis de Luchet comme étant le véritable auteur.

L'auteur passe en revue : La littérature et les théâtres (p. 4). — Le Palais-Royal (p. 26). — Les nouvellistes (p. 28). — Le jeu (p. 29). — Le Jardin du Roi et les Champs-Elysées (p. 31). — Les rues (p. 32). — Les grands seigneurs (p. 33). — Les filles (p. 34). — Les financiers (p. 36). — Les médecins (p. 37). — Les mœurs en général (p. 41). — Les journaux (p. 49). — Les idées spirites (p. 49). — La fortune des financiers (p. 57). — Le mont-de-piété (p. 59). Les ministres retirés (p. 60). — Les littérateurs (p. 76). — Les originaux (p. 80). — Les modes féminines (p. 84). — La gourmandise des Parisiens (p. 87). — L'immensité de Paris (p. 88). — La licence des mœurs (p. 90). — La censure littéraire (p. 91). — Conclusion : Paris est un séjour charmant (p. 94).

Il y a une autre édition ; voy. l'art. suivant.

244. — Le Petit Tableau de Paris. — S. L., 1783, in-12, 108 p. [Bibl. Sainte-Geneviève, L 788²⁴. Rés.]

Edition identique, quant au texte, à celle citée sous le n° précédent. Elle n'en diffère qu'en ce qu'elle a 18 lignes à la page au lieu de 19, que par le fleuron du titre, et par le nombre de pages.

Une note manuscrite que j'ai relevée sur un exemplaire de l'autre édition à la Bibliothèque Carnavalet fait remarquer que les deux éditions, celle-ci à la page 41 et l'autre à la page 35, contiennent la même faute : « Bonnier, peintre du roi », au lieu de Bounieu.

Vérification faite, le reproche est exact.

Je n'ai aucune raison de savoir laquelle de ces deux éditions est antérieure à l'autre.

245. — Remarks on the french and english ladies, in a series of letters; interspersed with various anecdotes and additional matter, arising from the subject. By John Andrews, LL. D. —London, Longman, and G. Robinson,

1783, in-8. 2 f. de tit. et 360 p. [Bibl. nat., Li⁴ 23.]

Contient dix-sept lettres, toutes consacrées à l'étude du caractère des femmes en France et plus spécialement à Paris.

Il y a une autre édition (identique à celle-ci quant à son titre et son contenu) avec la suscription : *Dublin, Walker,* 1783, gr. in-12, 2 f. et 307 p. [Bibl. nat., ibid., A.]

246. — La Chronique scandaleuse, ou Mémoires pour servir à l'histoire des mœurs de la génération présente. — A Paris, dans un coin d'où l'on voit tout, 1783, in-8, 2 f. et 235 p. [Bibl. nat., Lb³⁹ 324.] [Carn., 521.]

Recueil d'anecdotes et de bruits de la ville, très curieux et très intéressant. Il est de Guillaume Imbert de Boudeaux, ancien bénédictin de la congrégation de Saint-Maur. Cette première édition, qui contient une table alphabétique, est beaucoup moins ample que les suivantes.

La seconde édition (*Paris*, 1785-1787, 3 *vol.* in-12) est déjà beaucoup augmentée [Bibl. nat., Lb³⁹ 324 A] et le texte de son premier volume n'est pas identique à celui du volume unique de l'édition originale. On lit sur le titre du premier volume de cette seconde édition : « Nouvelle édition, considérablement augmentée, et renfermant les anecdotes les plus piquantes que l'histoire secrète des sociétés a offertes jusqu'au 1er janvier 1785 ».

Ce premier volume a été réimprimé sous la date de 1786. [Bibl. nat., Lb³⁹ 324 B.]

La « 3ᵉ édition » (*Paris*, 1788-1791, 5 *vol.* in-12) [Bibl. nat., Lb³⁹ 324 C] doit encore être préférée aux précédentes, car elle est beaucoup plus complète ; mais il vaut encore mieux consulter celle qui est décrite sous le n° suivant.

247. — La Chronique scandaleuse, ou Mémoires pour servir à l'histoire de la génération présente, contenant les anecdotes et les pièces fugitives les plus piquantes que l'histoire secrète des sociétés a offertes pendant ces dernières années. Quatrième édition revue et corrigée. — A Paris, dans un coin d'où l'on voit tout, 1791, 5 vol. in-12. [Bibl. nat., Lb³⁹ 324 D.] Carn., 522 bis.]

Par Guillaume Imbert de Boudeaux ; voyez le n° précédent. Il y a peut-être (?) des exemplaires qui, quoique portant la date de 1791, ne portent pas de mention de l'édition (?).

Cette quatrième édition est la meilleure et le collectionneur devra la rechercher, avec celle de 1783, de préférence aux autres. Chaque volume, à l'exception du cinquième, contient une table alphabétique, malheureusement insuffisante. Ce cinquième volume, qui forme une sorte d'appendice à l'ouvrage, contient un grand nombre d'anecdotes qui se retrouvent aussi dans « La Police dévoilée » de Manuel. On peut joindre à

« La Chronique scandaleuse » un sixième volume qui porte un titre analogue et qui a paru en 1801. (Voy. ci-dessous le n° 402.)

248. — Le Portefeuille de Mme Gourdan, dite la Comtesse, pour servir à l'histoire des mœurs du siècle... Seule édition exacte. — *Spa, 15 juillet* 1783, *in-8.* [Bibl. nat., Li³ 55. Rés.]

Célèbre recueil d'anecdotes scandaleuses attribué à Cu. Theveneau de Morande. Voyez l'étude consacrée à ce pamphlétaire par P. Robiquet (*Quantin,* 1879, *in-8, p.* 114 *et ss*). Certaines des anecdotes contenues dans ce libelle se trouvent aussi dans « L'Espion anglais » et autres recueils scandaleux de l'époque. Cf. l'art. suivant.

249. — Le Porte-Feuille de madame Gourdan, dite la Comtesse, pour servir à l'histoire des mœurs du siècle et principalement de celles de Paris. — *A Londres, chez Jean Nourse, libraire,* 1783, *pet. in-8,* 46 *p.* [Carn., 19331. Rés.]

Autre édition de l'ouvrage précédent.

250. — Correspondance de madame Gourdan, dite la Comtesse, avec un recueil de chansons à l'usage des soupeurs de chez madame Gourdan. — *Londres, chez Jean Nourse,* 1784, *pet. in-12,* 2 *f. et* 204 *p.* (1 *fig.* ?) [Carn., 15461.]

Réimpression de l'ouvrage précédent. L'éditeur prétend dans sa préface qu'elle est plus complète que la publication originale. — J'ai des raisons de croire qu'il existe de cet ouvrage d'autres éditions que les trois que je viens de citer.

251. — Heinrich Sander's... Beschreibung seiner Reisen durch Frankreich... in Beziehung auf Menschenkenntniss, Industrie, Litteratur und Naturkunde insonderheit. — *Leipzig, F.-G. Jacobäer und Sohn,* 1783-1784, 2 *vol. in-8,* XXXII-642 *et* 683 *p. et* 1 *frontispice.* [Carn., 12485.]

« Description des voyages de Henri Sander en France, au point de vue de la connaissance des hommes, de l'industrie, de la littérature et des sciences naturelles en particulier. »
Le séjour à Paris et aux environs (mai-juillet 1776) occupe les pages 27-386 du premier volume. Comme l'auteur le dit dans le titre, sa description de Paris est faite surtout au point de vue des sciences naturelles. Aussi la plus grande partie des pages consacrées à la capitale de la France sont-elles remplies de l'énumération des objets conservés dans le Cabinet d'histoire natu-

relle du Roi, au Jardin du Roi, et dans divers musées et bibliothèques.

252. — Voyage du comte de Haga en France, recueilli et mis en ordre par M. le chevalier Du Coudray. — *A Paris, chez Belin, libraire, rue Saint-Jacques,* 1784, *in-12,* 119 *p.* [Bibl. nat., Lk⁷ 6492, tome V.] [Carn., 330, tome II.]

Le faux-titre porte : « Suite des Essais sur Paris. Voyage du comte de Haga ».
Ce volume se rencontre quelquefois séparément, mais il forme la seconde partie (voy. ci-dessus le n° 240) du tome V des « Nouveaux Essais historiques sur Paris... »
Gustave III, roi de Suède, voyageant sous le nom du comte de Haga, arriva à Paris au mois de juin 1784; il en partit le 19 juillet de la même année. Il y était déjà venu, alors qu'il n'était que prince royal, en 1770.
Mme d'Oberkirch, dans ses « Mémoires » si intéressants, mais dont malheureusement l'authenticité intégrale ne me semble pas parfaitement établie, parle avec détails du voyage du roi de Suède à Paris; voyez le t. II desdits « Mémoires » (*Charpentier,* 1853, 2 *vol. in-12*), p. 96 et ss.
Les « Mémoires » de Mme d'Oberkirch, que leur titre ne me permettait pas d'insérer dans mon travail, méritent cependant d'être mentionnés : comme elle ne résidait pas en permanence à Paris, ils constituent une sorte de journal de voyage, et c'est à ce titre que je tiens à les citer. On y trouve de curieux renseignements sur le monde, les salons, les usages et les modes. En outre des deux passages déjà signalés (Cf. ci-dessus n° 240), il est à propos de mentionner encore les chap. XXX et ss. (t. II) qui se rapportent à l'année 1786.

253. — Paris en miniature d'après les dessins d'un nouvel Argus. — *A Londres; et se trouve à Paris, chez Pichard, libraire, quai et près des Théatins,* 1784, *in-12,* 124 *p.* [Bibl. nat. Li³ 56.] [2855, et 2884 * autre édition.]

Par Jean-Pierre-Louis (de La Roche du Maine, marquis de Luchet. (Voyez *La France littéraire,* article Luchet et la *Biographie Didot,* article La Roche du Maine.) Ce petit volume est écrit dans un style assez plat, rarement relevé par quelques saillies spirituelles. Il est rédigé sans ordre, classification ni division. Voici une analyse très approximative de ce qu'il contient (tableaux exclusivement moraux) : — Le Monde (p. 8). — Les différents quartiers de Paris (p. 8). — Le Monde (p. 10). — Les Filles (p. 11). — Cafés (p. 13). — Promenades publiques, Palais-Royal, Tuileries, Luxembourg (p. 15-19). — Les Modes (p. 20). — Jardins anglais (p. 21). — Usages du monde, faubourg Saint-Germain (p. 23). — Jeux (p. 28). — Repas (p. 32). — Estampes et gravures, Curtius, Ballons (p. 39). — Spectacles (p. 41). — Le palais (p. 47). — Spectacles (p. 48). — Médecins (p. 52). — La littérature (p. 54). — Modes (p. 58). — L'Université (p. 66 . — Considérations générales sur les mœurs (p. 68). — Les embarras de Paris (p. 75). — Le clergé (p. 77). — Les nouvellistes (p. 78). — Les réverbères (p. 79). — Les badauds (p. 82). — Coup d'œil général et vue perspective (p. 83). — L'Ecole militaire (p. 86). — La loterie (p. 89). — Les libraires (p. 91). — Repas (p. 95). — Paris la nuit (p. 98). — Hôpitaux (p. 99). — Les Porcherons, le carnaval, Longchamps (p. 106). — Enseignes et marchands (p. 107). — Prisons (p. 109). — L'Observatoire (p. 111). — Bibliothèques (p. 113). — La Morgue (p. 115). — Les francs-maçons (p. 121). — Excellence de la ville de Paris (p. 122).

Il y a une autre édition : *Amsterdam, 1784, in-12, 130 p. et un f. pour le faux-titre.* C'est une contrefaçon textuelle de l'édition de *Londres-Paris;* elle est en caractères plus fins, mais qui *chassent* davantage.

254. — Les Causes du désordre public, par un vrai citoyen. — *A Avignon; et à Paris, chez Guillot; à Rouen, chez Yeury, 1784, in-12, 238 p.* [Carn., 6903.]

Par le P. Mar.-Maxim. Harel, connu aussi sous le nom de P. Elie, religieux de l'ordre de Saint-François, mort à Paris en 1823.

L'auteur s'élève contre la prostitution et les mauvaises mœurs de ses concitoyens. Le libertinage, dit-il, est la cause de tous les maux. C'est une épidémie qui ravage tous les ordres de l'Etat ; de là les vols, les assassinats, les suicides, les banqueroutes dont Paris est inondé. Ce livre, très curieux, a obtenu une 4ᵉ édition en 1789.

254 bis. — The French Metropololis, a poem in three books. — *London, Cadell, 1784, in-8.*

D'après Watt.

255. — Letters to a young gentleman on his setting out for France, containing a survey of Paris, and a review of french literature; with rules and directions for travellers, and various observations and anecdotes relating to the subject. By John Andrews, L. L. D. — *London, printed for J. Walter..., 1784, in-8, 2 f. de tit., 6 f. de table et 576 p.* [Bibl. nat., Lk⁷ 6033.] [Carn., 16771]

Ouvrage intéressant et digne d'attention. Il est divisé en 44 lettres.

Extrait de la table des matières : Lettre VII. Les cafés. — VIII. Les militaires et les abbés, leur société. — IX. Les Jésuites. — X-XXI. Considérations littéraires. — XXII. Académie des inscriptions, des sciences. — XXIII. Académie de médecine, des beaux-arts. — XXIV. Bibliothèques publiques. Bibliothèque royale. — XXV. Autres bibliothèques. — XXVI. Eglises. Leur grandeur et leur richesse. Considérations sur l'architecture. — XXVII. Notre-Dame. — XXVIII. Saint-Eustache. Saint-Sulpice. Les Carmes. Les Jé-

suites. Sainte-Geneviève (et nombre d'autres edifices religieux). — XXIX-XXX. Réflexions religieuses. (L'auteur est protestant, mais se montre assez tolérant.) — XXXI. Monuments publics : Louvre, Palais-Royal, Luxembourg, Invalides, Ecole militaire, Observatoire, places Royale, Vendôme, des Victoires, Louis XV. Statue d'Henri IV. Hôtel de Ville. Collège Mazarin. Université. Ecole de chirurgie. Ecole de droit. Enfants-Trouvés. — XXXII. Hôpital général des femmes. Bicêtre. — XXXIII. Manufactures des Gobelins, de Chaillot, etc. — XXXIV. Montmartre. Le Mont-Valérien et son Hermitage. — XXXVII. Saint-Denis. Saint-Germain. — XXXVIII. Versailles. — XXXIX. Promenades publiques. Les Boulevards, le Cours-la-Reine. Les Champs-Elysées. — XL. Jardin du Roi. Jardin de l'Arsenal, du Luxembourg, du Palais-Royal. — XLI. Jardin des Tuileries et de l'hôtel de Soubise. — XLII. Points de vue divers. Fête-Dieu. Foire Saint-Germain. Longchamps. Saint-Cloud. — XLIII. La Finance. Loteries. Bains. Plaisirs divers. Concerts spirituels. Combats d'animaux. Vauxhall. Colysée. — XLIV. Résumé et conclusion.

256. — A Comparative View of the french and english nations, in their manners, politics and literature. By John Andrews, L. L. D. — *London, T. Longman, and G.-G.-J. and J. Robinson, 1785, in-8. 1 f. de tit., 1 d'errata, 2 de table et 488 p.* [Bibl. nat., Li⁴ 13.]

Extrait de la table : Paris, son étendue, ses habitants. — — Les gens de lettres. — Le clergé. — La nourriture. — Frivolité des conversations. — Les dames. — Les abbés. — Différentes classes sociales. — Les boutiquiers, les négociants et les bourgeois. — L'éducation. — Les idées politiques. — La langue française. — Les Français parlent vite et beaucoup. — Habileté des artisans. — Les gens de robe. — La religion et la piété. — La littérature. — Le peu de liberté dont jouit la presse. — Considérations politiques.

L'auteur traite presque tous ces différents sujets de façon à établir une comparaison entre son propre pays et le nôtre.

257. — L'Anti-Radoteur, ou le Petit Philosophe moderne. — *A Londres, chez Emsley, 1785, pet. in-12. viii-288 p.* [Carn., 10474.]

Détail des matières : De Paris, p. 1. — Des Parisiens, p. 8. — Des usages nouveaux, p. 19. — Des courtisans, p. 29. — Des ambassadeurs et des ministres, p. 52. — De l'attachement pour les chiens, p. 63. — Des chevaux, p. 75. — Du mesmérisme, p. 87. — Des amusements, p. 94. — Le jeune homme ruiné, p. 102. — De l'usage d'annoncer les visites, p. 143. — De la reconnaissance, p. 149. — Des projets, p. 155. — De la franc-maçonnerie, p. 162. — De quelques usages, p. 170. — Sur la folie des modes, p. 178. — Des divers bâtiments, p. 196. — Des convives, p. 205. — De l'amour des lettres, p. 214, etc.

« L'Anti-Radoteur » est de Charles de Pays-

SONNEL ; c'est une réimpression, peut-être abrégée, mais complètement refondue, de l'ouvrage publié de 1782 à 1784 sous le titre de « Les Numéros », décrit ci-dessus, n° 242.

258. — Entretiens philosophiques, ou le Philosophe du Luxembourg, sur les Académies de jeu, sur les Journalistes, sur les Spectacles des boulevards, sur le Musée de Paris. Par M. Le Prévost d'Exmes, de l'Académie des sciences et belles-lettres de Rouen, et du Musée de Paris. — *A Genève*, 1785, *pet. in-12*, 72 *p*. [Carn., 12435.]

Volume assez curieux et que je crois rare. On lit dans la *Préface :* « Ces lettres sont le résultat de plusieurs entretiens tenus en différentes occasions, entre un vieillard et un jeune homme. Les anecdotes qui y sont jointes sont vraies ; il n'y a de fictif que la correspondance de celui qui est supposé écrire ses lettres à un de ses amis. »

259. — Lettre écrite du Palais-Royal aux quatre parties dn monde. — *En France ; et se trouve à Paris, chez Cailleau*, 1785, *in-8*, 26 *p*. [Bibl. nat., Li³ 57.] [Carn., 11824.]

Sur les mœurs de Paris en général. Tableau moral et apologie du Palais-Royal, la promenade à la mode.

D'après le *Dictionnaire* de Barbier, II, 1197 *d*, l'auteur serait le comte de la Crépinière, né à Alençon. Je ne sais rien sur ce personnage. D'un autre côté, une note de Van Thol, citée aussi par Barbier, II, 131 *b*, attribue cette lettre à Caraccioli, d'après le registre manuscrit pour les permissions tacites. Cet ouvrage est absolument différent des « Entretiens du Palais-Royal » cités ci-dessous sous le n° 267. Cf. l'article suivant.

260. — Réponse de l'Amérique septentrionale à la « Lettre écrite du Palais-Royal aux quatre parties du monde ». — *Philadelphie ; et Paris, Hardouin*, 1785, *in-8*. 24 p.

Cité d'après Barbier, II, 1197 *d*, qui n'indique pas le nom de l'auteur. Cf. l'article précédent.

261. — Lettres sur la France, l'Angleterre et l'Italie. Par le comte F. D. H., chambellan de Sa Majesté Impériale et Royale. — *A Genève*, 1785, *in-8*, 2 *f. et* 251 *p*. [Bibl. nat., L²⁹ 61.]

Par le comte François de Hartig.
Les lettres II-V (p. 15-62) sont datées de Paris.
Le monde et les salons. — Mᵐᵉ Geoffrin. — Dorat. — Un dîner officiel. — Le Théâtre-Français. — L'Opéra. — Les promenades. — Les arts. — Les mœurs des Parisiens. — Considérations politiques et économiques.

262. — Lorgnette philosophique, trouvée par un R. P. Capucin sous les arcades du Palais-Royal, et présentée au public par un célibataire. [A.-B.-L. Grimod de la Reynière.] — *A Londres ; et se tvouve à Paris, chez l'auteur, rue des Champs-Elysées*, 1785, 2 *parties pet. in-12*, *de* 168 *et* 168 p. [Carn., 9944.]

Recueil de pensées satiriques sur les mœurs de la capitale. L'auteur a anagrammatisé le nom de *Paris* et en a fait *Sirap*. — Suivant Barbier, cet ouvrage est presque complètement copié de « La Berlue ». (Voy. ci-dessus le n° 148.)

263. — Le Roi voyageur, ou Examen des abus de l'administration de la Lydie. — *Londres, T.-P. Cadel*, 1785, 2 *parties pet. in-12*, IV-124 *et* 110 p., *plus les titres*. [Carn., 15876.]

Par Jean-André Perreau.
Considérations politiques et sociales.

264. — Viage fuera de España por D. Antonio Ponz,.... — *Madrid, J. Ibarra impresor*, 1785, 2 *vol. pet. in-8*. [Carn., 12333.]

« Voyage hors de l'Espagne... »
Les pages 74-232 du tome I traitent du séjour à Paris.

265. — L'Ane promeneur, ou Critès promené par son âne ; chef-d'œuvre pour servir d'apologie au goût, aux mœurs, à l'esprit et aux découvertes du siècle. Première édition revue et corrigée, et précédée d'une préface à la mosaïque, le plus mauvais goût. (*Deum adorare, regem putriam mores summo studio colere ; deinde irrideri.... ridere.* [Asinius Gallus]). Prix 4 liv. 4 sols. — *A Pampelune, chez Démocrite, imprimeur-libraire de son allégresse sérénissime Falot Momus, au Grelot de la Folie ; et se trouve à Paris, chez l'auteur, rue Tiquetonne, maison de Mᵉ Le Rasle, avocat au Parlement, n° 31 ; Madame veuve Duchesne, rue Saint-Jacques ; Hardouin et Gatey au Palais-Royal, nᵒˢ 13 et 14 ; Voland quai des Augustins, n° 25 ; Royez, quai des Augustins, à la descente du Pont-Neuf. A Versailles, chez l'auteur, rue des Bourdonnais, maison de madame veuve Bourgeois, et les libraires de la ville. Et aux quatre coins du*

monde, 1786, *in-*8, 1 *f. limin.,* 302 *p. et*
1 *f. non paginé.* [Carn., 9542 *, t. I.]

Par Ant.-Jos. Gorsas. Mes devoirs de bibliographe m'ont forcé à enregistrer le titre de ce
volume qui peut être considéré comme une critique des mœurs de l'époque et qui, je ne sais
pourquoi, est devenu assez rare; mais « L'Ane
promeneur » est un de ces livres qui défient
l'analyse. Je renonce donc à donner une idée,
même approximative, de son contenu. Cet ouvrage,
que, pour parler net, je trouve fort médiocre, est
rempli d'allusions dont la plupart sont absolument incompréhensibles. Il y est question de
tout, de rien, et de beaucoup d'autres choses
encore.

« A quoi aboutira tout ce bavardage ? Y lit-on
page 139 ; au but où aboutissent presque tous les
grands événements... à de *l'onguent miton-
mitaine* ». Voilà la philosophie de l'auteur ; s'il
y tient, disons-lui qu'il a raison et contentons-
nous (pour l'acquit de notre conscience) de compléter les indications bibliographiques relatives
à son volume.

La couverture imprimée est ornée d'un fleuron
qui représente des verges et un martinet; cette
vignette est reproduite page 70.

La page 277 est occupée par une gravure qui
nous donne le portrait (?) de l'auteur, avec son
âne ; la page 278 (verso de la précédente) est
blanche et porte en titre courant : « Le meilleur
du livre ». C'est l'auteur qui le dit : il n'a peut-
être pas tort. Et cependant, Gorsas s'est fait un
nom comme publiciste et comme homme politique ; il a rédigé, non sans succès, *le Courrier
de Versailles,* qui devint plus tard *le Courrier
des 83 départements.* Il siégea à la Convention,
et fut guillotiné le 7 octobre 1793.

« L'Ane promeneur » a été, d'après Barbier,
reproduit en 1788 sous le titre de « Rabelais
moderne » : il n'y eut probablement que le
titre de réimprimé.

266. — Les Entretiens du Palais-Royal. — *A Utrecht ; et se trouve à Paris chez Buisson, libraire, hôtel de Mesgri-gny; rue des Poitevins, n⁰ 13,* 1786, 2 *parties pet. in-*12, viii-195 *p. pour la première partie, et* 2 *ff. et* 198 *p. pour la seconde.* [Bibl. nat., Li³ 58 A.] [Carn., 2857 A.]

Le texte est exactement le même que dans
l'édition in-8 citée ci-dessous n° 267. La première
partie contient dix « Entretiens » ; la seconde
contient les douze autres, et la « Critique de
l'ouvrage ». La numérotation de chaque « Entretien » recommence dans la seconde partie.
Je possède un exemplaire avec la date de 1787 ;
cette édition offre, avec celle de 1786, quelques
différences typographiques qui prouvent que
c'est une réimpression réelle et non un simple
rajeunissement au moyen de nouveaux titres.

Il y a aussi une édition de *Spa,* 1788, 4 *vol.
in-*12 ? Chacunes de ces éditions petit in-12 doivent être considérées comme complètes en 2 volumes. On peut en rencontrer quelquefois qui se
composent de quatre volumes ; mais je crois
que cela ne se présente que pour celle qui porte
la date de 1788 et, en tous cas, les deux volumes

supplémentaires forment en réalité un autre
ouvrage. Voyez à ce sujet le n° 288 ci-dessous.

En ce qui concerne le nom de l'auteur, voyez
l'article suivant.

267. — Les Entretiens du Palais-Royal de Paris. Par M. Mercier. Les deux parties ont été mises en un volume. — *A Paris, chez Buisson, libraire, hôtel de Mesgrigny, rue des Poitevins,* 1786, *in-*8, 204 *p.* [Bibl. nat., Li³ 58.]

Pour la première édition, voyez l'article précédent. J'ai vu, dans un catalogue de libraire,
l'indication d'un exemplaire de cette édition in-8
avec la date de 1787 et aussi avec celle de 1788.

Critique des mœurs en général. L'ouvrage est
divisé en 22 « Entretiens », plus un chapitre
additionnel intitulé : « Critique de l'ouvrage ».
Voici les titres des 22 « Entretiens » : 1. La
pluralité des mondes. — II. Les métamorphoses.
— III. Les prôneurs. — IV. Les anecdotes. —
V. La manière de faire le bien. — VI. Des con-
naissances à la mode. — VII. Le guignon. —
VIII. Le parallèle des deux sexes. — IX. Les
charlatans — X. Le rêve singulier. — XI. Les
réputations. — XII. La ville souterraine. —
XIII. La conversation décousue. — XIV. La manière de bien écrire. — XV. Le dix-neuvième
siècle. — XVI. Les spectacles. — XVII. L'argent. — XVIII. Les lycées. — XIX. Les confidences. — XX. Le bonheur. — XXI. Les nouvellistes. — XXII. Les petites-maisons. — Critique de l'ouvrage.

De ce que cet ouvrage porte le nom Mercier, il
n'en faut peut-être pas conclure qu'il est bien
de cet écrivain. Il en existe (voyez l'article précédent et le suivant) plusieurs éditions anonymes
dont les unes sont antérieures et les autres postérieures à celle-ci.

On l'a attribué aussi à Caraccioli et à Lavallée.

L'attribution à Caraccioli, proposée par Barbier d'après Van Thol et Laus de Boissy, me
semble peu probable. Je crois qu'elle provient
d'une confusion qu'a faite Van Thol dans une
note ainsi conçue, citée par Barbier : « Dans le
registre manuscrit des permissions tacites
j'ai trouvé (dit Van Thol) à la date du 15
janvier 1785 : *Lettre écrite du Palais-Royal aux
quatre parties du monde,* par Caraccioli ».
Celle-ci est absolument différente des *Entretiens
du Palais-Royal* (voyez ci-dessus le n° 259) et
je crois qu'il faut considérer leur attribution à
Caraccioli comme erronée, quoi qu'on puisse in-
férer du passage qui se trouve à la page 69
de l'édition de 1787, in-12, de ces *Entretiens.*

L'attribution à Lavallée est peut-être plus
acceptable ; Barbier l'a aussi proposée s'appuyant
sur quelques lignes extraites du *Journal de
Paris* du 24 septembre 1787.

Un des exemplaires de la Bibliothèque Carnavalet [2857] contient la note suivante de la main
de M. Jules Cousin : « Ce petit ouvrage est assez
spirituel pour justifier son attribution ordinaire à
Caraccioli. Le *Journal de Paris* du 24 septembre
1787 affirme cependant qu'il est dû à l'auteur
des *Adieux du quai de Gesvres ;* cet auteur
est Joseph Lavallée; attribution d'autant plus
probable que la *Confession de l'année* 1785,

opuscule du même Lavallée, est citée plusieurs fois dans le cours des *Entretiens* ».

Comment prendre un parti au milieu de ces opinions si différentes ?

Je serais bien tenté d'accepter pour exacte l'indication d'auteur que porte l'édition in-8, et de croire que les *Entretiens* sont réellement de Mercier, bien qu'on trouve dans cet écrit plus d'esprit, plus d'enjouement et de légèreté de main que dans les autres ouvrages de l'auteur du *Tableau de Paris*.

Il faut remarquer, en effet, qu'il serait extraordinaire que Lavallée ou Caraccioli n'aient pas réclamé quand a paru l'édition qui porte le nom de Mercier. De plus, dans l'édition in-12 les deux derniers volumes ne sont que la réimpression des « Entretiens du jardin des Tuileries ». (Voyez le n° suivant et le n° 288.) Ajoutez à cela qu'on lit sur le titre de ceux-ci : « Par M. Mercier, auteur des «Entretiens du Palais-Royal de Paris ».

Il me semble que ces différents arguments ont quelque valeur, mais ils ne se trouveront confirmés d'une manière un peu certaine que le jour où l'on pourra s'assurer si Caraccioli, Lavallée ou Mercier ont habité Athis. Voici ce qu'on lit à la page 195 de l'édition in-8 des *Entretiens du Palais-Royal* (ou à la page 180 du tome II de l'édition in-12) : « J'arrivai hier tout exprès d'Atys à Paris pour savoir si la mode approuvait les « Entretiens du Palais-Royal » que je venais de parcourir... »

Une question que j'ai posée sur ce dernier point dans l'*Intermédiaire* (XVIII, 12, 59), est malheureusement restée sans réponse satisfaisante.

D'aucuns trouveront peut-être que je me suis étendu plus que de raison au sujet de la recherche de la paternité des « Entretiens du Palais-Royal » : l'intérêt réel que présente cet opuscule très parisien m'a semblé justifier des recherches auxquelles j'aurais voulu trouver une solution plus définitive.

268. — Les Entretiens du Palais-Royal. Seconde édition. — *Paris, chez Lerouge, libraire, Cour du Commerce, maison de Rohan, S. D.* (1815?), 4 *parties in-18 de* VIII-195 *p.,* 2 *ff. et* 198 *p.,* 2 *ff. et* 195 *p. ;* 1 *f. et* 216 *p.* [Carn., 2857.]

Voyez les deux articles précédents.

A partir de la troisième partie, le titre de départ, page 1, porte : « Suite des Entretiens du Palais-Royal ». Les deux premières parties reproduisent le texte des éditions précédentes. La troisième et la quatrième partie ne sont que la réimpression des « Entretiens du Jardin des Tuileries » publiés en 1788 (voy. n° 288). Le libraire Lerouge figure dans le *Bottin*, parmi les libraires de Paris à partir de 1809. La date de 1815 indiquée ci-dessus, d'après le catalogue de la Bibliothèque Carnavalet, pourrait donc être exacte, à quelques années près. Je ne m'explique pas cette mention « seconde édition » qui, au contraire de ce qui arrive ordinairement, est beaucoup trop modeste, puisque, comme on vient de le voir dans les articles précédents, cet ouvrage avait été antérieurement imprimé au moins quatre ou cinq fois.

269. — Le Mode français, ou Discours sur les principaux usages de la nation française. — *Londres,* 1786, *in-8.* 1 *f. de tit. et* 448 *p.* [Bibl. nat., Li³ 59.].

Par J.-F. Sobry. « L'édition presque entière de cet ouvrage a été supprimée par le ministre Breteuil. Les exemplaires qui ont été sauvés se vendaient jusqu'à quatre louis. Le « Nouveau Machiavel » du même auteur, qui parut en 1788, est une suite du « Mode français ». (*Barbier.*)

« Le Mode français » traite beaucoup plus de la politique que des mœurs; cependant on y rencontre quelques passages curieux au milieu d'un fatras assez indigeste. Volume très rare.

270. — Confession générale de l'année 1786. — *Paris, chez Buisson, libraire, hôtel de Mesgrigny, rue des Poitevins, n°* 13, 1786, *pet. in-12,* 95 *p.* [Carn., 2862.]

Cette spirituelle satire est de Jos. Lavallée; elle nous montre l'année 1786, à son lit de mort, se confessant au « Père Saturne »; celle-ci lui avoue toutes ses fautes dont le Père Saturne, après de sévères reproches, lui accorde le pardon. Le volume se termine par le « Testament » de la mourante, qui n'est pas moins amusant que la Confession.

On lit sur le titre : « La Confession de l'année 1785 se trouve à l'adresse ci-dessus ». Cette indication implique l'existence d'un volume précédent que je n'ai jamais rencontré et qui est resté inconnu à Barbier. Quérard semble ne pas l'avoir eu non plus sous les yeux.

271. — Reize door een gedeelte van Frankrijk en de Oostenrijksche Nederlanden. 1786. — *Manuscrit in-4 de* 781 *p.* [Carn., 2863.]

« Voyage à travers une partie de la France et des Pays-Bas autrichiens. »

Ce manuscrit est orné de 53 grav. en couleur par Janinet, et très probablement inédit.

La préface de l'auteur est signée : Van Just ou Jan Just. La description de Paris et de ses environs commence à la page 47 et va jusqu'à la page 680. On y trouve de nombreux détails sur les monuments, les églises, les théâtres, etc., de Paris; sur Versailles, Sèvres, Saint-Cloud, Boulogne, Chantilly, etc.

272. — Les Derniers Adieux du quai de Gèvres à la bonne ville de Paris. — *A Londres; et se trouve à Paris, Hôtel de Mesgrigny, rue des Poitevins, et chez les Marchands de nouveautés,* 1787, *pet. in-12,* 2 *f. et* 100 *p.* [Carn., 12173.]

Des lettres-patentes du 22 avril 1769 portent que les maisons du quai et de la rue de Gevres, du côté de la rivière, seront démolies et que le dit quai sera retiré à l'alignement du quai Pelletier. Cette disposition fut renouvelée par un édit du mois de septembre 1786 et eut alors un plein effet. Ce fut à cette époque que Joseph Lavallée publia ce petit volume humoristique et très spirituel dans lequel, à l'occasion de la disparition du vieux quai de Gesvres, il trace un tableau moral de cette partie de la capitale en l'assaisonnant de traits assez piquants à l'adresse des habitants de quelques autres quartiers.

Barbier a inexactement transcrit le titre de cet ouvrage qu'il intitule : « Les Adieux du quai de Gèvres », au lieu de : « Les Derniers Adieux du quai de Gèvres... »

273. — Spectacle et tableau mouvant de Paris, ou Variétés amusantes ; ouvrage enrichi de notes historiques et critiques et mis au jour par M. Nougaret, auteur des « Mille et une folies ». — *Paris, veuve Duchesne,* 1787, 2 *vol. in-*12, xii-204 *et* 168 *p.*

L'exemplaire que j'ai sous les yeux ne se compose que de deux volumes, mais il n'est peut-être pas complet. En tout cas cet ouvrage est le même que celui qui est cité sous les deux numéros suivants.

274. — Tableau mouvant de Paris, ou Variétés amusantes ; ouvrage enrichi de notes historiques et critiques, et mis au jour par M. Nougaret. —*A Londres, chez Thomas Hookham ; et se trouve à Paris, chez la veuve Duchesne,* 1787, 3 *vol. in-*12 *de* xiv-360, 358 *et* 359 *p., plus les ff. de tit. et* 1 *f. d'errata dans le* 2º *vol.* [Bibl. nat., Li³ 60.] [Carn., 2865.]

Même ouvrage que le précédent. Voyez la note de l'article suivant.

275. — Les Historiettes du jour, ou Paris tel qu'il est ; ouvrage qui contient un grand nombre d'anecdotes qui n'avaient jamais été imprimées, avec des notes historiques et critiques. Le tout recueilli et publié par M. Nougaret. — *A Londres, chez Thomas Hookham ; et se trouve à Paris, chez la veuve Duchesne,* 1787, 2 *vol. in-*12 *de* 360 *et* 383 *p.* [Bibl. nat., Li³ 61.] [Carn., 2866.]

Cet ouvrage, qui n'a pas de table des matières, ne contient que des anecdotes fort courtes. Une grande partie d'entre elles n'offre aucun intérêt historique.

On retrouve quelques-unes de ces anecdotes reproduites dans « Les Aventures parisiennes » (voyez ci-dessous le nº 469) publiées en 1808 ; et certaines de ces historiettes avaient déjà paru antérieurement, avec plus ou moins de va-

riantes, dans « Les Astuces de Paris (nos 211, 387), dans « Les Sottises et les Folies parisiennes » (nº 231), dans le « Tableau mouvant » (nº 274), etc. On ne peut cependant dire que ces différents ouvrages puissent tenir lieu les uns des autres, des différences notables existent dans leur composition respective.

276. — La Vie parisienne sous Louis XVI. — *Paris, Calmann Lévy,* 1882, *in-*16 *carré,* vii-146 *p. Pap. verg.* [Carn., 17335.]

Ce volume contient un intéressant journal d'un voyage fait à Paris en 1787 par François Cognel, mort en 1844, à l'âge de quatre-vingt-deux ans, ancien magistrat à Nancy. La rédaction du journal est, paraît-il, authentique ; on attribue l'initiative de sa publication à Madame la comtesse de Mirabeau. Avant d'être publié en un volume, le journal de Fr. Cognel avait déjà été imprimé dans *Le Figaro* (Suppléments littéraires) des 14 et 21 août 1880. J'ai constaté entre les deux textes quelques variantes sans importance.

Notre voyageur séjourna à Paris environ deux mois (mai-juin 1787) ; il était accompagné de deux de ses amis. Voici un aperçu des objets sur lesquels il nous a transmis ses impressions. — Palais-Royal, p. 12 et 62. — Théâtre Beaujolais, p. 14. — Les filles, p. 15. — La loterie, p. 17. — Les Feuillants et les Capucins, p. 18. — La Bastille, p. 19. — Théâtre d'Audinot, p. 19. — Les Boulevards, p. 20. — L'Opéra, p. 23 et 115. — Saint-Eustache, p. 25. — Les Tuileries, p. 26. — Saint-Roch, p. 27. — Les Italiens, p. 29, 40, 64, 80 et 138. — La Muette, Madrid, Bagatelle, p. 30. — Le Wauxhall, p. 32. — Saint-Denis, p. 34. — Nicolet, p. 35 et 57. — Le Jardin du Roi, p. 37. — Théâtre-Français, p. 38, 43 et 90. — Les Petits-Pères, p. 39. — Le Palais, p. 40. — Notre-Dame, p. 42 et 86. — Démolition du Pont-au-Change, p. 45. — Saint-Yves, les Mathurins, p. 46. — Restaurants des faubourgs, p. 48. — La Salpêtrière, p. 49. — Théâtre des Variétés, p. 53, 57, 91 et 138. — Les Célestins, p. 54. — Bercy, p. 55. — Versailles, p. 58 et 82. — Le Louvre, p. 65. — Saint-Louis-du-Louvre, p. 69. — Palais-Bourbon, p. 70 et 139. — Les Invalides, p. 71. — Saint-Sulpice, p. 72. — Le Luxembourg, p. 73. — Les Chartreux, p. 75. — Le Val-de-Grâce, p. 78. — La Sorbonne, p. 79. — Saint-Cloud, p. 80. — Trianon, p. 82. — Les Enfants-Trouvés, p. 87. — Le Châtelet, la Morgue, p. 88. — Les Carmélites du faubourg Saint-Jacques, p. 89. — Les Petites-Maisons, p. 90. — La Bibliothèque du Roi, p. 92. — Musée du Louvre, p. 94. — Petits spectacles des boulevards, p. 95. — Marly, p. 96. — Luciennes, p. 98. — Bellevue, p. 100. — Incendie de Pavillon de Flore, p. 100. — Procession de la Fête-Dieu, p. 101. — Chantilly (nombreux détails), p. 103.

277. — Tableaux de la bonne compagnie de Versailles et de Paris ; ou Traits caractéristiques, anecdotes secrètes, politiques, morales et littéraires, recueillies dans les sociétés du bon ton, pendant les années 1786 et 1787. Par M. le ch. de B***. — *A Paris, chez tous les marchands de nouveautés*, 1787, 2 *vol. in-8*, 198 *et* 176 *p., y compris les titres.* [Carn., 5462 et 5211, sans fig.]

PAR RESTIF DE LA BRETONNE.
Tome I. — La leçon de musique, p. 1. — Le café, p. 31. — Les Tuileries, p. 45. — La soirée des Tuileries, p. 56. — L'Opéra, p. 67. — Le restaurateur, p. 78. — Fontainebleau, p. 89. — La partie de chasse de Fontainebleau, p. 100. — Le bal, p. 111. — Le café du Caveau, p. 122. — Versailles, p. 133. — La table d'hôte, p. 144. — La visite du médecin, p. 155. — Le souper de la marquise D***, p. 166. — Le comité, p. 177.
Tome II. —, Les précautions, p, 1. — Le petit couvert, p. 13. — La lingère, p. 24. — Anecdotes, p. 35. — C'est un fils, p. 46. — L'antichambre, p. 57. — Les petits parrains, p. 68. — La nouvelles (*sic*) du jour, p. 79. — Le coin de la cheminée, p. 90. — L'assemblée des notables, p. 101. — Les confidences, p.112. — Les rêves, p. 123. — Le printemps, p. 134. — Les frondeurs, p. 145. — Les vrais plaisirs, p. 156. — La vie de garçon, p. 167.
On comprendra que je ne veuille pas entrer ici dans de longs détails sur cet ouvrage et les nombreuses éditions ou contrefaçons qui en ont été faites. Je me contenterai de renvoyer à l'excellente « Bibliographie et iconographie de tous les ouvrages de Restif de la Bretonne », par le bibliophile Jacob (*Paris, A. Fontaine*, 1875, *in-8°*), après laquelle il me resterait bien peu de choses à dire.
M. Lacroix semble cependant n'avoir pas connu cette édition ; je remarque aussi qu'elle diffère, quant au titre, de celle qui est citée dans Barbier, IV, 654, *d*. Je ne vois pas non plus que Quérard l'ait citée dans ses *Supercheries*.
Voyez l'article suivant.

278. — Tableaux de la vie, ou les Mœurs du dix-huitième siècle. Avec 17 figures en taille-douce. — *A Neuwied-sur-le-Rhin, chez la Société typographique ; et à Strasbourg, chez J.-G. Treuttel, S. D.* (1787?), 2 *vol. in-18.* [Bibl. nat., Li² 15.] [Carn., 3168.]

Cf. l'article précédent, ainsi que les suivants. Cette édition paraît être la même que celle indiquée par M. Lacroix, dans sa Bibliographie, p. 336 ; n° 1, à laquelle je renvoie le lecteur.
Collationnement : 1er vol., 1 f. de tit., 1 pour la préface, 1 pour la table et 180 p. — 2e vol. 2 f. de tit., et 168 p. — Plus les figures, qui sont rarement satisfaisantes dans cette édition.

279. — Tableaux de la vie, ou les Mœurs du dix-huitième siècle. Nouvelle édition. — *Londres*, 1791, 2 *vol. in-18.* [Carn., 3168 A, sans fig.]

Cf. les articles précédents, ainsi que le suivant. M. Lacroix n'a pas cité cette édition.
Collationnement : 1er vol., 186 p. et 1 f. pour la table. — 2e vol. 1 f. de tit. et 168 p.

280. — Histoire des mœurs et du costume des Français dans le dix-huitième siècle, ornée de douze estampes dessinées par SIGISMOND FREUDENBERG... Texte par RESTIF DE LA BRETONNE, revu et corrigé par M. CHARLES BRUNET. Préface par M. ANATOLE DE MONTAIGLON, avec la vie de Freudenberg... — *Paris, Willem*, 1878, *gr. in-folio.* [Carn., 4769.]

Cf. les trois articles précédents.
Cette belle publication a été tirée à 500 exemplaires, dont 370 sur papier vélin, 100 sur papier de Hollande, avec gravures sur Chine, et 30 sur papier de Hollande, avec gravures sur Chine en doubles épreuves.
Ces douze estampes représentent les sujets suivants : Le lever. — Le bain. — La toilette. — L'occupation. — La visite inattendue. — La promenade du matin. — Le boudoir. — Les confidences. — La promenade du soir. — La soirée d'hiver. — L'aventure au bal. — Le coucher.
Cette suite est suivie de : « Seconde suite d'estampes [26] pour servir à l'histoire des modes et du costume en France dans le dix-huitième siècle, année 1776. — A Paris, de l'imprimerie de Prault, imprimeur du roi, 1777.» Cette seconde suite comprend : Déclaration de la grossesse. — Les précautions. — J'en accepte l'heureux présage. — N'ayez pas peur, ma bonne amie. — C'est un fils, monsieur.— Les petits parrains. — Les délices de la maternité. — L'accord parfait. — Les rendez-vous pour Marly. — Les adieux. — La rencontre au bois de Boulogne. — La dame du palais de la reine. — Le lever du petit maître. — La petite toilette. — La grande toilette. — Le matin. — La course de chevaux. — Le pari gagné. — La partie de whist. — Oui ou non. — La surprise. — La petite loge. — La sortie de l'Opéra. — Le souper fin. — Le seigneur chez son fermier. — Le vrai bonheur.
Cet ouvrage puisant son principal intérêt dans les gravures dont il est orné, il me faut encore signaler la luxueuse réimpression publiée par Conquet en 1881-1883 (avec le texte primitif). Je veux aussi rappeler que l'iconographie du « Monument du costume »'est traitée avec la plus grande précision et dans les plus petits détails par M. le baron Roger Portalis dans la 5e édition du « Guide Cohen » (*Rouquette*, 1886, *in-8*).
Je crois devoir expliquer ici les raisons qui m'ont engagé à exclure systématiquement de mon travail tous les ouvrages de Restif de la Bretonne, à l'exception de celui-ci, bien que la plupart d'entre eux rentrassent absolument dans son cadre.
D'abord, ces ouvrages sont assez nombreux et leur liste aurait beaucoup grossi mon volume, peut-être avec peu d'utilité... J'aurais pu, me dira-t-on, faire un choix parmi eux ? Ce choix eût été très arbitraire, et j'ai prévu que, de proche en proche, j'en aurais eu bien peu à laisser de côté. C'est pourquoi j'ai pris le parti

de l'abstention complète, à une exception près, afin de ne pas être accusé d'un oubli qui n'aurait pas été pardonnable. Chacun peut recourir à la bibliographie spéciale de M. Paul Lacroix, que j'ai déjà citée. Il ne pouvait me convenir de réimprimer un travail qui était tout fait et qu'il eût été téméraire à moi de vouloir refaire.

281. — Diogène à Paris. — *A Athènes ; et se trouve à Paris, chez Buisson, libraire, rue des Poitevins, hôtel de Mesgrigny, n° 13, 1787, in 12, 2 ff. limin. pour le titre et l'avertissement, 274 p. et 1 f. de table.* [Bibl. nat., Li³ 62] [Carn., 2864.]

Table des chapitres : I. Places et carrefours. — II. Fêtes publiques. — III. Dépôts de mendicité. — IV. Aumônes. — V-VI. Hôpitaux. — VII. Prisons. — VIII. Eglises et fabriques. — Le pain bénit. La distribution des églises. — IX. Collèges. — X. Boucheries. — XI. Cafés. — XII. Spectacles. — XIII Palais-Royal. — XIV. Académie française. — XV. Jeux publics. — XVI. Voitures, carrosses, chevaux. — XVII. Fumiers, boues. — XVIII. Gouttières. — XIX. Greniers à foin. — XX. Ecriteaux, étalages. — XXI. Marchés. — XXII. Entrée gratis (octroi). — XXIII. Arbres (des promenades publiques). — XXIV. Bibliothèques publiques. — XXV. Mont-de-piété.

Cet ouvrage intéressant et curieux mérite d'être recherché. Barbier l'attribue à J.-M. Dufour, avocat au Parlement de Paris. Quérard, dans *La France littéraire*, le classe de même au nombre des ouvrages de cet écrivain ; c'est à tort qu'il l'a cité, dans le même volume, à l'article Caraccioli. Il faut remarquer que, d'après ce qu'il dit dans plusieurs passages de son ouvrage, l'auteur paraît avoir habité Grenoble, ou du moins semble bien connaître cette ville. Cette remarque pourrait servir à confirmer le nom de l'écrivain à qui il faut attribuer « Diogène à Paris ».

282. — Considérations philosophiques sur les mœurs, les plaisirs et les préjugés de la capitale. Ouvrage patriotique, fruit de l'oisiveté d'un homme de goût, et destiné à faire suite aux différents tableaux de Paris publiés depuis quelques années. — *A Londres ; et se trouve à Paris, chez Leroy, libraire, rue Saint-Jacques, 1787, in-8. 2 ff., 430 p. et 1 f. d'errata, 1 fig.* [Bibl. nat., Li³ 64]. [Carnav., 11776 et 2867.]

Reproduction, au moyen d'un nouveau titre, de l'ouvrage de Ch. Rémi intitulé « Mon Oisiveté » et déjà cité ci-dessus, n° 232.

283. — Supplément à « La Quinzaine anglaise », ou Mémoires de M. de Provence. — *Paris, 1787, 2 vol. in-12.*

Par le chevalier de Rutlidge. Je ne connais cet ouvrage, que par le Dictionnaire de Barbier et par les deux notes dont il a fait le sujet dans « L'Intermédiaire » en 1881, tome XIV, p. 350 et 404. Il a été réimprimé en 1788 sous le titre de : « Le Valet de chambre financier... » Voy. ci-dessous le n° 297.

283 bis. — An Excursion from Paris to Fontainebleau : to which is added an adventure in the Champs-Elysées near Paris ; also an interesting account of the infortunate disaster which befell M. Pilatre Du Rozier at Boulogne. By a gentleman late of Bath. — *London, Becket, 1787, in-8.*

D'après Watt.

284. — Neueste Reisen durch Frankreich vorzüglich in Absicht auf die Naturgeschichte,..... Manufakturen und Werke der Kunst aus den besten Nachrichten und neuern Schriften zusammengetragen von D. Johann Jacob Volkmann. — *Leipzig, C. Fritsch, 1787, 3 vol. in-8.* [Bibl. nat., L²⁹ 7.] [Carn., 11356.]

« Nouveaux voyages à travers la France, particulièrement au point de vue de l'histoire naturelle, de l'économie rurale, des manufactures et des œuvres d'art, composés d'après les meilleurs renseignements et les ouvrages les plus récents... »

L'ouvrage est écrit en forme de lettres. Les lettres VI à XXI du premier volume (p. 150-465) sont consacrées à la description de Paris. Les trois premières contiennent des remarques générales, les treize autres décrivent les vingt quartiers de la ville. Les dernières lettres du même volume s'occupent de Versailles et des autres localités importantes des environs de Paris. Le reste de l'ouvrage est consacré à la province. Il constitue un document très intéressant à consulter pour l'état de la France à la veille de la Révolution.

285. — Skizzen, Szenen und Bemerkungen. Auf einer Reise durch Frankreich gesammelt von Heinrich Storch. — *Heidelberg, F.-L. Pfähler, 1787, pet. in-8, 5 f., 460 p. et 1 f. d'errata.* [Bibl. nat., L²⁹ 10, traduct. holland.] [Carn., 12448.]

« Esquisses, tableaux et remarques pendant un voyage à travers la France, recueillis par Henri Storch. »

Cet ouvrage a eu une seconde édition qui m'est inconnue, mais qui a été traduite en hollandais, *Leyde*, 1792, in-8, sous le titre suivant :

« Schetsen, tooneelen en waarneemingen, verzameld op eene reize door Frankryk door Heinrich

STONCH. Naar den tweeden druk uit het hoog-duitsch vertaald».—*Te Leyden, bij P.-H. Trap,* 1792, *in* 8°, 2 *f.*, 398 *pp, et* 2 *f. d'errata.*

La description de Paris s'étend de la page 25 à la page 262 et contient des détails sur les monuments, la vie théâtrale (acteurs et actrices), les établissements scientifiques et la littérature. Le reste du volume traite de la province.

286. — Les Visites du jour de l'an, ou les Etrennes de 1788.— *A Londres; et se trouve à Paris, chez Gastelier, libraire, rue Neuve-Notre-Dame, n° 18, en face du balcon des Enfants-Trou-vés,* 1788, *in-*8. 53 *p.*, *plus le faux titre.* [Bibl. nat., Li¹⁹ 5.] [Carn., 2868.]

Ouvrage frivole, mais curieux et amusant.

287. — A Tour through Holland.. and part of France, in which is included a description of Paris and its environs, by the late HARRY PEC-KHAM, esq.,... Fourth edition.... — *London, G. Kearsley,* 1788, *in-*12, 2 *f. de tit.,* 273 *p.,* 1 *f. de table et* 1 *carte.* [Carn., 12368.]

Ce qui se rapporte à Paris commence à la page 150. Cette relation parait assez insignifiante.

288. — Les Entretiens du jardin des Thuileries de Paris ; par M. MER-CIER, auteur des « Entretiens du Pa-lais-Royal de Paris ». — *A Paris, chez Buisson, libraire, hôtel de Coetlos-quet, rue Hautefeuille,* 1788, *in-*8, 212 *pag.* [Carn., 8513.]

Critique de mœurs, anecdotes, etc. L'ouvrage est divisé en 23 « Entretiens » ; voici leurs titres : I. Affaires du temps. — II. Des réformes. — III. Des auteurs. – IV. Les femmes devinées.— V. Sur la manière dont vivent les étrangers. — VI. Des hommes singuliers ou des originaux. — VII. De l'astuce. — VIII. Des environs de Paris. — IX. Du désagrément des voyages. — X. Des importants. — XI. Des lettres de cachet. — XII. De l'agriculture. — XIII. Des mots. — XIV. Sur Frédéric II, roi de Prusse. — XV. Des frondeurs. — XVI. Du commerce. — XVII. Les médecins. — XVIII. Des journaux. -- XIX. Des ridicules. — XX. Des chansons. — XXI. Les portraits du jour. — XXII. Des assemblées provinciales. — XXIII. Le projet des projets.

Cet ouvrage a eu plusieurs autres éditions qui sont anonymes et qui ne portent pas le même titre : on le trouve réimprimé, sous le titre de « Suite de Entretiens du Palais-Royal », à la suite de ces derniers, dans les différentes éditions in-12 dont ils remplissent les deux derniers volumes. (Voy. ci-dessus les n⁰ˢ 266 et ss.)

289. — Les Gobbe-Mouches. — *Au Palais-Royal,* 1788, *in-*8, 16 *p.* [Bibl. nat., Li³ 66.] [Carn., 14560.]

Le Gobe-Mouche est aujourd'hui un personnage important qui, sous mille formes et mille carac-tères s'introduit « éloquemment » dans toutes les classes de la société. Nous avons le Gobe-Mouche politique, le Gobe-Mouche législateur, le Gobe-Mouche de cour (qui n'est pas courtisan, mais qui ne peut quitter Versailles) ; le Gobe-Mouche actif, qui sait tout; le Gobe-Mouche austère, le Gobe-Mouche militaire ; le Gobe-Mouche espion; le Gobe-Mouche littéraire, etc. Je suis contraint d'abréger la nomenclature, cependant n'oublions pas la femme Gobe-Mouche dont l'auteur fait un portrait peu flatteur, mais qui devait être bien ressemblant, ni l'article du Gobe-Mouche sans souci dans lequel l'auteur, le marquis DE CHAMP-CENETZ, s'est, dit-on, dépeint lui-même.

Cet opuscule a été réimprimé, avec des va-riantes, dans les « Révélations indiscrètes du XVIIIᵉ siècle » [par P.-R. Auguis] (*Paris, Gui-tel,* 1814, *in-*18), p. 66. .

290. — Lettres édifiantes du Pa-lais-Royal, par un missionnaire du Camp des Tartares, par M***. — *A Gattières, et se trouve à Paris, chez tous les marchands de nouveautés,* 1788, *pet. in-*12, 108 *p.,* plus 1 *f. de titre.* [Carn., 17060.]

On lit sur le titre : « Première partie ». C'est probablement la seule publiée. Gattières est une commune comprise actuellement dans le dépar-tement des Alpes-Maritimes, arrondissement de Grasse.

Le « Camp des Tartares » n'était autre chose que la Galerie de bois du Palais-Royal, ainsi nommée à cause de la société variée et très mêlée qui la fréquentait.

Ce volume renferme dix lettres dans lesquelles on trouve des observations critiques sur les mœurs et la société du temps ; il se termine par deux pièces de vers.

291. — Longchamps. 1788. Poëme. (Epigr. : « Regarde, prends, et paye ».) — *S. L. N. D., in-*8, 22 *p.* [Carn., 16257.]

En vers de dix syllabes.

Tableau satirique assez curieux de la prome-nade de Longchamps.

C'est presque une galerie de portraits ; l'auteur passe en revue les diverses personnalités pari-siennes qui fréquentaient la promenade.

292. — Longchamps. Satire adres-sée par le tiers-état aux nobles, aux etc., etc. [*Sic.*] (Epigr. : « O Tempora ! O mores ! »)— *A Vérax, chez Mor-dant et compagnie,* 1789, *in-*8, 14 *p.* [Carn., 11943*, III, pièce 7.]

Cette pièce de vers est écrite à un point de vue plus général que la précédente. Elle est en vers alexandrins entremêlés de vers irréguliers. Com-position très médiocre.

293. — Les Numéros parisiens. Ouvrage utile et nécessaire aux voya-

geurs à Paris par M. D*****. — *A Paris, /de l'imprimerie de la Vérité,* 1788, *in*-16. viii-111 *p.* [Bibl. nat., Li³ 282.] [Carn., 2856.]

Ouvrage absolument différent de celui qui est cité sous le nº 242. Je ne puis indiquer avec certitude le nom de son auteur : cependant l'exemplaire que je possède porte sur le titre, à la suite de l'initiale D. la signature DEVILLIERS AINÉ. Est-ce le nom de l'auteur? Est-ce seulement la signature d'un ancien possesseur du volume? D'un autre côté, je remarque que Quérard dans « La France littéraire » (VI, 460), a cité cet ouvrage, comme non anonyme, à l'article NOU-GARET. Y a-t-il des exemplaires qui portent ce nom sur le titre?

On lit dans la « Préface » : « Cet ouvrage n'a « été enfanté que dans le dessein de soustraire « un grand nombre de personnes aux fraudes « infinies dont on est la dupe à Paris. L'auteur « du *Tableau de Paris* a sans doute eu les « mêmes vues..., mais M. Mercier n'est-il pas un « peu trop misanthrope?... Mon ouvrage a un « autre but... C'est ici le plan de la conduite « que doit tenir un étranger, un Parisien même, « pour n'être pas trompé... On ne doit pas « s'attendre à y trouver de ces exclamations « philosophiques si à la mode... J'écris pour ins-« truire, plus que pour critiquer les abus... »

Ce petit volume, qui contient des détails de mœurs assez curieux, est divisé en 42 *numéros* ou chapitres. Voici les titres des principaux : I. Marchands de vins. — II. Boulangers. — III. Traiteurs. — IV. Rôtisseurs. — V. La guinguette. — IX. Blanchisseuses. — XI. Marchands qui courent les rues. — XII. Boutiques et magasins. — XIII. Limonadiers. — XIV-XV. Filles. — XVI. Faiseurs de mariages. — XX. Mendiants. — XXIII. Tireuses de cartes. — XXIX. On croit acheter à bon marché...—XXXI. Livres. — XXXIV. Avis aux étrangers. — XXXV. Amusements, spectacles. — XLI. Prenez-y garde. (Conseils sur les dangers que l'on court dans la foule qui se rend habituellement à la fête de Saint-Cloud.)

294. — Requête adressée à monseigneur le duc d'Orléans, par les demoiselles De Launay, Latierce, Labacante, et autres, pour obtenir l'entrée du Palais-Royal, qui leur a été interdite. — *S. L. N. D.* (1788), *in*-8. 27 *p.* [Carn., 10401.]

Requête facétieuse. — Cf. le nº 322 et les suivants.

295. — Tableau du nouveau Palais-Royal. — *A Londres; et se trouve à Paris, chez Maradan, libraire, rue des Noyers,* nº 33, 1788, 2 *vol. in*-12. 219 *et* 212 *p., plus* 2 *f. de titre et* 1 *fig. pour chaque volume.* [Carn., 1614.]

Attribué à F.-M. MAYEUR DE SAINT-PAUL. Il est vrai que cet ouvrage n'est presqu'entièrement qu'une description du Palais-Royal; mais, parmi les soixante-dix-sept chapitres qu'il contient

(table à la fin de chaque volume), il en est un bon nombre qui sont consacrés aux mœurs, et qui, à ce point de vue, méritent d'être signalés ici. Ce « Tableau » est aussi intéressant que rare et est très digne d'être recherché. Les deux vues dont il est orné sont très finement gravées; elles sont, malheureusement, de format oblong et repliées dans tous les exemplaires. Elles se trouvent quelquefois toutes deux à la tête du premier volume.

296. — Le Tartare à Paris, par M. l'abbé A***. [J.-F. ANDRÉ.] — *Paris, chez Maradan, libraire, rue des Noyers,* nº 33, 1788, *in*-8. 159 *p.* [Bibl. nat., LB³⁹ 906.] | Carn., 17777.]

En forme de dialogue. — Le Tartare *Kermaeli* a quitté les plaines de Samarcande pour venir s'instruire de nos arts, de nos lois, de nos mœurs et de notre constitution. Le Français *Valsin* lui sert d'interlocuteur. C'est le Tartare qui tient le dé de la conversation; il ne ménage pas ses critiques aux Français.

297. — Le Valet de chambre financier, ou Mémoires de M. DE PROVENCE. —*Londres et Paris,* 1788, 2 *vol. in*-12.

Par le chevalier DE RUTLIDGE. Même ouvrage que le « Supplément à la Quinzaine anglaise... ». Voy. ci-dessus le nº 283.

298. — Les Repentirs de l'année 1788, suivis de douze petites lettres écrites à qui voudra les lire. — *A Londres; et se trouve à Paris, chez Briand, S. D.* (1789), *pet. in*-12. xx-152 *p.* [Carn., 5792.]

Revue humoristique de l'année 1788. Ouvrage peu important, mais assez amusant. — M. Paul Lacroix, dans le « Bulletin du bibliophile » de J. Téchener (année 1857, 13ᵉ série, page 457), a émis l'opinion que ce petit volume devait être de BEFFROY DE REIGNY, dit le COUSIN JACQUES. C'est possible, mais non certain.

299. — Individualitäten aus und über Paris von C.-F. CRAMER und seinen Freunden. — *Amsterdam, Rohloff und Compagnie,* 1806, 3 *parties pet. in*-8. xvi-176, 224 *et* 260 *p., avec des fac-simile.* [Carn., 14975.]

Chaque volume contient une table imprimée au dos de la couverture. — Détails biographiques sur plusieurs personnages du dix-huitième siècle, avec quelques considérations sur les mœurs et les usages. L'ouvrage est écrit sous forme de lettres datées de 1805 et de 1806; elles présentent fort peu d'intérêt pour l'histoire ou la description de Paris.

300. — SÉNAC DE MEILHAN. Le Gouvernement, les mœurs et les conditions en France avant la Révolution. Portraits des personnages distingués de la fin du xviiie siècle ; avec une introduction et des notes par M. DE LESCURE. — *Paris, Poulet-Malassis, S. D.* (1862), *gr. in*-18. 507 *p.* [Carn., 9638.]

Intéressant, mais à un point de vue général. La première édition a paru en 1795.

301. — Le Spectateur français avant la Révolution, par le citoyen DE LA CROIX, ancien professeur de droit public au Lycée... — *Paris, Buisson,* an IV, *in*-8. 2 *f. et* xxxii-540 *p.* [Bibl. nat., Li³ 314.] [Carn., 8419.]

Notes, lettres, discours et observations sur toutes sortes de sujets. Considérations philosophiques, politiques et sociales. La première édition a, je crois, paru en 1789. Cf. le n° 223 et le n° 353.

302. — Souvenirs d'un citoyen. Par Mr S. FORMEY. Seconde édition. — *Paris, P.-D. Barez,* 1797, 2 *vol. pet. in*-8, xiv-362 *et* 396 *p., plus* 1 *f. de table dans chaque vol.,* 1 *fig.* [Carn., 11950.]

Impressions sur les personnages que l'auteur, un Berlinois, a fréquentés à Paris. (Fin du dix-huitième siècle, jusqu'à la Révolution exclusivement.) La première édition a paru en 1789. Pour une critique de cet ouvrage, voyez « La France littéraire », tome III, p. 166.

303. — Tableau de Paris. — *A Hambourg, chez Virchaux et compagnie, libraire ; et se trouve à Neufchâtel, chez Samuel Fauche, libraire du roi,* 1781, 2 *vol. in*-8, xiv-400 *et* 1 *f.-* 254 *p., plus* 1 *f. d'errata.* [Bibl. nat., Li³ 52 ou 52 A.] [Carn., 2853.]

Première édition du célèbre ouvrage de L.-S. MERCIER. Elle ne comporte que deux volumes et les articles dont elle se compose ont été répartis plus tard, dans un ordre différent, dans les éditions postérieures. Les chapitres ne sont pas numérotés. La préface est datée du 8 octobre 1780.
Il y a peut-être deux tirages de cette première édition. La description bibliographique donnée ci-dessus l'a été d'après l'exemplaire de Carnavalet. Le texte de ce tirage contient 29 lignes à la page.
Cette édition n'est curieuse qu'au point de vue de la bibliographie ou de la collection : elle est, comme on le verra par les articles suivants, bien moins ample que celles qui lui ont succédé. On trouve dans cette première édition quelques passages *sans la moindre importance* qui n'ont point été reproduits dans les éditions postérieures.

304. — Tableau de Paris. Nouvelle édition corrigée et augmentée. — *Amsterdam,* 1782-1783, 8 *vol. in*-8.

Cette réimpression est déjà beaucoup plus considérable que l'édition originale ; ce n'est cependant pas l'édition la plus complète.
Voici une description sommaire de cette édition en huit volumes. Elle contient 674 chapitres. L'avertissement qui se trouve au commencement du 1er volume met le lecteur en garde contre les contrefaçons ; mais, ce qu'il y a de curieux, cet avertissement est reproduit dans les éditions contrefaites ; de sorte que éditions véritables et éditions contrefaites forment ensemble un *méli-mélo* absolument inextricable.
On lit à la fin : « Fin du huitième et dernier tome » ; j'ai un exemplaire dont le dernier feuillet porte un *Errata,* qui n'est pas dans le mien. Le premier volume contient xvi-319 pages, 104 chapitres. Les tomes II, III et IV sont comme le premier, datés de 1782 ; ils contiennent, en plus du titre, 352, 352 et 331 pages et les chapitres 105 à 357. Les tomes V, VI, VII et VIII sont datés de 1783 et contiennent les chapitres 358 à 674.
Justification : 23 lignes à la page.
Ma description est déjà trop longue, et cependant elle est bien insuffisante, car on n'aura pas de peine à me prouver que, telle qu'elle est, elle est fautive, si l'on ne tient compte de ce que chaque volume a été plus ou moins réimprimé et qu'il est *très rare* de rencontrer les huit volumes qui soient sortis réellement ensemble de la presse.

305. — Tableau de Paris. Nouvelle édition corrigée et augmentée. — *Amsterdam,* 1782-1788, 12 *vol. in*-8. [Bibl. nat., Li³ 52 C.]

Cette édition est complète et définitive, mais ce n'est pas encore celle à laquelle je donne la préférence parce qu'elle est d'une vérification et d'un collationnement très difficile. Elle est presque toujours composée, pour les huit premiers volumes, de l'édition précédente, et, pour les quatre derniers, de quatre tomes datés de 1788. Ces quatre tomes comprennent, en plus de titres, 384, 365, 376 et 368 pages. Les chapitres 675-848 occupent les tomes IX et X ; les tomes XI et XII contiennent l'un 109 et l'autre 92 chapitres non numérotés.

306. — Tableau de Paris. Nouvelle édition corrigée et augmentée. — *A Amsterdam,* 1783-1789, 12 *vol. in*-8. [Carn., Usuels.]

Cette édition est, à mon avis, la meilleure et la plus complète de l'ouvrage de MERCIER.
Justification : 36 lignes à la page.
Collationnement de chaque volume :

T. I, daté de 1783,	xvi-188 p.	Chap.	1-104.
II	—	208 p.	Chap. 105-205.
III	—	208 p.	— 206-297.
IV	—	192 p.	— 298-357.
V	—	206 p.	— 358-454.
VI	—	196 p.	— 455-541.
VII	—	191 p.	— 542-603.
VIII	—	211 p.	— 604-675 *(sic)*
IX, daté de 1789,	228 p.	— 675 *(sic)*-765.
X	—	218 p.	— 766-848.
XI	—	231 p. 109 chap. non numér.
XII	—	223 p. 92 chap. non numér.

Les tomes II-XII contiennent chacun 2 feuillets liminaires qui ne comptent pas dans la pagination.

On remarque qu'il y a deux chapitres 675; cela provient de ce que dans l'édition en huit volumes le chapitre 633 est intitulé : « Du siècle de Louis XIV » (erreur qui se reproduit naturellement dans presque tous les exemplaires de l'édition 1782-1788, en 12 volumes), tandis que dans la présente édition ce chapitre 633 a pour titre : « Maîtres ès-arts », et que le chapitre « Du siècle de Louis XIV » est numéroté 634.

Le tome VIII ne porte pas et ne doit pas porter la mention : « Fin du huitième et dernier tome. »

Je ne veux entrer dans plus de détails : je répète que cette édition est celle qui doit être préférée, à défaut d'un exemplaire d'une seule venue de l'édition 1782-1788. Et encore ne suis-je pas bien sûr que certaines fautes, analogues à celle du chapitre 633 que j'ai signalée, existant dans l'édition 1782-1788, ont été corrigées ensuite dans l'édition 1783-1789.

Je ne décrirai pas non plus une édition en 12 vol. in-12; ni une autre en 12 vol. petit in-8º.

J'en parle seulement pour ne pas être accusé de ne pas les connaître. Ce sont, à mon avis, des contrefaçons sans importance.

Mon premier mouvement avait été de donner un index alphabétique des matières traitées par Mercier dans son « Tableau de Paris »; les conseils dont je me suis entouré, et mes propres réflexions m'ont amené à penser que c'était superflu et que ce travail serait beaucoup plus long et beaucoup plus volumineux qu'il ne serait utile.

Quant à mon opinion et à mes observations sur le « Tableau de Paris », je crois facilement que le lecteur saura s'en passer. S'il prend la peine de parcourir cet ouvrage important et de lire attentivement les chapitres dans lesquels Mercier s'est le moins laissé aller à ses tendances de rhéteur fatidique ou de philosophe incompris, il ne regrettera pas le temps qu'il y aura dépensé et pourra découvrir de nombreux passages dignes d'être cités et commentés.

Sous le titre de « Nouveau Paris », Mercier a donné, vers la fin de la Révolution, une suite à son grand ouvrage. Cette suite n'est pas moins curieuse que le « Tableau de Paris ». Voyez les nºˢ 388-390.

307. — « Tableau de Paris » critiqué par un solitaire du pied des Alpes. — À Nyon, en Suisse, de l'imprimerie de Natthey et compagnie, 1783, 6 vol. in-8. [Bibl. nat., Li³ 53, incomplet.] [Carn., 11319.]

Contrefaçon textuelle du « Tableau de Paris » de Mercier, auquel le Solitaire a ajouté quelques notes insignifiantes. Les six volumes contiennent 674 chapitres, de sorte que cette contrefaçon correspond à peu près à l'édition en huit volumes citée ci-dessus, nº 304.

307 bis. — Paris in miniature taken from the french picture in full length entitled « Tableau de Paris ». Inters-

persed with remarks and anecdotes. — London, Kairsley, 1782, in-8.

Je ne connais cette traduction de l'ouvrage de Mercier que par la Bibliographie de Watt.

308. — Paris delineated, containing a full description of that city, its manners and customs; with a notice of the principal edifices and curiosities; to which are prefixed observations on a tour to Paris... from the french of Mercier. Illustrated with [2] maps and [6] views of public buildings. — London, printed for Sherwood..., 1814, 2 vol. in-8, 32-xxxvi-312 et iv-304 p., plus 2 f. de table. [Carn., 17697.]

Parmi les 223 chapitres de cet ouvrage, on en trouve un grand nombre qui sont traduits du « Tableau de Paris » de Mercier; mais l'ordre des matières a été quelquefois changé. Le traducteur a ajouté quelques notes sans importance.

Les gravures sont des vues de Paris, prises au commencement du xixº siècle, et très insignifiantes. L'une des deux cartes est un plan de Paris, daté de 1802, et sans grand intérêt.

Les xxxvi pages liminaires me semblent n'être qu'un extrait de « Picture of Paris, being a complete guide... » par Louis Tronchet, ouvrage publié à la même époque et chez le même libraire. Louis Tronchet est probablement l'auteur de cette adaptation du « Tableau de Paris ».

309. — Mercier. Tableau de Paris. Étude sur la vie et les ouvrages de Mercier; notes, etc., etc., par Gustave Desnoireterres. — Paris, Pagnerre; V. Lecou, 1853, in-18, xlvi-384 p. [Bibl. nat., Li³ 52 G.] [Carn., 14417.]

La Notice sur Mercier, qui précède cette réimpression est excellente, et bien supérieure à celle que Ch. Monselet a donnée sur notre auteur dans « Les Oubliés et les Dédaignés », mais qui est à lire aussi.

Cette réimpression — partielle — du « Tableau de Paris » ne comprend que 128 chapitres : on aurait pu leur en joindre d'autres qui méritaient d'être exhumés. Son plus grand défaut, c'est qu'elle ne contient aucune indication sur le système qui a présidé au choix des chapitres réimprimés. Les numéros de ces chapitres (1 à 128) ne correspondent en rien aux numéros des 1040 chapitres de l'édition en 12 volumes. C'est un grave inconvénient, car pour quelqu'un qui ne connaît pas l'œuvre de Mercier, cette édition pourrait passer pour une réimpression complète. J'ai connu un amateur parisien à qui j'ai été obligé d'enlever cette illusion... dont il ne pouvait être rendu responsable.

Et que de notes intéressantes l'éditeur aurait pu joindre à sa réimpression !

310. — MERCIER. Tableau de Paris.
— *Paris, librairie da la « Bibliothèque
nationale »*, 1884, 3 *vol. in-32.* [Bibl.
nat., Li³ 52 H.]

Publication populaire et insignifiante; cette
édition consiste dans la réimpression des 128
chapitres qu'avait déjà réimprimés M. Desnoires-
terres en 1853. (Voy. le n° précédent.)

311. — Tableau de Paris, ou Explication des différentes figures, gravées
à l'eau-forte, pour servir aux différentes éditions du « Tableau de Paris »
par M. MERCIER. — *Yverdon*, 1787,
in-8, 63 *p. et* 96 *fig.* [Bibl. nat.,
Estampes.] [Carn., 17552. Rés.]

Ces figures, dessinées et gravées par DUNKER,
ont été, comme le dit le titre dont elles sont
précédées, tirées pour être jointes au « Tableau
de Paris » de MERCIER. Un très petit nombre
d'entre elles sont intéressantes. Il est visible
qu'elles sont l'œuvre d'un artiste qui n'est jamais
venu à Paris, car elles ne représentent aucun
monument sous son aspect véritable ni aucune
scène véritablement parisienne. Elles sont accompagnées d'un texte extrait partiellement de l'ouvrage de Mercier, texte qui donne pour chacune
d'elles une très courte explication. Je connais
encore l'édition suivante :

312. — Costumes des mœurs et
de l'esprit français avant la grande
Révolution, à la fin du dix-huitième
siècle, en XCVI planches gravées en
caricatures par un habile maître;
pouvant servir d'appendice au « Tableau de Paris ». — *Lyon*, 1791, *in-4*,
63 *p. et* 96 *fig.* [Bibl. nat., Estampes.]
[Carn., 12303. Rés.]

Autre tirage des gravures de DUNKER dont il
est déjà question dans l'article précédent. Les
planches ne paraissent pas sensiblement plus
usées dans cette suite que dans l'autre.
J'ai fait, au sujet de ces deux éditions, une
observation qu'il est bon de signaler : c'est que
tous les exemplaires en *feuilles* sont de format
in-4°, ou du moins semblent tels à première vue.
Il ne faut donc pas croire que ces exemplaires
sont d'un tirage *extra* ; un examen attentif peut
en convaincre ceux qui les regardent avec soin.
Un exemplaire de cette suite de gravures at-
teint aux ventes le prix de 250 à 300 francs,
et est souvent coté beaucoup plus haut dans les
catalogues de libraires. Quelque rares que soient
ces planches, c'est beaucoup plus cher qu'elles ne
valent au point de vue de l'intérêt historique et
documentaire.
Je ne m'explique du reste pas la rareté de ces
gravures : elles semblent n'avoir pas eu un grand
succès dans l'origine car elles ont été à plusieurs
reprises offertes au public sous des titres différents. C'est ainsi que sous la rubrique *Berne*,
1791, j'en ai vu chez un libraire un exemplaire
ayant pour titre : « Esquisses pour les artistes et

amateurs des arts sur Paris. Nonante et six figures
gravées à l'eau-forte, dont l'explication se trouve
dans le *Tableau de Paris* de Mercier ». Il n'y
avait pas de texte explicatif, mais un double
titre, allemand et français ; les deux titres por-
taient le nom de DUNKER.
Quérard, dans *La France littéraire*, article
Mercier, cite une édition *Yverdun*, 1785, et une
autre, *Berne*, 1787. L'article qu'il a consacré à
Dunker ne nous a rien appris de nouveau ; cet
article contient une faute typographique :
93 gravures au lieu de 96.

313. — Briefe aus Paris zur Zeit der
Revolution geschrieben von JOACHIM
HEINRICH CAMPE. — *Braunschweig*, 1790,
in der Schulbuchhandlung, in-8, XII-
372 *pages*.

« Lettres de Paris au temps de la Révolution,
écrites par JOACHIM HENRI CAMPE. »
Ces lettres, qui ont joui d'une certaine réputation en Allemagne, parurent d'abord dans le
Journal de Brunswick. Elles sont au nombre de
huit et datées du mois d'août 1789. A côté de la
description de Paris on y trouve de longues considérations sur les événements politiques, les
mœurs et la littérature en France au commencement de la Révolution.

314. — Lettres d'un Indien à Paris,
à son ami Glazir, sur les mœurs françaises, et sur les bizarreries du temps.
Par l'auteur des « Lettres récréatives
et morales ». [L.-A. CARACCIOLI.] —
*A Amsterdam ; et se trouve à Paris,
chez Briand, libraire, hôtel de Villiers,
rue Pavée-Saint-André-des-Arts. n° 22*
1789, 2 *vol. in-12*, 407 *et* 500 *p., plus*
2 *f. de tit. pour chaque vol.* [Bibl. nat.,
Li³ 67.] [Carn., 5625.]

Cent quatre-vingt-dix-huit lettres. L'auteur
n'a pas manqué à ses habitudes de diffusion et
de manque de méthode. Il embrasse les mœurs
de Paris en général, et en fait un éloge sans
restrictions. Cet ouvrage est peut-être un des
plus intéressants de ceux de CARACCIOLI. Cf. le
n° suivant.

314 *bis.* — Letters on the manners
of the French, and on the follies and
extravagances of the times, written
by an Indian at Paris : translated in-
to english. — *London*, 1790, *in-8*.

Par CHARLES (ou THOMAS ?) SHILLITO, lieutenant
de marine. Je ne connais, que par la Bibliographie de Watt, cet ouvrage qui, d'après le titre,
semble être une traduction du précédent.

315. — Nouvelle Correspondance,
ou Choix de lettres intéressantes sur
divers sujets, recueillies en 1789. —

A Spa; et se trouve à Paris, chez Buisson, libraire, hôtel de Coetlosquet, rue Hautefeuille, nº 1, 1789, pet. in-12 1 f. de tit. et 398 p. [Carn., 341 et 341 bis.]

Cet ouvrage comprend 64 lettres. La plupart d'entre elles sont intéressantes pour l'histoire des mœurs parisiennes ; voici les titres de quelques-unes :

Lettre V. Sur les mutilations que les comédiens se permettent dans leurs rôles. (Signée : Palissot.) — VI. Sur les embellissements de Paris.—XXI. Sur les discoureurs des cafés. (Signée : L***.) — XXII. Sur la Fontaine des Innocents et les monuments publics. (Signée : Quatremère de Quincy.) — XXXVIII. Lettre d'un jeune homme de province arrivé depuis peu à Paris. — XLII. Sur les robes à la mode. (Signée : D*** P.-D.-G.-A.-S.) — XLIII. Sur les statues convenables aux jardins publics.—XLIV. Sur l'origine des étrennes. (Signée : De Mayer.) — XLVIII. Sur la statue de S. Vincent de Paul [fondation des Enfants-Trouvés]. (Signée : De Mayer.) — LI. Sur les nouveaux embarras de Paris. — LIII. Sur le combat des animaux. (Signée : de G***.) — LX. Sur l'usage de crier *bravo*. — Les lettres LI, LXII, LXIV sont aussi relatives aux théâtres.

Cet ouvrage a été reproduit en 1810 sous le titre de « Choix de lettres intéressantes sur divers sujets, ou Tableau des mœurs, des travers, des vices et des ridicules ». (*Paris, Lemarchand,* 1810). Le texte est absolument le même : il n'y eut que le titre de refait pour écouler le restant de la première édition.

316. — Paris aujourd'hui, ou Idées diverses d'un citoyen du tiers-état, sur le commerce, l'opulence et la pauvreté actuelle des habitants de cette ville. Paris commerçant, idée de sa puissance alors. — *Aux Etats-Généraux*, 1789, *in-8*, 1 *f. de tit.* et 48 *p.* [Bibl. nat., Lk⁷ 6574.] [Carn., 11943*, IV.]

Signé : K.-S. Webb, *insulaire de Sainte-Marie, Français de nation, maintenant résident à Paris.*
Considérations politico-sociales contenant quelques observations assez curieuses. Page 43 se trouve une « Epitre aux électeurs patriotes représentant la nation aux Etats-Généraux ».

317. — Parisiens, voyez ce que vous étiez en 1788, et voyez ce que vous êtes aujourd'hui, ou Tableau fidèle de la capitale. — *Paris, imp. Levasseur, S. D.* (1789 ?), *in-8*. [Bibl. nat., Li³ 591.]

317 bis. — A Fifteen days Tour to Paris, containing several circumstances, particularly the origin and progress of the present revolution and confused situation of that country; including the mode now adopted of paying bills at the Paris Bank. By an Englishman of veracity just returned. — *London, Kairsley*, 1789, *in-8.*

D'après Watt.

317 ter. — A Detail of the wonderfull revolution at Paris, or an Exact Narrative of all that passed in the capital of France from july 11ᵗʰ 1789 to the 23ᵈ of the same month. By M. D.-C. — *London, Ridgeway*, 1789, *in-8.*

D'après Watt.

318. — Dr Rigby's Letters from France, etc., in 1789, edited by his daughter, lady Eastlake. — *London, Longmans, Green, and Cº*, 1880, *in-8*, xviii-232 p. [Carn., 16678.]

Le voyageur n'a séjourné à Paris que quelques jours ; il y est arrivé le 7 juillet 1789. Voici un aperçu des matières, des événements ou des personnages qui font le sujet de ses lettres (pages 18-93).
Tableau de Paris à l'arrivée. — Théâtre-Italien. — Considérations politiques. — Les événements de Versailles. — Le Palais-Royal centre de la révolution. — Fermeture des théâtres. — Les orateurs au Palais-Royal. — Le prince de Lambesc aux Tuileries. — Armement de la population. — L'attaque et la prise de la Bastille. — La milice bourgeoise. — Le roi. — L'archevêque de Paris.
Une notice sur l'auteur, écrite par sa fille, se trouve au commencement du volume. Le docteur Edouard Rigby, né en 1747, appartenait en Angleterre au parti des *whigs*, aussi les idées libérales qui se développaient alors en France ont-elles trouvé en lui un admirateur assez passionné.

319. — Un Provincial à Paris, pendant une partie de l'année 1789. — *Strasbourg, imp. de la société typographique; Paris, chez La Villette, libraire, hôtel de Bouthillers, rue des Poitevins, s. d.* (1790), *in-8*, viii-258 *p. et 1 f. d'errata.* [Bibl. nat., Lk⁷ 6040.] [Carn., 2869.]

Signé (page 239) : A.-H. Dampmartin. Rédigé sous forme de lettres qui sont au nombre de 37, cet ouvrage constitue un intéressant tableau des mœurs et habitudes parisiennes à la fin de 1789 ; on y rencontre, par ci, par là, quelques appréciations politiques. Sur le titre du volume se lit cette épigraphe : « Oh ! Paris est un lieu de tumulte et d'éclat. » (Regnard).
Aperçu des matières dont il est question dans le volume : *Lettre* I. Programme de l'auteur

voy. aussi l'avertissement) ; mœurs politiques.
II. L'homme du monde, civilité, repas, modes.
— III-IV. Usages. — V. Le quartier du Marais
(usages). — VI. Le faubourg St-Antoine ; l'Opéra,
une visite. — VII. La Cour. — VIII. Les
femmes, les modes. — IX. Visite à un personnage important. — X. Les visites ; éducation
des enfants ; le tutoiement. — XI. Mœurs
littéraires. — XII. Voyage à Versailles, moyen
de transport ; la cour. — XIII. Spectacles. —
XIV. La galanterie. — XV. Politique. Usages
divers du grand monde. Anglomanie. Les Parisiennes. — XVI. Visites. — XVII. Spectacles. —
XVIII. Mœurs littéraires. — XIX. Mœurs galantes. — XX. Le jeu. — XXI. Les femmes, le
mariage. — XXII. Les Tuileries, le Luxembourg,
les boulevards, plaisirs divers. — XXIII. Physionomie des rues, les voitures. — XXIV. Petits
théâtres. — XXV. Modes et parures. — XXVI.
Le Palais-Royal. — XXVII. Théâtre de Monsieur
— XXVIII. La table, les vins. — XXIX. L'étiquette. — XXX. Littérature. — XXXI. La justice. — XXXII. Bal de l'Opéra. — XXXIII. Considérations générales. La conversation. — XXXIV.
Femmes du monde. — XXXV. La pauvreté.
— XXXVI. Les grands, le clergé, la noblesse
et le tiers-état. — XXXVII. Conclusion. —
Les pages 240-258 sont occupées par des notes
littéraires sans grand intérêt.
Ce résumé ne peut être que d'une exactitude
très approximative, car l'auteur se donne rarement la peine de classer ses idées ; son style,
souvent naïf, est quelquefois amusant. Au sujet
de cet écrivain royaliste, consultez la « Biographie universelle des contemporains », la
« Nouvelle Biographie générale » et « La France
littéraire ».
Il y a une autre édition (c'est celle qui se
trouve à Carnavalet) ; elle a pour titre : « Le
Provincial à Paris à l'époque de la Révolution
de 1789. Avec des notes critiques. (Même épigraphe.) — Paris, chez La Villette... 1790,
petit in-4°, VIII-272 p.

320. — Une Nuit de Babylone. —
A Kehl ; et à Paris, chez Volland,
libraire, quai des Augustins, n° 25,
1789, pet. in-12, 111 p.

Ouvrage allégorique dans le genre du Diable
boiteux. Rare, mais peu intéressant.

321. — Voyages en France pendant les années 1787-88-89 et 90,
entrepris plus particulièrement pour
s'assurer de l'état de l'agriculture,
des richesses, des ressources et de
la prospérité de cette nation ; par
ARTHUR YOUNG, écuyer. Traduit de
l'anglais par F. S. [SOULÈS.] Seconde
édition avec des corrections considérables...—Paris, Buisson, 1794-an II,
3 vol. in-8, cartes. [Carn., 2870.]

Quoique rédigé à un point de vue un peu
exclusif, cet ouvrage devait être signalé ici parce-
qu'il contient — en petit nombre, il est vrai —
quelques renseignements sur l'état moral de
Paris.

Le voyage de Young a été publié pour la
première fois à Londres en 1792. Il en a été fait
une traduction que l'on m'a dit être meilleure
que les précédentes, par M. Lesage (Paris,
Guillaumin, 1860, 2 vol. in-12).

322. — Très sérieuses remon-
trances des filles du Palais-Royal et
lieux circonvoisins à MM. de la noblesse. — S. L. (Paris), 1789, in-8,
20 p. [Carn., 9062* Rés.]

Cette pièce, ainsi que les suivantes, sont des
facéties. — Cf. le n° 294.

322 bis. — Les Demoiselles du
Palais-Royal aux Etats-Généraux. —
S. L. N. D. (Paris, 1789), in-8, 8 p.
[Carn., 9062* Rés.]

323. — Ressource qui reste aux
demoiselles du Palais-Royal ensuite
de la réponse des Etats-Généraux à
leur requête. — S. L. N. D., (Paris,
imp. Grangé [1789],) in-8, 8 p. [Carn.,
9062* Rés.]

323 bis. — De la Prostitution.
Cahier et doléances d'un ami des
mœurs, adressés spécialement aux
députés de l'ordre du tiers état de
Paris. — Au Palais-Royal, S. D.,
(1789), in-8, 29 p.

Par L.-P. BÉRENGER. — De toutes les pièces
quelque peu pornographiques qui furent publiées à cette époque, et parmi lesquelles j'ai
été obligé de faire un choix sévère, guidé par
un sentiment que l'on comprendra aisément,
cette brochure est une des plus rares et aussi
l'une des plus intéressantes. Elle présente un
tableau peu flatté de la prostitution dans Paris et
particulièrement au Palais-Royal. Les moyens
de répression que propose l'auteur de cet écrit —
un professeur de belles-lettres, membre de
l'Institut — sont pour lui l'occasion de réflexions
et d'observations détaillées dont la lecture doit
être recommandée aux travailleurs aussi bien
qu'aux curieux.

324. — Etrennes aux grisettes. (Epigraphe : « Raisonnable ou non ; tout
s'en mêle ».) Pour l'année 1790. —
S. L. N. D., in-8, 36 p. Fig. [Bibl.
nat., Lc^{22} 19 et 19 A] [Carn., 6508.]

Le titre de départ, page 3, porte : « Requête
présentée à M. Sylvain Bailly, maire de Paris,
par FLORENTINE DE LAUNAY, contre les marchandes de modes, lingères et autres grisettes
commerçantes sur le pavé de Paris, etc. »
Cet écrit satirique contre les femmes à la
mode contient une liste de leurs noms et de-

meures. Les pages 35 et 36, notes justificatives sur les grisettes Damiens, Laporte, Labarre, Roques, Robinot et Victoire, renferment des détails fort curieux.

Il y a au moins deux éditions de cette pièce. Celle qui me paraît être la première, en raison du bon tirage de la figure, porte le mot « Requête », sur le titre de départ, en caractères à jours. A la première ligne du texte le nom De Launay est correctement écrit. Dans l'autre édition — ou contrefaçon — le mot « Requête » est en caractères gras et le nom De Launay est écrit De Lannay ; la figure est mal venue et fatiguée.

Les « Etrennes aux grisettes » ont été réimprimées de nos jours par la Société des Bibliophiles cosmopolites, A Neufchatel. le 31 août 1872, in-16, 32 pages, 1 fig., papier vergé, tiré à 100 exemplaires.

325. — Les Demoiselles chit-chit du Palais-Royal et des différents quartiers de Paris, traitées selon leur mérite, leur âge, leur beauté, leur taille, leur tournure et leur caractère. — Paris, imp. Caillot et Courcier, S. D. (1790), in-8, 16 p. [Carn., 3789*.]

326. — Police à établir sur le scandale de la trop grande publicité des femmes prostituées. — S. L. N. D. (vers 1790), in-8, 8 p. [Carn., 3789*.]

327. — Déclaration des droits des citoyennes du Palais-Royal. — S. L. N. D. (vers 1790), in-8, 7 p. [Carn., 3789*.]

328. — Pétition des deux mille cent filles du Palais-Royal à l'Assemblée nationale... Liberté, Vérité. — Paris, chez la Veuve Macart,... 1790, in-8, 11 p. [Carn., 3791.]

329. — Les Après-souper du Palais-Royal ou Galeries des femmes.... — De l'imprimerie de Cythère, 1790, in-8, 8 p. [Carn., 11946*.]

Peut-être faut-il une suite à cette première brochure ?

330. — Aspasie, à tous les comités du Palais-Royal, salut. — S. L. N. D. (1790), in-8, 15 p. [Carn., 11946*.]

Pamphlet royaliste sur les agitations politiques du Palais-Royal, qui en chassaient les filles et les habitués.

331. — C'est f...., l'commerce ne va pas. (Epigraphe : « Point d'argent, point de Suisse. ») — S. L., de l'im-primerie de la petite Rosalie, au Palais-Royal, 1790, in-8, 7 p. [Carn., 9062*. Rés., et 3789*.]

Pamphlet royaliste se rattachant aux précédents.

332. — Tarif des filles du Palais-Royal, lieux circonvoisins et autres quartiers de Paris ; avec leurs noms et demures. — S. L. N. D. (vers 1790), 5 numéros in-8. [Bibl. nat., Li⁵ 89. Rés.] [Carn., 3792*. Rés., incomplet : 3 nos seulement.]

Pièce facétieuse et libre. Chaque numéro comprend 8 pages : les nos 1 et 2 ont pour titre : « Tarif des filles... » ; les nos 3. 4 et 5 ont pour titre : « Suite du tarif des filles... » Il faut y joindre la pièce suivante.

333. — Protestation des filles du Palais-Royal et véritable tarif rédigé par mesdames Rosni et Sainte-Foix, présidentes du district des Galeries. — S. L. N. D. (vers 1790), in-8, 7 p. [Bib. nat., Lb³⁹ 3807. Rés.] [Carn., 3792* Rés.]

Voyez l'article précédent, et Cf. le no 345.

———

334. — Anacharsis à Paris, ou Lettre de JEAN-BAPTISTE CLOOTS à un prince d'Allemagne. — A Paris, chez Desenne, libraire au Palais-Royal, 1790, in-8, 1 f. de titre et 28 p. [Bibl. nat.. Lb³⁹ 4202]. [Carn., 11943*, III, et 10156*, no 11.]

En date du 6 octobre 1790. Tableau moral et politique du nouveau Paris.

335. — Aux Parisiens. Observations sur l'origine et l'accroissement de Paris, et moyens d'en prévenir l'entière décadence. Par un de leur plus zélés concitoyens, M. L. D. V. [LEGRAND DE VILLIERS ?]. — [Paris], de l'imprimerie Valleyre, rue Vieille-Bouclerie, S. D. (1790), in-8. 1 f. de tit. et 37 p. [Bibl. nat. Lk⁷ 6609.] [Carn., 11943*, III.]

Tableau du préjudice que les nouvelles réformes constitutionnelles allaient porter à l'importance morale, civile, religieuse et politique de Paris.

336. — KARAMZINE. Lettres d'un voyageur russe en France, en Allemagne et en Suisse (1789-1790). Tra-

duites du russe [par Victor de Poro-
chine], accompagnées de notes et
d'une notice biographique sur l'auteur. — *Paris, Mellier*, 1867, *gr.
in-18*, xxiv- 368 *p.* [Bibl. nat., L ²⁹ 83.]

On a reproché au traducteur d'avoir omis,
non seulement toute la première partie de l'ouvrage original, mais aussi quantité de détails
dont beaucoup ont leur valeur. Ces inconvénients ont été réparés par la publication d'une
nouvelle traduction, au sujet de laquelle voyez
l'article suivant.

337. — Karamzine. Voyage en
France (1789-1790). Traduit du russe
et annoté par A. Legrelle. — *Paris,
Hachette et Cⁱᵉ*, 1885, *in-12*, 3 *f. et*
xl-335 *p.*

Cette intéressante traduction avait déjà paru
dans la *Revue de la Révolution* (publiée par
Ch. d'Héricault et Gustave Bord), année 1883,
2ᵉ semestre, p. 426 ; année 1884, 1ᵉʳ semestre,
p. 62, 123, 220, 290, 305 ; année 1884, 2ᵉ semestre, p. 304 et 325.
En outre de la *Notice* qui est contenue dans
l'édition citée sous le n° précédent, on peut consulter sur le voyageur russe un assez long
article qui lui est consacré dans la *Biographie
Didot*.
Le texte original a été publié intégralement
à Moscou en 1797 ; mais il avait déjà paru
(partiellement ?) en 1790 dans la *Revue
Moscovite.*
On assure que la traduction de M. A. Legrelle
est exacte et fidèle ; ce que je puis dire, c'est
que le style du traducteur est élégant et d'une
lecture agréable.
L'ouvrage de Karamzine est en forme de
lettres ; la première qui soit écrite de Paris, est
datée du 27 mars 1790, jour de l'arrivée du
voyageur dans la capitale où il séjourna jusqu'au mois de juillet pour passer en Angleterre. M. A. Legrelle a laissé de côté, des
dernières lettres de Karamzine, celles qui sont
consacrés aux environs de Paris, Auteuil, Suresnes, Versailles, Ermenonville, etc. Le commencement de sa traduction est consacré aux
voyages que fit Karamzine avant d'arriver à
Paris. Ce qui a trait à la capitale ne commence
qu'à la page 132. Je voudrais donner le détail
de toutes les impressions consignées par le
voyageur dans sa correspondance ; forcé d'abréger, je me contenterai de signaler ses très curieuses observations sur les théâtres ; ses
remarques sur les cafés et la manière de vivre
des étrangers à Paris ; ses visites à divers
monuments ; sa visite au Palais-Royal ; sa
visite chez Mlle Dervieux ; ce qu'il dit des Académies, etc. Au reste, si l'on excepte la dernière
de ses lettres, consacrée aux rues de Paris, et
et qui n'est guère qu'un extrait de l'ouvrage de
Saint-Foix, tout est à lire et mérite attention
dans la correspondance du voyageur moscovite.

338. — Le Nouveau Tableau de
Paris, ou la Capitale de France dans
son vrai point de vue. Ouvrage destiné à servir de supplément au « Tableau de Paris ». — *A Paris, de
l'imprimerie de la Vérité*, 1790, *in-8*,
144 *p.* [Bibl. nat., Li ³ 68.] [Carn.,
11943*, II.]

Volume intéressant dont, malgré mes recherches, je n'ai pu découvrir l'auteur, qui ne
dissimule pas ses opinions à la fois très roya-
listes et très anti-religieuses. On lit sur le titre
les quatre vers suivants, sans nom d'auteur, en
forme d'épigraphe :

La vérité dirigea mon pinceau ;
De mon pays voilà la triste image.
Paris n'est plus qu'un effrayant tableau,
Une nation criminelle et sauvage.

Voici les titres des chapitres : I. Hélas, qu'est-
ce que Paris ? — II. Le Pont-Tournant, Jardin des
Tuileries, Terrasse des Feuillants, Assemblée
Nationale et Château royal. — III. Place
Louis XV, le Boulevard, Hôtel de la Mairie, District de Saint-Roch. — IV. Palais-Royal. District
de Saint-Honoré et de l'Oratoire. Bibliothèque
du roi. Ancien dépôt des Gardes Françaises. —
V. Hors-d'œuvre : Armée parisienne, Chasseurs
et Filles de joie. — VI. Quai du Louvre, de la
Mégisserie, dit de la Ferraille ; Châtelet. — VII.
La Grève, l'Hôtel-de-Ville. — VIII. Notre-Dame,
paroisses, couvents, bigoteries, superstitions,
larcins sacrés, erreurs et supercheries religieuses. — IX. Hôtel de la Force, faubourg
Saint-Antoine et Enfants-Trouvés. — X. Le
Mont-de-Piété, l'Abbaye de Saint-Germain et
l'Ecole Militaire (curieux passage relatif aux
Vainqueurs de la Bastille et à la demeure du
comédien Larive, située dans ce quartier). Les
Invalides. — XI. Librairie, marchés, halles et
denrées. — XII. Récapitulation et conclusion.

339. — Voulez-vous donc faire dé-
serter Paris. — *S. L. N. D. (Paris,
fin 1790), in-8*, 8 *p.* [Bibl. nat., Lb ³⁹
4451.] [Carn., 11943*, III.]

Tableau des agitations parisiennes depuis le
commencement de la Révolution. Pièce intéressante.

340. — Lettre de M. Félix Nogaret à
un de ses amis, membre de la Société
des amis de la constitution, à Marseille. — (*Versailles, imp. Cosson,
1791,) in-8*, 4 *p.* [Bibl. nat., Li ¹⁹ 6.]

Pour l'abolition des visites du nouvel an.

341. — L'Ecouteur, ou Une Soirée
au palais de Philippe ; par l'auteur
des « Mille et une fadaises ». — *A
Cocopolis, l'an III de la Papirocratie
(1791), in-8*, 47 *p.* [Carn., 11946*.]

Pamphlet politique.

342. — Lettre de René Filoutin,
débarqué à Paris, l'an premier de la

liberté. — *S. L. N. D.* (1791), *in*-8,
8 *p.* [Carn., 7363.]

Pamphlet facétieux et anti-révolutionnaire.

343. — Meine Flucht nach Paris im
Winter 1790. Für bekannte und
unbekannte Freunde geschrieben
von August von Kotzebue — *Leipzig*,
P. Gotthelf Kummer, 1791, *pet. in*-8,
viii-310 *p.* [Carn., 12445.]

« Ma fuite à Paris dans l'hiver 1790. Écrit
pour mes amis connus et inconnus, par August
de Kotzebue. »
Le titre, ainsi que le dernier feuillet, portent
chacun une très jolie vignette. Cette relation
n'a pas été traduite en français.
Les pages 104 à 298 sont consacrées à Paris,
on n'y trouve que peu de détails sur la ville.
L'auteur s'occupe presque exclusivement des
théâtres.

344. — Ueber Paris und die Pariser, von Friederich Schulz. — *Berlin*,
bei Friederich Vieweg..., 1791, *pet.
in*-8, 1 *f. de tit. et* 544 *p. Vignette sur
le titre.* [Bibl. nat., Lk⁷ 6041.] [Carn.,
17809.]

« Paris et les Parisiens, par F. Schulz. »
Première partie, seule parue. Une suite a été
publiée en 1801 ; voyez ci-dessous le n° 403.
L'ouvrage est divisé en deux parties dont la
première comprend cinq dissertations (Abhand-
lungen) : — I. Description de Paris. — II. La
consommation à Paris. — III. Les communica-
tions de Paris. — IV. La police de Paris. —
V. Les hôpitaux et autres établissements charitables. — Viennent ensuite 19 lettres consacrées
principalement à la description des monuments
les plus importants et des quartiers les plus
fréquentés de Paris, ainsi qu'aux mœurs et coutumes de la population parisienne.

345. — Almanach des demoiselles
de Paris, de tout genre et de toutes
les classes, ou Calendrier du plaisir,
contenant leurs noms, demeures,
âges, tailles, figures et leurs autres
appas ; leurs caractères, talents, origines, aventures et le prix de leurs
charmes ; corrigé, augmenté et suivi
de recherches profondes sur les filles
anglaises, espagnoles, italiennes et
allemandes ; pour l'année 1792. —
*Chez tous les marchands de nouveautés,
à Paphos, de l'imp. de l'Amour*, 1792,
in-12, 120 *p.* [Carn., 9363* A. Rés.]

Cf. les n⁰ˢ 322-333 ci-dessus.

346. — Lord *** s första Resa til
Paris, och hans vistande dàrstädes

uti femton dagar. Osversättning. —
Stockholm, trycht hos Johan Pehr Lindh,
1792, *in*-8, 2 *f. (pour le titre et la table)
et* 208 *p.* [Bibl. nat., Li³ 69.]

« Le premier voyage de lord *** à Paris et
les quinze jours qu'il a passés dans cette ville.
Traduction ». C'est une traduction suédoise de
« La Quinzaine anglaise ». (Voy. le n° 215.)

347. — Le Suédois à Paris. Seconde
édition. — *A Paris, au Palais-Royal,
galeries de bois, n° 221, au magasin
de nouveautés, et chez tous les libraires*,
1792, *in*-8, 1 *f. de tit. et* 14 *p.* [Bibl.
nat., Lb³⁹ 5717.] [Carn., 8212.]

Je n'ai pu découvrir l'auteur de cet écrit royaliste. Il traite principalement de politique, mais
n'est cependant pas sans intérêt sous le point
de vue qui nous occupe. Il contient un passage
curieux relativement aux questions religieuses,
et particulièrement un trait contre « la demoiselle Brousse, dirigée par dom Gerle, chartreux ».
Sur cette visionnaire, émule de Catherine Théot,
et dont le nom véritable est Labrousse, voyez
la *Biographie Didot* qui contient un article
assez détaillé.
Je reviens à mon soi-disant Suédois ; il est
écœuré de ce qu'il a vu, aussi, « il remonte
dans sa voiture, retourne à Stockholm ; et le
compte qu'il rend de Paris à ses concitoyens,
c'est qu'excepté les tours Notre-Dame, il n'y a
rien dans cette capitale que la Révolution n'ait
détruit ou défiguré... »
La première édition porte la même date que
la seconde.

348. — Vertraute Briefe über Frankreich. Auf einer Reise im Jahr 1792
geschrieben. — *Berlin, bei Johann
Friedrich Unger*, 1792-1793, 2 *vol.
pet. in*-8, xiv-354 *et* 345 *p.* [Carn.,
17810.]

« Lettres familières sur la France. »
La préface est signée J. Frxi. — Les lettres
datées de Paris se trouvent dans le second volume à partir de la page 13. Elles contiennent
des détails intéressants sur la vie à Paris, et
principalement sur les événements politiques
pendant le mois de mars de l'année 1792.

349. — A Journal during a residence
in France, from the beginning of
august, to the middle of december
1792, to which is added an account
of the most remarkable events that
happened at Paris from that time to
the death of the late king of France.
By John Moore, M. D. A new edition
corrected. — *London, printed for G.-G.
and J. Robinson*, 1794, 2 *vol. in*-8,
502 *et* 617 *p., plus les titres ;* 1 *carte
dans le* 1ᵉʳ *volume, et* 1 *f. non chiffré*

à la fin du second volume. [Bibl. nat., Lb⁴¹ 2096.]

Cet ouvrage intéressant a été deux fois traduit en français : voyez les deux numéros suivants.
Dans la notice dont il a fait précéder sa traduction (voy. le n° 351), M. d'Héricault dit qu'il existe au Bristish Museum trois autres éditions de texte original : deux de *Londres*, 1793, et une de *Boston*, 1794; plus une traduction allemande. Cela porte le nombre des éditions anglaises à cinq, puisque celle que je cite est de Londres 1794, et que M. d'Héricault dit qu'il en possède lui-même une de *Philadelphie*, 1793, 2 vol. in-12. Tout cela n'empêche pas cet ouvrage d'être assez rare en France.

350. — Journal durant un séjour en France, depuis le commencement d'août jusqu'à la mi-décembre 1792; auquel est ajouté un récit des événements les plus remarquables qui ont eu lieu à Paris, depuis cette époque, jusqu'à la mort du feu roi de France. Traduit de l'anglais de JOHN MOORE, Dr. M., par J.-E.-G.-M. DE LA GRANGE, habitant de Saint-Domingue, et avocat au Conseil supérieur du Cap-Français. — *Philadelphie, chez Mathew Carey, rue du Marché*, 1794, 2 vol. *in-8, xv-259 et 323 p., plus 1 f. d'errata.* [Carn., 2872.]

Traduction de l'ouvrage précédent.
Un grand nombre de passages de cet ouvrage ne sont pas datés de Paris, mais ceux dans lesquels l'auteur donne ses impressions sur la capitale et les événements dont elle fut le théâtre sont intéressants et méritent d'être signalés. Moore connaissait bien les Français; il avait passé une grande partie de sa vie à voyager dans notre pays (voy. le n° 194) et devint un admirateur à outrance de la Révolution. Il serait peut-être excessif de l'accuser d'une partialité absolue, mais il faut reconnaître que son procédé consiste à passer sous silence certains personnages, ou à glisser légèrement sur les événements dont il aurait à dire trop de mal.
La traduction de M. de La Grange est assez bonne, mais son style est lourd et suranné.

351. — JOHN MOORE. Journal d'un Anglais à Paris; août-décembre 1792.

Autre traduction de cet intéressant voyage (voy. les deux articles précédents); elle est de M. CH. D'HÉRICAULT et a paru dans la « Revue de la Révolution », livraison de décembre 1884, p. 27; janvier 1885, p. 27; février, p. 146; mai, p. 341; août, p. 138; septembre, p. 217.
Cette traduction se distingue de la précédente par sa forme agréable et les notes dont elle est accompagnée; le traducteur a retranché quelques longueurs qui manquaient d'inté-

rêt et a fait précéder son travail d'une courte et substantielle notice dans laquelle on trouve quelques renseignements sur la personnalité de Moore. C'est probablement par erreur que M. d'Héricault parle dans sa notice d'une traduction faite en Amérique à la fin du xviii° siècle par un M. de Beaumont; je suppose qu'il a fait confusion avec la traduction de La Grange citée dans l'article précédent.

352. — A Trip to Paris in july and august 1792. — *London, W. Lane*, 1793, *in-8, 3 f. limin. et* 131 p., 2 *fig.* [Bibl. nat., Lk⁷ 6042.]

La première figure représente une exécution par la guillotine; l'autre, p. 40, une *Rose de Jéricho* vue par l'auteur au Jardin des Plantes.
Cet écrit est assez intéressant. Voici un aperçu de son contenu : Observations diverses, crucifix, statues de la Vierge, Saints, Évêques, p. 8. — Les murailles de Paris; Pont de la Place Louis XV; Champ de la Fédération; la Bastille p. 15, — Monnaies et jetons, p. 19. — Théâtres, p. 24. — Panthéon, Jacobins (club), quai Voltaire, rue Rousseau, la Cocarde, p. 27. — Une exécution (curieux détails sur la guillotine), p. 32. — Versailles, p. 38. — Chiens et chats. Un enfant à deux têtes, p. 50. — Sujets divers, livres brûlés, jeu d'échecs, couvents, p. 54. — Modes, hôtels meublés, p. 65. — Assignats, p. 68. — Bataille des Tuileries, p. 71. — Statues renversées, noms changés, p. 84. — Sans-Culottes, p. 105. — Variétés, danses, tavernes, etc., p. 111. — Additions diverses, p. 123. — Epilogue, p. 129.

353. — Le Spectateur français pendant le gouvernement républicain. Nouvelle édition corrigée, suivie de Discours sur les causes des dernières révolutions et sur les moyens d'asseoir le gouvernement sur une base inébranlable; par M. DELACROIX, juge au tribunal civil de Versailles. — *Versailles, imp. Lebel*, 1815, *in-8, xii-463 p.* [Carn., 8831.]

Considérations politico-sociales sur toutes sortes de sujets. La première édition a paru à Paris en l'an III, in-8.
Cf. ci-dessus le n° 301.

354. — Tableau de Paris, en vaudeville, par l'auteur de « La Queue, en vaudeville ». — *Paris, rue Percée, n°ˢ 20 et 21, S. D. (an III), 10 numéros, formant* 80 p., *in-8.* [Bibl. nat., Lc² 850 et 851.] [Carn., 10354.]

Le titre du n° 2 est : « Suite au second numéro du tableau de Paris en vaudeville »; celui du numéro 3 : « Tableau de Paris en 94, ou Tableau de Paris en vaudeville. Troisième numéro ». A partir de ce numéro, le titre ne change plus. Chacun d'eux est signé : « L.-A. PIT... », c'est-à-dire LOUIS-ANGE PITOU. Voyez

Quérard. *La France littéraire* ; Barbier, IV, 636; Hatin, *Bibliographie*, p. 261 ; Hatin, *Hist. de la Presse*, VII, 361.

Le « Tableau de Paris » est un *canard*, imprimé sur très vilain papier et criblé, comme les écrits de cette espèce, de nombreuses fautes typographiques.

Je ne l'aurais pas mentionné ici, en raison de son caractère périodique et politique, si parmi les récits des événements qu'il contient, on n'y trouvait en assez grand nombre des traits satiriques intéressants pour l'histoire de la physionomie de la capitale en 1794.

Une des plus récentes et des meilleures études qui aient été publiées sur Ange Pitou et ses écrits est celle que M. Edouard Drumont a insérée dans « Mon vieux Paris », (*Charpentier*, 1879, in-12), pages 245-280. Mais ce qu'il faut aussi consulter, à titre de document de document original, c'est « Le Chanteur parisien... » (*Paris*, 1808-1809, 4 *parties formant* 2 *vol. in*-18, [Carn., 9987]) publié par Pitou lui-même. Une des gravures est curieuse : elle représente le chanteur parisien sur la place Saint-Germain-l'Auxerrois.

355.—Les Nouvelles Amours. Farce comique, lyrique et tragique des femmes publiques du ci-devant Palais Royal. Les fortunes immenses qu'elles ont gagnées à se promener dans le jardin ; plusieurs d'entr'elles nouvellement mariées, leurs noms... — *Se trouve à Paris, chez les march. de nouv.*, S. D. (*vers* 1795), *pet. in*-12, 72 *p.*, 1 *fig.* [Bibl. nat., Li³ 305.]

Tableau du Palais-Royal en forme de catéchisme, par demandes et réponses. Pamphlet mal imprimé, grossier, anti-religieux et passablement obscène.

356. — Les Casernes du Palais-Royal, par le C. M. Clavel, D. E. M. (27 vendémiaire an IV-19 octobre 1795.) — *S. L. N. D., in*-12, 12 *p.* [Carn., 6406.]

En vers. Tableau satirique des abus et des scandales dont le Palais-Royal était le théâtre.

357. — Souvenirs de mon dernier voyage à Paris. — *Paris, Fuchs, an V, pet. in*-12, VI-364 *p.* [Carn., 12168 et 2874.]

Le faux-titre porte : «Voyage à Paris vers la fin de 1795. A. M. F. de R. » Avec cette épigraphe : « J'ai revu ce Paris, que j'avais tant aimé. » Cet ouvrage est de J.-H. Meister, ancien secrétaire de Grimm et ami de Diderot, né en 1744.

Il est aussi intéressant que rare et tout à fait digne de l'attention des chercheurs. On peut le dire, à bien des égards, très supérieur aux écrits de Mercier. Il est divisé en dix lettres. Voici un aperçu de la table des matières.

Lettre I. Sentiments de l'auteur sur les révolutions en général et sur la Révolution française en

particulier. — II. Premier aspect de la France. Des églises; des villes.—III. Considérations politiques.— IV-V. Tableau de Paris. (*Très curieux.*) — VI. Les Tuileries; la Convention : propos de table ; anecdote relative au procès de Louis XVI. — VII. Le Muséum (peinture). — VIII. Des spectacles. — Le volume se termine (p. 283) par une note intéressante sur la société à Paris avant la Révolution.

Voyez une courte note sur cet écrit dans le « Bulletin du Bibliophile », année 1859, p. 846.

Je dois à M. Maurice Tourneux deux indications relatives aux « Souvenirs » de Meister. La première se rapporte au nom du personnage à qui l'auteur avait dédié son ouvrage : M. Féronce de Rothencreuth. L'autre se rattache à l'épigraphe du volume, qui est tirée, m'a dit M. Tourneux, d'une pièce des *Poésies fugitives* de Meister.

Les « Souvenirs » de Meister ont été publiés en allemand, à Zurich en 1798. Voyez ci-dessous le n° 358.

358. — Meine letzte Reise nach Paris. — *Zurich, Orell..., 1798, pet. in*-8, 2 *f.* 216 *p. et* 1 *f. de table.* [Bibl. nat., Lk⁷ 6047.]

« Mon dernier voyage à Paris. » — On lit, page 1, « Reise nach Paris, gegen Ende des Jahrs 1795. » C'est une traduction de l'ouvrage de Meister, publiée à Paris en l'an V. Voyez ci-dessus le n° 357.

359. — Réflexions d'un étranger sur les affaires publiques. Sur les habitants de Paris. — *S. L. N. D.* (*Paris, août* 1796?), *in*-8. [Carn., 12297* t. III, in fin.]

C'est le n° 17 d'une publication périodique citée par Hatin (p. 267) en 16 numéros seulement. Ce numéro est paginé 257-272 ; je ne l'aurais pas cité ici, puisque c'est, à vrai dire, un journal, si je n'avais constaté qu'il renferme de curieuses observations sur les couches inférieures de la population parisienne, et si je n'avais trouvé l'occasion était bonne d'attirer l'attention des chercheurs sur la légère erreur commise par le savant bibliographe de la presse française.

360. — Fragmente aus Paris im IVten **Jahr der französischen Republik**, von Friederich Johann Lorenz Meyer, Dr. Domherrn in Hamburg. — *Hamburg, bei K.-E. Bohn*, 1797, 2 *vol. pet. in*-8, *de* 300 *et* 320 *p.*, *plus* 1 *fig.*, 1 *titre gravé et* 6 *f. non paginés du* 1er *vol.* ; *et* 1 *titre gravé et* 3 *f. non paginés dans le* 2e ; *avec* 1 *f. d'errata.* [Bibl. nat., Lk⁷ 6044.]

Séjour à Paris en 1796.

Cet ouvrage, qui est plein d'intérêt, a été traduit en français par Dumouriez. Voyez l'article suivant.

361. — Fragments sur Paris, par FRÉDÉRIC JEAN LAURENT MEYER, docteur en droit à Hambourg. Traduits de l'allemand par le général DUMOURIEZ. — *Hambourg, (sans nom d'éditeur,)* 1798, 2 vol. pet. in-8, 2 *f. de tit.,* XVI-278 *et* 2 *f.*-303 *p.* [Bibl. nat., Lk⁷ 6045.] [Carn., 2875 et 8414.]

Traduction du numéro précédent.
Extrait de la table : Tome : I. Conduite de la police à l'égard des étrangers à leur arrivée à Paris, p. 3. — Les rues, p. 8. — Pont-Neuf, quais, p. 18. — Palais d'Egalité (*sic*) p. 24. — Palais et jardin des Tuileries, p. 32. — Place de la Concorde, p. 42. — Champs-Elysées, boulevards, p. 48. — Place des Victoires nationales, p. 53. — Place Vendôme, p. 58. — Place de la Bastille, p. 60. — Le Temple, p. 62. — Les Invalides, p. 65. — Théâtres, p. 69. — Amusements publics (bals, etc.), p. 95. — Journaux, p. 100. — Fêtes civiques, p. 137. — Panthéon, p. 156. (Le reste du volume est plutôt politique.) Tome II. Institut, p. 1. — Musée d'histoire naturelle, p 58. — Jardin des Plantes, p. 69. — Observatoire, p. 76. — Ecoles polytechnique, des mines, centrale, etc., p. 80. — Aérostation, p. 107. — Télégraphe, p. 126. — Hôtel des Monnaies, p. 136. — Lycée républicain et Lycée des arts, p. 143. — Musée national des arts, au Louvre, p. 168. — Dépôts nationaux des arts, musée des monuments français, etc., p. 184. — David, Drouais, Houdon, p. 203. — Manufactures de l'Etat, p. 238. — Nouveau système des poids et mesures, p. 247. — Saint-Germain-en-Laye et Versailles, p. 265.
Le séjour du Dr Meyer à Paris a duré du 31 mars au 4 juillet 1796.

362. — Les Jolis Péchés d'une marchande de modes, par P.-J.-B. NOUGARET. — *Paris, L'auteur, Desenne, Deroy, S. D. (vers* 1797), *pet. in-12,* 1 *f. et* 123 *p.* 1 *fig. gravée.* [Carn., 11431.]

Roman galant ; il avait paru en 1769 sous le titre de « Ainsi va le monde. » (*Amsterdam et Paris, Bailly, in-12*), sans nom d'auteur. Nougaret, en mettant son nom sur le titre de cette nouvelle édition, a rajeuni son œuvre et l'a mise au ton du jour. Voyez aussi l'art. suivant.

362 bis. — Les Jolis Péchés d'une marchande de modes, ou Ainsi va le monde. Cinquième édition. Par P.-J.-B. NOUGARET. — *Paris, Hedde, an XII-*1804, *pet. in-12,* 144 *p.,* 1 *fig.* [Carn., 11076.]

Cf. l'art. prédédent. Cet ouvrage a été réimprimé de nos jours.

363. — Paris moderne ; satire 1ère par le cit. CAMPAGNE, auteur du « Caton d'Utique » en 5 actes. Nouvelle édition. — *A Paris, se trouve chez*

Desenne, Maret, et la citoyenne Durand, Palais-Egalité, et chez tous les marchands de nouveautés, an V de la République, in-8, 15 *p.* [Carn., 11943*, III]

Satire en vers, suivie de notes en prose. L'auteur annonce une suite qui semble ne pas avoir paru. Cependant Quérard cite dans « La France littéraire » : « Les Mœurs, satire, 1798, in-8 ».

364. — Une Journée de Paris. — *Paris, Johanneau ; et Orléans, Berthevin et Ripault, an V, pet. in-12,* 180 *p.* [Bibl. nat., Li³ 71.] [Carn., 15021.]

Par LOUIS MADELEINE RIPAULT.
Voyage d'un provincial à Paris ; divisé en 32 chapitres parmi lesquels je signalerai seulement : Chap. VI. Le Pont-Neuf. — VII. Mœurs théâtrales. — IX. Le café. — XII. Les affiches. Les caricatures. — XIII. Le carrick (sorte de voiture). — XIV. Place de la Révolution. — XVII. Visite. — XX. Le Lycée des Arts. — XXI. Le restaurateur. — XXVI. Le dentiste. — XXVII. Le thé. — XXVIII. Le Palais-Royal. — XXIX. La bonne compagnie. — XXX. Le concert de la rue Feydeau. — XXXI. Carchi (café). — XXXII. Fin de la journée.

365. — A Mᵐᵉ ***, sur quelques ridicules du moment. Epitre par VILLETERQUE. (10 février 1797.) — *Paris, de l'imprimerie de Didot le jeune,...* 1797, *in-8,* 15 *pages.* [Bibl. nat., Y.]

Cette satire s'attaque surtout aux usages de la société et aux modes féminines. A signaler : un trait assez piquant contre les *Incroyables*.

366. — Les Modes, ou La Soirée d'été, poëme en trois chants, avec des notes et des anecdotes particulières à la bonne compagnie. — *A Paris, chez Maret, libraire, au Palais ci-devant Royal, cour des Fontaines,* 1797, *pet. in-12,* 52 *p.* [Carn., 14324.]

Cette satire en vers de dix syllabes est assez mauvaise, mais elle est curieuse ; elle fait défiler sous les yeux du lecteur des tableaux peu flattés de la bonne compagnie. Beaucoup de noms propres sont cités, mais malheureusement en abrégé, et une grande partie d'entre eux se trouvent inintelligibles. Nombreux détails sur Tivoli et les plaisirs de Paris.

367. — Les Incroyables et les Merveilleuses, ouvrage impayable par HENRION. — *A Paris, chez Graffe frères au dépôt des cires à cacheter, rue Saint-Thomas-du-Louvre, n° 264 ; et chez l'auteur, rue des Petites-Ecuries,* n° 44, an V, in-12, 108 p. [Carn., 11897.]

Lettres adressées à Blaise S***, et signées L. P. D. S., c'est-à-dire *Le pois de senteur.* Ce petit volume contient surtout des détails sur les théâtres.

368 Les Inc-oyables à l'agonie. Pot-pourri. — *S. L. (Paris), imp. de l'Ami du peuple (R. F. Lebois), S. D. (vers 1798), in-8.* [Bibl. nat., Li³ 72.]

D'après le « Catalogue de l'histoire de France », t. VII, p. 654.

369. — Aventures de milord John-son, ou Les Plaisirs de Paris. — *Paris, Jouannaux,... et chez tous les marchands de nouveautés, an VI, 2 vol. pet. in-12.* III-161 *et* 168 p., *plus un f. de tit., 1 f. de table et 1 grav. dans chaque volume.* [Carn., 12743.]

Par le chevalier DE RUTLIDGE. Cet ouvrage n'est qu'une réimpression de la « Quinzaine anglaise » publiée en 1776. (Voy. ci-dessus le n° 215.)

370. — Considérations politiques et morales sur la France constituée en République; par EDOUARD LEFEBVRE membre de la Société libre des sciences, belles-lettres et arts de Paris. — *Paris, Arthus Bertrand,... et tous les march. de nouv., an VI-1798 (vieux style), in-8, 1 f. de tit., et* III-281 p. [Carn., 9244.]

Des mœurs, de la religion, des arts, de l'esprit public, de la mendicité, etc., considérés dans leurs rapports avec la politique.

371. — Quelle Folie ! ou Galerie des caricatures depuis les Incroya-bles, jusqu'au Bœuf à la mode. Etrennes assez piquantes pour la présente année. — *Paris, chez Ouvrier, libraire, rue Saint-André-des-Arts, n° 41, S. D. (an VI), in-32, 64 pages y compris le titre, 1 fig. grav.* [Carn., 3193.]

Catalogue descriptif de caricatures qui se vendaient chez Depeuille, chez Martinet et chez Ouvrier. Quoique peu important, ce petit volume ne laisse pas d'être assez curieux. La gravure représente le bal de Tivoli. En outre des 64 pages numérotées on trouve dans le milieu du volume 8 feuillets non chiffrés contenant un calendrier pour l'an VI (1797-1798).

372. — THOMAS BUGGE's,... Reise nach Paris in den Jahren 1798 und 1799. Aus dem Dänischen übersetzt, von JOHANN NICOLAUS TILEMANN. — *Kopenhagen, F. Brummer, 1801, pet. in-8,* VIII-718 p. ; *2 planches.* [Bibl. nat., L²⁹ 13, traduct. angl.] [Carn., 12231.]

« Voyage à Paris en 1798 et 1799. Traduit du danois.. ¡ ». — Il existe une traduction anglaise par JOHN JONES : *Londres, R. Phillips*, 1801, in-12.

L'ouvrage est écrit en forme de lettres. L'auteur, envoyé à Paris par le gouvernement danois pour assister à la conférence du mètre, note ses observations pendant le séjour de sept mois qu'il passa à Paris. La plupart des lettres sont consacrées à l'instruction publique et aux établissements scientifiques de la capitale. Les deux planches représentent des instruments de précision.

373. — ERNST MORITZ ARNDT's Reisen durch einen Theil Teutschlands, Ungarns, Italiens und Frankreichs in den Jahren 1798 und 1799.... — *Leipzig, H. Graff*, 1804, 4 *volumes grd. in-8. Figures.* [Bibl. nat., G, autre édition.] [Carn., 12187.]

« Voyage d'ERNEST MAURICE ARNDT à travers une partie de l'Allemagne, de la Hongrie, de l'Italie et de la France pendant les années 1798 et 1799.

Le tome III est relatif à la France et à Paris. La description que le fameux poète gallophobe de 1813 donne de la capitale de la France en 1799, est écrite dans un style prétentieux ; elle embrasse les pages 114 à 414 et les pages 1 à 284 du tome IV dans lesquelles l'auteur s'étend longuement sur les mœurs publiques et les théâtres. On y trouve des détails sur la politique et les personnages marquants, les clubs, les théophilanthropes, etc.

374. — HEINZMANN. Meine Früh-stunden in Paris. Beobachtungen, Anmerkungen und Wünsche Frankreich und die Revolution betreffend ; nebst Fragment einer kleinen Schweizer-Reise. — *Basel, auf Kosten..., [Bâle, chez l'auteur]*, 1800, 2 *vol. in-8,* 254 *et* 248 p., *plus les titres.* [Bibl. nat., Lb⁴² 799.]

« Mes matinées à Paris. Observations, remarques et vœux concernant la France et la Révolution ; avec un fragment d'un voyage en Suisse. »

Le faux-titre porte : « Reise nach Paris... » : « Voyage à Paris... ». — Voyez l'article suivant.

375. — Voyage d'un Allemand à Paris, et son retour par la Suisse. — *A Lausanne, de l'imprimerie de*

Hignou et comp., *an VIII de la Répu-blique française ; et se trouve à Paris, chez les marchands de nouveautés, 1800, in-8*, VI-415 p. [Bibl. nat., Lb⁴² 2544.]

Traduction de l'ouvrage cité sous le numéro précédent. Le faux-titre porte : « Mes matinées à Paris » (parce que l'auteur a consacré ses mati-nées à écrire les lettres qui composent le volume).

Le nom de l'auteur ne se trouve pas sur le titre, mais la préface est signée : HEINZMANN. La traduction française n'est pas de lui-même, ainsi qu'il le dit dans la préface.

JEAN-GEORGES HEINZMANN était libraire à Ulm.

Voici un passage que j'extrais du *Journal gé-néral de littérature*, année 1800, p. 164, où il est parlé de cet ouvrage :

« L'auteur, M. Heinzmann, d'Ulm, a eu des persécutions à essuyer dans sa patrie pour avoir montré quelque attachement aux nouveaux prin-cipes. Il a passé une grande partie de l'année 1798 à Paris et a été à même de recueillir quantité de faits et d'anecdotes du jour, dont toutes ne sont pas absolument authentiques, comme cela arrive bien souvent quand on n'est pas dans le cas de les vérifier. Son ouvrage contient nombre de ré-flexions sur les événements de l'année 1798, sur la guerre, sur le régime du Directoire, sur les personnes en place et sur les mœurs actuelles des Parisiens. »

Le « Voyage d'un Allemand » est, en effet, du plus grand intérêt ; il est malheureusement très rare. J'aurais voulu en donner une analyse très détaillée, mais cela m'entraînerait trop loin, en raison du grand nombre des sujets qui y sont traités. On en pourra juger par le simple aperçu que je vais en tracer.

Les lettres de l'ouvrage d'Heinzmann ne sont pas numérotées et ne sont précédées d'aucun sommaire ; elles sont datées du 21 juin 1798 au 16 octobre 1799 (la dernière est la seule qui soit datée de 1799). Les lettres qui occupent les pages 1 à 110 sont adressées par Heinzmann à sa femme ; les autres sont adressées à un de ses amis. L'écrivain ne cache pas son attache-ment et son admiration pour la Révolution; pro-testant convaincu, il combat avec acharnement — et, on peut le dire, avec beaucoup de parti-pris — les doctrines catholiques.

Voici quelques indications sur le contenu de son ouvrage ; on le complétera facilement au moyen des deux tables alphabétiques qu'il y a jointes et qui sont assez bien faites.

Les fiacres, p. 3. — Vie domestique, p. 5. — Cafés et restaurants, p. 7. — Fête républicaine, p. 20. — Suicides, p. 32. — Filles publiques, p. 34. — Nudité des statues, p. 37. — Aérostats; Garnerin, p. 44. — Malpropreté de Paris, p. 51. — Heures du coucher, des repas, p. 54. — Mus-cadins, p. 62. — Enfants, p. 65. — Prix des denrées d'alimentation, p. 79. — Promenades publiques, p. 80. — La société, p. 84. — Le peuple, p. 98. — Le monde savant et l'instruc-tion publique, p. 110. — Les arts et la littéra-ture, p. 117. — Bibliothèque nationale, p. 130. — Jardin des Plantes, p. 134. — Panthéon, p. 136. — Librairie, p. 140. — Musée du Louvre; Salon, p. 146. — La littérature, p. 149. — Religion, p. 153. — Fêtes religieuses

et civiles, p. 174. — Education, etc., p. 182. — Les arts, p. 191. — Les journaux, p. 195. — Le télégraphe, p. 200. — Politique générale, p. 207. —Population, commerce, usages, modes, etc., p. 259. — Littérature, p. 271. — Médecins et pharmaciens, p. 279. — Glaces de Saint-Gobain, p. 281. — Hôpitaux, p. 288. — (Les pages suivantes sont étrangères à notre sujet jusqu'à la page 341.) — Additions et notes écrites en 1799 : Sur les modes, p. 360. - - Sur le théâtre, p. 363. — Sur les filles publiques, p. 364. — Sur la conservation des mœurs, p. 370.

376. — Zeichnungen zu einem Ge-mälde des jetzigen Zustandes von Paris, von GEORG FRIEDRICH REBMANN. — *Altona, bei der Verlagsgesellschaft, 1798, 2 vol. in-16, 112 et 190 p.* [Bibl. nat., Lk⁷ 17370.]

« Croquis pour un tableau de l'état actuel de Paris. »

L'auteur dit, dans la préface : « Ce petit ou-vrage contiendra ce qui était trop étendu pour mon journal (Tagebuch), ce que j'y ai oublié, ou ce que je crois mériter une description plus dé-taillée ». On y trouve des tableaux intéressants de la vie à Paris en 1798. (Fête du 21 janvier; les Incroyables ; les ruines de la Bastille ; le Panthéon ; le Jardin des Plantes.) La deuxième partie contient des renseignements curieux sur la politique, la guerre, les théâtres et la littérature à Paris.

377. — L'Optique du jour, ou Le Foyer de Montansier. Par Joseph R***Y [ROSNY]. — *Paris, chez Marchand, libraire, Palais Egalité, Galerie neuve, n° 10, an VII, in-8, 1 f. de tit. et XXII-134 p., plus 1 f. de table et 1 fig. gravée.* [Carn., 3716*.]

La figure, oblongue et repliée dans le volume, est jolie et intéressante. Elle représente le foyer de Montansier, aujourd'hui théâtre du Palais-Royal, qui était, à cette époque, le rendez-vous de la société galante de Paris. Divers types défilent sous nos yeux et font chacun le sujet d'un cha-pitre du volume : L'agioteur. — Le rentier. — La courtisane. — La fille publique. — Le nou-veau parvenu. — L'intrigant. — Le joueur. — L'anarchiste. — L'émigré. — Le militaire. — L'homme en place.

Le tout est présenté au lecteur sous la forme érotique qui était à la mode à cette époque.

Cf. les deux articles suivants.

378. — Le Prêteur sur gages, ou L'Intérieur des maisons de prêts. Ouvrage critique, historique et moral. Par JOSEPH R*** [Rosny]. — *Paris, an VII, in-18. Fig.*

Je manque de renseignements précis sur cet ouvrage qui fait suite à « L'Optique du jour » du même auteur (voy. le n° 377) et auquel fait suite « Le Tableau comique », qui est aussi de J. Rosny. (Voy. le n° 379.)

379. — Le Tableau comique, ou L'Intérieur d'une troupe de comédiens formant suite à « L'Optique du jour ». Par JOSEPH R***Y. [ROSNY.] — *Paris, Marchand, an VII, in-18,* VIII-136 *p. Fig. gravée repliée.* [Carn., 3419.]

Voyez les deux articles précédents auxquels celui-ci fait suite. — Tout en initiant le lecteur aux mœurs des comédiens, l'auteur a maintes occasions de donner de curieux détails sur la société en général, et particulièrement sur les élégants de l'époque qui fréquentaient les coulisses.

380. — L'Observateur sentimental, ou Coup d'œil sur la société depuis la Révolution, par J. ROSNY. — *Paris,* 1799, 2 *vol. in-18.*

D'après *La France littéraire.*

381. — Tableau de Paris au commencement de l'année 1799. Satire. Deuxième édition. — *Paris, chez les marchands de nouveautés,* 1800, *gr. in-12*, 23 *p.* [Carn. , 1ʳᵉ édition : 11943*, III.]

Violente diatribe contre les personnages et surtout contre les auteurs du moment. La première édition porte absolument même titre, avec la rubrique *Hambourg*, 1800 (23 p. in-12).
Un article de M. Paul Lacroix, dans le « Bulletin du bibliophile » de Téchener (XIVᵉ série, 1858), p. 1774) l'attribue à CLAUDE-FRANÇOIS DE RIVAROL.

382. — Le Voyageur sentimental en France sous Robespierre, par VERNES, de Genève, auteur du « Voyageur sentimental à Yverdon », d'« Adélaïde de Clarencé », etc. — *A Genève, chez J.-J. Paschoud; à Paris, chez Maradan, an VII, 2 vol. in-12,* VII-400 *et* 386 *p., plus* 1 *f. dans le premier volume pour l'avertissement;* 2 *fig.* [Carn., 6720.]

L'auteur, décrivant son séjour à Paris, a cherché à imiter Sterne ; on trouve chez lui beaucoup de détails qui rappellent son modèle — l'épisode du moine, entre autres —, mais il est resté de beaucoup au-dessous de l'écrivain anglais.
Quérard et Barbier citent cet ouvrage comme anonyme et sous le titre de « Voyage sentimental en France sous Robespierre », au lieu de « Le Voyageur sentimental... »
J'aurais souhaité — les amateurs du sentiment et des fines observations me croiront sans peine — que l'opuscule de Sterne fût d'un genre assez exclusivement historique et parisien pour me reconnaître le droit de lui consacrer sous sa date un article dans mon travail, mais c'eût été vraiment m'écarter par trop de mon sujet. Je veux cependant profiter de l'occasion qui se pré-

sente pour signaler un intéressant article de M. le marquis de Gaillon dans le « Bulletin du bibliophile », de Téchener, année 1862, p. 1337. Cet article est intitulé : « Une promenade sur le quai des Augustins en juin 1790 » et relate une histoire puisée dans les « Etrennes de la vertu pour l'année 1791 » (*Paris, Savoye*, 1791), histoire qui a tout à fait l'air d'être, chez les acteurs qui y prennent part, une réminiscence, presque une imitation, du « Voyage sentimental » ou de « Tristram Shandy ».

383. — Le Nouveau Diable boiteux. Tableau philosophique et moral de Paris; mémoires mis en lumière et enrichis de notes par le docteur DICACULUS, de Louvain. — *Paris, F. Buisson, an VII, 2 vol. in-8,* 303 *et* 250 *p., plus les titres, et* 1 *fig. dans chaque vol.* [Carn., 5784.]

Par P.-J.-B. PUBLICOLA CHAUSSARD.
« On s'est proposé dans cet ouvrage, *dit l'auteur dans l'avertissement*, d'attaquer les abus et non l'autorité ; les vices, les ridicules, et non les personnes. »
Ce volume est fort intéressant ; il faut y signaler les chapitres sur l'agiotage, — les prêtres, — l'éducation, — les plaisirs (bals, etc.), — les voitures, — les monuments, — les théâtres (Opéra, etc.), — les modes, etc., etc.
La figure du premier volume est assez libre ; celle du second représente le jardin de Tivoli. D'après l'avertissement, il faudrait deux autres figures, qui semblent ne pas avoir été publiées dans cette édition, car mon exemplaire, aussi bien que celui de Carnavalet n'en contiennent que deux.
Une seconde édition avec des additions et des modifications importantes a été publiée en l'an IX. Voy. ci-dessous le nº 437.

384. — L'Ancien et le Nouveau Paris, ou Anecdotes galantes et secrètes propres à peindre nos mœurs passées et présentes, par P.-J.-B. NOUGARET. — *Paris, l'auteur, an VII,* 2 *vol. in-18, fig.*

D'après *La France littéraire* et un catalogue de libraire.

385. — Paris métamorphosé, ou Histoire de Gilles-Claude Ragot, pendant son séjour dans cette ville centrale de la République française. Où l'on voit, avec le récit de ses aventures merveilleuses, les ruses, tromperies... qu'il y a éprouvées, et auxquelles tous les citoyens sont en butte. Ouvrage qui peut faire suite aux « Astuces et tromperies de Paris », etc., etc., et rédigé, d'après des mémoires authentiques, par P.-J.-B. NOUGARET. Avec [3] figures. —

Paris, chez l'auteur, rue des Petits-Augustins, n° 9, vis-à-vis celle des Marais, F. G. ; et Desenne, Palais-Egalité, n° 1 et 2, an VII, 3 vol.in-18 de VI-135, 148 *et* 119 *p.* [Bibl. nat., Li³ 73.] [Carn., 6453 (ex. incomplet).]

Intéressante critique des mœurs de l'époque du Directoire. Chapitres à signaler :
Tome I. Chap. VII. Une maison garnie. — VIII. Tromperies de petits marchands. Le Pont-Neuf. — IX. Les filous. — X. Restauration. — XII. Les Théophilanthropes.
Tome II. Chap. II. L'agiotage. — XI. Pépinière de théâtres. — XII. Les modes. — XIII. Femmes galantes.
Tome III. Chap. III. Tripots. — X. Divorce. — XI. Les parvenus.

386. — Un Pot sans couvercle et rien dedans, ou Les Mystères du souterrain de la rue de la Lune. Histoire merveilleuse et véritable, traduite du français en langue vulgaire; par Louis RANDOL. — *Paris, chez B. Loycrot, et chez les march. de nouv., an VII, in-8,* VIII-160 *p. Fig. gravée.* [Carn., 5256.]

Roman assez insignifiant.
Louis RANDOL est le pseudonyme d'Eusèbe SALVERTE.

387. — Les Astuces et les tromperies de Paris, ou Histoire d'un nouveau débarqué écrite par lui-même, contenant les ruses que les intrigants les filous, les petits marchands, certaines jolies femmes, etc., mettent communément en usage pour tromper les gens simples et les étrangers. Ouvrage rédigé et mis au jour par P.-J.-B. NOUGARET. Avec [2] figures. — *Paris, l'auteur, rue des Petits-Augustins, n° 9, an VII, 2 vol. pet. in-12, de   et   p.* [Carn., 2851 A.]

Il faut peut-être 3 vol. à cette édition : voir Bibliothèque nationale, Li³ 42 A.
La première édition, qui était anonyme, avait paru en 1775. (Voy. ci-dessus le n° 211.)
Cf. le n° 275.

_____

388. — Le Nouveau Paris. Par le cit. MERCIER. — *Paris, chez Fuchs, Ch. Pougens, et Ch. Fr. Cramer, libraires, S. D.* (1799), 6 *vol. in-8, de* 1 *f.*-XXXVIII-220, 254, 248, 256, 256 *et* 252 *p., plus les titres.* [Bibl. nat., Li³ 74.] [Carn., 2873.]

Il y a des exemplaires qui ont pour adresse : *A Brunsvic, chez Frederic Vieweg ; et à Paris, chez Fuchs...* Ils ne diffèrent que par le titre ; l'intérieur du volume ainsi que tout le texte sont exactement les mêmes.
A la fin de l'*Avant-propos*, page XXXVIII, se lit la date du 10 frimaire an VII (30 novembre 1798), ce qui ne permet pas de supposer que la publication de cette édition soit antérieure à 1799. C'est bien l'édition originale. Quérard cite une édition de 1797; c'est une erreur, et cette erreur a été souvent reproduite, notamment par l'éditeur de 1862 (voy. ci-dessous le n° 390) dans son *Introduction*.
« Le Nouveau Paris » est beaucoup plus un écrit politique qu'un ouvrage d'observation. On a déjà remarqué avant nous que l'auteur aurait dû suivre le modèle qu'il s'était tracé à lui-même dans le « Tableau de Paris » : cette remarque est pleine de justesse, car, sous prétexte de tableaux ou de descriptions, Mercier se laisse entrainer à des théories et des divagations pleines de la phraséologie et de l'emphase de l'époque. Ces défauts, qu'un censeur sévère pourrait déjà reprocher au « Tableau de Paris », sont encore plus prononcés dans le « Nouveau Paris ».
Mais cela n'empêche pas cet ouvrage d'être fort intéressant pour celui qui saura le consulter.
Je citerai plus bas (voy. n°ᵉ 391-392) une curieuse et intéressante critique du « Nouveau Paris ».

389. — Le Nouveau Paris. Par le cit. MERCIER. — *A Brunswick, et chez les principaux libraires,* 1800, 6 *vol. in-12.* [Carn., 2878.]

Réimpression textuelle de l'édition précédente. Même « Avant-propos » et même nombre de chapitres.

390. — Paris pendant la Révolution (1789-1798), ou le Nouveau Paris, par SÉBASTIEN MERCIER. Nouvelle édition, annotée, avec une introduction [par Louis LACOUR]. —*Paris, Poulet-Malassis,* 1862, 2 *vol. in-12,* XIII-429 *et* 474 *p.* [Carn., 2879.] [Bibl. nat., Li³ 74 bis.]

L'éditeur de cette réimpression a souvent fait dans le texte de Mercier des coupures plus ou moins importantes ; quelquefois ces coupures sont indiquées par des points, comme dans le chapitre CVIII, intitulé « Théophages », où la suppression porte sur un passage impie; d'autres fois, rien n'avertit le lecteur que le texte a été tronqué, comme dans le chapitre XXXVI (tome II, p. 37 de l'ancienne édition; et t. I, p. 179 de la réimpression de 1862), où l'on a omis une citation extraite de « La Police dévoilée » de Manuel (tome I, p. 294), dirigée contre la religion, citation faite à l'occasion de l'abbé de Boislaurette, bien connu par sa diatribe contre le célibat des prêtres. (Cf. ma « Bibliographie de l'histoire relig. de Paris pend. la Révolut. », n° 226.)
Ces lacunes, l'insuffisance des notes qui accompagnent cette édition du « Nouveau Paris » et quelques erreurs qui déparent l'introduction ont leur compensation : c'est une table des matières qui, bien que rédigée dans un ordre méthodique

que l'on pourrait critiquer, facilite singulièrement les recherches. L'existence de cette table m'a engagé à ne pas donner ici le détail du contenu de l'ouvrage de Mercier, puisque je n'aurais eu, à peu de chose près, qu'à la copier. Il ne faut pas, d'ailleurs, se fier au titre d'un chapitre quand on fait une recherche dans « Le Nouveau Paris » : tel titre qui vous fait espérer d'être arrivé au but d'une recherche sera plus d'une fois la cause d'une désillusion.

Le témoignage de Mercier ne doit, du reste, être invoqué qu'avec beaucoup de circonspection. Il est souvent difficile de préciser à quelle époque se rapporte telle ou telle scène qu'il nous retrace. C'est à l'occasion de cette difficulté qu'il s'est élevé en 1866 dans « L'Intermédiaire » une curieuse polémique sur la question de savoir si l'on pouvait, ainsi que l'a fait Louis Blanc dans son « Histoire de la Révolution » (t. XI, p. 132), s'appuyer sur le chapitre 234 du « Nouveau Paris » pour affirmer que, pendant la Terreur, la capitale offrait un aspect animé et luxueux. (Voy. « L'Intermédiaire », II, 717 ; III, 26, 172, 294, 394.) Interpellé, Louis Blanc prit la plume et défendit sa manière de voir ; le bibliophile Jacob lui répondit, et... *ad huc sub judice lis est.*

Je remarque que, dans sa réponse, M. Paul Lacroix est tombé dans l'erreur que j'ai déjà reprochée à Quérard et à M. Louis Lacour, en disant que l'édition publiée à Paris, sans date et en 6 vol. in-8 (n° 388 ci-dessus), est de 1797 ; ce qui n'est pas possible, je le répète, puisque l'*Avant-propos* est daté du 10 frimaire an VII [30 novembre 1798].

391. — Six lettres à S.-L. Mercier, de l'Institut national de France, sur les six tomes de son « Nouveau Paris ». Par l'auteur du « Voyage de deux Français au nord de l'Europe, etc. ». — *Paris, Batilliot, Debray, an IX* (1801), *in-12*, XII-334 p. *et* 1 f. *d'errata.* [Carn., 2880.]

Critique très violente du « Nouveau Paris ». (Voy. les n°ˢ précédents.)
Dans cette édition, l' « Avant-propos » est signé : A. FONTIA. Un « Avis de l'auteur », imprimé au verso du titre, est signé de ses initiales, à la main. Cet avis constate que c'est bien là l'édition originale (et non pas celle qui est décrite sous le numéro suivant).

392. — Six lettres à S.-L. Mercier, de l'Institut national de France, sur les six tomes de son « Nouveau Paris » Par un Français [le comte FORTIA DE PILES]. — *A Paris, chez les marchands de nouveautés, an IX* (1801), *in-12*, XII-334 p. *et* 1 f. *d'errata.* [Bibl. nat., Li³ 75.]

Dans cette édition (voy. l'article précédent), l' « Avis de l'auteur » a été remplacé, au verso du titre, par la liste des « Fautes omises dans l'errata qui est à la fin » ; la signature de l'auteur a disparu à la fin de l' « Avant-propos »

qui présente quelques variantes. Le corps du volume est absolument semblable dans les deux éditions ; il me paraît que l'on n'a réimprimé pour celle-ci que les XII premières pages.

393. — Le Gilblas de la Révolution, ou Les Confessions de Laurent Giffard. Par L.-B. PICARD, de l'Académie française. — *Paris, Baudouin frères,* 1824, 5 vol. *in-12, Fig.* [Carn., 2882.]

Roman assez curieux ; histoire d'un garçon perruquier qui assiste à tous les événements de la Révolution qui se sont passés dans la capitale.
— Chaque volume contient une jolie figure. —
« Le Gilblas » a obtenu une 3ᵉ édition en 1825.
— Picard a publié d'autres romans dans le même genre.

394. — Tableau de Paris, en l'an VIII. — S. L. [*Paris*], *chez Laran, imprimeur-libraire, Palais-Egalité, galerie de bois, n° 245, prix 3 sols, S. D.* (*an VIII*), *in-4,* 4 p. [Bibl. nat., Lk⁷ 6048.]

Cette pièce curieuse dont je n'ai jamais vu que l'exemplaire de la Bibliothèque nationale, est, il est vrai, plutôt un *indicateur* qu'un *tableau de mœurs* ; mais elle contient toutes sortes de renseignements et quelques réflexions intéressantes. Je ne puis en donner l'énumération complète, il me suffira de signaler les indications suivantes : Agents de change. [« Tous se plaignent de la stagnation causée par la prolongation de la guerre. »] — Apothicaires. [« Leurs mémoires sont moins enflés qu'anciennement... »] — Bains. — Bourse. — Centenaires. — Ecoles. — Fêtes nationales. — Lycée républicain. — Loyers. — Perruquiers. — Repas. — Restaurateurs. [« Les uns font fortune, les autres se ruinent. En général ils sont chers... » .] — Rues. — Voitures publiques.

395. — Encore un tableau de Paris. Par HENRION. — *Paris, Favre, libraire, Palais-Egalité, galerie de bois, n° 220, aux Neuf Muses, an VIII, in-12,* 2 f. *de tit.,* 1 f. *de table et* 158 p. [Bibl. nat., Li³ 76.] [Carn., 10086.]

Extrait de la table : Chap. I. Petits balayeurs. — II. Femmes. — III. Costumes légers. — IV. Auteurs. — V. Bal de l'Hôtel de Longueville. — XI. Barrières. — XII. Citoyenne Labrosse (aéronaute). — XIII. Femmes en hommes. — XV. Numéros des rues. — XVI. Bornes. — XX. Réverbères. — XXI. Enterrements. — XXII. Foyer Montansier, Brunet. — XXIX. Actrices. — XXXVII. Modes. — XXXVIII. Cabriolets. — XXXIX. Filles. — XL. Noms des rues. — XLII. Fontaines. — XLV. Femme invisible.
Cet ouvrage est curieux et mérite d'être recherché.

396. — Manuel des fous, ou Le Grand Festin de l'Elysée. Par Pierre Sollier. — *A Paris, de l'imprimerie Cailleau, an VIII-1800, in-12, 188 p. y compris les titres; 1 fig. gravée.* [Carn.,   ]

La figure est de Binet. L'un des deux titres est gravé et assez joli. Cet ouvrage est conçu dans le genre du *Moyen de Parvenir* et consiste en dialogues et conversations à bâtons rompus sur toutes sortes de sujets. On y rencontre nombre de traits satiriques contre les mœurs et les personnages du temps.

Quérard a cité cet ouvrage avec la date « an VII (1799) », mais je suppose que c'est une erreur et qu'il n'en existe qu'une seule édition.

Il paraît qu'un « Dictionnaire aristocratique, démocratique et mistigorieux de musique... », publié en 1836, et cité par Quérard (*Superch.*, III, 103-104), ne manque pas d'analogie avec le « Manuel des fous ».

397. — La Revue de l'an huit, ou Les Originaux du Palais-Egalité. — *A Paris, chez Barba, libraire, Palais-Egalité, Galerie derrière le théâtre de la République, n° 51, 8-1800, pet. in-12, 1 f. de tit., 175 p. 1 fig. color.* [Bibl. nat., Li³ 77.] [Carn., 1615.]

Petit volume amusant contenant la *physiologie* de chacun des types qui se rencontrent dans le Palais-Royal. La figure représente le chanteur Garat. Rare.

398. — Paris, ou Le Rideau levé. Anecdotes singulières, bizarres et sentimentales, pour servir à l'histoire de nos mœurs anciennes et nouvelles; avec des faits qui n'avaient point encore été publiés. Par P.-J.-B. Nougaret. — *Paris, l'auteur, Desenne [et autres], an VIII, 3 vol. in-12, 244, 230 et 226 p.; 1 f. d'errata.* [Bibl. nat., Li³ 357.]

Le *Journal général de littérature* (an VII, p. 304) a parlé de cet ouvrage : « L'auteur se « propose, non de faire un roman, mais de « donner une peinture fidèle des mœurs des ha- « bitants de Paris, avant et depuis la Révolu- « tion; tableau qui tient d'une manière intime « à l'histoire politique et morale de la France. « On trouve ici une multitude d'anecdotes que « l'auteur a recueillies au milieu de nous, et les « lecteurs goûteront la satisfaction de n'être « amusés ou distraits que par les charmes de « la vérité. »

Certaines des anecdotes contenues dans ces trois volumes avaient déjà été données par Nougaret dans ses ouvrages précédents, « Les Astuces de Paris » (1776), etc.

C'est par erreur que Quérard, dans « La France littéraire » (VI, 458), assigne à « Paris ou Le Rideau levé » la date de l'an VII.

399. — Voyage autour du Palais-Egalité. Par S......E. — *A Paris, chez Moller, imprimeur, rue et couvent des Filles-Thomas, en face celle Vivienne; et les marchands de nouveautés, an VIII, pet. in-12, 177 p., 1 fig.* [Bibl. nat., Li³ 281.] [Carn., 5414.]

Tableau moral — il faudrait peut-être dire immoral — du Palais-Royal. Petit volume curieux dans lequel sont passés en revue les plaisirs de ce lieu alors si célèbre dans la capitale.

L'auteur de cet écrit, Sellèque, fut le fondateur du « Journal des dames et des modes », repris en 1801, par La Mésangère; il est mort, d'après Quérard, le 1er janvier 1801. Un article nécrologique lui a été consacré dans le « Journal de Paris », an IX, n° 104.

400. — Viaggio fatto per la Francia, nell'anno 1800. — *In Napoli, nella stamperia reale, 1811, in-8, IV-243 p.* [Bibl. nat., L²⁹ 12.]

Par Giuseppe Castaldi, d'après une note manuscrite sur l'exemplaire de la Bibliothèque nationale.

Tout ce qui se rapporte à Paris occupe la fin du volume depuis la page 120 ; l'auteur débute par un coup d'œil rétrospectif sur l'histoire de Paris, puis : situation de la ville, p. 133 ; les rues, les ponts, les édifices, p. 134 ; l'industrie et ses produits, p. 156 ; mœurs des habitants, p. 158 ; la littérature et les beaux-arts, p. 160 ; etc.

401. — L'Observateur sentimental, ou Correspondance anecdotique, politique, pittoresque et satyrique, entre Mohamed Saady et quelques-uns de ses amis, ayant surtout pour objet les événements et les mœurs de nos jours. Recueillie et publiée par S....... U, ex-professeur d'une ci-devant Ecole Royale-Militaire, et des Ecoles Centrales. — *A Smyrne, l'an de l'hégire 1215-1800, in-12, 2 f.-244 p., 1 fig.* [Carn., 2881.]

Par J.-J. Sanchamau.

L'auteur a pu avoir la prétention d'être « sentimental », mais il aurait pu se vanter aussi d'être considérablement ennuyeux.

402. — Chronique scandaleuse de l'an 1800, pour l'an 1801 ; recueil d'anecdotes, jugements, méchancetés et vérités sur les hommes du jour, les artistes, auteurs, acteurs, entrepreneurs ; ceux qui sont connus, et ceux qui veulent se faire connaître ; ceux qui ont de l'esprit et ceux qui croyent en avoir. — *A Paris, dans* *un coin d'où l'on voit tout; et se trouve chez les marchands de nouveautés, an XI-1801, in-8, 3 parties en 1 volume de* vi-238 p. 1 fig. color. [Carn., 522 A.]

Ce volume peut se joindre à « La Chronique scandaleuse », dont la quatrième édition a paru en 1791, en 5 volumes, (voy. ci-dessus le n° 247) et dont il formerait alors le 6ᵉ volume. Je ne crois cependant pas que GUILLAUME IMBERT DE BOUDEAUX en soit l'auteur : on n'y retrouve guère son style ni sa manière. Du reste, Quérard ne l'a pas cité dans « La France littéraire », à l'article de cet auteur, et je pense qu'il doit être dû à la collaboration de plusieurs écrivains. Je lis, en effet, dans le « Journal général de la littérature » (année 1801, p. 57) : « *Les auteurs* de cette brochure la donnent pour un recueil d'anecdotes... », etc.

La « Chronique scandaleuse de l'an 1800 » est assez rare ; elle contient, du reste, quelques anecdotes assez amusantes. L'explication de la figure coloriée qui sert de frontispice se trouve à la page 56 du volume.

Une question posée en 1882 dans « L'Intermédiaire » (XV, 458) au sujet de cet ouvrage, est restée jusqu'à présent sans réponse satisfaisante.

403. — Neues Paris, die Pariser und die Gœrten von Versailles. (Als eine Fortsetzung von Friederich Schulze's : « Ueber Paris und die Pariser. ») — *Altona, bei J.-F. Hammerich, 1801, pet. in-8, 2 f. de tit., et 433 p.* [Bibl. nat., Lk⁷ 6051.]

« Paris nouveau, les Parisiens et les jardins de Versailles, suite à l'ouvrage de Frédéric Schulz, intitulé *Sur Paris et les Parisiens* ». (Voy. ci-dessus le n° 344.)

La dédicace est signée : HENRI B.

L'auteur dit lui-même, p. 23 : « Il nous manque un ouvrage qui s'occuperait exclusivement du Parisien et qui, tout en nous faisant connaître les localités, serait consacré principalement à ceux qui les habitent; il chercherait à saisir l'esprit de la foule et des individus et suivrait l'habitant de la ville, depuis la tribune de l'orateur et le fauteuil du président, jusque dans la demeure de la famille la plus modeste... Je voudrais combler cette lacune dans les lettres qui suivent, en les rattachant à celles qui ont été publiées par Schulz sous le titre de : « Ueber Paris und die Pariser ».

Le volume comprend d'abord quatre lettres (p. 1-182), puis quatre articles (p. 183-388) intitulés : Les quatre parties du jour à Paris (le matin, midi, le soir, la nuit); enfin une troisième partie : Les jardins de Versailles (p. 391-433).

404. — Almanach du xixᵉ siècle, ou Etrennes du bon vieux temps. — *A Paris, chez Michel, rue des Moulins n° 531, près la rue Thérèse, S. D.* (1801), pet. in-12, 2 f. de tit., 7 f. pour le calendrier (de 1801), 177 p., 1 fig. grav.

Publication royaliste et réactionnaire assez curieuse, présentant le tableau comparatif du Paris de 1788 et du Paris de 1800, au point de vue des mœurs, des coutumes, de l'aspect de la ville, etc.

Mon exemplaire s'arrête à la page 177, mais il est peut-être incomplet des derniers feuillets?

405. — Le Fagot d'épines, ou Recueil de couplets mordants, piquants, galants, etc., volés à droite et à gauche. Seconde édition. — *A Paris, chez le Receleur, et les Marchands de nouveautés, an IX (1801), in-18, 216 p. Fig.* [Carn., 12425*, vii.]

Ce recueil de chansons est assez intéressant. Il a été publié par G. DUVAL. La première édition avait paru la même année.

406. — Mes Promenades philosophiques et critiques dans Paris; ouvrage instructif et amusant, par C. D'AVAL..... [COUSIN, d'Avallon]. (Epigr. : « On sera ridicule, et je n'oserai rire ! ») — *Paris, chez Pigoreau, chez les frères Pillot, 1801, pet. in-18, 140 p.* [Carn., 17475.]

Ce petit volume, assez amusant, est divisé en très-courts paragraphes. Voici les plus importants : P. 7. Rentiers. — P. 14. Jardin des Plantes. — P. 17. Institution des aveugles et des sourds-muets. — P. 22. Palais du Tribunat. — P. 25. Théâtre du Vaudeville. — P. 30. Jardin des Tuileries. — P. 31. Champs-Elysées. — P. 41. Lycée, rue du Hazard. — P. 57. Chanteurs dans les rues et sur les ponts. — P. 70. Cafés. — P. 72. Jardin de Paphos. — P. 77. Courtisanes. — P. 79. Longchamps. — P. 98. Cabriolets. — P. 111. Montansier. — P. 115. Médecins. — P. 117. Salon de peinture. — P. 131. Marchands. — Etc., etc.

L'auteur s'était proposé de publier tous les mois un volume semblable; celui-ci est le seul qui ait paru. (*Quérard.*) Il est assez rare.

407. — Le Gros Lot, ou Une Journée de Jocrisse au Palais-Egalité; par HECTOR CHAUSSIER... — *Paris, Roux, an IX, in-18, 138 p. plus le titre et la table; 1 fig. color.* [Bibl. nat., Li³ 579.] [Carn., 12425*, xi.]

Facétie insignifiante.

408. — Le Péruvien à Paris; ouvrage critique, historique et moral, contenant : la relation du voyage d'un jeune Indien fait en France au commencement du dix-neuvième siècle, son entrée dans le monde, ses aventures et ses critiques sur les mœurs, usages, coutumes et établissements des Français ; suivi de son retour à Cusco, et enrichi de notes historiques. Par JOSEPH ROSNY. — *Paris de l'imprimerie Huguin, an IX* (1801), 4 *vol. petit in-12*, 199, 174, 197 *et* 162 *p.*, *plus le titre.* [Carn., 2883.]

Cet ouvrage amusant contient une revue générale et assez complète de la capitale. — Extrait de la table :
Lettre III. L'hôtel garni et le traiteur. — V. La Butte-Montmartre. Les Tuileries. Les modes. — VI. Les promenades publiques. Les femmes. — VII-VIII. Palais-Royal. — X-XV. Spectacles (y compris les petits théâtres). — XXI. Bibliothèque nationale. — XXIV. Les temples décadaires. Le Panthéon. — XXV. Muséum d'Antiquité et d'Histoire naturelle. — XXVI. Palais de Justice. — XXVIII-XXXIII. Les prisons. — XXXV. Les Invalides. Le Prytanée. — XXXVI. Ponts, quais, places. — XXXVIII. Hôpitaux. — XXXIX. Loterie. — LVIII. Jardins et fêtes publiques. Bois de Boulogne.
L'ouvrage entier comprend 79 lettres, et mérite une lecture attentive. Les chapitres que je n'ai pas cités ne manquent pas d'intérêt et contiennent des observations assez fines sur les mœurs.
Les deux exemplaires que possède la Bibliothèque Carnavalet sont les seuls que j'aie jamais vu de cette édition. Ils ne contiennent de figures ni l'un ni l'autre, ce qui me fait croire qu'il n'en faut pas ; mais il existe une autre édition qui porte la même date que celle-ci et qui est décrite dans l'article suivant.

409. — Le Péruvien à Paris, ouvrage critique... — *Paris, de l'imprimerie Huguin, an IX* (1801), 4 *parties en 2 vol. in-12 de* 374 *et* 362 *p.*, *plus les titres et* 4 *fig.*

Cette édition, absolument semblable, quant au contenu et quant au titre, à celle qui est citée sous le numéro précédent, s'en distingue seulement en ce que la pagination se suit dans les 1re-2e et dans les 3e-4e parties. Le format et la justification sont les mêmes, mais la dimension du papier fait que dans celle-ci, les marges des volumes sont beaucoup plus grandes. Les figures ne sont pas signées ; elles sont assez jolies.

---

410. — Quelques Semaines de Paris. Epigr. : « Pour corriger les mœurs, il faut les dévoiler. ») — *A Paris, chez Maradan, libraire, rue Pavée-Saint-André-des-Arcs*, n° 16, *an XI*, 3 *vol. in-12*, 197, 213 *et* 207 *p.*, *plus les titres, et* 1 *fig. dans chaque vol.* [Bibl. nat., Li3 278.]

Je n'ai pu découvrir le nom de l'auteur de ce roman, et une question que j'ai posée à ce sujet dans *L'Intermédiaire* (XVII, 363) est restée jusqu'à présent sans réponse.
La première figure, signée *Bovinet*, présente une vue d'une allée du Bois de Boulogne. Les deux autres figures ne sont pas signées et sont sans intérêt.
Cette composition assez libre, d'un style fade et sentant son époque, contient quelques chapitres assez intéressants au point de vue parisien.

411. — Tout Paris en vaudevilles. Ouvrage critique, comique, philosophique, véridique, aristocratique, patriotique, démocratique, et par conséquent à l'usage de toute la république. Par MARANT. — *A Paris, chez Barba, libraire, palais du Tribunat, derrière le Théâtre-Français, an IX-*1801, *pet. in-12*, 194 *p. et* 1 *fig.* [Bibl. nat., Li3 78.] [Carn., 14736.]

Quérard, dans *La France littéraire*, cite cet écrivain peu connu, mais sans donner aucun détail sur sa personne. Je n'ai pu, malgré mes recherches, combler cette lacune. L'ouvrage de Marant est une critique des mœurs de l'époque. Chaque sujet n'est qu'effleuré et je crois inutile de donner le contenu du volume qui, du reste, renferme une table alphabétique.

412. — Paris à la fin du XVIIIe siècle, ou Esquisse historique et morale des monuments et des ruines de cette capitale ; de l'état des sciences, des arts et de l'industrie à cette époque, ainsi que des mœurs et des ridicules de ses habitants. Par J.-B. PUJOULX. — *Paris, chez Brigitte Mathé, an IX-*1801, *in-8*, 2 *ff. de tit. et* 388 *p.* [Bibl. nat., Li3 79.] [Carn., 2871.]

Cette édition est la seule que je connaisse *de visu* ; cependant une note biographique sur l'auteur donnée par Beuchot, dans le « Journal de la librairie », année 1821, p. 593, dit expressément que la première édition a paru en 1800, dans le même format que celle-ci ; ce doit être une erreur. D'un autre côté, je trouve dans une de mes notes l'indication d'une *deuxième édition* sous cette rubrique : *Paris, librairie économique* 1801, *in-8*, qui est aussi citée dans « La France littéraire », mais je ne puis me rappeler si j'ai puisé ce renseignement ailleurs que dans l'ouvrage de Quérard.
Cela est, d'ailleurs, peu important ; ce qui importe le plus, c'est la note que je relève au bas des pages 4 et 5 du volume de Pujoulx : « Cet ouvrage a été fini en vendémiaire de « l'an VIII [sept.-octob. 1799], époque où se « préparait un changement dans le système po- « litique de la France ; je me suis fait un devoir « de n'y rien changer. Ainsi, c'est Paris tel « que je l'ai observé à cette époque que j'ai « voulu peindre, sans m'embarrasser de ce qui « devait suivre... Plus ces changements seront « considérables, plus il sera curieux de com- « parer. C'est donc, pour partir d'un point fixe,

« l'état de Paris au 1er brumaire an VIII [23
« octobre 1709] que j'ai esquissé... »
Cet ouvrage, qui contient 78 chapitres, est
digne d'attention.
Voici un extrait de la table des matières :
Chap. II. Les Tuileries. — III. Artistes, peintres d'enseignes. — IV. Meubles, décoration
intérieure des appartements. — V. Les Lom-
bards (prêteurs sur gage). — VI. Les livres à
vil prix. — VII. Les romans. — VIII. Place et
fontaine des Innocents. Marché aux fleurs. —
XII. Le nouveau carnaval. — XIII. Théâtre. —
XV. Bals publics. — XVI. Conservatoire de mu-
sique. Chanteurs des rues. — XVII-XVIII.
Hommes de loi. — XIX-XX. La dénomination
des rues. (Projet analogue à celui proposé par
Teisserenc en 1754.) — XXIV. Art du décrot-
teur. — XXV. Figures de cire ; Curtius. —
XXVI. Entrepreneurs de spectacles. — XXVII.
Les ponts. — XXIX. Pompes funèbres. — XXXIV.
Enseignes. — XXXVI. Les repas. — XXXVIII-
XXXIX. — Modes. — XL. Ventes publiques. —
XLI. Journaux. — XLII. Télégraphe. — XLIII.
et XLVIII. Filles publiques. — XLVI. Porteurs
d'eau. Glaciers-limonadiers. Fiacres. — XLIX.
Les ruines (monuments disparus). — L. Ouvra-
ges licencieux (Palais-Royal). — LII. Halle au
blé. — LV. Art dramatique. — LVI. Les Halles
au poisson. — LVII. Hommes de lettres. —
LVIII. Jardins et fêtes de l'été (lieux publics). —
LIX. Muséum. Galeries. — LX. Industrie fran-
çaise. Musée des arts mécaniques. — LXIII.
Les perruques. — LXVII. École polytechnique. —
LXVIII. Les hôpitaux. — LXIX et ss. Éducation. — LXXIV. Petits Savoyards et Auvergnats.

413. — C'est cela ! ou Questions
parisiennes ; petite revue de nos
grands travers. Par HENRION. — *Paris,
Humbert, an X-1801, in-12, 2 f. et
185 p., 1 fig. grav.* [Carn., 19306.]

En forme de dictionnaire. Une *Préface de l'é-
diteur* nous apprend que le but de l'auteur a
été de « réunir dans un cadre sans prétention
quelques idées philosophiques, des traits hardis,
une critique souvent trop rigoureuse... »
Sans s'exagérer l'importance de ce petit volume, on peut dire pourtant qu'il mérite d'être
lu. Il est assez rare.

414. — Le Censeur ou Voyage
sentimental autour du Palais-Royal ;
ouvrage critique, historique et moral, dédié aux étrangers, par JOSEPH
R*** Y. [ROSNY.] — *A Paris, chez
madame Masson, rue de l'Échelle
n° 558, au coin de celle Saint-Honoré,
an XI-1802, pet. in-12, 126 p. et 1 f. de
table.* [Bibl. nat., Li³ 81.][Carn., 1617.]

Table des chapitres : I. Le Palais. — II. Les
Galeries de bois. — III. Les Galeries de pierres.
— IV. Les étrangers. — V. Les spectacles. — VI.
Les cafés. — VII. Les salles de vente. — VIII.
Le passage du Perron. — IX. Les nouveaux
commerçants. — X. Les peintres en miniature.
— XI. Les batteurs de pavé. — XII. Le cabinet

de Bertrand. — XIII. Séraphin. — XIV. Restaurateurs. — XV. Caricatures. — XVI. Filles
publiques. — XVII. Maisons de jeux. — XVIII.
Résumé.

415. — Ésope au bal de l'Opéra,
ou Tout Paris en miniature. Dédié à
ceux qui se reconnaîtront. — *Paris,
Gueffier, an X (1802), 2 vol. in-12,
2 f., 274 p. et 1 f. d'errata-2 f., 302
p. et 1 pl. de musique; plus 1 fig. de
Binet dans chaque volume.* [Carn.,
15304.]

Roman de mœurs parisiennes, par Mlle CARO-
LINE WUIET, à laquelle Quérard a consacré une
notice détaillée dans « La France littéraire ». Je
ne connais pas l'édition de 1806, citée par lui
et par Barbier.

416. — Les Loisirs d'un étranger à
Paris. Par T.-C. BRUUN-NEERGAARD.
— *Paris, Martinet, 1802, in-18, 180 p.*
[Bibl. nat., Li³ 283.]

Cet écrit n'est pas un *journal de voyage*,
ainsi que son titre pourrait le faire supposer. On
y trouve bien, par ci par là, le récit de l'emploi
du temps de l'auteur à Paris, mais aussi le plus
souvent, des pièces purement littéraires ou des
lettres insignifiantes. Ces pages sont cependant
parsemées d'observations ou de traits sur les
mœurs qui peuvent ne pas manquer d'intérêt.
Thomas-Christophe Bruun-Neergaard (1750-
1834) était un poète danois. Voyez la *Biographie
Didot*, VII, 663.

417. — Observations sur l'anglomanie, dédiées aux peuples du continent, par un manufacturier français. — *Paris, Mongie, Fantin, an X-
1802, in-8, 20 pages.* [Bibl. nat., Li³
249.]

Très curieuses considérations sur l'anglomanie
qui s'était depuis longtemps introduite dans les
mœurs et les modes, accompagnées de réflexions sur les inconvénients que cette tendance
présente au point de vue de la situation commerciale et de la prospérité de la France. L'auteur, envisageant la question sous le rapport
des traités de commerce, se déclare hautement
protectionniste.
Cette brochure porte : « N° 1 ». Je ne sais si
elle est la seule qui ait paru.

418. — Paris métropole de l'univers. Par L.-A. CARRACCIOLI, ancien
colonel au service de la Pologne. —
*Paris, Le Normant, an X-1802, in-12,
2 f. et IV-363 p.* [Bibl. nat., Li³ 80.]
[Carn., 2884 et 1009.]

Cet ouvrage est divisée en cent-vingt-deux
lettres. Écrit dans un style diffus, sans méthode,

il échappe à l'analyse. Tous les sujets y sont effleurés, mais traités sans ordre ni clarté. On peut
le parcourir, mais la lecture en est indigeste et
pénible. C'est, en somme, un éloge de Paris, avec
des restrictions peu nombreuses.

419. — Première Promenade d'un
solitaire provincial, depuis le faubourg Saint-Honoré jusqu'au palais
du Tribunat. B***. — *A Paris, chez
J.-J. Fuchs, libraire, rue des Mathurins, hôtel de Cluny, an X, in-12, 172
p.* [Bibl. nat., Li ³ 364.]

Par P. GALLET.
Réflexions philosophiques, artistiques et littéraires. Peu intéressant au point de vue spécialement parisien, cet ouvrage contient cependant
quelques remarques au sujet des Tuileries, que
le « Solitaire » traverse dans sa promenade.

420. — Résurrection d'Atala, et son
voyage à Paris. — *Paris, Renard,
an X-1802, 2 vol. in-16, 174 et 201 p.*
[Carn., 10022.]

Par RAIMOND.
Critique de l'ouvrage de Chateaubriand, sous
la forme d'un voyage à Paris. Assez insignifiant
à ce dernier point de vue. Cf. le n° 480.

421. — Les Sérails de Paris, ou
Vies et portraits des dames Pâris,
Gourdan, Montigni et autres appa-
reilleuses ; ouvrage contenant la description de leurs sérails, leurs intrigues, et les aventures des plus
fameuses courtisanes ; le tout entremêlé de réflexions et de conseils pour
prémunir la jeunesse et les étrangers
contre les dangers du libertinage.
— *Paris, Hocquart, 1802 an X, 3 vol.
pet. in-12, 3 fig.* [Carn., 3795.]

Cet ouvrage est presque entièrement copié
dans la « Correspondance de Madame Gourdan »
(voy. ci-dessus le n° 250) et dans « L'Espion anglais » (Voy. le n° 228). Ouvrage libre.
Une réimpression en a été faite de nos jours
en Belgique.

422. — Stéphanie, ou Les Folies à
la mode ; mémoires singuliers d'un
jeune homme à bonnes fortunes, pris
pour dupe. — *Paris, Delalain, Pigoreau, an X, 2 vol. in-12, 294 et 276 p.
plus les titres et 2 fig.* [Carn., 10684.]

La figure du premier volume représente un
duel de femmes.
Ce roman est le même — à quelques modifications près, dans le sens du nouveau régime —
que « La Folle de Paris, ou les extravagances

de l'amour et de la crédulité », par P.-J.-B. NOU-
GARET. (*Londres et Paris, Bastien,* 1787, 2 *vol.
in-12.*

423. — Le Tribunal volatile, ou Nouveau jugement porté sur les acteurs,
actrices, auteurs, et sur divers endroits publics de Paris. Par CH. R.
C****U. — *Paris, Tiger, an XI, pet.
in-12, 144 p. et 1 frontisp. gravé non
signé.*

C'est une sorte de tableau des mœurs et habi-
tudes parisiennes dans laquelle l'auteur a donné
à un rossignol le rôle du *Diable boiteux.* Il passe
en revue : La Chaussée-d'Antin. — Le Jardin
Egalité. — Le Boulevard des Italiens. — Le
Jardin des Capucines (Panorama). — Les Tuile-
ries. — Les Champs-Elysées. — Le Hameau de
Chantilly (Hôtel Bourbon). — Tivoli. — Frascati.
— Paphos (ou Hébé). — Le Café Turc. — Le
Café Godet. — Le Café Normand. — Le Café de
Nicolet. — Le Café des Arts (ou Alexandre). —
Le Café de l'Ambigu. — Le Café de la Victoire.
— Les Cafés de la Porte-Saint-Martin. — Vien-
nent ensuite les théâtres : — des Arts et de la
République. — Théâtre Français. — Les Italiens
et Feydeau. — Opéra Buffa. — Louvois. — Vaudeville. — Montansier. — Théâtre de la Cité.
— L'ancien Opéra. — Ambigu-Comique. — Gaîté.
— Théâtres des Jeunes Artistes, des jeunes élèves
(rue de Thionville et boulevard du Temple), des
élèves dramatiques (théâtre Mareux). — Théâtre
sans prétention. — Théâtre du Marais. — Le
volume se termine par une sorte de dictionnaire
des « auteurs du jour », un chapitre sur les « dé-
corateurs et costumiers » et enfin des considérations générales sur les spectacles.

424. — Un de mes Songes, ou
Quelques vers sur Paris, par LOUIS
LEMERCIER. — *Paris, Renouard, an X-
1802, in-18, 22 p., y compris le titre.*
[Carn., 6045.]

Quatre-cent-soixante-douze vers suivis de notes.
Satire contre les mœurs.

425. — Un Mot sur tout le monde,
ou La Revue de Paris, pour l'an dix ;
almanach chantant par les auteurs
des « Dîners du Vaudeville ». — *Paris,
Favre, S. D. (1802), in-12, 2 f. et 180
p., plus l'almanach.* [Carn., 10183.]

Chansonnier de mœurs contenant quelques
pièces assez curieuses.

426. — Voyage autour du Pont-
Neuf, formant suite à la collection des
« Voyages de long cours », par J.
ROSNY, auteur du « Péruvien à Paris ».
— *Paris, Lemarchand, an X, (1802),
in-18, 140 p.* [Carn., 1447.]

Curieux détails sur les affiches des murs, les

boutiques, les « artistes décrotteurs », les distributeurs d'avis, la Samaritaine, etc.

L'ouvrage se termine à la page 134; les pages 135-140 ne contiennent que le prospectus des autres ouvrages de J. Rosny. Cf. le n° 610.

427. — Briefe aus der Hauptstadt und dem Innern Frankreichs, von F.-J.-L. Meyer, Dr. Domherrn in Hamburg... — *Tübingen, J.-G. Cotta, 1802, 2 vol. in-8, 227 et 234 p., plus les tables et l'errata.* [Carn., 10944.]

« Lettres de la capitale et de l'intérieur de la France. »

Les deux volumes contiennent en tout 23 lettres, datées de l'année 1801, et dont les 3°, 4°, 5°, 6°, 7°, 8°, 9°, 10°, 11°, 12°, 13°, 20°, 21°, 22° et 23° sont consacrées à Paris. On y trouve de nombreux détails sur la vie et les mœurs, les habitants et les monuments, les arts, la littérature et la politique à Paris, au commencement du siècle.

428. — A Tour through several of the midland and western departements of France, in the months of june, july, august and september 1802... By the Rev. W. Hughes... — *London, Th. Ostell, 1803, in-8, VIII-238 p., 4 f. de table et 4 fig.* [Bibl. nat., L²⁰ 14.]

Cet ouvrage ne contient que fort peu de pages relatives à Paris : p. 142 et ss., p. 171. Les remarques et les observations du voyageur sont d'ailleurs, en ce qui concerne la capitale, très superficielles.

429. — Journal of a party of pleasure to Paris, in the month of august 1802; by which any person intending to take such a journey may form an accurate idea of the expence that would attend it, and the amusement he would probably receive. Together with thirteen views aquatinted... by J. Hill, from drawings by the author. The third edition. — *London, T. Cadell, 1814, in-8, VIII-112 p. 13 grav. à l'aq.-tint.* [Carn., 11187.]

La planche 11 « La valse » est particulièrement amusante. Cet ouvrage est curieux, mais les descriptions sont courtes; c'est plutôt un journal de voyage, comme le dit le titre, qu'une relation détaillée.

430. — Paris as it was, and as it is; or A Sketch of the french capital, illustrative of the effects of the Revolution, with respect to sciences, litterature, arts, religion, education,

manners and amusements; comprising also a correct account of the most remarkable national establishments and public buildings; in a series of letters written by an english traveller during the year 1801-1802 to a friend in London. — *London, C. and B. Baldwin, 1804, 2 vol. in-8.*

Je ne cite cet ouvrage que d'après la Bibliographie de *Watt*. Il a été traduit en allemand en 1805. Voy. ci-dessous le n° 455.

431. — The Praise of Paris, or A Sketch of the french capital, in extracts of letters from France, in the summer of 1802; with an index of many of the convents, churchs, and palaces, not in the french catalogues, which have furnished pictures for the Louvre-Gallery. By S. W. [Stephen Weston], F. R. S. F. A. S. — *London, Baldwin, 1803, in-8, IV-X-186 p., 1 fig.* [Bibl. nat., Lk⁷ 6058.] [Carn., 12491.]

Cet ouvrage contient une table alphabétique d'où j'extrais les noms et les sujets les plus importants : Arsenal (Bibliothèque), Ambigu-Comique, Bibliothèque nationale, Brunet (acteur), Duchesnoy, Frascati, Fêtes, Jardin des Plantes, Opéra, Petits-Augustins, Palais-Royal, Saint-Gervais, Théâtre, Théâtre-Français, Tuileries, Versailles, Vaudeville, etc., etc. La figure qui orne ce volume représente la déesse Isis, avec cette légende : « De par Isis vient Paris ». — Peut-être faut-il attribuer au même auteur un volume qui semble faire suite à celui-ci et qui est cité ci-dessous sous le n° 490.

432. — Johann Friedrich Reichardt's vertraute Briefe aus Paris geschrieben in den Jahren 1802 und 1803. — *Hamburg, B.-G. Hoffman (Brunswick, imprimerie F. Vieweg), 1804, 3 vol. pet. in-8, XVI-492 p., 1 f.; XIV-422 p. 2 f.; XVI-390 p., 1 f.* [Bibl. nat., Lk⁷ 6062.] [Carn., 10639, 2° édition.]

« Lettres intimes de Jean-Frédéric Reichardt, écrites de Paris en 1802 et 1803. »

Il y a une table dans chaque volume. Cet ouvrage a eu une deuxième édition en 1805.

Les trois volumes contiennent en tout quarante-quatre lettres, dont les 31 premières, formant les tomes I et II, sont consacrées en majeure partie à la vie théâtrale à Paris, bien qu'on y trouve aussi des détails sur les établissements scientifiques, les musées et les salons. Le tome III s'occupe de la vie politique, des fêtes et des monuments.

Cet ouvrage a été vivement attaqué dans un article de Vanderbourg, paru dans les *Archives littéraires* publiées par le libraire Hinrichs, à Paris.

433. — Souvenirs d'un séjour à Paris, durant l'hiver de 1802 à 1803. Seconde édition. — *Fribourg, imp. de Frédéric Wagner*, 1858, *in-8*, 123 *p. et 1 f. de table.* [Carn., 14350.]

Extrait de la table des matières : Arrivée à Paris. Aspect de la cour du premier consul. La nouvelle société. Nouveau grand monde. Esprit de société. La diplomatie. Les étrangers. Jouissances qu'offrait Paris. Les théâtres, les restaurateurs, les cafés, le Palais-Royal. Littérature et arts, etc.

Une note manuscrite, sur l'exemplaire de la Bibliothèque Carnavalet, attribue cet écrit au baron JEAN-PHILIPPE DE WESSENBERG-AMPRIN-GEN, attribution confirmée par une communication insérée dans *L'Intermédiaire* du 10 septembre 1883 (tome XVI, col. 526). Le correspondant de *L'Intermédiaire* dit aussi que la première édition des « Souvenirs » est connue de l'administrateur de la bibliothèque de Fribourg-en-Brisgaw ; c'est un in-8 de 64 p., s. l. n. d. Ces deux éditions sont rares, n'ayant pas été mises dans le commerce.

434. — Lettres d'un Mameluck, ou Tableau moral et critique de quelques parties des mœurs de Paris. Par J. LAVALLÉE, de la Société philotechnique, etc., etc. — *Paris, Capelle, an XI* (1803), *in-8*, 405 *p., y compris le titre et la préface.* [Bibl. nat., Li³ 82.] [Carn., 2887.]

Cet ouvrage, spirituel et amusant, se compose de 24 lettres. « Quant à l'ordre des matières », dit l'auteur dans sa *Préface*, « j'ai pensé qu'un ouvrage de ce genre ne pouvait ni ne devait en comporter aucun ; qu'il fallait même, autant qu'il était possible, éviter l'uniformité ; que des lettres ne devaient avoir aucune ressemblance avec des chapitres, et que l'homme, qui rend compte à un ami... des sensations que lui font éprouver les objets dont ses regards sont frappés, devait en parler selon que le hasard les lui présentait ». C'est ce qui fait que le volume de Lavallée est d'une analyse difficile. Voici cependant un aperçu des sujets qui y sont traités : Lettre I (p. 17). Aspect général de Paris. — II (p. 23). Les femmes, les théâtres. — IV (p. 32). Caractère des Parisiens. Le bon ton. Le carnaval. — VI (numéroté VII, par erreur, p. 48). Le mariage. La famille. — VII (p. 59). Même sujet. La bourgeoisie. La police. Les dames de la Halle. L'Académie. — VIII (p. 74). L'éducation et ses résultats quant aux mœurs. — IX (p. 87). Spectacles. — X (p. 119). Comédiens. — XI (p. 124). Causes de la Révolution. — XII (p. 160). Ses résultats. — XIII (p. 170). Un enterrement. — XIV (p. 186). Des biens de la fortune. Les parvenus. — XV (p. 215). Le vêtement et les modes. — XVI (p. 227). Le duel. — XVII (p. 248). La société. L'ameublement des appartements. — XVIII (p. 266). Mœurs conjugales. — XX (p. 296). Vanité des riches. — XXI (p. 323). Des assignats, l'agiotage, le jeu. — XXII (p. 337). L'Académie. — P. 355. Les enseignes. — XXIII (p. 363). Fêtes publiques.

— P. 375. Le mariage. — P. 378. Les cafés. — XXIV (p. 386). Muséum d'histoire naturelle. Musée central des arts (Louvre). Bibliothèque nationale.

Cet ouvrage a été traduit en anglais. Voy. l'article suivant.

435. — Letters of a Mameluke ; or A Moral and Critical Picture of the manners of Paris. From the french ; with notes by the translator. — *London*, 1804, 2 *vol. in-12.*

Traduction de l'ouvrage de LAVALLÉE, cité sous le numéro précédent. Je ne la connais pas *de visu* et j'ignore si le nom de l'auteur figure sur le titre.

436. — Paris et ses modes, ou Les Soirées parisiennes. Par L***.—*Paris, Michelet, Ponthieu, an XI-1803, in-12*, 214 *p., 1 fig. color.* [Bibl. nat., Li³ 253.] [Carn., 2886.]

Divisé en 55 chapitres très courts et dont les sujets sont très variés. J'extrais de la table les indications suivantes : Concert de Cléry, p. 15. — Embellissements, p. 18. — Mousseaux, Tivoli, Frascati, Pavillon de Hanovre, p. 29 et ss. — Mode, p. 57. — Magasin de nouveautés (modes), p. 61. — Bains, p. 105, 114, 118. — Bal de l'Opéra, p. 139, 152. — Restaurateurs et cafés, p. 164 et suiv. — Voitures, p. 198. — Théâtres, p. 207. — Etc., etc.

437. — Le Nouveau Diable boiteux ; tableau philosophique et moral de Paris, au commencement du XIXᵉ siècle. Par l'auteur des « Fêtes et Courtisannes de la Grèce ». Nouvelle édition, corrigée, augmentée et enrichie d'anecdotes inédites. — *Paris (de l'imprimerie Langlois), chez Barba, libraire, Palais du Tribunat, nº 51, an XI-1803, 4 vol. in-12*, XXXVI-168, 218, 220 *et* 260 *p., 4 fig.* [Carn., 2885.]

Par P.-J.-B. PUBLICOLA CHAUSSARD. Chaque volume contient, en plus du collationnement indiqué ci-dessus, deux feuillets de table non paginés.

La première édition de cet ouvrage avait paru en l'an VII sous le pseudonyme de Dicaculus (voy. ci-dessus le nº 383) ; celle-ci est véritablement différente de la première : Quérard ne l'a signalée dans « La France littéraire » qu'en émettant des doutes sur son existence. Elle est en effet très rare, je ne sais pourquoi. Les quatre figures qu'elle contient sont différentes de celles de l'édition de l'an VII ; le nombre des chapitres est augmenté d'un cinquième et les nouveaux sont indiqués dans les tables par un astérisque.

Parmi les nouveaux chapitres, je signalerai les suivants : Le Louvre. — Le Salon. — Fêtes nationales. — Conservatoire de Musique.

Frascati. — Hôtel-Dieu. — Soupes économiques. — Athénée des étrangers (ci-devant Lycée de Paris). — Dénouement.

438. — Les Rencontres du Palais-Royal. Aventures galantes. — *A Paris, chez Tiger, imprimeur-libraire, place de Cambrai, an XI-1803, in-18, 108 p. 1 fig.* [Carn., 5793 *.]

Petit roman de mœurs parisiennes, libre, et assez rare quoiqu'insignifiant. Il a été fait une édition postérieure dans laquelle les noms des personnages et plusieurs passages ont été modifiés. Voyez l'article suivant.

439. — Les Rencontres au Palais-Royal, tableaux de société ; par A.-S. Victor. — *Paris, chez Tiger, imprimeur-libraire, rue du Petit-Pont-Saint-Jacques, au coin de celle de la Huchette, Au Pilier Littéraire, S. D. (vers 1810), pet. in-12, 107 p., 1 fig.*

C'est une réimpression, sensiblement modifiée, du volume cité sous le numéro précédent, et qui avait été alors publié sans nom d'auteur. La figure est différente dans ces deux éditions, mais dans l'une comme dans l'autre représente une scène du Palais-Royal.
Je manque absolument de renseignements sur l'auteur dont je n'ai vu citer le nom nulle part.

---

440. — Voyage d'un habitant de la lune à Paris, à la fin du dix-huitième siècle. Par P. Gallet. — *Paris, chez Levrault, an XI-1803, in-12, 1 f. de tit., xx-211 p. (y compris le f. d'errata).* [Carn., 9626 et 17523.]

Critique des mœurs parisiennes. Fantaisie assez insignifiante.

441. — Almanach des oisifs de Paris. — *A Paris, chez les marchands de nouveautés, an XII-1803, pet. in-12, 2 f. de tit., 140 p., 1 fig.* [Bibl. nat., Lc 31 387.] [Carn., 2888.]

Observations morales sur les lieux de réunion et de plaisir de la capitale, ainsi que sur les types parisiens que l'on y rencontre.

442. — L'Espion de Paris, ou Recueil d'anecdotes, actions, phénomènes et aventures extraordinaires qui se sont passés dans la capitale depuis la paix de l'an dix jusqu'à ce jour. — *A Paris, chez Hedde, libraire, passage du Perron, Palais du Tribunat, an XII-1804, in-18, 168 p., 1 fig.* [Bibl. nat., Lk⁷ 6627.] Carn., 647.]

Ce petit recueil semble avoir été composé à l'aide d'extraits pris dans divers journaux du temps, de sorte que, malgré son titre, il contient beaucoup de sujets étrangers à l'histoire de Paris. Voici les chapitres qu'il me semble à propos d'y signaler :
Rétablissement du culte catholique en France, p. 25. — Littérature et théâtres, p. 49. — Projet de la fontaine du Châtelet, p. 111. — Singularités remarquables, p. 126. — Jean Hauptmann et Nanette Stocker, nains exposés aux Palais du Tribunat, p. 161.
Ce volume n'a aucun rapport avec le journal qui est cité par Hatin, à la page 121 de sa Bibiographie, et mérite d'être recherché.

443. — Histoire secrète d'un écu de six livres, transformé en une pièce de cinq francs, contenant sa naissance... sous Louis XIV ; ses aventures sous Louis XV et sous Louis XVI, ses malheurs et sa proscription sous... la Terreur ; son émigration... sous... Robespierre ; sa résurrection... sous... Bonaparte. Par l'auteur du « Péruvien à Paris ». [J. Rosny.] — *Paris, Fréchet, an XII-1804, in-12, 163 p., 1 pl.* [Carn., 12023 *.]

Notre écu parcourt le monde : de la cassette d'une bourgeoise, il tombe dans le coffre d'un financier, etc., etc. Point n'est besoin de détails pour que l'on soit certain que ses pérégrinations très variées donnent à l'auteur l'occasion de peintures de mœurs quelquefois intéressantes.

444. — Voyage à la Chaussée d'Antin, par un habitant du faubourg Saint-Marcel. — *Paris, Marchand, 1804, pet. in-12, 176 p., 1 fig.* [Carn., 6745].

Par A. Egron, imprimeur à Paris.
« Monsieur Robat, ancien marchand de drap dans la rue Saint-Jacques » se décide un jour à faire visite à un de ses neveux qui habite le quartier de la Chaussée-d'Antin. C'est aux péripéties de ce voyage que nous initie cet amusant petit volume.

445. — Une Soirée de la bonne compagnie de 1804. — *Paris, F. Cocheris fils, an XIII-1804, in-12, 2 f. et 168 p.* [Bibl. nat., Li³ 234.]

Par Louis-Madeleine Ripault.

446. — Bemerkungen auf einer Reise durch die Niederlande nach Paris im eilften Jahre der grossen

Republik. —*S. L.*, 1804, 2 vol. in-12, x-vi-508 *et* viii-643 *p.*, *plus 1 f. d'errata dans chaque volume.* [Carn., 12961.]

« Observations pendant un voyage à Paris, par les Pays-Bas, en l'an XI de la grande République. »
Ce qui se rapporte à Paris, commence à la page 145 du premier volume, jusqu'à la page 450 du second. La fin du tome I est consacrée aux musées ; le tome II, à divers monuments de Paris, à Saint-Cloud, Versailles, Sèvres, au Palais-Royal, au Louvre, au Jardin des Plantes, à l'Ecole Militaire, au petit Chatelet, etc., enfin à quelques tableaux de la vie parisienne en l'an XI.
Une table détaillée du contenu des chapitres accompagne chaque volume.

447. — Briefe geschrieben auf einer Reise nach Paris, von J.-F. BENZENBERG. Mit acht Kupfern. —*Dortmund, Mallinckrodt*, 1805-1806, 2 vol. pet. in-8 x-307 *et* viii-365 *p.*, *plus 1 f. pour la table du plan ; 12 planches.* [Bibl. nat., Lk⁷ 6075.] [Carn., 12191.]

« Lettres écrites pendant un voyage à Paris, par J.-F. BENZENBERG. Avec huit gravures. »
La première lettre est datée du 29 mars 1804. Malgré l'indication portée sur le titre, l'ouvrage contient 12 planches (dont un plan de Paris), et des titres gravés. L'énoncé de ceux-ci porte : « ... nach Paris, im Jahr 1804... » (« ... à Paris, en l'année 1804... »). Chaque volume contient une table.
L'auteur, qui était venu à Paris pour étudier les sciences naturelles, consacre la plus grande partie du tome Iᵉʳ (25 lettres) à la description des établissements scientifiques (Jardin des Plantes, Muséum, Observatoire, Institut, etc.) et à divers savants, tels que Lalande, Carnot, Laplace, Lagrange, Coulomb, etc. Le tome II (26 lettres) traite des musées, du Conservatoire des arts et métiers, de la manufacture des Gobelins, etc.

448. — Erinnerungen aus Paris im Jahre 1804, von AUGUST VON KOTZEBUE. — *Berlin, H. Frœlich*, 1804, pet. in-8, iv-590 *p. et 1 f. de table ; fig. et lit. grav.* [Carn., 12192.]

Il a été publié une seconde édition que je ne connais pas, mais dont l'existence résulte de l'intitulé de la traduction citée sous le numéro suivant.

449. —Souvenirs de Paris en 1804, par AUGUSTE KOTZEBUE ; traduits de l'allemand sur la deuxième édition [par R.-C. GUILBERT DE PIXÉRÉCOURT], avec des notes. —*A Paris, chez Barba, libraire, Palais du Tribunat, Galerie derrière le Théâtre-Français, n° 51,*

an-XIII (1805), 2 *vol.*in-12, xx-316 *et* 2 *f.*-378 *p.* [Bibl. nat., Lk⁷ 6074.] [Carn., 2890.]

Ces deux volumes, traduction du numéro précédent, sont assez amusants, quoique pleins de jugements irréfléchis et de remarques désobligeantes sur différentes personnes qui cependant avaient accueilli Kotzebue avec empressement et bienveillance.
Voici un extrait de la table des matières de cet ouvrage qui est divisé en 21 chapitres : — Chapitre II. Les rues de Paris décrites en quatre lettres à une dame. — III. Ma présentation aux trois consuls.— IV. Sur Mᵐᵉ de Récamier. — V. Le Musée des monuments français. — VI. Musée Napoléon (tableaux, dessins, antiques).— VII. Mœurs et usages des Parisiens. Le boire et le manger. L'habillement. Tentatives pour le mariage. Les filles de joie. — VIII. La vallée de Montmorency et l'abbaye de Saint-Denis. — IX. Le Cabinet des Antiques. — X. Le Courrier de Paris. — XI. Justice criminelle. — XII. Disposition d'esprit des Parisiens. — XIII. Sociétés et plaisirs. — XIV. Quelques grands peintres et leurs ateliers. — XV. Choses qui méritent d'être vues : Le monument de Desaix Les chevaux de conquête (Arc de Triomphe du Carrousel). Jardin des Tuileries. Manufacture des Gobelins. Pompe à feu. Manufacture des frères Perrier. Manufacture de glaces. La Bastille. Hôtel-Dieu. Hospice de la Maternité. La Pitié. Sainte-Périne. La Monnaie. Ecole de Médecine. Quinze-Vingts. Prytanée. Ecole Polytechnique. L'Athénée de Paris. L'Athénée des étrangers. Bibliothèque de l'Arsenal. Bibliothèque Mazarine. Observatoire. Eglise Saint-Sulpice. Palais-Royal. Luxembourg. Salle des Cinq-Cents. Invalides. Jardin des Plantes. — XIX. Les Sourds-Muets. — XX. Théâtres : Théâtre-Français. Opéra. Opéra-Buffa. Feydeau. Louvois. Vaudeville. Montansier. Porte Saint-Martin. Ambigu-Comique. Théâtre de la Cité. Gaieté. Théâtre Olympique. Théâtre Molière. Théâtre des Jeunes Artistes. Théâtre du Marais. Théâtre de l'Ecole dramatique. Théâtres des petites Variétés du Palais-Royal. — XXI. Mélanges, et observations générales sur la capitale.
Les sujets traités par Kotzebue sont, on le voit, très variés ; il en a cependant négligé d'importants. Son traducteur le reprend vivement (t. II, p. 157) de ses omissions qui sont nombreuses. Il en donne une liste qui est fort longue et n'est cependant pas complète.
Guilbert de Pixérécourt a, dans sa traduction, supprimé certains passages qui lui ont semblé ennuyeux ou inutiles. Il avertit le lecteur, dans le courant du texte, des suppressions qu'il a opérées sur son propre chef. Le chapitre intitulé « Le Premier Consul et ses Entours », à la publication duquel la censure impériale s'était opposée, a été réimprimé dans la « Gazette bibliographique ». *Paris, Lemerre*, 1868-69, *pages* 63 *à* 68.

450. — Ik ben ook in Parys gewest..... — *La Haye, J. Immerzeel*, 1804-1805, 3 *parties in-12, de* 107, 116 *et* 141 *p.* [Bibl. nat., Lk⁷ 6069.]

« Moi aussi j'ai été à Paris... D'après l'allemand. »

La première partie décrit le voyage de Zurich à Paris, en 1801. Les deux autres contiennent la description de Paris et sont consacrées presque entièrement aux musées et aux théâtres.

451. — Dr. Joseph Frank's... Reise nach Paris, London..., in Beziehung auf Spitæler, Versorgungshæuser, übrige Armen-Institute, Medizinische Lehranstalten und Gefængnisse. — *Wien, in der Camesinaischen Buchhandlung*, 1804-1805, 2 vol. in-8, 5 ff.- 343, et 362 pp., 1 planche et 7 tableaux de statistique médicale. [Carn., 16996.]

« Voyage du docteur Joseph Frank à Paris, à Londres... relativement aux hôpitaux, aux asiles, aux autres institutions charitables, aux établissements pour l'enseignement de la médecine et aux prisons. »

Cette relation est rédigée à un point de vue purement médical. Chacun des hôpitaux de Paris y est étudié, ainsi qu'un certain nombre d'institutions charitables. Sous ces rapports spéciaux cet ouvrage m'a paru un des plus complets. L'auteur consacre les 174 premières pages du tome I au sujet qui nous intéresse. Dans le reste de l'ouvrage il s'occupe de l'Angleterre.

452. — Blicke auf Paris, von einem Augenzeugen. — *Altenburg, in der Schnufhasischen Buchhandlung*, 1805, pet. in-8, 4 f., 318 p. et 1 plan du parc de Versailles. [Carn., 12360.]

« Coup d'œil sur Paris, par un témoin oculaire. » La préface est signée : Karl M — D.

Notices, sans prétention, sur divers établissements scientifiques et artistiques de Paris. (Institut, Bibliothèques, Musées.) Quelques pages sont consacrées aux amusements publics et à la description de Versailles.

453. — Le Père Lantimèche, ou Paris en caricature. Par L.-M. H***. — *Paris, imp. Basset et Martin, an XIII*-1805, in-12, 2 f. et 243 p. [Carn., 17526.]**

Petite revue de mœurs parisiennes sous forme de roman facétieux. Le père Lantimèche est un savetier de la rue Mouffetard.

454. — Promenade à Longchamp. Seconde édition. Par M. De Labouïsse-Rochefort, membre de plusieurs académies. 1805. — *Paris, A. Désauges*, 1831, in-8, 96 p. [Carn.. 1483.]

Cet ouvrage a été composé en 1805, et publié pour la première fois en 1807 dans un volume intitulé : « Voyage à Saint-Maur ; Promenade à Longchamp, suivis de quelques opuscules en vers, par M. Auguste de Labouïsse » (*Paris, Delaunay*, 1807, *in-18*, 144 *pages*). La « Promenade à Longchamp » occupe dans cette première édition les pages 45-80. [Carnavalet, 5137.]

La « Promenade à Longchamp » est une composition intéressante et fort agréable, en prose mêlée de vers. Les notes qui l'accompagnent (dans les deux éditions) méritent d'être consultées.

455. — Paris wie es war und wie es ist. Ein Versuch über den vormaligen und heutigen Zustand dieser Hauptstadt in Rücksicht der durch die Revolution darin bewirkten Veranderungen. Nebst einer umstændlichen Nachricht von den bedeutendsten National-Anstalten für Wissenschaften und Künste, wie auch von den öffentlichen Gebæuden. In einer Reihe von Briefen eines reisenden Englænders. Aus dem Englischen übersetzt und mit Erlæuterungen und einer Einleitung versehen. In drei Theilen. — *Leipzig, G. Fleischer jeune*, 1805-1806, 3 vol. in-8. XXIV-424, 266 et 485 p., plus les titres. [Bibl. nat., Lk⁷ 6076.]

« Paris tel qu'il était et tel qu'il est. Essai sur l'état ancien et l'état actuel de cette capitale par rapport aux changements amenés par la Révolution. Avec une relation détaillée sur les établissements nationaux les plus importants pour les sciences et les arts, ainsi que sur les édifices publics, dans une série de lettres d'un voyageur anglais. Traduit de l'anglais et accompagné d'éclaircissements et d'une introduction. En trois parties ».

La préface est signée : V. Zimmermann, Traduit par G.-W. Henke, d'après Kayser. — Cet ouvrage contient 88 lettres, dont la première est datée du 16 octobre 1801, et la dernière, du 3 avril 1802. Ne contient pas de table. Pour le texte original (en anglais), voyez ci-dessus le n° 430.

456. — Bemerkungen auf einer Reise durch einen Theil von Teutschland, der Schweiz, Italien und Frankreich, im Jahre 1806. — *Kœnigsberg, A.-W. Unzer*, 1809, in-8, 2 f. et 281 p. [Carn., 10757.]

« Observations pendant un voyage à travers une partie de l'Allemagne, de la Suisse, de l'Italie et de la France, en 1806. »

La préface, datée de mars 1809, est signée J.-L. Ce qui concerne Paris et les environs occupe les pages 216-262, consacrées uniquement à la description assez sommaire des principaux monuments, églises, théâtres, etc., de Paris.

457. — Paris in den aanvang van de negentiende eeuw, door A. Van der Willigen. — *Harlem, Loosjes*,

1806, 3 *vol. in*-8, vii-iv-685 *p. Planches.*
[Bibl. nat., Lk⁷ 6081.] [Carn., 14936.]

« Paris au commencement du dix-neuvième siècle. »
La pagination se suit dans les trois volumes. Chaque volume contient une table chiffrée à part; il y a en outre un index alphabétique p. 639-649.
L'auteur a séjourné à Paris en 1802. La première partie de l'ouvrage est consacrée aux mœurs et coutumes des Parisiens et au culte; la deuxième partie s'occupe du gouvernement, des sciences et des arts; enfin, la troisième décrit divers monuments de Paris ainsi que différentes localités des environs de la capitale. Un appendice (p. 651-685) contient la traduction hollandaise d'un article paru en feuilletons dans les numéros des 1ᵉʳ, 3 et 9 août 1807 de la *Gazette de France*, et critiquant assez vivement le travail de M. van der Willigen. Dans des notes placées au bas des pages, l'auteur essaye de répondre à ces critiques.

458. — Reise nach Paris, von Th. Holcroft. Aus dem Englischen übersetzt von J.-A. Bergk, Doctor der Philosophie in Leipzig. Mit Kupfern. — *Berlin, Voss*, 1806, *in*-8, 521 *p.* [Bibl. nat., Lk⁷ 6079.] [Carn., 12221.]

« Voyage à Paris, par Th. Holcroft; traduit de l'anglais par J.-A. Bergk, docteur en philosophie à Leipzig. »
Un premier titre porte : « Neues Magazin von merkwürdigen Reisebeschreibungen. Aus fremden Sprachen übersetzt und mit erläuternden Anmerkungen begleitet. Vierter Band. » (« Nouveau magasin de descriptions de voyages, traduites de langues étrangères et accompagnées de notes explicatives. Tome IV. »)
Le titre porte : Mit Kupfern (avec gravures) et la dernière page donne l'indication que les deux gravures du volume représentent deux vues de Paris, prise l'une du boulevard du Sud, (Südboulevard), l'autre de Montmartre. Les gravures manquent dans l'exemplaire de la Bibliothèque nationale. Le volume donne le tableau de Paris en 1802; il n'est pas accompagné d'une table. L'auteur s'occupe tout particulièrement des théâtres et des plaisirs de Paris; consacre de temps en temps quelques lignes à la politique, aux mœurs et coutumes et ne parle que fort peu des musées et des monuments; le tout rédigé au point de vue exclusivement anglais.

459. — Recollections of Paris, in the years 1802-3-4-5. By J. Pinkerton. — *London, Longman*..., 1806, 2 *vol. in*-8, ix-525 *et* 499 *p.* [Bibl. nat., Lk⁷ 6077.]

Ouvrage intéressant. Il est fâcheux qu'il ne contienne pas de table. J'y signalerai, dans le *Tome I*, les chapitres suivants : II. Environs de Paris. — III. La société. — IV. Les Boulevards. — VI. Bibliothèque nationale. — VII. Le Louvre. — VIII. Le Jardin des Plantes. — X. Imprimerie et librairie. — XIII. Palais du Luxembourg. —

XV. Musée des monuments français. — XVI. Sociétés savantes. — XVIII. Salon de peinture de 1804. — XXIII. Les Gobelins. — XXVII. Bains publics. — XXIX. Les rues. — XXX. Embellissements.
Dans le *Tome II* : Chapitre I. Théâtres. Musique. — V. Restaurants. — VI. Un dîner. — VII. La mode. — XI. Jardin des Tuileries. — XIV. Eglises. — XV. Le faste, les mœurs, la mode, les repas. — XX. Journaux littéraires (*curieux*). — XXI. Mariages. — XXIII. Longchamps. — XXV. L'ivrognerie.

460. — Lettres sur Paris, ou Correspondance de M***, dans les années 1806 et 1807. — *Heidelberg, Mohr et Zimmer; et Paris, chez les march. de nouv.*, 1809, *in*-12, 2 *f. de tit., et* 450 *p.* [Carn., 2891.]

Par K.-J. de Berkheim.
Cet intéressant volume contient vingt lettres, suivies d'une table des matières très détaillée dont voici un extrait très abrégé : Lettre II. Les rues. Le luxe des appartements. — III. La vie. — IV. Le Palais-Royal. Enseignes. — V. Théâtre-Français. Montansier. — VI. La cour impériale et les Tuileries. — VII. Le printemps à Paris. Aperçus sur divers quartiers. Théâtre Feydeau. — VIII. Le Louvre. Les Champs-Elysées. La Madeleine. Cimetière de la Madeleine. Théâtre du Vaudeville. — IX. Cabinet des médailles. Sourds-muets. Aveugles. Quinze-Vingts. Opéra. Panthéon. Notre-Dame. La Morgue. — X. Hôtel de Ville. Palais de Justice. Sainte-Chapelle. Fêtes publiques. Filles. Police. — XI. Le Luxembourg. — XII. Fêtes aux Tuileries. Musée des monuments français. Pompiers. — XIII. Saint-Sulpice. Observatoire. Réverbères. — XIV. Théâtre-Français. Jardin des Plantes. — XV. Salpêtrière. Pont d'Austerlitz. Quais. Théâtre des jeunes Troubadours. — XVI. Saint-Denis. Vallée de Montmorency. Saint-Leu. — XVII. Versailles. Bibliothèque impériale. — XIX. Illuminations et fêtes. — XX. Petits théâtres.

461. — Voyage aux faubourgs S.-Marcel et S.-Jacques, par deux habitants de la Chaussée-d'Antin. — *Paris, Capelle et Renand*, 1806, *in*-18, 2 *f. de tit.*, 279 *p. et* 1 *f. de table.* [Carn., 364.]

Deux élégants de la Chaussée-d'Antin, pour se délasser des fatigues de leur vie mondaine, font une excursion dans les quartiers lointains de la capitale. Ils visitent le Luxembourg, et gagnent ainsi le faubourg Saint-Marcel. Chapitre intéressant sur le Jardin des Plantes; détails assez curieux sur le théâtre de la rue Saint-Victor et la place Maubert. Ce petit volume est amusant; il est de A.-E. Egron. Le titre cité par Barbier est inexact.

462. — Beobachtungen auf einer Deportationsreise nach Frankreich im Jahr 1807. Nebst Erinnerungen an denkwürdige Lebenserfahrungen und Zeitgenossen in den letzten fünfzig Jahren. Von D. August Hermann Niemeyer. — *Halle, in der Buchhandlung des Waisenhauses*, 1824, *in-8*, XVI-436 *p., avec planches.* [Carn., 14340.]

« Observations pendant un voyage de déportation en France dans l'année 1807. Avec des souvenirs sur les événements mémorables et les personnages contemporains pendant les cinquante dernières années. »
La description du séjour à Paris occupe les pages 259-394. La majeure partie en est consacrée à l'Hôtel-Dieu, au Palais de Justice, aux Tuileries et au Louvre. Le texte est illustré de quelques portraits gravés et d'un plan des Tuileries.

463. — More subjects than one; or Cursory Views of various objects, principally connected with France and the french people : to which are added essays and miscellaneous reflections on different topics. By I.-B. Davis, M. D... — *London, S. Tipper*, 1807, 2 *vol. in-12*, XI-292 *et* V-391 *p.* [Bibl. nat., L²⁰ 17.]

Ouvrage assez insignifiant, dont le premier volume est en grande partie consacré à Paris. Les observations du voyageur sur les mœurs et les coutumes de la capitale se trouvent plus spécialement aux pages 167 et ss., 207 et ss.

464. — Des Parisiens, de leurs mœurs, de leurs conformations, de leur santé et des objets qui y sont relatif (*sic*); ouvrage qui renferme les moyens de donner de l'esprit aux enfants les plus imbéciles, de se préserver de l'effet des poisons, etc., etc. Par Brassempouy. — *Paris, Allut*, 1807, *in-12*, 1 *f. de tit. et* 224 *p.* [Bibl. nat., Li³ 280.].

Correspondance supposée d'un naturel du Canada, qui, transporté à Paris, fait part de ses observations à ses compatriotes.
Je manque absolument de renseignements sur l'auteur dont je ne trouve le nom (peut-être un pseudonyme?) cité dans aucune bibliographie.

465. —Jugement arbitral rendu en dernier ressort : entre très intéressante et très jolie demoiselle Désirée de M ***, demeurante (*sic*) à Marly, et très aimable sieur F. P**, demeurant à Paris; sans que les qualités puissent nuire ni préjudicier aux droits respectifs des parties. Par M. Pillon-Duchemin, juge-arbitre sou-

verain, aux termes du compromis signé par les parties, le 25 octobre 1807. — *A Paris, chez Allut*, 1808, *in-8, 12 p.*

Facétie en vers dont l'intérêt particulier m'échappe absolument, mais qui se rapporte probablement à des personnages réels. Il s'agit d'une épingle que ladite demoiselle avait prêtée au sieur F. P**.

466. — Ansichten der Hauptstadt des französischen Kayserreichs vom Jahre 1806 an. Von Pinkerton, Mercier, und C.-F. Cramer. — *Amsterdam, im Kunst-und Industrie-Comptoir*, 1807-1808, 2 *parties pet. in-8*, 4 *f.*, 488 *p. et* VI-464 *p.. plus* 1 *fig. dans chaque volume.* [Bibl. nat., Lk⁷ 6085.] [Carn., 12387.]

« Tableaux de la capitale de l'empire français depuis l'année 1806, par... »
Cet ouvrage se compose de la traduction en allemand des *Tableaux* de Mercier et des *Recollections of Paris* de J. Pinkerton. Le traducteur, C.-F. Cramer, y a ajouté quelques chapitres d'introduction sur Paris et ses environs, et sur d'autres sujets ; il les a entremêlés avec les divers chapitres de Mercier et de Pinkerton qui sont publiés sans ordre. Une table, placée en tête de chaque volume, indique le contenu des divers chapitres et le nom de l'écrivain qui l'a rédigé.

467. — Het Pariseum, vervattende eene versameling van comicke, galante en snedige trekken, minnaryen, listen en streeken der Parysenaars, mitsgaders veele andere geheime bijzonderheden van het oud en hedendaagsch Parys, uit het fransch vertaald. — *Amsterdam, by P.-G. en N. Geysbeck en L. Groenewoud*, 1808, *pet. in-8*, 1 *f. de tit. et* 286 *p.* [Carn., 11312.]

« Le Pariséum, contenant un recueil de traits, de ruses et d'aventures comiques, galantes et piquantes des Parisiens, avec beaucoup d'autres curiosités peu connues de l'ancien et du nouveau Paris ; traduit du français. »
L'ouvrage se compose de deux parties ; la pagination n'est pas interrompue. La seconde partie commence à la page 143. Ce livre, évidemment traduit du français, contient une série de 50 contes intitulés *Bijzonderheiden* (Particularités, ou Curiosités).

468.—Reise nach Paris im Sommer 1808 von Galletti. — *Gotha, Ettingersche Buchhandlung*, 1809, *pet. in-8*, VI-220 *p. y compris le titre gravé.* [Bibl. nat., Lk⁷ 6096.] [Carn., 17811.]

« Voyage à Paris dans l'été de 1808. »
Le volume n'a pas de table : il comprend huit chapitres : le premier et le dernier décrivent le voyage de Gotha à Paris et retour. Les chapitres II à VI donnent la description assez sommaire de Paris (monuments, théâtres, sciences, arts, littérature, mœurs et coutumes, etc.); le chapitre VII est consacré aux environs de la ville.

469. — Aventures parisiennes avant et depuis la Révolution ; ouvrage qui contient tout ce qu'il y a de plus piquant relativement à Paris : Anecdotes, Mœurs, Travers, Théâtres, Spectacles, Histoire des Modes et des Usages, Charlatans, Trompeurs de toute espèce, Sottises, Vertus, Ridicules, Folies, etc., etc., etc. Le tout fidèlement recueilli par l'auteur des « Mille et une Folies ». [P.-J.-B. Nougaret.] — *Paris, chez Maugeret fils, Duchesne, Capelle et Renand, Henée...,* 1808, 3 *vol. in-*12, *de* VI *p. pour la table,* 324, 375 *et* 331 *p., plus les titres.* [Bibl. nat., Li³ 83.] [Carn., 15191.]

C'est, avec quelques changements et quelques augmentations, une nouvelle édition des anciens ouvrages de Nougaret : voyez ci-dessus la note du n° 275.
Table des trois volumes : Tome I. Chapitre I. Observations générales sur Paris et ses habitants. — II. Repas. — III et IV. Astuces et tromperies. V. Mœurs de la classe inférieure du peuple. — VI. Les Parisiennes. — VII. Les marchands. — VIII-IX. Les domestiques. — X-XI. Chiens, chats... — XII. Carosses, cabriolets, fiacres... — XIII. Restaurateurs... Cafés.
Tome II. Chap. XIV-XVII. Les modes et le luxe. — XVII. Promenades publiques.— XVIII. Environs de Paris [Bagatelle, Longchamp, Saint-Cloud]. — XIX. Théâtre-Français. — XX. Louvois et Feydeau. — XXI. Opéra. — XXII. Concerts. — XXIII. Opéra-Comique. — XXIV. Petits théâtres. — XXV. Spectacles divers, curiosités. — XXVI. Bals marqués, carnaval. — XXVII-XXIX. Le mariage.
Tome III. Chapitre XXX-XXXII. Divorce, etc. — XXXIII. Aliénés. — XXXIV. Enfants. — XXXV. Superstition, crédulité. — XXXVI-XXXIX. Loterie, Jeux... — XL. Demoiselles entretenues. — XLI. Dettes, usuriers. — XLII. Duels. — XLIII. Calembours [conversation et enseignes de boutiques].

470. — Omniana, ou Extrait des Archives de la Société universelle des Gobe-Mouches, dédié à S. S. le président, fondateur et général en chef ; par C.-A. Moucheron, son premier aide de camp. Orné d'une gravure en taille-douce. — *Paris, Maradan, Petit, Delajonchère,* 1808, *in-*12, xv-424 *p.,* 1 *fig.* [Carn., 15745.]

La figure représente l'assemblée de l'état-major des Gobe-Mouches, société badine dont Jourgniac-Saint-Méard était président, et Grimod de la Reynière secrétaire général.
Ce volume contient principalement des anecdotes plaisantes et des facéties.
Quérard nous apprend dans ses *Supercheries*, II, 1208 a, que le pseudonyme de Moucheron, cache les noms du comte Fortia de Piles et de Guy de Saint-Charles. Voyez, au sujet de l'« Omniana » l'ouvrage de A. Dinaux sur les sociétés badines, tome I, p. 371.
L'« Omniana » est pour moi l'occasion de citer une brochure intitulée « Extraits de la correspondance d'un [Gobe-Mouches] » (*Paris, pendant le mois de vendémiaire an* 10, *in-*12, 88 *pages*); dans le blanc laissé sur le titre de cette brochure [Carn., 3241, et Bibl. nat., L B⁴³ 669], au lieu du mot *Gobe-Mouches* qui devait être imprimé, on a représenté le profil d'un individu bouche béante, gobant des mouches. Cette vignette se trouve reproduite dans l'« Omniana ». Les « Extraits de la correspondance...» se rattachent trop à la politique pour figurer dans un article séparé de mon travail, mais j'ai tenu à les signaler ici parce que je crois qu'il faut les attribuer à Jourgniac-Saint-Méard et parce que ni Quérard ni Barbier n'ont cité cet opuscule.
Cf. le n° 289.

471. — Satire contre le vice, ou Tableaux satiriques et épisodiques de mœurs au commencement du xix° siècle ; suivie de « Londres », poème traduit de l'anglais du docteur Samuel Johnson ; par Hugues-Nelson C*** [Cottreau].—*Paris, Cretté,* 1808, *in-*8, 31 *p.* [Carn., 12161.]

La satire n'occupe que la moitié de la brochure ; elle contient quelques bons vers et certains traits bien lancés. Son auteur n'était, à l'époque où il la publia, âgé que de vingt ans.

472. — Ansichten von Paris. (Epigr.: *Nihil admirari*). — *Zurich, H. Gessner,* 1809, 2 *vol. pet. in-*8, 2 *ff.*-298 *et* 365 *p., plus* 1 *f. de table dans chaque volume.* [Bibl. nat. Lk⁷ 6098.]

« Tableaux de Paris. »
Description, sans prétention, de la vie à Paris en 1808. (La littérature; les théâtres, les musées, les journaux, etc.)

473. — Ansichten von Paris im Jahr 1809 vom Verfasser der einsamen Wanderungen in der Schweiz, der pittoresken Reise am Rhein u. s. w. — *Berlin, im Kunst und Industrie Comptoir (Comptoir artistique et industriel),* 1810, 2 *vol. pet. in-*8, xxvi-406 *et* xii-387 *p.* [Bibl. nat., Lk⁷ 6099.]

« Tableau de Paris en 1809, par l'auteur des
« Pérégrinations solitaires en Suisse », du
« Voyage pittoresque sur les bords du Rhin »,
etc. — La dédicace est signée : U ... B. von
G... — L'auteur est le baron d'Uklanski. Voy.
Kayser, tome I, p. 79

Chaque volume contient une table. L'ouvrage
est divisé en trente lettres, dont vingt-deux
(Lettres vi-xxvii), sont consacrées à la description
de Paris, de ses musées, théâtres, monuments,
etc. Les trois dernières lettres se rapportent
aux environs de Paris.

474. — Paris dans le dix-neuvième
siècle, ou Réflexions d'un observateur
sur les nouvelles institutions, les
embéllissements, l'esprit public, la
société, les ridicules, les femmes,
les journaux, le théâtre, la littérature, etc. Par Pierre Jouhaud, avocat.
— *Paris, Dentu,* 1809, *in*-8, xii-387
p. et 1 *f. d'errata.* [Bibl. nat., Li³ 84.]
[Carn., 10600.]

Cet ouvrage, qui est assez intéressant, ne
contient pas de table. Je citerai seulement les
titres de quelques chapitres. — Le Parisien
dans le monde, p. 8. — Le provincial à Paris,
p. 13. — Divers espèces de charlatans, p. 19.
— Voitures, p. 26. — Le Bois de Boulogne,
p. 48. — Le Palais-Royal, p. 52. — Banque et
Finance, p. 79-112. — Industrie parisienne,
p. 113. — La religion, p. 119. — La mode,
p. 128.— Restaurateurs, p. 135. — Les femmes,
p. 147. — Filles publiques, p. 159-184. — Etudiants, p. 187. — Médecins, p. 212. — Education des demoiselles, p. 250. — Conservatoire
de musique, p. 272. — Libraires, p. 277. —
Les dîners, p. 284. — Domestiques, p. 291. —
Les spectacles, p. 302. — Jeu, p. 373. — La
Bourse, p. 382.

Une autre édition a paru en 1810, chez Dentu,
en un volume in-8. Elle ne porte pas de nom
d'auteur, mais on lit sur le titre : « Par J***
D. ». [Carn., 2892 et 1017.]

Cet ouvrage a aussi été réimprimé sous la rubrique : *Paris et Londres, Colbrun,* 1812,
2 *vol., in*-12. [Carn., 2893.] Cette dernière
édition ne contient pas la dédicace qui se trouve
dans les deux autres : « A la femme la plus
aimable... Adèle J***. »

475. — Les Soirées d'hiver du faubourg Saint-Germain, ou Essais sur
l'esprit du temps et des conversations en général. Par Baudry des
Lozières. — *Paris, Treuttel et Wurtz,*
juin 1809, *l'an V du règne de Napo-
léon-le-Grand, in*-8, 2 *f. de tit. et*
458 *p.* [Carn., 5650.]

Roman de mœurs.

476. — Briefe über Frankreich auf
einer Fussreise im Jahre 1811 durch
das südwestliche Baiern, durch die
Schweiz, über Genf, Lyon... nach

Paris... von I.-A. Schultes, M. D...
— *Leipzig, G. Fleischer,* 1815, 2 *vol.*
pet. in-8. [Bibl. nat., L²⁹ 23.] [Carn.,
12225.]

« Lettres sur la France, écrites en 1811, pendant un voyage à pied par le sud-ouest de la
Bavière, la Suisse, Genève, Lyon,.... Paris, ... »

Une soixantaine de pages sont consacrées à
notre capitale.

Le tome Ier contient vingt lettres donnant la
description du voyage de Bavière à Paris, par la
Suisse et le midi de la France, et du retour en
Allemagne, par la Champagne, la Lorraine et
l'Alsace. Les lettres XV, XVI et XVII (p. 338-
406), sont consacrées à Paris. Le tome second
renferme une série de neuf lettres, plus étendues,
sur des sujets scientifiques , sur l'instruction
publique et les établissements d'enseignement
en France et à Paris.

477. — Erinnerungs-Blætter von
einer Reise nach Paris im Sommer
1811 von G.-A. von Halem. — *Hamburg, Bohn,* 1813, *in*-8, iv-299 *p.*
[Bibl. nat., Lk⁷ 6107.]

« Souvenirs d'un voyage à Paris dans l'été de
1811, par G.-A. de Halem. »

Les premières pages du volume (p. 23-122)
donnent la description de quelques monuments
et des théâtres de Paris ; viennent ensuite quelques pages consacrées aux environs de Paris. La
seconde moitié de l'ouvrage contient des indications, assez sommaires du reste, sur les savants
et les hommes de lettres de l'époque, le Musée
des Petits-Augustins, le Musée Napoléon, etc.

478. — Personnages célèbres dans
les rues de Paris depuis une haute
antiquité jusqu'à nos jours. Ouvrage
rempli d'anecdotes curieuses, d'aventures extraordinaires et de hautes
infortunes ; avec des détails sur les
premiers comédiens ambulants et
leurs pièces dramatiques... Par J.-B.
Gouriet. — *Paris, Lerouge,* 1811,
2 *vol. in*-8, 336 *et* 346 *p., plus des*
titres, 1 *fig.* [Bibl. nat. Ln²⁵ 95.]
[Carn., 1507.]

La figure se trouve à la page 85 du second
volume.

Cet ouvrage est divisé en quatre parties ; les
trois premières se composent d'études retrospec-
tives, mais la quatrième s'occupe des personnages vivants (p. 234-338 du second volume),
bateleurs, petits industriels des rues, mendiants, etc.

Il y a une seconde édition, qui est en tous
points semblable à la première : voy. ci-dessous
le n° 567.

479. — Itinéraire de Pantin au
Mont-Calvaire, en passant par la

rue Mouffetard, le faubourg Saint-Marceau, le faubourg Saint-Jacques, le faubourg Saint-Germain, les quais, les Champs-Elysées, le Bois de Boulogne, Neuilly, Suresne, et revenant par Saint-Cloud, Boulogne, Auteuil, Chaillot, etc., ou Lettres inédites de Chactas à Atala, ouvrage récent écrit en style brillant, et traduit pour la première fois du Bas-Breton sur la neuvième édition, par M. DE CHATEAUTERNE.—*Paris, J.-G. Dentu,* 1811, *in*-8, XIII-220 *p.*

Par RENÉ PÉRIN.
Parodie des ouvrages de Chateaubriand. — Voyez la note de l'ouvrage suivant.

480. — Saint-Géran, ou La Nouvelle Langue française; anecdote récente, suivie de l'Itinéraire de Lutèce au Mont-Valérien, en suivant le fleuve Séquanien et revenant par le mont des Martyrs; petite parodie d'un grand voyage. Seconde édition. — *Bruxelles, Weissembourg; Paris, D. Colas,* 1812, *in*-18, 2 *f.* et 139 *p.* 1 *fig.*

« L'Itinéraire de Lutèce... » commence à la page 63. Ce petit volume, qui est de CH.-L. CADET DE GASSICOURT, est une critique et une parodie des ouvrages de Chateaubriand; c'est ce point de vue seul qui le rend curieux. La première édition avait paru en 1811. Pour plus de précision, voyez Quérard, *Supercheries,* I, 704 d. Plusieurs autres ouvrages ont été publiés contre l'auteur du « Voyage en Amérique » : ce serait sortir de mon cadre que de les citer ; je n'ai parlé de celui-ci, que parce que par son titre et par son sujet — secondaire, — il peut rentrer dans une collection parisienne. Voyez aussi ci-dessus les nᵒˢ 420 et 470.

481. — Chronique de Paris, ou Le Spectateur moderne ; contenant un tableau de mœurs, usages et ridicules du jour ; des analyses de quelques ouvrages nouveaux ; un examen critique des articles littéraires des journaux ; des poésies, anecdotes et faits singuliers concernant les Lettres, les Beaux-Arts, les Théâtres, les Modes, etc., etc. Par M. M. [Mossé], ex-collaborateur du « Mercure de France ». — *Paris, chez l'auteur, rue Cérutti, nᵒ 2,* 1812, *in*-8, 192 *p.* [Bibl. nat., Li³ 85.] [Carn., 5402 et 11943*, t. III.]

Cette « Chronique », beaucoup plus *littéraire* que *morale*, contient pourtant quelques chapi-

tres qu'il est bon de noter : Les Tuileries, p. 35; la manie des voitures, p. 42; l'Opéra-Comique, p. 84; Anecdote sur les cafés, p. 159; sur Degen, aéronaute, p. 131; types divers, p. 188; théâtre, p. 189; Tivoli, p. 190. — Tous ces sujets sont, au reste, traités très superficiellement. — Les 60 premières pages du volume ne sont que la reproduction d'articles déjà publiés dans « Le Mercure » ; le reste était inédit.

Sur Mossé, voy. le nᵒ 595.

Les bibliographes, et la *Biographie Didot* qui les a copiés, assignent à la « Chronique de Paris » la date de 1810 et lui donnent 2 volumes in-8. Il me paraît y avoir là quelque confusion à éclaircir ou quelque supercherie de publication à dévoiler. Cf. Hatin, « Bibliographie de la presse », p. 316 et 345.

Il y a, à la Bibliothèque nationale, une autre édition : *Paris, chez l'éditeur, S. D.,* 3 *vol., in*-8. [Bibl. nat., ibid., 85 A.]

482. — Tableau problématique de Londres et de Paris, mis en parallèle, consistant en quatre dissertations, dans lesquelles l'auteur, après avoir parcouru jusqu'aux plus minutieux détails qui peuvent plus ou moins militer en faveur de ces deux illustres capitales, en vient à autant de conclusions définitives. Outre une quantité de notes, et d'anecdotes des plus curieuses et des plus intéressantes, l'auteur y a ajouté une Préface très détaillée roulant, en partie, sur certaines particularités qui le regardent en propre, mais surtout sur les faits les plus tragiques qui eurent lieu dans Paris, dès le principe de la Révolution, dont ledit auteur a été témoin oculaire. Ouvrage dédié au beau sexe d'Angleterre, dans la personne de très noble et très honorée dame, madame Long Tilney, etc. — *Londres, de l'imprimerie de D.-N. Shury, janvier* 1812, *in*-8, 1 *f. de tit.,* et XIV-36 *p.* [Bibl. nat. Lk⁷ 6106.]

La dédicace est signée : « Le chanoine HUMBLET ». Cet auteur devait être un fameux original; je ne voudrais pas faire tort à sa mémoire en le déclarant un peu fou !

483. — Il n'y a qu'un Paris dans le monde ; croquis, ou littéraire, ou politique, ou moral, ou plaisant, comme on voudra, propre à figurer dans les opuscules du jour. — *Paris, G. Mathiot, Poulet, Delaunay,* 1813, *pet. in*-12, 3 *f. et* 134 *p.* [Bibl. nat., Li³ 87. [Carn., 12232 et 17485.]

Revue des mœurs parisiennes. On s'est servi, pour la composition de ce petit volume, d'un ouvrage intitulé : « Paris vu tel qu'il est », publié en 1781. (Voy. ci-dessus le n° 238.) « Il n'y a qu'un Paris » est plus développé et a été mis au point, au moyen de quelques changements : c'est presque un ouvrage différent, mais le plagiat est évident.

484. — Du Palais-Royal, ce qu'il a été, ce qu'il est, ce qu'il peut devenir. — *Paris, chez les march. de nouv.*, 1813, *pet. in-*12, 24 p. [Carn., 11946 *.]

485. — De Paris, des mœurs, de la littérature et de la philosophie. Par J.-B.-S. SALGUES. — *Paris*, *J.-G. Dentu*, 1813; *in-*8, VIII-507 p. [Bibl. nat., Li³ 88.]

Parmi les sujets les plus *parisiens*, traités dans ce volume, nous citerons : La vie conjugale, p. 21. — L'éducation des enfants, p. 27, 304. — Enseignes, p. 34. — Le Muséum et la nudité des statues, p. 43, 48. — Affiches et réclames, p. 55. — Modes, p. 80 et ss. ; 428, 465. — Les gobe-mouches (au Palais-Royal), p. 116. — Gens de lettres, p. 137, 205. — Opéra, p. 156. — Les rues, p. 160. — Théâtres, p. 187, 476. — Le Rocher de Cancale, p. 285. — Les perruques, p. 346. — La coquetterie, p. 354. — La police, p. 396. — Les hôpitaux, p. 434. — Des avantages de Paris, p. 452.
Ouvrage intéressant et peu commun.

486. — Les Aventures plaisantes de M. BOBÈCHE, et son voyage de quarante-huit heures dans l'intérieur de la capitale. Histoire plus vraie que vraisemblable, dans laquelle se trouvent quelques petits mensonges et beaucoup de bonnes vérités; publiée par le rédacteur du « Petit Conteur de poche ». — *Paris, Ledentu*, 1813, *pet. in-*12, 212 p. 1 *fig.* [Carn., 12437.]

Par Mᵐᵉ GUÉNARD, ou probablement plutôt par C.-O.-S. DESROSIERS.
Il ne s'agit pas, dans cet ouvrage, de Bobèche, le célèbre paradiste, mais d'un paysan lourdaud, aux dépens duquel, grâce à sa bêtise et à sa naïveté, s'amusent les personnes qui le promènent dans Paris et celles qu'il a la malchance de trouver sur son chemin.
Il est pourtant fait allusion, au commencement du volume, au Bobèche de la foire, personnalité facétieuse qui faisait depuis longtemps le bonheur des badauds parisiens, et dont Jal, dans son *Dictionnaire critique*, nous a dévoilé le nom véritable — Antoine Mandelart — et raconté les aventures dans tous leurs détails et toute leur vérité.
Cf. le numéro suivant.

487. — Aventures curieuses et plaisantes de M. GALIMAFRÉE, homme du jour; ouvrage que personne n'a jamais lu et que tout le monde lira. Par un solitaire du Palais-Royal. — *Paris, Imbert*, 1814, *in-*12, 159 p., *y compris les limin.*, 1 *fig. color.*

Par C.-O.-S DESROSIERS.
M. Galimafrée est un provincial qui vient s'établir à Paris ; c'est dans la capitale que se déroulent ses aventures. Les types que celles-ci donnent à l'auteur l'occasion de décrire cachent peut-être, par des allusions discrètes, des personnalités en vue de l'époque ; j'ai renoncé à les découvrir, laissant la besogne à quelqu'un de plus sagace que moi.
L'idée du nom de son héros est sans doute venue à l'auteur de la célébrité que Galimafrée — de son vrai nom Auguste Guérin, d'après Jal — avait acquise sur les tréteaux parisiens.
Cf. l'article précédent.

488. — A Letter from Paris to George Petre, esq. By the Reverend JOHN CHETWODE EUSTACE. -- *London, J. Mawman*, 1814, *in-*8, 1 *f. de tit.* et 98 p. *Cartes.* [Bibl. nat., Lk⁷ 6116.] [Carn., 10487 *, II.]

Aperçu général sur la capitale. Chaque sujet est, naturellement, très brièvement traité, ou plutôt, seulement effleuré. Quelques considérations religieuses assez curieuses.

489. — A Narrative of memorable events in Paris, preceding the capitulation, and during the occupancy of that city by the allied armies, in the year 1814 ; being extracts from « The Journal » of a Detenu, who continued a prisoner on parole, in the french capital, from the year 1803 to 1814... — *London, printed for the editor ; sold by Longman*, 1828, *in-*8, XIX-298 p. [Carn., 11571.]

Publié par J. BRITTON, d'après un manuscrit original. Une traduction du « Journal d'un Détenu » a paru dans la *Revue Britannique* en 1826.
Cet ouvrage est surtout consacré au récit des événements politiques, mais il contient de nombreux et intéressants passages sur la physionomie de Paris à la fin de l'Empire et à l'époque de la première Restauration.

490. — A Slight Sketch of Paris, or Some Account of the french capital in its improved state, since 1802. By a visiter. — *London, R. Baldwin*, 1814, *in-*8, 100 p. [Bibl. nat., Lk⁷ 6117.]

Ce volume est d'une lecture assez intéressante, mais les sujets y sont traités d'une manière trop peu étendue pour valoir la peine d'être énumérés ici. Le commencement du chapitre I (p. 19) me donne lieu de croire que cet ouvrage est de Stephen Weston, dont j'ai déjà cité un ouvrage sous le n° 431.

491. — A Visit to Paris in 1814; being a review of the moral, political, intellectual, and social condition of the french capital. By John Scott, editor of « The Champion », a weekly political and litterary journal. — *London, printed for Longman,...* 1815, *in-8, xxiii-338-lxxi pag.* [Bibl. nat., Lk⁷ 16393, 4° édition.] [Carn., 2894.]

La quatrième édition porte la date de 1816. Cet ouvrage est intéressant; il est divisé en 16 chapitres dont voici un aperçu, d'après un exemplaire de la première édition. La *Préface* occupe les xv premières pages du volume ; la *Table des matières* se trouve à la page xvii ; les *lxxi* dernières pages comprennent un *Appendice*.

Chap. V. Arrivée à Paris ; premières impressions du voyageur. Considérations sur les derniers événements. La destruction de l'abbaye de Saint-Denis. Les Barrières. La Porte Saint-Denis. Changement de ses inscriptions.

Chap. VI. Les Boulevards. La place Vendôme et la Colonne.

Chap. VII. La place Louis XV. Le Jardin des Tuileries. Les Champs-Elysées. Le pont Louis XVI. Le palais Bourbon. L'Arc de triomphe. L'enlèvement de la statue de Louis XV, pour faire place à la guillotine.

Chap. VIII. Les quais. Le Palais des arts (Institut) et la Monnaie. Le faubourg Saint-Germain. Le Panthéon. Les tours de Notre-Dame. Pureté du ciel à Paris. La Seine. Absence de bateaux. Bains publics. Singuliers contrastes ; mœurs populaires et salon littéraire. Un café de bas étage. Les rues, charlatans, etc. Modes féminines, leur origine. Considérations morales.

Chap. IX. Plaisirs de Paris. Boutiques. Restaurants. Le Palais-Royal et ses divertissements.

Chap. X. Mœurs parisiennes (*curieux*). La société.

Chap. XI. Les Palais. Versailles. Saleté des rues de Paris.

Chap. XII. Les Parisiennes, leur éducation, leurs mœurs.

Chap. XIII. Les Cosaques, anecdotes diverses.

Chap. XIV. Théâtres. Comédie-Française. Opéra. Vaudeville, etc.

Chap. XV. Instruction publique. La Bibliothèque nationale ou royale (*sic*).

Chap. XVI. Le musée du Louvre, sa formation et son état actuel, Considérations sur les lettres, les arts et la science.

Appendice. Les développements successifs de la capitale (p. i-viii). — Les Palais (p. ix). — Le Jardin des Plantes (p. xi). — Le Conservatoire des arts et métiers (p. xxxi). — Les fêtes à Paris (p. xlvii). — Récit d'une réception faite à la famille royale (p. lviii). — La place du Combat (p. lx). — Les Catacombes (p. lxxii).

Une partie de cet appendice n'est qu'une compilation tirée de la « Description de Paris » de Legrand et Landon.

492. — A Visit to Paris in june 1814. By Henry Wansey, sen. esq. F. A. S. — *London, J. Robinson,* 1814, *in-8,* viii-129 p., 2 *planches.* [Bibl. nat., Lk⁷ 6115.]

Relation en forme de lettres, au nombre de vingt (2-21 juin), adressées à diverses personnes. Je remarque en appendice, p. 121, l'ordonnance de police sur l'observation du dimanche, en date du 7 juin 1814.

493. — An Actual Survey and itinerary of the road from Calais to Paris... with an ample description of the most useful and curiosities of Paris. By L. Hebert, geographe ; and G. Dupont, Engineer. — *London...,* *Longman...,* 1814, *gr. in-8,* viii-96 p. 14 *cartes.* [Carn., 16592.]

C'est une sorte de *Guide* anglo-français, texte et traduction. Description sèche et sans grand intérêt au point de vue moral, et qui pourrait peut-être mieux se classer dans la série des ouvrages topographiques.

494. — Journal of a trip to Paris, by the duke and Duchess of Rutland. July 1814. — *S. L. N. D.* (*London, printed by T. Bensley*), *in-4,* 1 f. de tit. et 30 p. [Carn., 12545.]

Séjour à Paris en juillet et août 1814. — Cet ouvrage, imprimé avec luxe, n'a pas dû être mis dans le commerce. Il est rare et assez curieux. Voyez aussi le n° 507 ci-dessous.

495. — Life and letters of Thomas Campbell, edited by William Beattie. — *New-York, Harper and brothers,* 1850, 2 *vol. in-8. Portrait.* [Carn., 14365.]

Th. Campbell visita Paris en 1814. Voyez tome II, p. 21.

496. — Notes on a journey through France, from Dieppe through Paris and Lyons... in july, august, and september 1814... By Morris Birbeck. The fifth edition, with the Appendix. — *London, W. Phillips...,* 1815, *in-8,* 112 et 23 p. [Bibl. nat., L²⁹ 22.]

Très courtes observations sur Paris et les mœurs, p. 80 et ss.

497. — Paris in eighteen hundred and two and eighteen hundred and fourteen. By the Rev. William Shepherd. The second edition. — *London,*

Longman..., 1814, *in-8*, VIII-284 *p.*
[Bibl. nat., Lk⁷ 6108.] [Carn., 2889,
3ᵉ édition.]

Je n'ai pu que parcourir ce volume, qui m'a
semblé assez intéressant. Il ne contient aucune
espèce de table. — La 3ᵉ édition, *Lond.*, 1814,
in-8, se compose de XII-284 p.

498. — Tagebuch einer im Jahr
1814 gemachten Reise über Paris nach
London und einigen Fabrikstædten
Englands vorzüglich in technologi-
scher Hinsicht. Von JOHANN CONRAD
FISCHER, Oberstlieutenant der Artillerie. — *Aarau, Heinrich Remigius
Sauerlænder*, 1816, *pet. in-8*, 2 *f. et*
218 *p.* [Carn., 10948.]

« Journal d'un voyage fait en l'année 1814, par
Paris, à Londres et dans quelques villes indus-
trielles de l'Angleterre, principalement au point
de vue, technologique », par J.-C. FISCHER,
lieutenant-colonel d'artillerie.
Une douzaine de pages seulement sont consacrées au séjour à Paris (p. 10-23).

499. — Epigrammes anecdotiques
inédites concernant des hommes
célèbres et des événements mémorables de nos jours, avec des commentaires et des pièces justificatives ;
par l'Hermite de la Chaussée du
Maine. — *Paris, veuve Perronneau ;
Delaunay*, 1814, *in-12*, XII-276 *p.*, *fig.
gravée.*

Par ANTOINE SÉRIEYS.
Ce volume contient quelques traits de mœurs,
mais consiste principalement en anecdotes en
vers et en prose, avec de longues notes sur les
hommes, les choses et les événements de la fin
du XVIIIᵉ siècle. La figure, non signée, représente un hermite et porte ces deux vers :

> Signalant ainsi quelques fous,
> Puisse-t-il nous corriger tous.

Les « Epigrammes anecdotiques » ont été reproduites en 1819 sous le titre de : « L'Hermite
de la Chaussée du Maine ». Cf. ci-dessous le
n° 570.

500. — L'Hermite de la Chaussée-
d'Antin, ou Observations sur les
mœurs et les usages parisiens au
commencement du XIXᵉ siècle. —
Paris, Pillet, 1812-1814, 5 *vol. in-12.
Fig. et vignettes.* [Bibl. nat., Li³ 89.]
[Carn., 2895 6ᵉ édit., et aussi 16305,
t. I-III, in-8.]

Cet ouvrage, qui a commencé la réputation
littéraire de son auteur, VICT.-JOS. ÉTIENNE, dit

DE JOUY, se compose de la réunion d'articles qui
avaient paru dans la *Gazette de France*, du
17 août 1811 au 30 avril 1814. Sous les dates
1812-1814, dates de la première édition in-12 ci-
dessus indiquée, il y a aussi une édition in-8, qui
est en 5 volumes, comme l'édition in-12. Il y a,
de cette édition in-8, des exemplaires en papier
vélin. L'édition in-8 n'a été tirée qu'à 200 exemplaires ; chacune des éditions in-12 a été tirée à
1,200.
L'ouvrage eut un succès énorme ; certains
volumes ont obtenu jusqu'à huit éditions ; cela
peut être *vrai*, car dans ces volumes les planches
des figures sont très usées. Je ne puis ni ne
veux les citer toutes ici ; ainsi la 2ᵉ édition porte
les dates 1813-1814 ; la 4ᵉ édition du tome I,
1814 ; la 8ᵉ édition du tome V, 1817, etc. Cela a
peu d'intérêt, car, autant que j'en ai pu juger,
le texte est le même dans toutes les éditions.
« L'Hermite de la Chaussée d'Antin » a été
réimprimé dans les œuvres complètes de l'auteur
(1823, in-8, t. I-III).
Suivant Quérard (*Superch.* II, 273 *f.*), MERLE
est l'auteur des *Observations détachées* qui sont
contenues dans les deux ou trois premiers volumes.
Chaque volume de cet ouvrage capital contient
une table des chapitres ; à la fin du Vᵉ volume
on trouve un très bon *index* alphabétique, très
utile pour les chercheurs.
Malgré ses excellentes qualités et les intéressantes indications qu'il contient « L'Hermite de
la Chaussée d'Antin » contient quelquefois des
erreurs et devra être cité avec une certaine
circonspection. Il est bon de mettre à profit
quelques-unes des critiques qui ont été adressées
à l'auteur dans une rare brochure dont le titre
est ci-dessous. (Voy. le n° 501 et cf. le n° 514.)

501. — L'Ermite du faubourg Saint-
Honoré à l'Ermite de la Chaussée
d'Antin. — *Paris, Delaunay, Laurent
Beaupré*, 1814, *in-8*, 96 *p.* [Bibl. nat.,
Li³ 90.]

Violente critique de l'ouvrage précédent. Le
comte FORTIA DE PILES, à qui elle est attribuée, relève les erreurs de fait, les contradictions et les
bévues accumulées par l'auteur de « L'Ermite
de la Chaussée d'Antin ». Ses traits sont le plus
souvent exacts et frappent presque toujours juste.
Cf. ci-dessous le n° 514 et voyez aussi Quérard,
Supercheries, II, 274 *a.*

502. — The Paris spectator... containing observations on parisian
manners... By WILLIAM JORDAN. —
London, 1815, 3 *vol. in-12.*

Je suis mal renseigné sur cette publication,
traduction de « L'Hermite de la Chaussée-d'Antin ».

503. — Nouvelles parisiennes, ou
Les Mœurs modernes, suivies de quel-
ques Variétés littéraires. Par E.-F.
BAZOT... — *Paris, Déterville, P. Blan-*

chard; Saint-Quentin, Moureau fils,
1814, 3 *vol. in*-12, 340, 338 *et* 292 *p.,*
plus 1 *f. de table dans chaque volume.*
[Carn., 6768.]

Ces trois volumes ne contiennent que de courts
romans et quelques anecdotes. Ayant exclu de
mon travail presque toutes les œuvres d'imagination, postérieures au dix-huitième siècle, j'aurais dû aussi exclure le titre de cet ouvrage. Je
ne l'ai mentionné que parce que certaines des
pièces qu'il contient m'ont paru offrir un véritable intérêt parisien. Telles sont : « Les Epoux
parisiens » ; « Le Ménage à la mode » ; « Le
Juvénal de Montmartre », etc.

504. — Le Numéro 113, ou Les
Catastrophes du jeu. Histoire véritable publiée par P. CUISIN. — *Paris, Pi-*
goreau, 1814, *in*-12, XI-174 *p. Fig.*
[Carn., 19218.]

Roman de mœurs parisiennes.

505. — Anglaisiana, ou Les Anglais,
les Ecossais et les Irlandais à Londres et à Paris ; ouvrage curieux et
amusant par les anecdotes, les bons
mots, les plaisanteries, les gaîtés, les
originalités, les facéties, les naïvetés,
les jeux de mots, et les calembourgs
des habitants des trois royaumes.
Par A.-F..... S. — *Paris, Corbet,* 1815,
in-18, 178 *p.* 1 *fig. color.* [Carn.,
3121.]

Anecdotes facétieuses et insignifiantes.

506. — A Letter addressed to an
english lady of fashion at Paris. —
London, J. Hatchard, 1815, *in*-8, 46 *p.*
[Carn., 10487 *, II.]

La mode, l'éducation, la religion, etc. — La
lettre est datée de « septembre 1815 ».

507. — Journal of a short trip to
Paris, during the summer of 1815. —
S. L. N. D. (*London printed by Bens-*
ley), *in*-4, 2 *f. de tit. et* 59 *p.* [Carn.,
12545.]

Ce journal d'un séjour à Paris, en août 1815,
est du duc DE RUTLAND. Voyez ci-dessus le
n° 494. Il est comme celui-ci imprimé avec luxe,
dans le même format ; ces deux pièces sont
probablement toujours réunies en un volume,
comme dans l'exemplaire de Carnavalet.

508. — Memorandums of a residence in France, in the winter of
1815-16, includings remarks on
french manners and society, with a
description of the Catacombs, and
Notices of some other objects of
curiosity and works of art, not hitherto described. — *London, printed for*
Longman, Hurst..., 1816, *in*-8, X-404
p. [Bibl. nat., Li³ 95.]

Extrait de la table des matières : Chap. II.
Arrivée à Paris ; bains chauds. — III. Cabriolets, boulevards. Place Louis XV. Pots de chambre (voitures). — IV. Bois de Boulogne. L'armée
allemande. — VI. La messe aux Tuileries. —
VII. Le Jardin des Plantes. — VIII. Les Tuileries (jardins). Les Invalides. — IX. Maisons de
jeu. — X. Saint-Roch. Saint-Cloud. La Malmaison. — XI. Versailles. — XII. Musée des monuments français. Le Panthéon. — XIII. Assistance de l'enfance. — XIV. Bibliothèque
nationale. — XVI. Franconi. — XVII. Le musée
du Louvre. — XVIII. Les ponts et les rues. —
XIX. Les barrières, les quais, les cafés, le Palais-Royal. — XX. La grand'messe à Saint-
Roch. — XXVI. Les peintures du Luxembourg.
— XXVII. Les médecins. — XXIX. Théâtre-
Français. — XXX. Opéra. — XXXII. Les
mœurs en général. — XXXIV. Climat de Paris.
— XXXVI. Les Catacombes. — XXXVII. Caractère des Français. Education des femmes. Le
mariage. — XXXVIII. Paris le soir. — XXXIX.
Retour à Londres. Conclusion.
Cet ouvrage est très intéressant et ne manque
pas d'analogie avec celui qui est cité sous le
n° , dont il est peut être une nouvelle édition refondue.

509. — Paris after Waterloo. Notes
taken at the time and hitherto
unpublished..., by JAMES SIMPSON, esq.
advocate... — *Edimburg and London,*
W. Blackwood and sons, 1853, *gr.*
in-18, VII-313 *p. et* 1 *carte.* [Carn.,
14572.]

Ouvrage fort intéressant et contenant des détails curieux.

510. — Paris during the interesting month of july 1815. A series of
letters addressed to a friend in London. By W.-D. FELLOWES, esq. —
London, Gale and Fenner, 1815, *in*-8,
V-165 *p. Figures.* [Carn., 10487 *, II.]

Intéressant tableau de Paris à l'époque de la
seconde Restauration, et spécialement de l'entrée des Bourbons dans la capitale. — Jolie
figure coloriée représentant la famille royale, et
sur le titre, en place d'un fleuron, portrait de
Bonaparte très finement gravé, mais peu ressemblant.

511. — Paris revisited in 1815, by
way of Brussels ; including a walk
over the field of battle at Waterloo.
By JOHN SCOTT, author of « A visit to
Paris in 1814 » ; and editor of « The

Champion », a London weekly journal. Second edition. — *London, printed for Longman...*, 1816, *in*-8, VIII-405 p.[Bibl. nat., Lk⁷ 16394.]

Suite du n° 491.
Les chapitres IX, X et XI, sont consacrés à Paris. Ils sont surtout intéressants au point de vue de l'étude des mœurs considérées dans leurs rapports avec la situation politique. — D'après Watt, la première édition porte, comme celle-ci, la date de 1816.

512. — Winter evenings in Paris, or An Account of the various amusements of this city... concluding with few necessary cautions to young englishmen on their first arrival in Paris. By BENJAMIN BREVITY, esquire. — *Paris, Galignani*, 1815, *pet. in*-12, 2 *ff. et* 71 p. [Bibl. nat., Lk⁷ 6118.]

Ce petit volume, très insignifiant, n'est qu'un *guide-cicerone*. J'aurais omis de le signaler ici, n'était la liste des vingt conseils qui le terminent, et dont quelques-uns sont assez typiques au point de vue des habitudes ou des mœurs de l'époque.

513. — Reisen durch die... Provinzen von Frankreich, wæhrend der Jahre 1807-1809 und im Jahre 1815... — *Frankfurt am Main, F. Varrentrapp*, 1816, 2 vol. *in*-12, X-IV-838 p. [Carn.. 17812.]

« Voyages à travers les provinces de la France, pendant les années 1807, 1809 et 1815. »
La pagination se suit dans les deux volumes. Les chapitres VII et VIII du tome 1ᵉʳ (p. 122-185), ne contiennent absolument que des considérations générales sur la politique (novembre 1807 et février 1808) et pas un mot de description de Paris. Mais on trouve des parties intéressantes dans les pages 627 à 758 du tome II, consacrées à la situation de la capitale peu de temps après la rentrée de Louis XVIII, et racontant la restitution des œuvres d'art apportées à Paris pendant le premier Empire.

514. — L'Ermite du faubourg Saint-Honoré à l'Ermite de la Chaussée d'Antin, et à Guillaume le Franc-Parleur. — *Paris, imprimerie Porthmann*, 1817, *in*-8, IV-80 p. [Bibl. nat., Li³ 99.]

Par le comte FORTIA DE PILES.
Cet écrit peut être considéré comme une suite de celui que j'ai cité sous le n° 501. C'est, comme celui-là, une critique sévère, mais assez exacte, adressée à M. de Jouy. — Cf. Quérard, *Supercheries*, II, 274 a.

515. — Etat de la France et description de Paris, en MDCCCXV, par ***, ancien professeur d'histoire et bibliothécaire. — *Paris, J.-D. Eberhart*, 1820, *in*-12, 2 *f.* de tit. et 464 p.

Barbier dit que cet ouvrage est de LÉOPOLD KRUG, mais qu'il a aussi été attribué a ELOY JOHANNEAU, dans le Catalogue Tross, de 1856, n° 68.
Je ne sais pourquoi ce livre est assez rare : on le voit rarement passer dans les catalogues de libraires. C'est un recueil d'inscriptions chronogrammatiques, assez insipides, telles que celles-ci.

| Libraires en foule et cartes étalées près les maisons Quai des Augustins. | Les rues sales de Paris, jamais éclairées par le jour. |

La Bourse sur le terrein des Filles-Saint-Thomas, s'achève.

Il n'est pas dans mon intention d'entrer dans des considérations techniques sur la rédaction de ces inscriptions ; on sait que celle-ci consiste à renfermer dans une phrase les lettres nécessaires pour désigner, en chiffres romains, la date se rapportant au sujet que cette phrase exprime ou à l'objet qu'elle décrit. Il me suffit d'avoir cité cet échantillon, et je renvoie les curieux au volume même, qui en contient plus de deux mille !

516. — Les Femmes, la toilette et le jardin des Tuileries ; avec des anecdotes pour servir de préservatif aux étrangers. — *Paris, imp. Poulet, S. D.* (1815), *in*-8, 7 p. [Bib. nat., Li⁵ 96.]

Signé : « F. D. L. F., 20 août 1815 ». — Ecrit satirique assez curieux.

517. — Notice sur les quêteuses. — *Paris, imp. Lefebvre, S. D.* (1815), *in*-8, 12 p. [Bibl. nat., Li⁵ 97.] [Carn., 11944 *, t. II.]

Signé : « A. P. Q*** [QUESNÉ ?], 15 août 1815 ». Remarques satiriques sur les dames qui quêtent dans les églises.
On peut faire un curieux rapprochement de cette pièce avec une « Satire contre l'indécence des quêteuses », publiée en 1710 et réimprimée par Fournier dans ses « Variétés historiques et littéraires » (1856), tome V, p. 331. Cf. aussi « Le Roman bourgeois » (édition Fournier), p. 31.

518. — La Galanterie sous la sauvegarde des lois, par P. CUISIN, auteur du « N° 113, ou Les Catastrophes du jeu ». — *Paris, chez tous les marchands de nouveautés*, 1815, *in*-18, 156 p. Fig. oblongue repliée. [Bibl. nat., Li⁵ 95.] [Carn., 19327*. Rés. Manque la fig.]

Tableaux de mœurs anacréontiques. J'ai vu une seule fois un exemplaire avec la figure ; elle représente « Le petit lever des grisettes de Paris ».

519. — Guillaume le Franc-Parleur ou Observations sur les mœurs françaises au commencement du dix-neuvième siècle, suite de « L'Hermite de la Chaussée d'Antin », par le même auteur, et orné de gravures. — *Paris, Pillet*, 1815, 2 *vol. in*-12. [Bibl. nat., Li³ 93.] [Carn., 2896, et aussi 16305, t. IV-V, in-8.]

Par ETIENNE DE JOUY.

Un deuxième titre gravé porte : « Le Franc-Parleur, suite de l'Hermite de la Chaussée d'Antin ».

Cet ouvrage a paru aussi la même année dans le format in-8 (il y a des exemplaires en papier vélin) ; il a obtenu au moins quatre éditions, si ce n'est plus, et a aussi été réimprimé dans les œuvres complètes de l'auteur (1823, in-8, tomes IV-V). Le texte m'a semblé le même dans toutes les éditions. « Guillaume le Franc-Parleur » se compose de la réunion de 49 articles qui avaient paru précédemment dans la *Gazette de France*, du 7 mai 1814 au 8 juillet 1815. Chaque volume contient une table des chapitres ; à la fin du second se trouve un *index* alphabétique.

L'écrit de Jouy a été vivement critiqué (voy. le n° 514) ; il a eu les honneurs d'une traduction anglaise (voy. le n° 520).

520. — Paris chit-chat ; or A View of the society, manners, customs, literature and amusements of the Parisians ; being a translation of « Guillaume le Franc-Parleur », and a sequel to « The Paris Spectator ». — *London, T. Hookham*, 1815, 3 *vol. in*-12. [Bibl. nat., Li³ 94.]

Cette traduction de l'ouvrage précédent est sans doute de W. JORDAN, qui a traduit « L'Hermite de la Chaussée-d'Antin ».

521. — Les Soirées du boulevard de Coblentz, par P. CUISIN, auteur de quelques romans. — *Paris, chez les marchands de nouveautés*, 1815, *in*-18, 107 *p.*, 1 *fig.* [Bibl. nat., Li³ 92. Rés.]

Physionomie morale ... et immorale du boulevard. Détails curieux.

522.—Les Soirées du Palais-Royal ; recueil d'anecdotes galantes et délicates, publié par un Invalide du Pa-

lais-Royal. — *Paris, Plancher*, 1815, *pet. in*-12, 144 *p.* 1 *pl. gravée repliée.* [Carn.; 6299.]

Roman galant qui est probablement de P. CUISIN ; et dans lequel on ne trouve guère que des anecdotes érotiques. La planche — qui est très libre — n'était pas coloriée dans l'exemplaire que j'ai vu.

Cet ouvrage a été réimprimé en 1833 ; voyez ci-dessous le n° 690.

523. — Les Matinées du Palais-Royal, ou Amours secrètes de Mlle Julie B***, devenue comtesse de l'Empire, racontées par elle-même. — *Paris, chez les marchands de nouveautés*, 1815, *in*-18.

Je n'ai jamais vu cet ouvrage qui est peut-être le même que le précédent ; je ne suis pas certain de son existence sous ce titre. Barbier le cite et dit qu'il est d'un certain LALLEMANT (?) ; il ajoute qu'il a aussi été attribué à CUISIN et qu'il a été réimprimé en 1833 sous le titre de : « Matinées gaillardes, curieuses et amusantes du Palais-Royal... », *Paris, Terry*, in-18.

C'est bien l'ouvrage cité sous le n° précédent qui a été réimprimé en 1833 ; si « Les Matinées » existent réellement, il n'y aurait qu'un simple changement de titre ; cela est d'autant plus probable qu'il me semble me rappeler que dans « Les Soirées » (que je n'ai plus sous les yeux en ce moment) l'héroïne est aussi nommée Julie.

524. — Les Nymphes du Palais-Royal, leurs mœurs, leurs expressions d'argot, leur élévation, retraite et décadence. Par P. CUISIN, auteur du « Numéro 113, ou Les Catastrophes du jeu ». — *Paris, chez Roux, libraire, au Palais-Royal*, 1815, *pet. in*-12, XXVIII-104 *p. Fig.* [Carn., 1618.]

La figure, oblongue et repliée dans le volume, représente la porte d'entrée du n° 113.

Le faux-titre porte : « Le cri de la pudeur ».

La préface est signée G. B.

Il y a une autre édition [Carnavalet 19327* Rés.] *Paris, Roux*, 1815, in-18, 142 *p.* Elle est postérieure à celle-ci ; le faux-titre porte : « Les Nymphes du Palais-Royal ».

525. — Le Palais-Royal, ou Les Filles en bonne fortune ; coup d'œil rapide sur le Palais-Royal en général, sur les maisons de jeu, les filles publiques, les tabagies, les marchandes de modes, les ombres chinoises, les traiteurs, les cafés, les cabinets de lecture, les bons mots des filles, leurs termes d'argot, etc., etc. Ouvrage plus moral qu'on ne pense. —

Paris, Lécrivain, 1815, *pet. in*-12, 142
p. 1 *fig.* [Bibl. nat., Li⁵ 94.] [Carn.,
1620.]

La figure, oblongue. et mal coloriée, représente les galeries du Palais-Royal.
Cet ouvrage obtint une quatrième édition en
1819 et une cinquième en 1825 [Bibl. nationale,
ibid., A et B].
Un exemplaire de la cinquième édition qui se
trouve à la Bibl. Carnavalet [1623]. porte la
date de 1826 (*Paris, chez l'éditeur, pet. in*-12,
152 *p.*).
Attribué à DETERVILLE (?).

526. — La Volupté prise sur le
fait, ou Les Nuits de Paris; folie érotique, mêlée d'anecdotes et d'aventures galantes du Palais-Royal. Par
P. CUISIN. — *Paris, Roux,* 1815, *in*-18,
2 *f.* et XII-126 *p.*, 1 *fig. obl. repliée.*
[Carn., 19329. Rés.]

Ouvrage libre. La figure gravée représente
une partie fine dans une maison à la mode.

---

527. — Façardin, ou Je fais mes
farces; aventures plaisantes et comiques, tours d'adresse et farces d'un
malin de Suresnes; le tout entremêlé
d'anecdotes aussi curieuses qu'amusantes. — *Paris, Locard et Davi;
Darne,* 1816, *pet in*-12, 143 *p.*, *plus
le tit. et* 1 *pl.* [Carn.,15472*.]

Le titre est gravé et porte une vignette.
Recueil d'anecdotes assez insignifiantes.

528. — Le Palais-Royal en miniature; par un amateur de ce séjour
délicieux. — *Paris, Plancher, Delaunay,* 1816, *pet. in*-12, IX-116 *p.* [Carn.,
1621.]

Par LÉON THIESSÉ.
Les boutiques, les cafés, les restaurants, les
jeux publics et les filles.

529. — Paris, les femmes et l'a-
mour. — *Paris, Delaunay,* 1816,
in-12, 1 *f.* et 305 *p.* ; 1 *fig.* [Bibl. nat.,
Li³ 264.] [Carn., 2897.]

Réflexions sentimentales et philosophiques,
quelquefois intéressantes, et souvent ennuyeuses.
On trouve, p. 155 : « Aperçus moraux, critiques
et divers »; p. 263 : « Des journaux »; çà et là,
quelques anecdotes.

530. — Raison, folie, petit cours
de morale mis à la portée des vieux
enfants; suivi des Observateurs de la
femme. Troisième édition, augmentée
de quelques dissertations... — *Paris,
Deterville,* 1816, 2 *vol. in*-8, XXVIII-404
et 446 *p.* [Carn., 14988.]

Recueil de divers écrits parmi lesquels on peut
signaler, comme rentrant à peu près dans notre
sujet, tome I, p. 127-169 : « Sparte à Paris, lettre
de *** au docteur Willis... »; tome II, p. 1-104 :
« Observateurs de la femme, ou Récit exact de
ce qui s'est passé à la séance de la société des
observateurs de la femme, le mardi 2 novembre
1802 »; page 266 : « L'enfant de l'Europe, ou Le
Diner des libéraux à Paris en 1814 ».
Par P.-E. LEMONTEY. La première édition a
paru en 1801. (Voy. *Barbier, Dictionn.*, IV, 3 *f.*)

531. — Le Tableau du premier
jour de l'an, ou Je vous la souhaite
bonne et heureuse. Esquisses des
mœurs parisiennes. — *A l'Ile des
bonbons, chez Friandet, marchand de
caramels (Paris, imp. Chanson), S. D.*
(1816), *in*-18, 140 *p.* et 1 *f. de table;*
1 *fig.* [Bibl. nat., Li¹⁹ 7.]

Ce volume est, quant au texte, plus qu'insignifiant, mais il contient une figure oblongue,
repliée, qui est assez curieuse ; elle représente
l'intérieur de la boutique du *Fidèle Berger.*
Par J.-P.-R. CUISIN et P. BLANCHARD d'après
Barbier qui donne en plus la souscription *Paris,
Blanchard,* 1816. Cette mention se lisait peut-
être sur la couverture imprimée, mais celle-ci
manque à l'exemplaire que j'ai sous les yeux.

532. — Emigration, or England and
Paris; a poem. — *London, Baldwin,*
1816, *in*-18, VII-52 *p.* [Carn., 10487*, II.]

Sept cent quatre-vingt douze vers suivis de
notes !

533. — France. By lady MORGAN.
Third edition, with additional notes.
— *London, printed for Henry Col-
burn...,* 1818, 2 *vol. in*-8, XVI-428 *et*
VII-415-CLXXXI *p.*

Les deux volumes sont divisés en huit *Livres.*
Livre Iᵉʳ. Les Paysans (mœurs des environs
de Paris).
Livre II. La société (comparaison des mœurs
de l'ancien et du nouveau régime).
Livre III. Les femmes, la vie domestique, la
galanterie, les serviteurs, la toilette.
Livre IV. La table à Paris, petits soupers,
déjeuners à la fourchette, le château de Plai-
sance, Vincennes, la Chapelle expiatoire, l'hospi-
talité, les dîners, une soirée, une grande réunion,
un bal.
Livre V. Le boulevard des Italiens, aspect archi-
tectural de Paris ; les bords de la Seine, l'hôtel
Bourbon. le Louvre, le Musée, la place du
Carrousel, les Tuileries, la Sorbonne, le Panthéon, la bibliothèque du Panthéon, le Luxembourg, la bibliothèque du roi, la bibliothèque
Mazarine ; les Gobelins ; les enseignes des bou-

tiques. Hôtels privés, hôtel de Beaumarchais, de Grimod de la Reynière, de Sommariva ; hôtels Crawfurd et Borghèse.

Livre VI. La population des rues, l'industrie, les mendiants ; les classes inférieures, leur langage, leurs mœurs ; la bourgeoisie ; le dimanche d'un boutiquier ; les rangs supérieurs de la société.

Livre VII. Du théâtre en France. Le Théâtre-Français, l'Odéon, l'Opéra. Le théâtre à la cour. Le Vaudeville, les Variétés et les théâtres des boulevards ; pièces de circonstance.

Livre VIII. La littérature et les personnages remarquables ; L'Académie et l'Institut ; écrivains divers. — Les quatre appendices qui terminent le volume sont de sir Ch. Morgan ; ils traitent de la Loi, des Finances, de la Médecine et de la Politique.

« En 1816, lit-on dans la *Biographie générale*, lady Morgan voyagea en France avec son mari, et résida assez longtemps à Paris, où elle se lança dans la société libérale du temps. Elle entreprit de peindre sur place la scène mobile et bruyante... qu'offrait alors le pays. De là son ouvrage, qui est surtout une description de Paris et des Parisiens, remplie d'anecdotes de société. Ce livre fit du bruit par l'esprit dont il étincelait, par l'audace de quelques tableaux, et par les erreurs dont il fourmille. »

La première édition de « La France » avait paru en 1817. Cet ouvrage a été traduit en français (voy. l'article suivant) et a été vivement critiqué dans deux ouvrages qui parurent peu de temps après sa publication. (Voy. les n°s 535-537.)

534. — La France, par lady Mor-GAN, ci-devant miss OWENSON. — *Paris ; et Londres, Treuttel et Wurtz, 1817, 2 vol. in-8, XII-326 et 464 p., plus 1 f. d'errata.* [Bibl. nat., Lb⁴⁸ 837.] [Carn., 2900, 2ᵉ édition ; et 2902, 3ᵉ édition.]

Cette traduction (voy. le n° précédent) est, d'après Quérard, de P.-A. LEBRUN DES CHARMETTES. La première édition de cette traduction a paru sans nom ni même d'initiales de nom du traducteur : la seconde (même adresse, même date et même format) porte les lettres A. C. B. D. Une troisième édition (même adresse, même format) a paru en 1818. Quérard cite une édition, *Bruxelles*, 1822, 2 vol. in-12 que je ne connais que par lui. Je ne crois pas qu'il ait été fait d'éditions plus modernes ; au reste, l'ouvrage, texte ou traduction, est loin d'être rare.

535. — Observations sur l'ouvrage intitulé : « La France, par lady Morgan », par l'auteur de « Quinze jours et de six mois à Londres ». — *Paris, H. Nicolle, 1817, in-8, 2 f. de tit. et 138 p.* [Bibl. nat., Lb⁴⁸ 838.]

Par A.-J.-B. DEFAUCOMPRET. Voyez les deux articles précédents et les deux suivants.

536. — France as it is, not lady Morgan's France ; by WILLIAM PLAYFAIR,

author of the « Political Atlas »..... — *London, C. Chapple, 1819-1820, 2 vol. in-8, LI-391 et 340 p.* [Bibl. nat., Lb⁴⁸ 839.]

Contre l'ouvrage de lady Morgan. Le second volume contient un très bon *index*.

537. — La France telle qu'elle est et non la France de lady Morgan, par W. PLAYFAIR ; ouvrage traduit de l'anglais par l'auteur des « Observations sur la France de lady Morgan ». [A.-J.-B. DEFAUCOMPRET.] — *Paris, H. Nicolle, 1820, in-8, VIII-470 p., y compris les titres.* [Bibl. nat., Lb⁴⁸ 840.]

Traduction du n° 536. Voyez les articles qui précèdent. — On ne retrouve pas ici l'*index* que contient l'original, mais une simple table analytique.

---

538. — How to enjoy Paris, being a guide to the visiter... by PETER HERVÉ. — *London, printed for the author*,... 1816, 2 vol. in-12, XXIII-357 et 451 p. [Carn., 12367.]

Les considérations historiques et morales que suggèrent à l'auteur la visite de la capitale font que ce volume est mieux classé ici que parmi les ouvrages de descriptions topographiques et physiques ; il pourrait cependant se classer parmi les *guides-cicerone*. Cf. le n° 897.

539. — Journal of a tour through part of France, Flanders and Holland, including a visit to Paris,... made in the summer of 1816. By SETH WILLIAM STEVENSON. — *Norwich, printed (not for sale)... by Stevenson*,... 1817, in-8, XIV-349 et 8 p., 1 carte et 1 plan de Paris. [Carn., 10487 *, t. I.]

Ouvrage rare et qui n'a pas été mis dans le commerce, ainsi que l'indique la note de la suscription. Il est intéressant. La table est très détaillée et les 8 pages supplémentaires contiennent des notes importantes sur le jardin des Tuileries, la description d'une fête populaire sous le Consulat et le Musée des monuments français. Parmi les chapitres les plus intéressants, il faut signaler le chapitre XVIII qui contient une description morale de Paris assez complète.

540. — Badaudiana, ou Le Nouveau Parisiana ; recueil de traits d'esprit, naïvetés, balourdises, simplicités, âneries et bêtises des habitants des bords de la Seine. Publié par un écouteur aux portes. —

Paris, Vauquelin, 1817, in-32, 128 p.,
1 fig. color. [Carn., 3154.]

Publication populaire grossièrement faite. La
figure est très mauvaise. C'est un recueil d'anecdotes sans intérêt. Je suis très porté a attribuer
ce petit volume à P. Cuisin. La couverture
imprimée ne porte pas d'indications autres que
celles qui se lisent sur le titre.

541. — Le Diable ermite, ou Les
Mœurs du jour et de la nuit; aventures comiques, satyriques et morales d'un ancien miroitier du faubourg
Saint-Antoine, qui, tout comme un
autre, s'avise de fronder les travers
de ses concitoyens; publiées par le
rédacteur du « Petit Conteur de
poche », etc., etc. — Paris, Ledentu,
1817, in-18, 250 p. et 1 f. de table.
[Carn., 2901.]

Petite revue de mœurs assez insignifiante ;
signalons cependant le chapitre II, intitulé : « La
garde montante », relatif aux ridicules des gardes
nationaux parisiens, et le chapitre X, dirigé
contre les journaux et les journalistes.
Le « Petit Conteur de poche » est de Mme Guénard d'après Barbier ou de C.-O.-S. Desrosiers,
d'après Quérard. Cette dernière attribution
semble plus exacte.

542. — L'Hermite de la Guiane, ou
Observations sur les mœurs et les
usages français au commencement
du xixe siècle. Par M. de Jouy....
Orné de deux gravures et de vignettes.
— Paris, Pillet, 1816-1817, 3 vol.
in-12. [Bibl. nat., Li³ 96.] [Carn.,
16305, t. vi-vii, in-8.]

Le faux-titre porte : « Mœurs françaises.
L'Hermite de la Guiane, suite de l'Hermite de la
Chaussée d'Antin et du Franc-Parleur ». Cet ouvrage a paru aussi la même année dans le format in-8 (il y a des exemplaires en papier
vélin) ; il a obtenu au moins quatre éditions et
a été aussi réimprimé dans les œuvres complètes de l'auteur (1823, in-8, tomes VI-VII).
« L'Hermite de la Guiane » se compose de
77 articles datés des 16 juillet 1815-12 mars 1817.
Chaque volume contient une table des chapitres ;
à la fin du troisième se trouve un index alphabétique.
Le premier volume de cet ouvrage a été traduit en anglais. Voyez le n° suivant.

543. The Hermit of Guiana... By
E. de Jouy,... Translated from the
French by the author himself. First
edition, embellished with two fine
engravings. — Paris, Pillet, 1816,
in-12. [Bibl. nat., Li³ 97.]

Traduction du n° précédent; tome I seul
publié. Cf., dans l'original français, l'avant-
propos du tome I.

544. — Mœurs et caractères du dix-
neuvième siècle; par M. Gallais,
auteur du « Dix-huit brumaire ». —
Paris, Belin-Leprieur, 1817, 2 vol.
in-8, xii-484 et 556 p., plus les titres
et 1 f. d'errata. [Carn., 6777.]

L'auteur étudie les mœurs du commencement
de notre siècle sous toutes leurs faces et à un
point de vue très parisien. Chaque volume
contient une table très détaillée. Ouvrage
important.

545. — L'Observateur au Palais-
Royal, ou Chacun son paquet. —
Paris, imp. Patris, S. D. (1817),
in-8. [Bibl. nat., Li³ 501.]

546. — Petite Chronique de Paris,
historique, littéraire et critique,
faisant suite aux « Mémoires de Bachaumont ». Par MM. ***. Premier
volume. (Années 1816 et 1817.) —
Paris, veuve H. Perronneau, Delaunay,
Eymery, Mongie, 1818, in-12, 2 f.-iv-
396 p. [Carn., 2903.]

Par E.-T.-M. Ourry et J.-B. Sauvan.
Volume amusant; la plus grande partie de ses
matériaux a été fournie aux auteurs par la Petite
Chronique dont le « Journal de Paris » régalait
le lundi ses lecteurs. Il a paru un second volume en 1819, pour l'année 1818. Voyez ci-
dessous le n° 561.

547. — Satire à l'Hermite de la
Chaussée d'Antin, par M. P. Saint-A.
— Paris, Delaunay, 1817, in-8, 16 p.
[Bibl. nat., Y.]

Satire contre les mœurs, adressée à l'Hermite
de la Chaussée d'Antin par un de ses amis.

548. — Le Valet par circonstance,
ou Le Panorama de quelques maisons
de Paris vues dans l'intérieur; par
l'auteur du « Marchand forain », de
« La Roche du Diable », etc., etc. —
Paris, Ledoux et Tenré, 1817, 4 vol.
in-12. [Carn., 15551.]

Roman; par L.-P.-P. Legay.

549. — Voyage de Madame Clair-
voyante, de Londres à Paris, en
1815, par le port de Brighton. Ecrit
par elle-même, sans profiter du droit

de mentir. — *Paris, Pillet, 1817, in-12, 47 p.* [Bibl. nat., Li³ 250.]

Les cinq dernières pages sont les seules où il soit question de la capitale; de sorte que, quoiqu'écrite avec esprit, cette brochure est très insignifiante pour nous.

550. — A Tour through a part of the Netherlands, France and Switzerland, in the year 1817 : containing a variety of incidents, with the author's reflections, serious and lively. By Thomas Heger. — *London, Longman,... 1820, in-8, xi-250 p. et 1 f. d'errata; 1 fig.* [Bibl. nat., M.]

Le passage qui se rapporte à la capitale occupe les p. 69-122. L'auteur n'a séjourné que fort peu de temps à Paris, et sa relation, très superficielle, n'offre rien de saillant à signaler.

551. — Letters during a tour through some parts of France, Savoy, Switzerland, Germany, and the Netherlands, in the summer of 1817. By Thomas Raffles, LL. D. Fourth edition. — *Liverpool, Th. Taylor, 1827, in-12, xii-309 p.* [Bibl. nat., L²⁹ 63.]

Les lettres V-XVl (p. 18-129) se rapportent au séjour de l'auteur à Paris.
Aperçu général. L'Arc de Triomphe. — Le Carrousel, le Louvre et son musée. — Le Jardin des Plantes. — La place Louis XV. — Le Luxembourg : la chambre des pairs et le musée. — Jardins publics. — Le Palais-Royal. — Boutiques et cafés. — Le vice à Paris ; considérations politiques et sociales. — La vie de famille. — Les restaurants, la cuisine française. — Bibliothèque nationale. — Les Invalides. — Le Panthéon. — Le Bois de Boulogne et ses environs. — Versailles. — Un dimanche à Paris; comparaison avec Londres. — Le Musée des monuments français. — Les arts, etc.

552. — A. Oehlenschlæger's Briefe in die Heimath, auf einer Reise durch Deutschland und Frankreich. Aus dem Dænischen übersetzt von Georg Lotz. — *Altona, bey J.-F. Hammerich, 1820, 2 vol. pet. in-8, iv-321 et 308 p., plus les titres.* [Carn., 10907.]

« Lettres d'A. Oehlenschlæger pendant un voyage à travers l'Allemagne et la France. Traduit du danois par G. Lotz. »
Les lettres concernant Paris et datées à partir du 1ᵉʳ février 1817, commencent à la page 81 du tome Iᵉʳ et vont jusqu'à la page 264 du même tome. Le grand écrivain danois consacre presque toutes ses lettres à retracer ses impressions sur la littérature dramatique et les théâtres à Paris.

553. — Reise des Herrn von Bretschneider nach London und Paris, nebst Auszügen aus seinen Briefen an Herrn Fried. Nicolai. Herausgegeben von L.-F.-G. von Göckingk. — *Berlin; und Stettin, Nicolaische Buchhandlung, 1817, pet. in-8, xii-324 p. et 1 f. d'errata.* [Carn., 12791.]

« Voyage de M. Bretschneider à Londres et à Paris, avec des extraits de ses lettres à M. Fr. Nicolai. Publié par L.-F.-G. de Gocking. »
Ne contient que quelques pages fort insignifiantes sur Paris et ses environs. (P. 205-236.)

554. — Le Bonhomme, ou Nouvelles Observations sur les mœurs parisiennes au commencement du dix-neuvième siècle. Par M. de Rougemont, auteur du « Rôdeur français ». Orné de deux gravures et de vignettes. — *Paris, Pillet, 1818, in-12, 2 f. de tit., 382 p. ; 2 fig.* [Bibl. nat., Li³ 100.] [Carn., 2899, édition in-8.]

Extrait de la table des matières : Un salon de la Chaussée d'Antin, p. 10. — La Poste aux lettres, p. 21. — La journée d'un mendiant, p. 33. — La maison (prison) Saint-Lazare, p. 83. — Une église de Paris, p. 134. — Une caserne, p. 169. — Un bal bourgeois, p. 194. — La messe de minuit, p. 205. — Le chiffonnier, p. 216. — Un hôtel garni, p. 250. — Le Mont-de-Piété, p. 286. — L'hôtel Bazancourt, ou la prison bourgeoise, p. 309. — Le bureau de charité, p. 345. — La Fête-Dieu, p. 357. — Maison de santé. p. 368.
Suite de « l'Hermite de la Chaussée d'Antin ».
« Le Bonhomme » a d'abord paru en articles dans la *Gazette de France*, du 1ᵉʳ juillet 1817 au 30 juin 1818. L'auteur en promettait un second volume qui n'a point paru. (Quérard.) —
Il y a une édition de format in-8, sous la même date.
Cet ouvrage a été traduit en russe par C. de Chaplet, et imprimé en 1824 à Saint-Pétersbourg, in-8, fig. [Bib. nat. Li³ 101].

555. — La Chronique indiscrète. Boudoirs, coulisses, bruits de ville, variétés, écrits, gravures, musique, spectacles, etc. — *Paris, au Palais-Royal, Galerie de bois; chez Lelong, chez Delaunay, 1818, 2 vol. in-18, 3 f. limin., 216 p. et 2 f. limin.-280 p., plus 1 f. d'errata.* [Bibl. nat., Li³ 102.] [Carn., 10472.]

Par A.-H. Raguerreau de la Chainaye.
Nouvelles à la main, anecdotes, réclames, etc.
Il y a une deuxième édition qui est la même que la première : elle a été confectionnée au moyen de la simple réimpression de nouveaux titres. Dans cette deuxième édition, le premier volume ne contient que deux feuillets liminaires :

on a supprimé celui qui contient l'avertissement rédigé d'une façon assez amusante.

556. — Les Contemporains. Silhouette politique et morale. Par A.-T. DESQUIRON DE SAINT-AGNAN, ancien magistrat,... — *Paris, Pillet, Delaunay,* 1818, *in-8,* 138 *p.* [Carn., 12390.]

> Mœurs de Paris. Longchamps.— Les prisons. — La Force. — La Conciergerie. — Bicêtre. — Charenton, etc.

557. — Dictionnaire critique et raisonné des étiquettes de la cour, des usages du monde, des amusements, des modes, des mœurs, etc., des Français, depuis la mort de Louis XIII, jusqu'à nos jours ; contenant le tableau de la cour, de la société et de la littérature du dix-huitième siècle; ou l'esprit des étiquettes et des usages anciens, comparés aux modernes. Par Mᵐᵉ la comtesse DE GENLIS. — *Paris, Mongie,* 1818, 3 *vol.* in-8, XII–409 *et* 402 *p., plus* 1 *f. d'errata.* [Carn., 12183.]

> Cet ouvrage consiste plutôt en considérations rétrospectives, philosophiques et historiques sur les mœurs, qu'en un tableau de ce que celles-ci pouvaient être à l'époque où il a été publié ; toutefois les appréciations de l'auteur, et ses réflexions, donnent la note du temps.
> Il faut lire à propos de ce « Dictionnaire » une très longue note de Quérard dans « La France littéraire », t. III, p. 307. Au dire de Quérard il n'aurait pas grand mérite.

558. — Dictionnaire des gens du monde, ou Petit Cours de morale à l'usage de la cour et de la ville ; par un jeune hermite.—*Paris, A. Eymery,* 1818, *in-12,* x-194 *p.,* 1 *fig.*

> Par ALEX. BAUDOIN.
> Volume insignifiant, peu spirituel, et sans intérêt.

559. — Le Dimanche à Paris, potpourri par JACQUES-LE-RODEUR, qui, pour ne pas être convive du Caveau Moderne, n'en est pas moins amateur de la cave et convive de la gaieté. — *Paris, imp. Moreaux,* 1818, *in-8,* 14 *p.* [Carn., 12015*, t. v.]

> Chanson.

560. — Petit Tableau de Paris, pour 1818. Par Mᵐᵉ DE SARTORY... — *Paris, Le Normant, avril* 1818-*février* 1822,

3 *vol. in-*12, 3 *fig.* [Bibl. nat., Li³ 103.] [Càrn., 2904.]

> Un avis placé en tête de l'ouvrage annonçait la publication de quatre volumes ; il n'en a paru que trois. Le titre du troisième volume porte : « Petit tableau de Paris, pour 1821...»
> Dans l'espérance de faire lire son ouvrage avec intérêt, l'auteur le présente au public sous la forme d'un roman fade et ennuyeux. On peut y trouver quelques traits de mœurs intéressants, mais il faudrait beaucoup de courage pour les y chercher.

561. — Petite Chronique de Paris, faisant suite aux « Mémoires de Bachaumont ». Recueil d'anecdotes comiques, galantes, satiriques, etc. Par MM ***. Année 1818. — *Paris, A. Eymery, Corréard,* 1819, *in-*12, 2 *f.* et IV-415 *p.* 1 *fig.* [Carn., 2903.]

> Quoique ne portant pas d'indication de tomaison, ce volume fait suite à celui qui avait paru, à peu près sous le même titre, l'année précédente. Voyez ci-dessus le n° 546. La collection se trouve ainsi complète en deux volumes.

562. — A Cruise, or Three Months on the continent. By a naval officer. Embellished with coloured engravings. — *London, Law and Whittaker,* 1818, *in-8,* IV-129 *p. Fig. color.* [Carn., 10487*, t. I.]

> La description de Paris occupe les pages 93-129. L'auteur s'étend plus particulièrement sur les plaisirs et les amusements de la capitale. Parmi les planches qui ornent le volume, quatre seulement nous intéressent. Ce sont : Les montagnes russes. — Plan du musée des Antiques, au Louvre. — Les salles du Sénat et de l'institut.

563. — Passages from my autobiography. By SIDNEY, lady MORGAN. — *London, R. Bentley,* 1859, *in-8,* VII-339 *p.; portrait et* 1 *planche.* [Carn., 11032.]

> Ce journal particulier de lady Morgan contient de nombreux passages relatifs au séjour qu'elle fit à Paris en 1818, ainsi que des lettres adressées par elle à ses amis, ou à elle adressées par diverses personnes. Curieux et intéressant.

564. Travels in France in 1818. By lieut. FRANCIS HALL, 14ᵗʰ light Dragoons, H. P., author de « Travels in Canada and the United States ». — *London, Longman,...* 1819, *in-8,* VIII-434 *p.* [Bibl. nat., L²⁹ 62.]

> Long chapitre sur Paris et ses environs, p. 61-226. — Aperçu général et description topographique. — Abbaye de Saint-Germain-

des-Prés. — Les églises. — Cimetière du Père-Lachaise. — Les Catacombes. — Musée des monuments français. — Palais et musées : le Louvre, le Palais-Royal, le Jardin du Roi. — Les théâtres : Théâtre-Français, petits théâtres, Opéra. — Les environs : Saint-Cloud, Saint-Germain et Versailles.

565. — Sammlung interessanter historischer Skizzen aus der neueren Zeit. Herausgegeben von einer Gesellschaft von Freunden der Geschichte... — *Frankfurt-am-Main, Wittwe Schnackenburg*, 1818, in-8, 2 *f. et* 187 *p.* [Carn., 12968.]

« Recueil d'intéressantes esquisses historiques des temps modernes. Publié par une société d'amis de l'histoire ».
Les chapitres II et III de ce volume sont relatifs à Paris ; ils portent pour titres, le chapitre II (p. 15-23) : « Les extrêmes à Paris »; le chap. III (p. 24-31) : « Tableaux de mœurs parisiennes ». Sans importance.

566. — Les Cafés de Paris, ou Revue politique, critique et littéraire des mœurs du siècle. Par un flaneur patenté. — *Paris, Lécrivain*, 1819, *in-18.* v-210 *p. Titre gravé.* [Bibl. nat., Li¹⁴ 4.] [Carn., 2984.]

Par E.-F. BAZOT.
Revue fantaisiste et humoristique des cafés de Paris et de leurs habitués.

567. — Les Charlatans célèbres, ou Tableau historique des bateleurs, des baladins, des jongleurs, des bouffons, des opérateurs, des voltigeurs, des escamoteurs, des filous, des escrocs, des devins, des tireurs de cartes, des diseurs de bonne aventure, et généralement de tous les personnages qui se sont rendus célèbres dans les rues et sur les places publiques de Paris, depuis une haute antiquité jusqu'à nos jours. Seconde édition. — *Paris, Lerouge*, 1819, 2 *vol. in-8*, 336 *et* 346 *p., plus les titres et 1 fig.* [Bibl. nat., Ln²⁵ 96.] [Carn., 10193.]

Par J.-B. GOURIET.
Cette seconde édition ne se compose que du restant de la première qui avait paru en 1811 (voy. ci-dessus le n° 478). On a simplement réimprimé de nouveaux titres, en changeant l'intitulé et en supprimant le nom de l'auteur.

568. — Epîtres sur Paris, par A. B****, à son ami Valmons. Première

[et unique] épître. — *Paris, Delaunay*, 1819, *in-8*, 24 *p.* [Carn., 6402.]

Pièce très médiocre et de peu d'importance.

569. — Garde à vous !!! ou Les Fripons et leurs dupes, aventures plaisantes des filous les plus renommés de la capitale, des provinces et de l'étranger, destinées à mettre en garde les honnêtes gens contre la finesse et l'audace des trompeurs en tous genres, si communs surtout dans les grandes villes, et publiées par l'auteur des « Repaires du crime », du « Petit Conteur de poche », etc. — *Paris, Corbet*, 1819, *in-18*, 250 *p.,* 1 *fig.* [Bibl. nat., Li⁵ 100.]

Recueil d'anecdotes attribué à C.-O.-S. DESROSIANS.

570. — L'Hermite de la Chaussée du Maine, ou Anecdotes inédites concernant des hommes célèbres et des événements mémorables de nos jours. Seconde édition. — *Paris, Roux*, 1819, *in-12*, XII-276 *p.* [Bibl. nat., Li³ 106.] [Carn., 5641.]

Par ANTOINE SÉRIEYS.
La première édition a paru en 1814 sous le titre de « Epigrammes anecdotiques ». (Cf. n° 499.) « L'Hermite de la Chaussée du Maine » est absolument le même ouvrage simplement rajeuni au moyen d'un nouveau titre.
La figure est la même dans cette soi-disant seconde édition que dans la première.

571. — L'Hermite du Marais, ou Le Rentier observateur. — *Paris, Laurent; Pélissier*, 1819, 2 *vol. in-12*, x-230 *et* 232 *p., plus les titres et 1 fig. dans le premier volume.* [Carn., 10918.]

Portraits satiriques et tableau de Paris. Toute la capitale est passée en revue, mais l'auteur s'étend plus particulièrement sur les théâtres et la littérature, les libraires, etc.
Par JEAN-EDME PACCARD. Voyez les *Supercheries* de Quérard, II, 275 a, où se trouve une note assez longue relative à cet ouvrage intéressant.

572. — Hier et aujourd'hui. Satires. — *Paris, Delaunay, Lequin*, 1819, *in-8*, 2 *f. et* II-131 *p.* [Carn., 10488.]

Par EMILE DUPRÉ DE SAINT-MAUR.
Le café Tortoni; les ennuis de Paris en 1817. etc. — Quelques-unes des notes qui terminent le volume sont assez intéressantes.

573. — De la Politesse, ouvrage critique, moral et philosophique, avec des notes suivies d'un petit aperçu littéraire; par Louis-Damien Emeric, natif d'Eyguières, département des Bouches-du-Rhône. — *Paris, Delaunay; Mlle Donnas; Mongie, 1819, in-8, xxviii-340 p. et 1 f. d'errata.* [Carn., 5637.]

Origine de la politesse. — Les femmes. — Les prêtres, la religion. — La galanterie française. — La politique. — Les ouvriers. — Les jeunes gens. — Les mangeurs goulus. — Les fumeurs. — Les cafés. — Conseils aux chefs de maison. — Le duel. — Les dames. — Le mariage. — Les visites.

L'ouvrage est divisé en vingt-cinq chapitres avec une table assez détaillée; il est assez intéressant.

574. — Revue de Lonchamps, ou Aventures singulières entre un Français et un Anglais; avec le détail de tout ce qui s'est passé à Longchamps pendant les trois jours. — *(Paris, imp. Brasseur aîné, S. D. [1819]), in-8, 3 p.* [Bibl. nat., Li⁸ 15.]

Pièce de peu d'importance.

575. — Vénus à l'encan, ou Les Bolivariennes du Palais-Royal en 1819. Ebauche badine, critique, semi-morale, semi-pastorale des bergères de la capitale et des provinces, contenant divers traits d'observation sur les mœurs du siècle. Par un pâtre de l'île d'Otaïti. — *Paris, au Palais-Royal, 1819, in-18, 2 f. et 198 p. Fig. obl. repl. coloriée.* [Bibl. nat., Li⁵ 101. Manque la fig.] [Carn., 19764. Rés.]

Par P. Cuisin ??.

Tableau assez libre des mœurs des habituées du Palais - Royal. La figure, assez mauvaise, représente des femmes tondant des moutons dorés; on lit au-dessous : « Venez, bergers, dans nos cabanes ; bientôt nous vous dirons pourquoi ». Cette figure a peut-être été ajoutée après coup, car elle ne se trouve pas dans tous les exemplaires.

576. — Voyages du prince persan Mirza Aboul Taleb Khan, en Asie, en Afrique, en Europe; écrits par lui-même et publiés par M. Charles Malo. Deuxième édition. — *Paris, imp. Dupont; chez Janet (et autres), octobre 1819, in-8, 432 p.* [Carn., 12238.]

La description de Paris, très curieuse, occupe les p. 239-262. — Voyez, au sujet de ce volume, une note de Quérard, dans « La France littéraire », t. I, p. 5.

577. — The Characteristic Costume of France; from drawings made on the spot, with appropriate description. By an artist recently returned from the Continent. — *London, published by William Sams, S. D. (1819), in-fol. 19 pl. color. et 19 f. de texte, plus le titre.* [Carn., 15791.]

Le texte est fort peu de chose, mais les planches sont assez jolies et intéressantes. La plus grande partie d'entre elles se rapportent à la capitale. Elles sont signées : R.-R. Peake.

578. — Le Palais-Royal, ou Histoire de M. Du Perron; conte précédé et suivi d'un choix de pièces en prose et en vers. — *Paris, Lefuel, S. D. (vers 1820 ?), 3 f. et 162 p. 1 fig.*

Le conte, sujet du titre de ce volume, se trouve à la p. 83; il a pour auteur le comte de Ségur. Les pièces qui le précèdent et celles qui le suivent, les unes en prose, les autres en vers (ces dernières étant en majorité), sont dues à diverses personnalités littéraires du temps : C. Delavigne, H. de La Touche, Mlle Delphine Gay, A. Soumet, Viennet, Mme Tastu, X.-B. Saintine, etc.

Ce volume est, malgré quelques fautes d'impression, d'une exécution typographique très soignée; il sort des presses de Didot, et l'exemplaire que j'ai sous les yeux est en papier vélin. La figure (*Heim. inv.; Larcher, sc.*) n'est pas très bonne. Il contient deux faux titres ; le premier porte, au milieu d'un encadrement composé de deux filets qui entourent la page, cette inscription ainsi disposée :

ALMA . 24.
C.

que je renonce à expliquer.

Le second faux titre porte : « Le Palais-Royal ou Histoire de M. Du Perron ».

Il est difficile de préciser l'année de la publication de cet ouvrage, qui ne figure pas aux tables de la « Bibliographie de la France » dans les années où je l'ai cherché (1815-1830).

579. — Partout l'honneur; essai apologétique sur les mœurs françaises de Paris, après la session de l'an 1820. Par Prudent M. X. V. D. A. [P.-X.-V. Drap-Arnaud], le vieil auteur des « Adieux de l'héroïne », et autres rapsodies monarchiques, dramatiques, etc. Dédié aux imberbes! — *Paris, imp. Boucher, 1820, in-8, 2 f. de tit. et 112 p.*

Satire plus politique que morale.

580. — La Tactique de la galanterie, ou Paris, l'amour, le vin, la
folie et les femmes en l'an d'épicu-
risme 1820. Revue semi-morale, semi-
folâtre des sérails patentés de la capitale, des vices, des travers, des ridicules, des mœurs du siècle, des
délinquantes de l'amour conjugal et
de tant de vertus hypocrites qui se
parent d'une fausse pudeur, compris
maintes anecdotes grivoises pour
rire. Par une védette du Palais-Royal
et des boulevards panoramistes. —
Paris, Lécrivain, 1820, *pet. in-12*,
142 p. [Carn., 6776.]

Par Cuisin ?
Figure oblongue, mal coloriée et repliée dans
le volume, représentant « La réception d'une
novice ».

581. — Uu Mot sur les mœurs
publiques, par M. le comte de F.....
P.... [De Fortia de Piles], auteur du
« Nouveau Dictionnaire français ».
— *Paris, Moreau*, 24 *mars* 1820, *in-8.*
27 p. [Bibl. nat., Lb⁴⁸ 1554,]

L'auteur prétend que jamais les mœurs publiques n'ont été aussi mauvaises qu'à l'époque où
il écrit et que l'apathie des honnêtes gens s'op-
posera toujours à leur amélioration. Sans être
spécialement parisien, cet écrit contient quelques
passages qui méritent d'être signalés.
Dans cette même année 1820, le comte de Fortia de Piles a publié trois autres brochures :
« Un mot sur la Charte... » ; « Un mot sur les
armées étrangères... » ; « Un mot sur la noblesse
et les pairs... ». Cette dernière seule porte le
nom de l'auteur et a été citée par Quérard dans
La France littéraire. Les quatre brochures intitulées : « Un mot sur... », etc., ont été suivies
d'une cinquième, intitulée : « Un mot sur quatre
mots... », qui est anonyme. (Voy. le *Catalogue
de l'histoire de France*, t. III, p. 406.

582. — Voyage d'un Champenois
à Paris, et ses aventures; suivi de
diverses histoires curieuses publiées
par lui-même. (Epigr. ; « Ah! qu'on
s'amuse à Paris!!! ») — *Paris, G.
Mathiot*, octobre 1820, 3 *vol. gr. in-8*,
268-224 *et* 225 *p.* [Bibl. nat., Li³ 107.]
[Carn., 17084.]

Par C.-J. Rougemaitre.
Ouvrage assez insignifiant, facétie ou roman,
comme on voudra ; en tout cas très peu intéressant. Les historiettes qui le terminent sont
absolument dénuées de sel.

583. — An Appendix to the descriptions of Paris. By Madame Do-
meier. — *London, S. Leigh,* 1820, *in-12,*
iv-168 p. [Carn., 16734.]

Relation d'un voyage à Paris en 1819.

584. — A Trimester in France and
Swisserland, or three months' Jour-
ney, in the months of july, august,
september, and october 1820, from
Calais to Bâle... and from Bâle to
Paris... By an Oxonian. — *London,
W. Clarke,* 1821, *in-8,* 88 *p.,* 2 *fig.*
[Bibl. nat., L²⁹ 27.]

Très courtes observations sur Paris, p. 5-12.
Le voyageur parle de quelques maisons historiques qu'il a visitées.

585. — Les Cabarets de Paris, ou
L'Homme peint d'après nature ; par
un dessinateur au charbon et un en-
lumineur à la litharge. Petits tableaux
de mœurs philosophiques, galantes,
comiques ; mêlés de couplets et de
diverses poésies légères. Orné de
quatre gravures. — *Paris, Delong-
champs,* 1821, *pet. in-12,* 2 *f. de tit.,*
179 *p.,* 4 *fig.* [Bibl. nat., Li¹⁴ 5.]
[Carn., 2985.]

Par J.-P.-R. Cuisin.
Tableau exclusivement moral des cafés, res-
taurants et cabarets de Paris. Rare et curieux.
Les figures sont assez finement gravées.

586. — Le Cauchemar éveillé. Par
un officier à demi-solde. — *Paris,
Gérard, S. D.* (1821), *in-18,* xii-137 *p.*
[Carn., 11612.]

Sorte de roman de mœurs dans lequel l'auteur raconte les aventures qu'il a eues pendant
un séjour à Paris.
Quérard cite (*Supercheries*, II, 1285 e) un
autre ouvrage publié en 1811 et signé du même
pseudonyme ; il l'attribue à Louis-Amédée de
Bast. Il ne serait pas improbable que « Le Cauchemar éveillé » fût du même écrivain.

587. — Les Duels, suicides et
amours du Bois de Boulogne. Recueil
historique contenant un grand nombre d'événements tragiques, rendez-
vous galants, intrigues piquantes,
comiques et romanesques ; mystères
et secrets étonnants, soit en fait de
galanterie, soit en complots criminels, dont ce bois fameux n'est que
trop souvent le théâtre. Par un rôdeur
caché dans un arbre creux de ce
bois. — *Paris, chez les principaux*

libraires du Palais-Royal, 1821, 2 *vol. in*-12, 220 *et* 228 *p.*, 2 *fig.* [Carn., 14495.]

Par P. Cuisin.
Scènes et tableaux de mœurs assez libres.
Ouvrage saisi à l'époque de sa publication.

588. — Réclamation adressée à S. Exc. Monseigneur Delaveau, préfet de police ; par Modeste Agnès, patentée, exerçant au Palais-Royal. — *Paris, chez les march. de nouv.*, 1821, *in*-8, 12 *p.* [Bibl. nat., Li⁵ 103.]

Par Emile-Marco de Saint-Hilaire, d'après Quérard.
Au sujet des mesures de répression demandées par les marchands du Palais-Royal contre les filles.
Cf. le n° 597.

589. — Journal of a tour through the Netherlands to Paris in 1821. By the author of « Sketches and Fragments », etc. — *London, printed for Longman...*, 1822, *in*-8, viii-171 *p.* [Carn., 12451.]

Ce qui concerne Paris occupe la seconde moitié du volume : Chantilly, p. 90. — Saint-Denis, p. 92. — Notre-Dame, p. 93. — Le Père La Chaise, p. 97. — L'Opéra, p. 100.— Le Louvre, p. 106.— Le Palais-Royal, p. 108.— Boutiques de curiosités, p. 109. — Les Tuileries, p. 113. — L'Elysée, p. 115. — Le Jardin des Plantes, p. 116. — Théâtre-Française (*sic*), p. 117. — La Malmaison, p. 119. — Les jardins Beaujon, p. 125, etc., etc.

590. — Les Bains de Paris et des principales villes des quatre parties du monde ; ou Le Neptune des dames... dédié au beau beau sexe, par Cuisin, auteur de plusieurs romans. — *Paris, Verdière*, 1822, 2 *vol. in*-12, 2 *fig.* [Carn., 121.]

La description des établissements de bains de Paris, avec des observations sur le public qui les fréquente, occupent les deux cents premières pages du premier volume. On trouve des exemplaires qui diffèrent entre eux quant aux figures.

591. — La Morale appliquée à la politique, pour servir d'introduction aux « Observations sur les mœurs françaises au xixᵉ siècle »; par E. Jouy, membre de l'Institut. Seconde édition, ornée du portrait de l'auteur. — *Paris, Pillet aîné*, 1822, 2 *vol. in*-12, xxiv-319 *et* 439 *p.* [Carn., 16305, t. xiv, in-8.]

Cet écrivain, l'un des plus distingués et des plus féconds de notre siècle, ayant projeté de publier ses œuvres complètes fournies par la réunion de ses divers écrits moraux, ses « Hermites », etc., composa l'ouvrage ci-dessus, qui est en quelque sorte le résumé de ses études sur les mœurs. Il l'a divisé en seize livres dans lesquels il examine successivement les rapports de la morale avec la religion, l'institution sociale, la politique, les fonctions publiques, les relations diplomatiques, les institutions et les établissements publics, la littérature, l'éducation, etc., etc. Plusieurs de ses chapitres contiennent, malgré le titre un peu vague de cet écrit, des observations qui sont intéressantes pour nous.
Dans l'édition in-12, une table des chapitres termine chaque volume, et un index alphabétique, placé en tête de l'ouvrage, le rend facile à consulter.
La 1ʳᵉ édition, in-12 et aussi in-8, avait paru la même année que la 2ᵉ. Cet ouvrage a aussi été réimprimé dans le tome XIV des œuvres de l'auteur.
Quérard (*Superch.*, II, 423 *d*) prétend que, quoique « La Morale appliquée à la politique » porte le nom de Jouy, elle est d'Ant. Année.

591 *bis*. — L'Observateur au xixᵉ siècle, par A.-J.-C. Saint-Prosper, auteur de la « Vie de Louis XVI ». Deuxième édition, suivie d'un Supplément contenant plusieurs chapitres nouveaux. — *Paris, à la librairie monarchique de N. Pichard, septembre* 1822, *in*-12, xii-234 *p. et* 1 *f. de table.*

Les 183 premières pages du volume sont suivies d'une première table, et contiennent quatorze chapitres dont voici quelques titres : De l'honneur — Des convenances. — De l'amour. — Des comédiens. — Du ridicule. — De l'amitié. — De l'homme, — De la femme ; etc. Les pages 185-234 en comprennent six parmi lesquels il faut citer : Du prêtre. — Coup d'œil sur la capitale. — Ce dernier chapitre est intéressant.
La première édition avait paru en 1819 ; la cinquième édition (*Paris, E. Guérin et Cⁱᵉ*, 1832-1833, 3 *vol. in*-8) est beaucoup plus ample. Au reste, voyez « La France littéraire » t. VIII, p. 370, où Quérard a consigné des détails précis sur chacune des éditions de cet ouvrage.

592. — Observations sur les modes et les usages de Paris, pour servir d'explication aux 115 caricatures publiées sous le titre de « Bon genre » depuis le commencement du dix-neuvième siècle. — *Paris, chez l'éditeur, boulevard Montmartre, n° 1*, 1827, *in-fol.*, 2 *f. de tit. et* 24 *p.*, 115 *planches coloriées.* [Carn., 11720. Rés.]

Par Pierre de La Mésangère, qui fut directeur et rédacteur du « Journal des dames et des modes » depuis 1797 jusqu'à sa mort arrivée en 1831.

Cet intéressant recueil est suffisamment célèbre pour que je me dispense d'insister sur son importance iconographique. A l'état complet il est très rare en belles épreuves et le texte n'est pas moins important que les planches, parce qu'il indique la date de publication de chacune d'elles en même temps qu'il en donne une explication détaillée.

Les planches du « Bon genre » ont paru séparément et successivement de 1801 à 1822 ; l'éditeur propriétaire des cuivres en fit plus tard un tirage général et fit imprimer le texte explicatif ; il en résulte que souvent les planches à l'état isolé étant du tirage original sont préférables à celles réunies en collection.

La première édition collective de ces planches avec le texte (*Paris, L.-G. Michaud, S. D.* (1817), *in-folio*) comprend 29 pages pour les titres et le texte, avec 104 gravures coloriées ; la deuxième édition (*imprimerie Crapelet*, 1822) contient, ainsi qu'on vient de le voir, 115 gravures.

593. — Le Peintre des coulisses, salons, mansardes, boudoirs, mœurs et mystères nocturnes de la capitale, ou Paris en miniature. Petite galerie aussi instructive qu'amusante, et sous des formes allégoriques, d'esquisses philosophiques, sombres, gaies ou sentimentales, de secrets et usages inconnus de la première ville du monde. Par un Lynx magicien. [P. CUISIN.] — *Paris, chez François, libraire au Palais-Royal, an des bigarrures de l'esprit humain,* 1822, *pet. in-12,* 305 *p., y compris 1 fig. lithogr.* [Bibl. nat., Li³ 109.]

Le nom de l'auteur se trouve en toutes lettres sur la couverture imprimée. La figure, oblongue et repliée dans le volume, représente une répétition à l'Opéra.

Aperçu de quelques chapitres : Les danseuses de l'Opéra. — L'Hôtel-Dieu. — Le concert spirituel. — Le cirque Franconi. — Un salon de Paris. — Une étude de notaire. — Un bal bourgeois. — Un mariage, un baptème et un enterrement ; etc.

Ce petit volume est curieux et rare. Il a été reproduit en 1823 au moyen d'un simple changement de titre. Voyez le n° 600.

594. — Six mois à Paris, ou Le Guide sentimental de la jeunesse dans la société. Par l'auteur de « Une Année de bonheur », des « Contes et conseils à mes enfants » et des « Etrennes d'une mère ». — *Paris, Ledentu,* 1822, *in-12,* x-468 *p.* 4 *fig.* [Carn., 2905.]

Ouvrage peu important, à l'usage des enfants. Barbier ne le cite pas, mais il attribue « Une Année de bonheur » à Mᵐᵉ VAN DER BURCH.

595. — Les Travers des salons et des lieux publics ; caractères, portraits, anecdotes, faits bizarres, où l'on reconnaîtra d'innombrables originaux. Par LE JOYEUX DE SAINT-ACRE. — *A Paris, chez l'éditeur, rue Montmartre, n° 154, au premier, S. D.* (1822), *in-12,* vi-246 *p., plus 2 titres dont un gravé et 1 fig. color. à double sujet.* [Carn., 2911.]

Par J.-M. MOSSÉ, ou peut-être mieux MOSÈS, marchand de meubles et homme de lettres... qui eut mieux fait de rester marchand de meubles, car cet ouvrage, aussi bien que celui que j'ai cité sous le n° 481 est assez médiocre. Voyez sur ce personnage un article qui lui est consacré dans la *Biographie Didot.*

Les vi pages liminaires ne se trouvent pas dans tous les exemplaires ; ils contiennent une liste des ouvrages de l'auteur.

Quérard nous avertit que « Les Travers des salons » se composent d'une partie extraite de la « Chronique de Paris » et d'une partie inédite. Au sujet de ce dernier écrit voyez le n° 481.

« Les Travers des salons » contiennent une table alphabétique ; je ne pense pas que ce volume mérite une analyse détaillée.

596. — L'Anglomanie, ou L'Anti-Français, poëme par M. SYMON, professeur de droit et de comptabilité. — *Paris, Delaunay ; Lyon, chez les march. de nouv., septembre* 1823, *in-8,* 16 *p.* [Bibl. nat., Y.]

L'auteur, un Lyonnais, est plus sévère pour les Parisiens que pour les habitants de la province. Son poème ne vaut pas grand'chose.

597. — Biographie des nymphes du Palais-Royal et autres quartiers de Paris, par MODESTE AGNÈSE [sic], l'une d'elles, contenant un précis historique sur les maisons de prostitution et sur les personnes qui les habitent, ainsi que leurs adresses ; suivie des mœurs, coutumes et usages des courtisanes chez les anciens ; de l'origine de la femme, etc. Revue et mise en ordre par l'auteur de la « Biographie dramatique ». — *Paris, librairie française et étrangère, au Palais-Royal,* 1823, *in-18,* 234 *p., 1 planche coloriée, repliée et à double sujet.* [Bibl. nat., Li⁵ 104.]

Par E. MARCO SAINT-HILAIRE.

Les observations générales tiennent peu de place dans ce petit volume qui est surtout consacré à des détails personnels sur les filles de Paris.

Ouvrage différent de celui qui est cité ci-dessous, n° 622.

Cf. aussi le n° 588.

598. — Les Hermites en prison, ou Consolations de Sainte-Pélagie; par E. JOUY,... et A. JAY. Orné du portrait des auteurs, de deux gravures et six vignettes. — *Paris, Ladvocat, 1823, 2 vol. in-8, (et aussi in-12).* [Bibl. nat., Li³ 111.] [Carn., 16305, t. xv, in-8.]

Cet ouvrage a été réimprimé dans les œuvres complètes de M. de Jouy [Carnavalet 16305], mais sans les articles de Jay. Il y a, de l'édition in-12, des exemplaires en papier vélin; les 2°-5° éditions portent, comme la première, la date de 1823; la 6° édition est datée de 1826. — Suivant Quérard (*Supercheries*, II, 275 e) les véritables auteurs de cet ouvrage seraient MM. MAGALLON et BARGINET qui étaient détenus à Sainte-Pélagie en même temps que Jouy et Jay. Je renvoie à ce que dit ce bibliographe et j'ajoute seulement que l'on trouve dans le *Journal de la librairie* (année 1823, p. 396) une lettre de Pillet, l'éditeur des « Hermites », dans laquelle il déclare que « Les Hermites en prison » ne font pas partie de la « Collection » par lui publiée.

Ces deux volumes, moins intéressants pour nous que les autres « Hermites », se composent de 31 « Consolations ». Chacun d'eux en contient la table, mais sans *index* alphabétique. L'ouvrage est terminé par le « Procès » de MM. Jouy et Jay.

599. — Le Petit Diable boiteux, ou Le Guide anecdotique des étrangers à Paris; par M ***. — *Paris, C. Painparré, libraire, Palais-Royal, galerie de bois, n° 250, 1823, in-12, 2 f. et* XII-212 p. [Bibl. nat., Lk⁷ 6152.]

Ce volume, malgré son sous-titre, doit se classer dans les *tableaux* de Paris. C'est une intéressante revue des plaisirs, et des lieux publics de la capitale. Sur la couverture imprimée de l'exemplaire que je possède, un ancien possesseur a inscrit, je ne sais sur quelle autorité, le nom de CUISIN comme nom d'auteur. L'attribution est plausible, mais elle ne s'est pas, jusqu'à présent, trouvée confirmée.

Table : I. Préface (*à lire*). — II. Le Palais-Royal. — III. Longchamps. — IV. Académie royale de musique. — V. Le bateleur de place. — VI. Les nymphes du Palais-Royal. — VII. Les auteurs (mœurs littéraires). — VIII. Le cimetière du Père La Chaise. — IX. L'hôtel garni. — X. Les Catacombes. — XI. Une salle d'armes. — XII. Un magasin de marchande de modes. — XIII. Une séance au cours d'anatomie. — XIV. Une famille parisienne. — XV. La mansarde de la vertu. — XVI. Le café des comédiens sur le pavé (*rue des Deux-Écus*). — XVII. La Bourbe. — XVIII. Le café des Mille Colonnes. — XIX. La promenade du soir aux baraques du Palais-Royal. — XX. Café de la Paix. — XXI. Le banc du malheur au Palais-Royal. — XXII. Un cabinet de lecture. — XXIII. Les réverbères. —

XXIV. L'atelier du peintre. — XXV. La pension bourgeoise. — XXVI. L'étudiant en droit et en médecine. — XXVII. Le convoi du pauvre. — XXVIII. Bains de Paris. — XXIX. La Morgue. — XXX. Les prisons. — XXXI. Etalage d'une boutique de libraire. — XXXII. L'Hôtel des Invalides.— XXXIII. Les boulevards (*théâtres*, etc.). — XXXIV. Le n° 113 (Palais-Royal). — XXXV. Une fête publique.

A la fin du volume on trouve une sorte de *table des matières* augmentée de remarques humoristiques.

Cet ouvrage est curieux et rare.

600. — Le Rideau levé, ou Petit Diorama de Paris. Description des mœurs et usages de cette capitale, par un Lynx magicien.[P. CUISIN.] — *Paris, Eymery; Delaunay; Martinet; 1823, pet. in-12, 305 p. et 1 fig. lithogr.* [Bibl. nat., Li³ 110.] [Carn., 2906.]

Même ouvrage que « Le Peintre des coulisses » (voy. ci-dessus le n° 593) rajeuni au moyen de la simple confection d'un nouveau titre et d'une nouvelle planche qui, dans « Le Rideau levé » représente un « Songe prophétique ».

601. — La Vie de garçon dans les hôtels garnis, ou Cujas, Esculape et l'Amour. Petite galerie galante, pittoresque, sentimentale et philosophique, faisant voir la lanterne magique des intrigues des hôtels garnis. Par un parasite logé à pouf au grenier. Deuxième édition revue et corrigée. — *Paris, chez les principaux libraires du Palais-Royal, 1823, pet. in-12,* XXIV-264 p. Fig. grav. repliée. [Bibl. nat., Li⁵ 102.]

Par P. CUISIN.

Tableaux de mœurs piquants et curieux dont la première édition, anonyme comme celle-ci, porte un titre un peu différent : « La Vie de garçon dans les hôtels garnis de la capitale, ou de l'amour à la minute; petite galerie galante... par un passant logé à pouf dans un grenier » (*Paris, au Palais-Royal*, 1820, in-18). Cette première édition ne m'est connue que par le *Journal de la librairie*.

Dans la préface de la seconde édition, l'auteur dit qu'il a eu soin d'expurger son travail de toute expression trop crue et des passages trop libres. Cela n'empêche pas que cette seconde édition ne contienne encore bien des pages risquées.

« La Vie de garçon » a été, de nos jours, réimprimée en Belgique.

602. — Reise von Paris durch das südliche Frankreich bis Chamouny. Von JOHANNA SCHOPENHAUER. Zweite verbesserte und vermehrte Auflage. — *Leipzig, Brockhaus, 1824, 2 vol. in-16.* [Carn., 11347.]

« Voyage de Paris par le midi de la France à Chamounix ».

Les soixante-douze premières pages du premier volume sont relatives à Paris. Ce n'est qu'une courte esquisse descriptive de la ville, écrite vers 1815 et donnant quelques indications sur la société, les musées et les théâtres.

JEANNE SCHOPENHAUER, la mère du célèbre philosophe, jouit en Allemagne d'une certaine réputation comme écrivain.

603. — Curiosité et indiscrétion. Par M. FOURNIER-VERNEUIL. — *A Paris, chez tous les marchands de nouveautés,* 1824, *in-8,* 328-VII *p.* [Carn., 2908.]

Ce volume, véritable pamphlet contre la haute société de l'époque, est un des plus curieux parmi ceux qu'a publiés Fournier-Verneuil. Ses révélations — ou ses calomnies — sont des plus piquantes. Il a paru une seconde édition en 1825.

604. — L'Eclaireur, ou Tableau de mœurs, par M. AMÉDÉE DE BAST. — *Paris, Sanson,* 1824, *in-12,* VII-251 *p., plus les titres et* 1 *fig. lithogr.* [Bibl. nat., Li³ 113.]

Caractères et types divers. Volume peu intéressant ; l'auteur en annonçait d'autres ; ne regrettons pas qu'ils n'aient pas paru.

604 bis. — Guide dans le choix des étrennes. Almanach du Palais-Royal pour 1824, orné de notices sur les artistes demeurant au Palais-Royal et dans ses environs, d'une revue succincte des spectacles, établissements de toutes espèces, d'anecdotes historiques, poésies diverses, etc., etc. Par ALBERT BENDIX. — *Paris, Delaunay; Mongie ainé,* 1824, *in-18,* 288 *p.,* 2 *fig. oblongues.*

Les deux figures, par Couché fils, sont assez jolies. L'une représente la place du Palais-Royal, et l'autre, le Jardin.

Ce volume ne consiste pas dans une simple nomenclature ; il se compose de quarante-trois chapitres, chacun consacré à une industrie différente, dans lesquels l'auteur donne des détails qui peuvent être curieux pour l'histoire des mœurs et des modes : tels sont les articles consacrés aux Confiseurs, aux Libraires, aux Marchandes de modes, aux Parfumeurs, aux Restaurateurs et Limonadiers, etc. Il n'est pas téméraire de croire que ces réclames devaient être bien payées.

Il est bon de remarquer que pour être complet l'ouvrage doit contenir, en dehors des pages chiffrées et des deux figures, un almanach pour 1824 et, page 105, un tableau présentant la liste des travaux calligraphiques d'un « écrivain-rédacteur » auquel est consacré le chapitre XIX.

605. — L'Hermite rôdeur, ou Observations sur les mœurs et usages des Anglais et des Français au commencement du XIXᵉ siècle. Par l'auteur de « L'Hermite à Londres ». Ouvrage destiné à faire suite à la Collection des mœurs françaises et anglaises. — *Paris, Malepeyre,* 1824, 2 *vol. in-12,* x-224 *et* 240 *p.,* 2 *fig.* [Bibl. nat., Nk 43.]

D'après Quérard et Barbier, cet ouvrage est traduit de l'anglais de THOMAS-SKINNER SURR, par P.-J. CHARRIN et MALEPEYRE. D'après Halkett et Laing (Diction. of the anonymous...), « The Hermit in London » (Lond., 1819, 3 vol. in-12) serait du capitaine MAC DONOUGH. Ce qui contredit l'attribution de Barbier et de Quérard. Je n'ai pu me procurer l'original anglais de « L'Hermite rôdeur » ; je lis dans Quérard (Supercheries, II, 272 c) qu'en 1823 le libraire Malepeyre a publié une édition de l'original « The Wandering Hermit », by the author of « The Hermit in London », 3 vol. in-32, faisant partie d'une collection intitulée : « The British prose writers, with biographical and critical prefaces », by J.-W. LAKE, esq., Paris, printed by F. Didot. Je n'ai rien à ajouter à cela n'ayant pu voir ces volumes.

« L'Hermite rôdeur », que son titre semble devoir faire classer parmi les ouvrages relatifs à l'histoire des mœurs anglaises plutôt que parmi ceux qui se rapportent à l'histoire des mœurs parisiennes, est cependant très intéressant pour nous, c'est le journal supposé d'un Anglais en séjour à Paris ; il est rempli d'observations sur toutes sortes de sujets et écrit dans le genre des autres « Hermites », ses congénères de la même époque.

606. — Les Hermites en liberté, par E. JOUY et A. JAY; pour faire suite aux « Hermites en prison » et aux « Observations sur les mœurs et les usages français au commencement du XIXᵉ siècle », par E. JOUY... Ornés de deux gravures et de dix-huit vignettes. — *Paris, Ladvocat,* 1824, 2 *vol. in-8 (et aussi* 3 *vol. in-12).* [Bibl. nat., Li³ 112.]

Cet ouvrage n'a pas été réimprimé dans les « OEuvres complètes » de M. de Jouy. Il n'est peut-être pas de lui ; voyez Quérard, Supercheries, II, 275 f.

Cet ouvrage n'a pas eu moins de succès que ses aînés : une cinquième édition (Paris, Dufey, 3 vol. in-12) a été publiée en 1829. Il est divisé en quarante-trois lettres, datées du 1ᵉʳ juillet-15 septembre 1824.

Chaque volume contient une table des Lettres qu'il renferme.

607. — Le Huron de Mont-Rouge, par M. FOURNIER-VERNEUIL. — *Paris,*

*chez les marchands de nouveautés,
novembre* 1824, in-8, 4 *f. et* 331 *p.*
[Bibl. nat. Lb⁴⁹ 78.] [Carn., 12699.]

Cet ouvrage, écrit dans le style violent habituel à l'auteur, est moins intéressant pour nous que les autres productions de Fournier-Verneuil. C'est un pamphlet politique beaucoup plus qu'une satire de mœurs. « Le Huron de Mont-Rouge » a été aussi offert au public sous le titre de « Les Revenants » (*Paris, chez tous les principaux libraires,* 1826). On ne réimprima que le titre, les préliminaires, et les pages 7-10.

**608. — Tableaux de Paris. — S.
L. N. D.** (*Paris, Marlet,* 1821-1824),
in-4 oblong. [Bibl. nat., Li³ 108.]
[Carn., 3194.]

Cet ouvrage intéressant contient les lithographies de Marlet. Il a paru à de longs intervalles en douze livraisons comprenant chacune six feuillets de texte (imprimés d'un seul côté) et six planches, soit soixante-douze planches et et soixante-douze feuillets pour l'ouvrage entier. Chaque livraison était accompagnée d'une *couverture* dont le recto est orné d'une lithographie qui représente « La Folie découvrant la Vérité ». L'une de ces couvertures peut servir de titre à l'ouvrage car il n'en contient pas : il n'a été fait qu'un faux-titre portant seulement ces mots : « Nouveaux Tableaux de Paris »

Chaque planche porte dans la marge supérieure, comme titre courant du volume : « Tableaux de Paris ». Les noms des vendeurs se trouvent seulement au verso des couvertures; on y lit : « On souscrit à Paris, chez Marlet, chez Martinet, chez Emery et chez Mᵐᵉ Brossier ».

La plupart des planches sont signées « Marlet »; quelques-unes seulement portent la signature « V. Auger ».

Il y a trois sortes de planches :
1º en noir;
2º avec fond bistre;
3º coloriées. Ces dernières sont rares et d'ailleurs d'une exécution peu soignée.

Dans aucun des exemplaires que j'ai vus les planches n'étaient numérotées, on est donc obligé, pour la collationnement, de les numéroter soi-même. Une seule planche porte une date; c'est celle a laquelle j'assignerais le nº 54 « Le Méridien du Palais-Royal » : on y lit le millésime 1823, gravé sur un poteau du jardin.

Si la plupart des planches de cet album sont curieuses et intéressantes malgré l'incorrection du dessin, le texte qui les accompagne mérite aussi quelqu'attention. Presque aucun des feuillets ne porte de signature; cependant, le texte du « Tondeurs de chiens sur le Pont-Neuf » (nº 30) est signé « V... »; le texte du « Déménagement » (nº 72) porte la signature de P.-J.-S. Duffey(*de l'Yonne*); un N. B. qui se trouve au bas du texte « Les cabriolets ou la femme blessée » (nº 67) nous avertit que « Depuis la 5ᵉ livraison, les textes des *Tableaux de Paris* continueront d'être rédigés par M. P.-J.-S. Duffey (*de l'Yonne*) ». Je ne sais quel peut être l'auteur du texte des cinq premières livraisons dont le dernier feuillet est, comme je viens de le dire, signé de l'initiale « V... »

A la bibliothèque Carnavalet, les planches de Marlet sont réparties dans les cartons d'estampes; mais cette bibliothèque possède aussi [3194] un album formé des dessins originaux de cet artiste, auxquels on a joint les feuillets de texte imprimé. Ce recueil ainsi composé constitue un exemplaire de haute curiosité.

Les planches des « Tableaux de Paris » ont été utilisées en tout ou en partie dans différentes publications; je signalerai seulement celle qui est décrite sous le nº suivant.

609. — A Tour through Paris, illustrated with twenty - one coloured plates, accompanied with descriptive letter-press. — *London, published by William Sams, S. D.* (1822-1824), *in-folio,* 21 *planches coloriées,* 21 *f. de texte et* 1 *f. de tit.* [Carn., 14374.]

Cet album contient la reproduction de quelques planches des « Tableaux de Paris » de Marlet (voyez le nº 608), gravées à l'aqua-tinte et coloriées; leur exécution est fort soignée. Le nom de Marlet ne figure nulle part. Le texte est une traduction plus ou moins abrégée des notices contenues dans l'original français.

610. — Voyage autour du Pont-Neuf, et promenade sur le quai aux Fleurs; par Rossignol-Passe-Partout. — *Paris, A. Imbert,* 1824, in-18, xvi-192 p. [Bibl. nat., Lk⁷ 7517.] [Carn., 1448 *bis.*]

D'après Quérard. Rossignol-Passe-Partout est le pseudonyme d'Auguste Imbert, libraire à Paris.

Cet ouvrage a eu une seconde édition sur le titre de laquelle ne se trouve ni nom d'auteur, ni pseudonyme. Voy. l'art. suivant; et, pour un ouvrage analogue, voyez ci-dessus le nº 426.

611. — Voyage autour du Pont-Neuf, contenant la statistique de ce pont, les affiches, le libraire, les grisettes, le commissaire de police, le sieur Miet, les tondeurs de chiens, etc., etc.; suivi d'une promenade sur le quai aux Fleurs. Deuxième édition, revue et corrigée. — *Paris, chez Auguste Imbert, libraire, quai des Grands-Augustins, nº* 35, 1825, *in-18,* viii *et* xvi-192 p. 1 *fig.* [Bibl. nat., Lk⁷ 7517 A.] [Carn., 1448.]

Rajeunissement, au moyen de la réimpression d'un nouveau titre et des VIII pages liminaires, de la première édition qui avait paru en 1824; voy. l'article précédent. Dans la seconde, le pseudonyme de Rossignol-Passe-Partout se lit seulement sur la couverture imprimée. La figure oblongue se replie dans le volume; elle contient deux médaillons assez jolis. Le titre de cet

ouvrage dit assez que c'est au. point de vue des
mœurs qu'est faite la description qu'il contient.
Il est assez amusant.

**612. — Voyage de Cadet-Roussel
à Paris en 1824. — *Paris, Ponthieu*,
1824, in-18, 191 p. [Carn.. 6507.]**

Pamphlet facétieux et peu intéressant. Par
Félix Bodin (??). Cf. Quérard, *Supercheries*, I,
616 c.

**613. — Voyage d'un jeune Grec à
Paris; par M. Hippolyte Mazier du
Heaume... — *Paris, F. Louis*, 1824,
2 vol. in-8, VIII-275 et 328 p., plus 1 fig.
dans le premier volume, et les titres.
[Bibl. nat., Lk⁷ 6156.] [Carn., 2907.]**

Intéressant au point de vue des beaux-arts, du
théâtre, des fêtes publiques et des mœurs en
général.
Signalons aussi : chap. XXVIII. Les enseignes. — Chap. XLII. Les cafés. — Chap. LIII.
Un bal. La société et ses usages ; ses charmes.

**614. — Chronique indiscrète du
dix-neuvième siècle. Esquisses contemporaines, extraites de la correspondance du prince de ***. — *Paris*,
chez les march. de nouv., 1825, in-8,
2 f. et VI-416 p. [Carn., 718.]**

Ce volume se compose de cinquante Lettres ou
Chroniques dans lesquelles se trouvent des anecdotes sur toutes sortes de personnages politiques
ou littéraires ; il est, d'après Barbier, dû à la collaboration de P. Lahalle, J.-B. Regnault-
Warin, et J.-B. de Roquefort. Voyez, dans la
nouvelle édition des *Supercheries* de Quérard
(III, 248 f), une note sévère de Barbier au sujet
de cette « Chronique ».

**615. — Le Flâneur, ou Mon Voyage
à Paris, mes aventures dans cette
capitale, et détails exacts de ce que
j'y ai remarqué de curieux et de nécessaire à connaître. Recueilli et
composé par un amateur de la grande
ville. — *Paris, chez les march. de nouv.*,
S. D. (vers 1825), in-12, 334 p. [Carn.,
12789.]**

Par J.-B. Auguste d'Aldéguier.
On lit à la fin du volume : « Fin de la première partie. » Il n'en a pas été publié d'autre.
— Ce petit ouvrage est assez intéressant. Il
traite, entr'autres, des sujets suivants : Journalistes. — Institut. — Voitures. — Coblentz. —
Restaurateurs. — Les laquais-chasseurs. —
Palais-Royal. — Sentinelles et statues. — Gens
de lettres. — Porteurs d'eau. — Marchands de
vins. — Rue de Rivoli. — Opéra. — Marchés.

Sainte-Geneviève. — Théâtre-Français. — Boulevards. — Cimetières. — Théâtre-Italien. —
Bourse. — Luxe. — Hôtels garnis. — Variétés
et Vaudeville. — Prix-fixe. — Pompes funèbres.
Ce volume, dont je n'ai pas trouvé l'annonce
dans le *Journal de la librairie*, a été rajeuni au
moyen d'un nouveau titre en 1826. Voyez ci-
dessous le n° 623.

**616. — L'Hermite du faubourg
Saint-Germain, ou Observations sur
les mœurs et les usages français au
commencement du XIXᵉ siècle, par
M. Colnet, auteur de « L'art de dîner
en ville »; faisant suite à la Collection
des « Mœurs françaises », par M. de
Jouy. — *Paris, Pillet aîné*, 1825, 2 vol.
in-12, 344 et 340 p., 1 fig. et 1 plan
de Paris. [Bibl. nat., Li³ 114.] [Carn.,
2909.]**

Le faux-titre porte : « Mœurs françaises... »
Une table termine chaque volume ; j'y relève
les titres de quelques-uns des chapitres : Promenades dans Paris.. — Les enseignes. — Les
affiches. — Le cimetière des Innocents; les Catacombes. — Le Parisien. — Un tour de Palais-
Royal. — Le cimetière du Père la Chaise. —
Etc., etc.

**617. — Mœurs administratives, par
M. Ymbert; pour faire suite aux
« Observations sur les mœurs et les
usages français au commencement du
XIXᵉ siècle ». Orné de deux gra-
vures et de dix-huit vignettes. —
Paris, Ladvocat, 1825, 2 vol. in-12.
XIX-279 et 286 p., plus les titres et les
2 grav. [Bibl. nat., Li⁵ 5.] [Carn.,
3130.]**

Une deuxième édition a paru cette même
année. Ainsi qu'on le voit par le titre, cet ouvrage rentre dans la collection des *Hermites*. Il
est divisé en dix-neuf lettres qui contiennent des
anecdotes et des observations amusantes sur les
ministres et les ministères, les préfets, les admi-
nistrations et les employés, etc., etc.

**618. — Petits tableaux de mœurs,
ou Macédoine critique et littéraire.
Par Ch. Paul de Kock. — *Paris*,
Barba, 1825, 2 vol. in-12.**

Cet ouvrage, dont Quérard cite aussi une édition de 1829, ne m'est connu que par le Journal
de la librairie. Il a été réimprimé en 1836 ; voy.
ci-dessous le n° 706.

**619. — La Province à Paris, ou
Les Caquets d'une grande ville, par
le baron de Lamothe-Langon, auteur
de « Monsieur le préfet », etc., etc.**

— *Paris ; Leipzig, Bossange frères,* 1825, 4 *vol. in*-12. [Carn., 10079.]

Roman de mœurs parisiennes.

620. — Le Provincial à Paris. Esquisses des mœurs parisiennes, par L. Montigny. — *Paris, Ladvocat,* 1825, 3 *vol. in*-12, IX-265, XII-334 *et* XXIII-371 *p.* [Bibl. nat., Li³ 115.] [Carn., 2910.]

Tableau de Paris assez complet, quoique certains sujets soient traités superficiellement. L'auteur explique que plusieurs des chapitres ont déjà paru sous forme d'articles dans *Le Diable Boiteux* ; d'autres sont inédits.
Extrait de la table des matières :
Vol. I. — Hôtels garnis. — Bals et soirées. — Théâtres. — Tables d'hôte. — Bals champêtres, promenades publiques. — Marchandes de modes. — Restaurateurs, etc.
Vol. II. — Statistique, population. — Fiacres. — Palais-Royal. — Police. — Hôpitaux. — L'Opéra. — Les Halles, etc.
Vol. III. — L'intérieur d'un ménage. — Fêtes publiques. — Une première représentation. — Estaminets. — Constructions nouvelles. — Pension bourgeoise. — Bal de l'Opéra. — Les rues, etc., etc.
Ouvrage intéressant et très bien imprimé.
Il existe une deuxième édition sous la même date.

621. — Compte-rendu à Sa Majesté Britannique du voyage de l'honorable sir Canning à Paris. — *Bruxelles, Laurent frères, éditeurs ; Grignon, libraire,* 1826, *in*-32, 64 *p.*

Pot-pourri en vers à l'occasion du voyage de Canning à Paris où cet homme d'État vint, à l'automne de 1826, jeter les bases du traité qui intervint peu après entre l'Angleterre, la France et la Russie.
Ce petit volume est beaucoup plus un pamphlet politique qu'un tableau de mœurs ; il faut pourtant y signaler (p. 17) les couplets assez amusants sur les « réformes de l'Opéra » et le « pantalon pudique » que l'on venait d'imposer aux danseuses.

622. — Dictionnaire anecdotique des nymphes du Palais-Royal et autres quartiers de Paris, par un homme de bien. — *Paris, chez les march. de nouv.,* 1826, *in*-32, 124 *p.* [Bibl. nat., Li⁵ 105.]

Ouvrage différent de celui cité ci-dessus, n° 597.

623. — Le Flâneur, galerie pittoresque, philosophique et morale, de tout ce que Paris offre de curieux... dans tous les genres..., ses usages, ses mœurs, son industrie et ses établissements... Par un habitué du boulevard de Gand. Première [et unique] partie. — *Paris, chez tous les march. de nouv.,* 1826, *in*-12, 334 *p.* [Bibl. nat., Li³ 122.] [Carn., 12789 A.]

Par J.-B. Auguste d'Aldéguier.
C'est, par une supercherie facile à démasquer, le restant de l'édition du « Flâneur » publié peu de temps auparavant (voy. ci-dessus le n° 615), rajeuni au moyen d'un nouveau titre.

624. — I^ro [et IIe] Lettre d'un député de l'île de l'Imagination à ses commettants. — *(A la fin :) [Paris,] imp. Poulet, quai des Augustins, n° 9, S. D. (vers* 1826?), *in*-8, 8 *et* 8 *p.* [Bibl. nat., Li³ 121.]

Chaque lettre est signée : B. D.
Critique des mœurs, assez insignifiante ; traits satiriques contre le Palais-Royal, la Bourse, le journalisme, etc.

625. — Paris en miniature, ou Petit Tableau critique et amusant de Paris, de ses plaisirs, de ses usages, de ses mœurs, etc., etc. ; par une société de flaneurs et musards de la capitale. — *Paris, R. Leroux,* 1826, *in*-32, 112 *p.* [Bibl. nat., Li³ 118.]

Cet ouvrage a paru par livraisons ; on en annonçait huit : il n'en a été publié que deux ; la première est paginée 1-48 et la seconde 49-112. Chacune d'elles a une couverture imprimée qui porte l'indication de son contenu : Le Marais et la Chaussée d'Antin. — Longchamps. — Une soirée à la mode. — Le jardin du Luxembourg. — Visite au Mont-de-Piété. — Les bureaux de placement. — La journée d'un petit maître. — Une soirée à Tivoli, etc.

626. — Paris, tableau moral et philosophique, par M. Fournier-Verneuil, auteur de « Curiosité et indiscrétion » et du « Huron de Montrouge ». — *Paris, chez les principaux libraires,* 1826, *in*-8, 2 *f. de tit.,* 627 *p. et* 2 *f. non chiffrés.* [Bibl. nat., Li³ 117. Rés.] [Carn., 2912.]

L'auteur, un ancien notaire que des malheurs avaient peut-être aigri, fut poursuivi et condamné pour cette publication. Cet ouvrage fut saisi et n'est cependant pas très rare. Voyez le « Catalogue des ouvrages condamnés », par F. Drujon (1879, in-8), p. 300. Il faut lire ce volumineux pamphlet — un des plus violent de ceux qu'à publiés Fournier-Verneuil — pour avoir une idée du cynisme avec lequel il est écrit. Les invectives — et, je le veux croire, souvent les calomnies — pleuvent sur tous ceux qu'il attaque. Il est divisé en sept chapitres : Les Tuileries. —

L'Hôtel-de-Ville. — Place des Victoires. — Colonne de la place Vendôme. — Le beau monde.— Histoire du notariat de Paris. — Le clergé.

Quérard, dans *La France littéraire*, cite deux « Mémoires » rédigés par l'auteur pour la défense de son livre ; mais je crois qu'il y en a d'autres que le bibliographe a omis : cf. le *Journal de la librairie*, année 1826. L'un de ces mémoires, le plus important, intitulé : « Mémoire à l'appui du livre... » (*Paris, imp. Setier, s. d.* (1826), in-4°, 31 p.) se trouve à Carnavalet [17623, in-4°].

· Il existe des exemplaires de « Paris, tableau moral et philosophique » avec une clef des noms. Cette clef (*s. l. n. d.*) est intitulée « Clef de Paris » et forme un feuillet in-4°. Elle est indispensable, car, dans le courant du volume, la plupart des noms propres ne sont désignés que par des initiales.

627. — Paris, vu d'Anvers, à l'envers et en prose, ou Récit des mœurs de cette capitale, fait par une Anversoise, d'après ce qu'elle a aperçu à l'aide d'un télescope du haut du clocher de Notre-Dame. Par Mme C. D. — *Anvers*, 1826, *in*-12.

Cité d'après le « Catalogue de l'histoire de France », t. VII, p. 656, n° 119.

628. — Tablettes parisiennes, par M. Santo-Domingo. Deuxième édition. *Bruxelles, Tarlier*, 1826, *pet. in*-12, 1 *f. de tit.*, 280 *p. et* 1 *f. de table*. [Carn., 15293.]

Petit livre assez intéressant. J'y remarque les chapitres suivants : Bourse. — Palais de Justice. — Journaux. — Soirées, bals. — Rues. — Charlatans et médecins. — Caractère du Parisien et de la Parisienne, etc.

D'après « La France littéraire », les « Tablettes parisiennes » ont paru dans « le Mercure du XIXe siècle ». C'est sans doute pour cela que le volume porte la mention *deuxième édition*. Quérard ne cite pas celle-ci.

Cf. l'article suivant.

628 bis. — Paris wie es ist, von Santo Domingo, Verfasser « Rom's wie es ist ». Für deutsche Leser bearbeitet von Dr Ferdinand Philippi, Grossherzogl. Sächs. Hofrath. — *Dresden, P.-G. Hilchersche Buchhandlung, S. D.* (vers 1827), *in*-8.

« Paris tel qu'il est, par Santo-Domingo, auteur de « Rome telle qu'elle est ». Publié pour les lecteurs allemands par le Dr Ferdinand Philippi, conseiller du grand-duc de Saxe. »

Traduction de l'ouvrage précédent ; je n'en ai connaissance que par un catalogue de libraire.

629. — L'Art d'obtenir des étrennes et de n'en pas donner, à l'usage de toutes les classes de la société, par un habitué de cette coutume. — *Paris, librairie française et étrangère*, 1827, *in*-32, 2 *f. de tit. et* 82 *p*. [Bibl. nat., Li ¹⁹ 8.]

Par Emile Marco de Saint-Hilaire.
Curieux petit tableau de mœurs, publié à l'occasion du jour de l'an.

630. — Bambochades, ou Tableaux pour servir à l'histoire du dix-neuvième siècle. — *Paris, Pichon-Béchet*, 1827, *in*-12, 1 *f. et* 275 *p*. [Bibl. nat., Li³ 120.]

Études de caractères et de types divers. Peu important.

631. — L'Ecrivain public, ou Observations sur les mœurs et les usages du peuple au commencement du XIXe siècle, recueillies par feu Le Ragois, et publiées par Mme Sophie P***** [Mme Sophie Pannier], auteur du « Prêtre », etc., etc. Orné de gravures et vignettes. — *Paris, Pillet aîné*, 1825-1827, 4 *vol. in*-12, XXXI-220, , , *et* 220 *p*. 4 *fig*. [Bibl. nat., Li³ 116.]

Le faux-titre porte : « Mœurs Françaises ». Cet ouvrage se joint à la collection des « Hermites ». Le nom de Le Ragois, qui se lit sur le titre, est un nom supposé. J'avoue que le sel de cette allusion au nom du célèbre abbé pédagogue que Mme de Maintenon eut longtemps pour confesseur, m'échappe absolument. Ce nom ne pouvait guère, en effet, servir de recommandation, car on sait que les ouvrages de Le Ragois, bien que réimprimés un nombre incalculable de fois depuis le XVIIe siècle jusqu'à nos jours, sont, de l'aveu de tous les critiques, médiocrement écrits et fort pauvres d'idées.

Le contenu des quatre volumes de « L'Ecrivain public » consiste en anecdotes peu intéressantes.

632. — Mémoires pour servir à l'histoire des mœurs et usages des Français, depuis les plus hautes conditions, jusqu'aux classes inférieures de la société, pendant le règne de Louis XVI,... et jusqu'à nos jours. Par Ant. Caillot. — *Paris, Dauvin*, 1827, 2 *vol. in*-8, VIII-419 *et* 406 *p*. [Carn., 2913.]

Cet ouvrage ne manque pas de mérite et contient de nombreux détails sur les petits côtés de l'histoire des mœurs parisiennes. On trouve une table détaillée à la fin de chaque volume.

633. — Le Rôdeur français, ou Les Mœurs du jour. Orné de deux gravures. — *Paris, Rosa,* 1816-1827, 6 *vol. in-*12. [Bibl. nat., Li³ 98.] [Carn., 2898.]

Par Michel-Nicolas Balisson de Rougemont, dont le nom ne se trouve sur le titre qu'à partir du tome iv. La préface est signée de ses initiales.

Chaque volume a paru isolement à des époques éloignées ; plusieurs ont été souvent réimprimés, mais toujours dans le même format. Une partie de ces réimpressions sont indiquées dans le *Catalogue de l'histoire de France*, tome vii, p. 655, n° 98, mais, au moyen du *Journal de la librairie*, j'ai constaté qu'il y en avait davantage ; il serait superflu d'en donner le détail car je crois être sûr que les différentes éditions sont absolument semblables entre elles.

« Le Rôdeur » rentre dans la Collection des « Hermites » et n'est pas moins intéressant que ses congénères. Il se compose de chroniques (3 juillet 1814-29 janvier 1826) qui avaient déjà paru dans *La Quotidienne* et dans le *Journal général de France.*

Les deux figures qui ornent chaque volume sont assez jolies, surtout dans les exemplaires de la première édition qui, pour ce motif, mérite d'être recherchée.

634. — The Idler in France. By the countess of Blessington. — *Paris, Galignani,* 1841, *in-*8, 2 *f. et* 320 *p.* [Bibl. nat., L²⁹ 66.]

La plus grande partie de ce volume se rapporte à un séjour à Paris en 1828 et années suivantes. Il est très intéressant : l'auteur décrit sa manière de vivre et entre dans des détails très utiles pour l'histoire de la société de cette époque. On rencontre, çà et là, la description de certains monuments, de certains lieux publics, accompagnée de réflexions fines et délicates. Le volume contient une table analytique très détaillée.

Sur la personnalité de l'auteur, voyez la *Biographie Didot.*

635. — L'Art de se présenter dans le monde, ou Miroir de l'homme de bonne compagnie. Ouvrage de mœurs et d'observations, spécialement destiné aux personnes qui voient la haute société, et où l'on traite des manières et des usages qui doivent s'y vivre. Par MM. de Cholet et de Chavanges. — *Paris, rue Vivienne, n° 2 bis,* 1828, *in-*18. [Bibl. nat., Li³ 225.]

636. — Nouveaux Tableaux de Paris, ou Observations sur les mœurs et usages des Parisiens au commencement du xixᵉ siècle ; faisant suite à la Collection des mœurs françaises, anglaises, italiennes, espagnoles. Orné de gravures et de vignettes. —

Paris, Pillet ainé, 1828, 2 *vol. in-*12, 342 *et* 356 *p., plus les titres.* [Bibl. nat., Li³ 123.] [Carn., 5600.]

En outre des vignettes dans le texte, le premier volume contient un frontispice de Dévéria et le second, un plan de Paris, par Giraldon Bovinet, daté de 1825.

D'après Quérard et Barbier cet ouvrage, qui est intéressant et mérite d'être recherché, est de Joseph Pain et de C. de Beauregard ; mais si j'en crois une note manuscrite que portait un des exemplaires que j'ai possédés, il serait dû à la collaboration de C. de Beauregard, Vulpian et Wallez.

Ces « Nouveaux Tableaux de Paris » rentrent dans la Collection des « Hermites » ; ils sont divisés en quarante-neuf chapitres. Voici les titres de quelques-uns d'entre eux :

I. Les hôtels garnis. — II. Les embarras de Paris. — III. Les passages. — IV. Le faubourg Saint-Marceau. — V. Les cafés. — VI. Les cabinets de lecture. — VII. Jardin des Tuileries. — VIII. Enseignes. — IX. Fiacres, cabriolets. — XV. Le Carnaval. — XIX. Ecole de Droit. — XX. Sainte-Pélagie. — XXIV. Les soirées à la mode. — XXVII. Le Palais-Royal. — XXVIII. Bourse et Tribunal de Commerce. — XXIX. Palais de Justice. — XXX. Le Jour de l'An. — XXXI. Les Invalides. — XXXV. Mémoires d'un cocher de fiacre. — XXXV. Les théâtres. — XXXVIII. Un dimanche. — XLII. Les messageries royales. — XLVII. Jardin du Luxembourg, etc., etc.

Je crois qu'il est utile d'insister sur l'importance de ce petit ouvrage et sur l'intérêt qu'en offre la lecture.

636 bis. — Les Omnibus. Premier voyage de Cadet-la-Blague, de la place de la Madelaine à la Bastille, et retour. — *Paris, Chassaignon,* 1828, *in-*18, 35 *p.* [Bibl. nat., Li¹⁶ 12.]

Tableau humoristique des inconvénients et des avantages des nouvelles voitures dites *omnibus.* Ouvrage un peu libre.

---

637. — Code civil ; manuel complet de la politesse, du ton, des manières de la bonne compagnie ; contenant les lois, règles, applications et exemples de l'art de se présenter et de se conduire dans le monde. Par l'auteur du « Code gourmand ». 3ᵉ édition revue et augmentée. — *Paris, Roret,* 1828, *in-*18, 356 *p.* 1 *fig.* [Carn., 3097.]

Par H.-N. Raisson et A. Romieu.

La première édition avait paru la même année que celle-ci. Les trois premières éditions seules sont anonymes.

Cf. l'article suivant.

638. — Code conjugal, contenant les lois, règles, applications et exemples de l'art de se bien marier et d'être heureux en mariage; par HORACE RAISSON, auteur du « Code civil ». Quatrième édition. — *Bruxelles, L. Grignon*, 1829, *in*-18, VII-161 *p.* [Carn., 15183.]

Cette édition est peut-être une contrefaçon belge.
La première édition, *Paris, J.-P. Roret*, 1829, *in*-18, contient 1 figure qui semble manquer dans l'édition belge ; du moins cette figure ne se trouve-t-elle pas dans l'exemplaire de Carnavalet.
Le « Code conjugal » est, comme ses congénères, beaucoup plus un ouvrage de fantaisie qu'un ouvrage technique. Il contient des détails de mœurs assez curieux.
Cf. l'article suivant.

639. — Code de la toilette ; manuel complet d'élégance et d'hygiène, contenant les lois, règles, applications et exemples de l'art de soigner sa personne et de s'habiller avec goût et méthode. Par HORACE RAISSON. 4e édition, revue et augmentée. — *Paris, J.-P. Roret*, 1829, *in*-18, 294 *p.* 1 *fig.* [Carn., 3062.]

La première édition avait paru la même année. Il y a encore une cinquième édition sous la même date.
Cf. l'article suivant.

640. — Code pénal ; manuel des honnêtes gens, contenant les lois, règles, applications et exemples de l'art de mettre sa fortune, sa bourse et sa réputation à l'abri de toutes les tentatives. Par HORACE RAISSON. 3e édition, revue et augmentée. — *Paris, Roret*, 1829, *in*-18, 2 *f.*, 370 *p.* 1 *fig.* [Carn., 15181.]

Réflexions et conseils moraux sur l'art de se mettre en garde contre les escroqueries, les vols et les abus de toute nature auxquels on est exposé à Paris.
La première édition avait paru en 1825, in-12, sous le titre de « Code des gens honnêtes », sans nom d'auteur. La seconde (censée seconde) édition portait le même titre ; ce n'est qu'à la troisième édition que le titre de « Code pénal » fut adopté. Quérard dit (*France Littéraire*, VII, 442) que cet ouvrage est peut-être de H. DE BALZAC.
Cf. l'article suivant.

641. — Code galant, ou Art de conter fleurette. Par HORACE RAISSON, auteur du « Code civil », du « Code conjugal », etc. — *Paris, Charpentier,*

1829, *pet. in*-12, 2 *f.* et 275 *p.* 1 *fig.* [Carn., 12172.]

L'ouvrage est divisé en trois parties : « Avant », « Pendant », et « Après »,... — Traits de mœurs tout à fait spéciales.
J'ai cité sous ce numéro et sous les précédents cinq « Codes » d'HORACE RAISSON. Il en a publié un plus grand nombre. A ces cinq articles, je pourrais joindre encore les cinq suivants : « Code de la conversation » (anonyme), « Code des boudoirs » (anonyme), « Code de littérature » (anonyme), « Code gourmand » (la 1re édit. est anonyme), et enfin « Six codes fashionables ».
Qu'il me suffise de les signaler et de renvoyer à *La France littéraire* et aux *Supercheries* de Quérard où l'on lira que « A. ROMIEU et JAMES ROUSSEAU pourraient revendiquer la majeure partie » de ces ouvrages. Il paraît que RAISSON procédait avec le plus grand sans-gêne vis à vis de ses confrères, et ne se faisait pas faute de s'approprier leurs travaux.

---

642. — Code parisien ; manuel complet du provincial et de l'étranger à Paris, contenant les lois, règles, applications et exemples de l'art de vivre dans cette capitale, sans être dupe, et de s'y amuser à peu de frais Par CH. ROUSSET... — *Paris, A.-J. Dénain*, 1829, *in*-18, 2 *f.* de tit., 311 *p.* et 1 *fig.* [Carn., 2914.]

Petit volume assez intéressant contenant des conseils pour les étrangers : Choix d'un hôtel ; le costume ; la tenue ; les visites ; la promenade ; les restaurants. — Les affaires ; les voitures ; les usages ; les Petites-Affiches. — Les plaisirs ; les spectacles ; les cafés ; la galanterie, etc., etc.
CH. ROUSSET est le pseudonyme de CH. DE SAINT-MAURICE.

643. — Le Frondeur, ou Observations sur les mœurs de Paris et de la province au XIXe siècle ; faisant suite à la Collection des mœurs françaises. — *Paris, Pillet aîné*, 1829, *in*-18. 3 *f.* limin., 197 *p.* et 1 *f.* de table, 1 *fig.* *vignettes*. [Bibl. nat., Li³ 124.] [Carn., 12789 A*.]

Par le chevalier GÉRARD JACOB.
Extrait de la table des matières : Le provincial à Paris ; le cicerone. La ville et ses rues. Statistique. Mœurs. Education. Etc.

644. — Manuel du fashionable, ou Guide de l'élégant ; par EUGÈNE R....X. [EUGÈNE RONTEIX.] — *Paris, Audot*, 1829, *pet. in*-12, 135 *p.* [Bibl. nat., Li³ 125.] [Carn., 16054.]

La *toilette* occupe naturellement une partie importante de ce petit volume, mais certains autres chapitres, tels que — La promenade. — Les repas. — La conversation. — Le bal. — La nuit. — Les parties fines — etc., font du « Manuel du fashionable » un document assez intéressant pour l'histoire des mœurs à la fin de la Restauration.

645. — Scènes de Paris. — *Paris, Guéry et C*ie*, 1829, in-32, 2 f. limin., 122 p. et 1 f. de table.*

Par ALEX. TARDIF.
Contient neuf scènes dialoguées, en prose, dont voici les titres : Le carnaval.—Le notaire. — Le bibliophile. — La partie de campagne.— L'interdit. — Les omnibus. — Le Palais-Royal. — Le bon ton. —L'amour et la misère.

646. — Traits de la physionomie morale de Paris, satire, par CHARLES DUCLOS, auteur d' « Un mot sur les lois et sur l'instruction publique ». *Paris, Delaunay ; et tous les march. de nouv., 1829, in-8, 20 p.* [Carn., 12276*.]

La versification de cette pièce laisse beaucoup à désirer, mais je devais cependant la signaler parce qu'elle contient un très long passage relatif à la Bourse et aux Boursiers, en 1823, à l'époque de la campagne d'Espagne.
Les bibliographies sont muettes sur son auteur.

647. — Nouvelles Amours et intrigues des marchandes de modes, des grisettes et des filles de joie. Par un praticien. — *Paris, Lerosey, 1830, in-18, 240 p.* [Carn., 11430.]

Sous forme de dialogues.

647 bis. — Amours et intrigues des grisettes de Paris, ou Revue des belles dites de la petite vertu; contenant : 1° des anecdotes galantes sur ces demoiselles ; 2° un exposé de leurs mœurs, coutumes et usages, d'après les différents quartiers qu'elles habitent ; 3° une nomenclature des jardins et des endroits publics où elles se réunissent le plus fréquemment ; 4° une correspondance romantico-philosophique entre une lingère et une modiste. Le tout rédigé d'après les renseignements donnés par une grisette sur le retour ; et publié par J.-B. AMBS-DALÈS. Troisième édition. — *Paris, Roy-Terry, 1830, in-18, XI-168 p., 1 fig. à double*

sujet coloriée. [Bibl. nat., Li⁵ 109 B.] [Carn., 3797.]

La première édition a paru en 1829, la seconde en 1830; toutes deux avec une figure.

648. — Epître à M. Mangin, au sujet de l'ordonnance attentatoire à la liberté des femmes. Par M. J. M. — *Paris, chez l'auteur, rue de Beaune, n° 7, 1830, in-8, 16 p.*

649. — La Paulinade, grande conspiration de la fameuse Pauline et des 25,000 filles publiques de Paris, contre M. Mangin et ses agents. Poëme romantique en trois chants, dans le genre adopté par l'auteur d' « Hernani ». — *Paris, chez les marchands de nouveautés, protecteurs de l'innocence offensée, au Palais-Royal, 1830, in-8, 13 p.* [Carn., 11825*.]

En vers alexandrins.

650. — Doléances des filles de joie de Paris, à l'occasion de l'ordonnance qui leur défend de se montrer en public, arrangées en complainte par l'une d'elles, enrichies de notes et adressées aux nymphes des départements, par le cousin de Pauline (cuirassier).—*Paris, chez les libraires du Palais-Royal et les marchands de nouveautés, 1830, in-8, 6 p. et 1 f. de notes.* [Carn., 11825*.]

En dix-neuf couplets, sur l'air *du Maréchal de Saxe.*

651. — Les Filles en cage, ou Déguerpissons. Par un abonné au cachet des maisons de plaisir de la capitale. — *Paris, Peytieux, 1830, in-8, 16 p.* [Bibl. nat., Li⁵ 115.]

En trois scènes dialoguées.

652.—Le Tocsin de ces demoiselles, ou Mémoire à consulter, adressé à tous les barreaux de France, et dénonciation aux cours royales au sujet d'un arrêté de M. Mangin contre les filles publiques ; suivi de plusieurs lettres édifiantes et curieuses. — *Paris, chez les march. de nouv., 1830, in-8, 16 p.* [Bibl. nat., Li⁵ 116.] [Carn., 11825*.]

653. — Pétition des filles publiques de Paris, à M. le préfet de police, au sujet de l'ordonnance qu'il vient de rendre contre elles, leur interdisant la circulation dans les rues et promenades publiques et de celle qui précédemment leur a interdit l'entrée du Palais-Royal; rédigée par Mlle PAULINE, et apostillée par MM. les épiciers, cabaretiers, limonadiers et marchands de comestibles de la capitale. — *Paris, chez les libraires du Palais-Royal, et chez les march. de nouv.*, 1830, in-8, 7 p. [Bibl. nat., Li⁵ 117.] [Carn., 11825*.]

654. — Deuxième pétition adressée à M. le préfet de police par les filles publiques de Paris; la première, à cause de sa nullité, étant restée sans réponse; suivie de lettres de condoléances de leurs consœurs des départements. Par une maîtresse de maison. — *Paris, chez les march. de nouv.*, 1830, in-8, 16 p. [Bibl. nat., Li⁵ 118.]

Signé : VIRGINIE, au nom des 60,000 demoiselles de Paris.

655. — Plainte et révélations nouvellement adressées pour les filles de joie de Paris à la congrégation, contre l'ordonnance de M. Mangin, qui leur défend de circuler dans les rues pour offrir leurs charmes aux passants; précis historique contenant les hauts cris des nymphes du Palais-Royal, la clameur des modistes et d'une grande partie des demoiselles logées en garni; ainsi que le dépit de quelques honnêtes filles de province qui viennent à Paris pour y chercher fortune en plein vent, et les regrets de quelques honnêtes femmes à demi-publiques qui aiment à rendre de grands services pour un petit repas. Par une matrone, jurisconsulte de ces dames. — *Paris, Garnier, au Palais-Royal; et se trouve aussi chez beaucoup de femmes sensibles.* 1830, in-8, 38 p., 1 fig. color. [Bibl. nat., Li⁵ 119.] [Carn., 3796.]

656. — 50,000 Voleurs de plus à Paris, ou Réclamations des anciens marlous de la capitale, contre l'or-

donnance de M. le préfet de police concernant les filles publiques par le beau THÉODORE, ancien cancan. — *Paris, chez les march. de nouv..* 1830, in-8, 14 p. [Bibl. nat., Li⁵ 120.] [Carn., 11825*.]

657. — Pétition d'un souteneur à M. le préfet de police de Paris à l'occasion de l'ordonnance qu'il vient de rendre contre les filles, appuyée d'une lettre d'un fruitier de la rue Froidmanteau. — *Paris, chez les principaux libraires*, 1830, in-8, 12 p. [Bibl. nat., Li⁵ 121.]

Signée : CÉSAR.

658. — A MM. les députés. Projet de pétition sur la liberté individuelle, par un Spartiate de ceux que vulgairement on nomme voleurs, et à l'appui de la pétition des filles publiques. Ouvrage où il est démontré : 1° que la prostitution est loin d'être contraire aux mœurs; 2° que de tout temps, il y a eu des filles publiques libres; 3° que le commerce doit se ressentir de leur séquestration; 4° qu'à l'aide de divers moyens simples et indiqués, les femmes honnêtes peuvent éviter toute méprise et insulte, et la société obtenir l'épuration des mœurs. Le tout rédigé par l'homme à la longue barbe. — *Paris, chez tous les march. de nouv.*, 1830, in-8, 13 p. [Bibl. nat., Li⁵ 122.] [Carn., 11825*.]

Signée : RINALDO RINALDINI. — Il y a une seconde édition sous la même date. Je n'ai pas besoin de faire remarquer que l'attribution à « l'Homme à la longue barbe », c'est-à-dire à Chodruc-Duclos, est fantaisiste.

659. — Aux Ministres!!! Nouvelle pétition des filles publiques de Paris, tendant à obtenir de LL. EE. la révocation de l'ordonnance attentatoire à leur liberté, rendue contre elles par M. le préfet de police, basée sur des motifs non encore énoncés; rédigée par Mlle ELISA C..., approuvée et signée par près de trois cents de ses compagnes. — *Paris, chez les libraires du Palais-Royal*, 1830, in-8, 16 p. [Bibl. nat., Li⁵ 123.] [Carn., 11825*.]

Contient la signature et l'adresse de toutes ces dames.

660. — **Prière romantique de** LAURE dite la Séduisante, à tous les amateurs des prêtresses de Vénus et aux augustes défenseurs de Thémis, au sujet de l'ordonnance qui défend aux charmantes déesses de Paphos de sortir de leurs temples ; publiée par un amoureux en délire. — *Paris, chez les march. de nouv.*, 1830, *in-8*, 7 *p.* [Bibl. nat., Li⁵ 124.] [Carn., 11825*.]

661. — Observations soumises par une fille de joie à M. le préfet de police, sur les dangers que les hommes et les honnêtes femmes ont à craindre des effets de son ordonnance, qui défend aux filles prostituées de sortir de chez elles, le tort qu'elle fait au commerce, et sur les moyens de réparer tant de maux sans nuire aux bonnes mœurs. Par ROSINE, dite La Gracieuse. — *Paris, chez les march. de nouv.*, 1830, *in-8, 8 p.* [Bibl. nat., Li⁵ 125.]

662. — Réponse de M. le préfet à toutes les pétitions et réclamations des filles publiques de Paris. — *Paris, chez les libraires du Palais-Royal*, 1830, *in-8*, 14 *p.* [Bibl. nat., Li⁵ 126.] [Carn., 11825*.]

Réponse supposée ; facétie.

663. — Réponse de M. Engin, aux pétitions des filles publiques ; suivie de deux scènes historiques de révolte occasionnées par la nouvelle ordonnance de police. — *Paris, chez les march. de nouv.*, 1830, *in-8*, 16 *p.* [Bibl. nat., Li⁵ 127.]

664. — Le Vrai Motif de la captivité des filles soumises, et leurs plus grands ennemis dévoilés. Dialogue sur les brochures faites au sujet de l'ordonnance qui défend de sortir de chez elles, la preuve qu'en voulant les cloîtrer, plusieurs deviendront les fléaux de la société. Par Frédéric L. G. D. — *Paris, rue Saint-Denis*, 394, *et chez les march. de nouv.*, 1830, *in-8*, 7 *p.* [Bibl. nat., Li⁵ 128.][Carn., 11825*.]

665. — Grande pétition adressée à l'autorité par MM^lles CONSTANCE BARBICHON, LÉONORE LA ROUGE et FANNY LA PUDEUR, femmes sensibles, en faveur de trente mille camarades dans la débine et contre les ordonnances de police qui attaquent leur liberté. — *Paris, rue Dauphine, n° 24, S. D.* (1831), *in-8*, 4 *p.* [Bibl. nat.. Li⁵ 129.]

Pour une pièce analogue à celle-ci et aux précédentes, voyez encore ci-dessous le n° 694.

666. — Jolis péchés des nymphes du Palais-Royal, rues, boulevards et faubourgs de Paris, ou Confessions curieuses et galantes de ces demoiselles, écrites par elles-mêmes ; suivies d'historiettes, anecdotes amoureuses, lazzis et espiègleries ; terminées par leur pétition aux ministres, revêtue de leurs noms et adresses. Deuxième édition. — *Paris, Terry*, 1839, *in-18*, 136 *p. Fig. obl. repliée.* [Carn., 10638. Rés.]

La première édition m'est inconnue ; je ne serais pas étonné qu'elle eût paru en 1830, parce qu'on retrouve dans cette seconde édition la pétition « Aux Ministres » signée ELISA C..., et déjà citée ci-dessus, n° 659.

La figure à double sujet, grossièrement coloriée, m'a paru être la même que celle qui orne (!) « Les Soirées du Palais-Royal » publiées en 1815 (voy. n° 522).

Ces « Jolis péchés », ouvrage très libre et très insignifiant, ont été réimprimés de nos jours : *Genève, Lebondril, libraire éditeur, Avenue du Chemin-Couvert, 23, et chez tous les marchands de nouveautés, S. D. (   ), in-12, 108 p., plus la couverture.*

667. — Les Amours des grisettes, leurs aventures extraordinaires et détails intéressants sur les brodeuses, les blanchisseuses, les chamarreuses, les brocheuses, les brunisseuses, les danseuses, les modistes, les fleuristes, les passementières, les mercières, les culottières, les cuisinières, les lingères et les couturières ; le nom des endroits où elles se réunissent. Le tout écrit avec de l'encre de la petite vertu. — *Paris, (imp. Poussin,) au bureau, rue Dauphine, n° 24*, 1831, *in-12*, 8 *p.* [Bibl. nat., Li⁵ 110.]

Cette pièce a été plusieurs fois réimprimée : j'ai groupé ci-dessous ces différentes réimpressions.

668. — Les Amours et aventures galantes des grisettes.... — *Paris, A. Mie, S. D.* (1833), *in-8*, 8 p. [Bibl. nat., Li⁵ 111.]

Signé : CYPRIEN.
Même pièce que la précédente. La couverture imprimée sert de titre. Il y a une autre édition (*Paris, imp. Beaulé et Jubin, in-12*); j'en ignore la date. Une autre édition (*Paris, imp. Gaultier-Laguionie, in-8, 4 pages*) est de 1840. Voyez encore l'article suivant.

669. — Histoire amusante des jolies femmes, les amours et aventures galantes des grisettes... Par M. CYPRIEN JOLICŒUR. — *Paris, imp. Herhan, S. D.* (1834), *in-24*, 12 p. [Bibl. nat., Li⁵ 112.]

Même pièce que les précédentes. La couverture imprimée sert de titre.

670. — La France en 1829 et 1830, par lady MORGAN, traduit de l'anglais par Mˡˡᵉ A. SOBRY... — *Paris, H. Fournier jeune*, 1830, 2 vol. *in-8*, III-466 et 440 p. *Portrait.* [Bibl. nat., Lb⁴⁹ 1503.]

Extrait de la table : La rue de Rivoli.—Ancien et nouveau Paris. — Anglomanie. — La Congrégation. — Parfumerie.—Dandies.—Tortoni. — La girafe. — Sociétés. — Collections particulières. — La galerie d'Orléans. — Les théâtres. — Promenades du matin. — Polichinelle. — Jardins publics. — La toilette. — Musique. — Diners. — Visite à Saint-Ouen. — Fête-Dieu en 1829. — Les Osages à Paris. — Notre dernière soirée à Paris.
Cet ouvrage, qui est assez intéressant, est dédié au général Lafayette.
L'édition anglaise, contenant le texte original, m'est inconnue.

671. — Lettres sur Paris, par MM. G.-T. DOIN et ED. CHARTON. — *Paris, de l'imprimerie de Crapelet, janvier* 1830, *in-8*, VII-95 p. [Bibl. nat., Li³ 127.] [Carn., 5359.]

Ce volume contient quatorze lettres, plus un fragment non numéroté. Les matières qui y sont traitées, et la façon dont elles le sont, font de cet ouvrage, dont on regrette la brièveté, un ouvrage intéressant et digne d'être recherché. On en jugera par cet aperçu de la table des matières : — Agiotage. — Anarchie de la société. — Crimes. — Curiosités des Parisiens. — Domestiques. — Economie. — Esprit de famille. — Femmes. — Jeu. — Loterie. — Mariage.— Misère. — Plaisirs. — Population. — Prolétaires. — Spectacles. — Suicide.

672. — Lettres écrites de Paris pendant les années 1830 et 1831, par M. L. BŒRNE; traduites par M. F. GUIRAN, et précédées d'une notice sur l'auteur et ses écrits, extraite de la « Revue Germanique ». — *Paris, Paulin*, 1832, *in-8*. XLIII-193 p. [Carn., 12007*, t. III.]

La notice, signée W., est intéressante. Il y est dit que « le cinquième volume des œuvres de Bœrne est tout entier consacré à ses souvenirs de Paris, où il passa les années 1822 et 1823....; il y a beaucoup d'observations justes, des tableaux intéressants.... »
Les lettres de 1830 sont le plus souvent relatives à la politique, mais je devais les citer ici parce que quelques-unes d'entre elles renferment aussi des tableaux, ou des réflexions sur les mœurs et la société.

673. — Le Miroir des salons ; scènes de la vie parisienne. Par Mᵐᵉ DE SAINT-SURIN. Nouvelle édition, illustrée de six vignettes et d'un portrait de l'auteur. — *Paris, veuve Louis Janet, S. D.* (1848), *in-8 carré*, XXXVII-256 p. [Carn., 11510.]

Cette édition est la plus récente et la plus complète; elle contient : un Avertissement de l'éditeur, — une Notice littéraire sur Mᵐᵉ de de Saint-Surin, par M. de Monmerqué (son second mari), — et sept nouvelles : La journée d'une jolie femme. — Une semaine à Paris. — La représaille. — L'audience d'un ministre. — Le vieux garçon. — Le bal et le lansquenet.— Une fête à Vincennes.
Le portrait de Mᵐᵉ de Saint-Surin, qui se trouve dans cette édition, est charmant; les six autres lithographies sont assez ordinaires.
La première édition avait paru en 1830; la seconde, publiée en 1834, n'est qu'une reproduction de la première, à laquelle on a ajouté « Une semaine à Paris », nouvelle qui a une pagination spéciale.

674. — Le Paravoleur, ou L'Art de se conduire prudemment en tout pays, notamment à Paris, et d'éviter les pièges de toute espèce que tendent aux personnes honnêtes et faciles, les charlatans, escrocs, filous et voleurs qui infestent la capitale. Ouvrage utile à toutes les classes de la société, indispensable aux voyageurs et aux étrangers, rédigé en grande partie sur les Mémoires récemment publiés par Vidocq, ancien chef de brigade de la police de sureté. — *Paris, Roy-Terry*, 1830, *in-18*, 2 f. et 248 p., 1 *fig. color.* [Bibl. nat., Li⁵ 114.]

Petits tableaux de Paris : Les hôtels, les restaurants, les visites, les rues pendant le jour, les mendiants, agences, affiches, cafés, spectacles ; les rues pendant la nuit, filles, voleurs, etc.

675. — Paris. Esquisses dédiées au peuple parisien et à M. J.-A. Dulaure, membre de la Société des Antiques de Paris. Par Auguste Luchet. — *Paris, Barbezat, 1830, in-18, 318 p. et 1 f. non chiffré.* [Bibl. nat., Li³ 126.] [Carn., 2916.]

La place Vendôme, p. 37. — La Grande Chaumière, Tivoli, p. 47. — Le boulevard et le faubourg du Temple, la Courtille, Belleville, p. 64. — La Chambre des Députés, p. 75. — Le marché des Innocents, p. 106. — La place Royale ; les Pompes funèbres, p. 122. — Chaillot. p. 132.— La Chaussée d'Antin. le boulevard des Italiens, p. 149. — Les rues Saint-Denis et Saint-Martin, p. 158. — La place du Carrousel, p. 166. — Place de Grève, Hôtel-de-Ville, p. 174. — La Bastille, le faubourg Saint-Antoine, p. 188. — Palais et jardin du Luxembourg, p. 230. — Le Palais-Royal, le Théâtre-Français, le café de la Paix, p. 249. — La police correctionnelle, p. 277. — Les restaurants, p. 296.

676. — Paris et Londres comparés par M. Amédée de Tissot. — *Paris, A.-J. Ducollet, 1830, in-8, 179 p.* [Bibl. nat., Lk⁷ 6190.] [Carn., 1738.]

Proposition d'une nouvelle espèce de pavé, au moyen duquel il n'y aurait ni boue ni poussière. — Projets pour l'assainissement. — Abus dans les hôpitaux. — Les portiers et les domestiques. — Projet d'embellissement et d'utilisation pour la place de la Concorde et les Champs-Elysées, etc.

677. — Scènes populaires dessinées à la plume, par Henry Monnier. **Ornées d'un portrait de M. Prudhomme [sur le titre] et d'un facsimilé de sa signature [sur le faux-titre].** — *Paris, Levavasseur, Urbain Canel, 1830, in-8, xiv-208 p. 6 lithogr.* [Carn., 17573.]

Edition originale de cet ouvrage célèbre. Pour le collationnement du volume, il faut faire attention qu'un feuillet qui se trouve après la page xiv ne compte pas dans la pagination. Ce feuillet contient les « Titres des scènes ». Ce sont : Le Roman chez la portière, La Cour d'assises ; L'Exécution ; Le Dîner bourgeois ; La Petite fille ; La Grande dame. (En tout, six scènes.) Une seconde édition, augmentée de deux scènes et de deux vignettes, a paru en 1831 chez les mêmes éditeurs. Les deux scènes ajoutées dans cette édition sont intitulées : La Victime du Corridor ; et Précis historique de la Révolution, de l'Empire et de la Restauration. Je crois que la célébrité d'Henry Monnier me

dispense d'entrer dans plus de détails au sujet de ces immortelles créations qui resteront le modèle du genre.

La Littérature française contemporaine cite deux éditions : l'une, *Paris, Dumont, 1835-39, 4 vol. in-8* et l'autre, *Paris, Hetzel, 1846, 2 vol. in-8.*

Des éditions plus récentes ont été publiées en 1864 et en 1879 ; voyez ci-dessous les nᵒˢ 1093 et 1273.

678. — H. de Balzac. **Traité de la vie élégante.** — *Paris, Librairie Nouvelle, 1853, in-18, 87 p.* [Carn., 9847.]

Aphorismes sur la mode, la toilette, la vie de société, etc. Cet opuscule a été publié en octobre-novembre 1830 dans *La Silhouette*, ou en août et septembre de la même année dans *La Mode*. L'édition ci-dessus est la seule qui le contienne à l'état isolé, mais il a été réimprimé dans les « OEuvres complètes » de Balzac, *Michel Lévy*, 1870, *in-8*, tome XX, p. 477.

Je dois profiter de l'occasion qui m'est offerte ici pour parler de notre grand romancier : j'ai cru devoir écarter de mon travail l'indication de toutes ses œuvres d'imagination, bien qu'elles puissent fournir un grand nombre de traits de mœurs parisiennes ; mais ma bibliographie n'est pas une bibliographie romancière.

Il faut cependant que je rappelle que l'on a réimprimé dans les tomes XX et XXI de l'édition définitive de ses OEuvres (*Michel Lévy, édit., in-8°*), un grand nombre d'essais, de chroniques, d'esquisses et de croquis fantaisistes dont plusieurs sont autant de documents moraux très importants pour l'époque avoisinant les années 1830-1840. Ces deux volumes en contiennent une table détaillée.

Il faut aussi consulter l'ouvrage de M. A. Parran, intitulé : « Romantiques. Editions originales... H. de Balzac » (*Paris, Rouquette, 1881, in-8, 54 p.*)

679. — Voyage à Paris, ou Esquisse des hommes et des choses dans cette capitale ; par le marquis Louis Rainier Lanfranchi, **chevalier de l'ordre de Saint-Etienne.** — *Paris, veuve Lepetit, 1830, in-8, 2 f. et 489 p.* [Bibl. nat., Lk⁷ 6189.] [Carn., 2915.]

Le pseudonyme qui se lit sur le titre de ce volume cache le nom du baron de Lamothe-Langon. Quérard, en donnant cette indication, ajoute que ce livre a été refait en grande partie par L'Héritier, de l'Ain.

Il y a des exemplaires en papier vélin.

« N'imaginez pas que, méticuleux *Cicerone*, dit l'auteur (p. 3), je veuille faire passer sous vos yeux tous les recoins de la grande cité, que j'aille vous montrer en détail ses rues, ses quais, ses places, ses boulevards, ses palais, ses églises ; que je vous décrive ses monuments, que je vous retrace son histoire ; des volumes n'y suffiraient pas..... Ce ne sera qu'en passant... Ce sont surtout les mœurs et les coutumes parisiennes que je dois m'attacher à vous peindre : je vous parlerai fort au long des hommes et des choses. Il n'est pas donné à tout le monde d'être spirituel, mais je

serai véridique, je serai exact, voilà l'essentiel ».
Cet ouvrage est divisé en trente-quatre cha-
pitres. En voici un aperçu ;
II. Aspect général de Paris. Division morale.
Les mœurs de chaque quartier. — III. Comédie-
Française. Acteurs. — IV. Du romantisme. —
V. Une soirée chez un homme de lettres. Per-
sonnalités littéraires. — VII. Le musée du
Luxembourg. — VIII. Paris au physique et au
moral. Climat. Le parapluie. Les rues. Bouti-
quiers. — X. Les arts. — XI. Les femmes.
Modes. Femmes entretenues. Tables d'hôte.
Enterrements. — XII. Personnalités féminines.
— XIII. Palais-Royal.—XVI. Idées sur la sculp-
ture. Monuments divers.—XVII-XVIII. La cour.
—XIX et XXVII. Comédie-Française. Auteurs et
Comédiens. — XXI. Une soirée chez Madame***.
Curieuse étude sur plusieurs personnages du
temps. — XXIII. Le musée du Luxembourg. —
XXV. L'Opéra. — XXX. L'Académie française.
— XXXII. La société. — XXXIII. Monuments di-
vers.

680. — Mœurs parisiennes. Un
lundi à la barrière du Mont-Parnasse.
Scène populaire. — *Paris, imp. Her-
han,* 1831, *in*-8, 8 *p.* [Bibl. nat., Li³ 277.]

Canard populaire dans lequel on trouve une
scène de mœurs interlopes assez curieuse.

681. — Paris en province et la
province à Paris, par Mme G^tte Du-
crest, auteur des « Mémoires sur
l'impératrice Joséphine », suivi du
« Château de Coppet en 1807 », nouvelle historique, ouvrage posthume
de Mme la comtesse de Genlis. Troisième édition. — *Paris, Ladvocat,*
1831, 3 *vol. in*-8, xvi-430, 412 *et*
376 *p.* [Bibl. nat., Li³ 128.] [Carn.,
2917.]

Il y a un peu de tout dans ces trois volumes ;
les sujets ne sont qu'effleurés, mais on y trouve
quelques anecdotes curieuses. Je ne pense pas
qu'il soit utile d'entrer dans plus de détails au
sujet du contenu de cet ouvrage qui, en outre
des tables de chapitres, contient un index
alphabétique des noms qui y sont cités.
La première édition avait paru la même année que celle-ci. Je suis persuadé, du reste, que
la mention « Troisième édition » n'est qu'une
supercherie destinée à faire croire à un succès.

681 bis. — Briefe aus Paris, von
einem Verstorbenen. Herausgegeben
von C. S. — *Zurich, C. Schmidt,*
1878, *in*-8, 280 *p.* [Bibl. nat., Lb⁵¹
5113.] [Carn., 14499.]

Le volume comprend la première partie d'une
série de lettres écrites de Paris, par un jeune
Allemand, pendant les années qui suivirent la
Révolution de Juillet. Elles contiennent des
détails intéressants sur la vie et les mœurs de
Paris pendant cette époque.

682. — Erinnerungen aus dem
Leben eines Deutschen in Paris. Von
G.-B. Depping. — *Leipzig, Brockhaus,*
1832, *in*-12, xiv-518 *p.* [Carn., 10643.]

« Souvenirs de la vie d'un Allemand à Paris »
de 1803 à 1830.
L'auteur s'est fait naturaliser Français en 1827 ;
son ouvrage n'a jamais été traduit.

683. — Erinnerungen aus Paris
im Jahr 1831. Von einem Süddeut-
schen. — *Stuttgard, C. Schweizer-
barts Verlagshandlung,* 1832, *in*-8,
vi-323 *p.* [Bibl. nat., Lb⁵¹ 4678.]
[Carn., 12292.]

« Souvenirs de Paris en 1831. Par un Allemand
du sud ».
Ce petit volume a été rédigé par un homme
« d'une certaine importance politique » comme
l'auteur le dit dans sa préface. Aussi la plus
grande partie de l'ouvrage est-elle consacrée
aux événements politiques et aux divers personnages qui ont joué un rôle marquant pendant
les dernières années de la Restauration et au
commencement de la monarchie de Juillet.
L' « Allemand du sud » ne dissimule pas son
attachement pour les nouvelles idées libérales
et avancées ; il se nommait Frédéric Seybold,
d'après une note ms. sur l'ex. de la Bibl. nationale.

684.— A Residence in France, with
an excursion up the Rhine, and a
second visit to Switzerland. By J. Fe-
nimore Cooper, esq. ... — *London,
Richard Bentley,* 1836, 2 *vol. in*-8,
xi-300 *et* xi-312 *p.* [Carn., 2924.]

En forme de lettres. Les huit premières seulement (p. 1-185 du 1er vol.) se rapportent à
Paris et sont datées de 1832. La première lettre
est consacrée aux personnages politiques de l'é-
poque avec quelques indications rétrospectives
sur la Révolution. — La seconde lettre contient de nombreux détails sur l'épidémie cholé-
rique. — Les lettres III-V sont politiques. —
Les lettres VI et VII contiennent plus spécialement les aperçus du voyageur sur Paris, ses
monuments, ses habitants, etc.
Ouvrage intéressant. D'après la *Littérature
française contemporaine* (t. III, p. 60, n° 13) il
y a une édition de *Paris, Baudry ou Galignani,*
1836, *in*-8. [Bibl. nat., L⁵⁰ 64]. Il a été traduit
en français par Defauconpret (Voy. *ibid.,* p. 62,
n° 49).
Cf. aussi « Souvenirs d'Europe. France ; par
J.-Fen. Cooper ». *Paris, Gosselin,* 1838, 3 *vol.
in*-12. [Bibl. nat., L²⁹ 42.]

685. — L'Ermite au Palais ; mœurs
judiciaires du dix-neuvième siècle,
faisant suite à la Collection des
mœurs françaises, anglaises, italiennes, espagnoles, etc. ; par l'auteur

des «Mémoires d'un page». — *Paris,
Verney ; Guyot,* 1832, 2 vol. *in-*12,
236 *et* 256 p., *plus les titres.* [Bibl.
nat., Li³ 131.]

Tous les types qui, de près ou de loin,
touchent au Palais et au monde judiciaire, sont
étudiés et dépeints d'une façon intéressante
dans cet ouvrage, qui est d'EMILE MARCO DE
SAINT-HILAIRE.

686. — L'Époque sans nom.
Esquisses de Paris. 1830-1833. Par
M. A. BAZIN. — *Paris, A. Mesnier,*
1833, 2 vol. *in-*8, 2 f.-VI-307 p. *et*
2 f.-323 p. [Bibl. nat., Lb⁵¹ 28.]
[Carn., 9927.]

Excellent ouvrage dans lequel ce littérateur
bien connu a consigné une quantité de curieuses
observations.
Extrait de la table. Tome I : Le bourgeois de
Paris. — L'émeute. — Mayeux. — Les Tuileries. — Le Luxembourg. — La Bourse. — Le
Palais-de-Justice. — L'Institut.
Tome II. Les églises. — Le quartier Saint-
Jacques et la Chaussée d'Antin. — Les spectacles.
— Les boulevards. — La place Royale et le
Palais-Royal. — Le jour de l'an. — Le choléra.
— Le flâneur.

687. — Paris malade, esquisses du
jour. Par EUGÈNE ROCH. — *Paris,
Moutardier,* 1832-1833, 2 vol. *in-*8,
436 *et* 384 p. [Bibl. nat., Li³ 130.]
[Carn., 4481.]

Le premier volume ne porte pas d'indication
de tomaison.
L'auteur a eu l'idée de tracer le tableau de la
vie exceptionnelle où la présence du choléra
avait jeté la capitale. Ses « esquisses » consistent en scènes dialoguées dans lesquelles sont
étudiées les mœurs de cette malheureuse époque.

688. — Physiologie du ridicule,
ou Suite d'observations par une
société de gens ridicules. Troisième
édition. — *Paris, Ch. Vimont,* 1833,
2 vol. *in-*8, 2 f.-IV-286 *et* 2 f.-252 p.
[Carn., 5565.]

Cet ouvrage spirituel et intéressant est de
Mᵐᵉ SOPHIE GAY; il a été réimprimé en 1864
avec le nom de l'auteur.
Cette mention « Troisième édition », avec la
date de 1833, me semble une supercherie; la
première édition avait paru cette même année.

689. — Promenade gastronomique
dans Paris, présentant un tableau
fidèle, anecdotique et comique des
faits et gestes des cuisiniers et cuisinières de tous les étages, ainsi que
des traiteurs, restaurateurs, consom-

mateurs, etc. Par un amateur.
Ouvrage orné de six gravures. —
Paris, Dondey-Dupré, 1833, *pet. in-*12,
XXIII-171 p., 6 fig. [Bibl. nat., Li¹⁴ 7.]
[Carn., 2971.]

Par THÉVENIN.
Tableau moral des établissements culinaires
de la capitale. Intéressant et rare.

690. — Soirées joyeuses et galantes
du Palais-Royal et de ses environs,
ou Tableau des aventures amoureuses
délicates et funestes qui s'y renouvellent chaque jour ; publié par M. DE
SAINT-LAURENT, témoin oculaire et
habitant ce délicieux séjour. — *Paris,
Terry,* 1833, *pet. in-*12, 140 p. *et* 1
planche coloriée à double sujet. [Carn.,
14964.]

La première édition de cet ouvrage, qui est
probablement de P. CUISIN, avait paru en 1815.
(Voy. ci-dessus le n° 522.) La planche, qui dans
cette nouvelle édition est très grossière et mal
coloriée, n'est pas la même que celle qui se
trouve dans la première.

691. — Paris, ou Le Livre des
cent-et-un. — *Paris, chez Ladvocat,
libraire de S. A. R. le duc d'Orléans,*
1831-1834, 15 vol. *in-*8. [Bibl. nat.,
Li³ 129.] [Carn., 2918.]

Trois volumes portent la date de 1831 ; six,
celle de 1832 ; quatre, celle de 1833 ; et deux,
celle de 1834. Le dernier volume n'a été mis en
vente qu'au commencement de 1832.
Les trois premiers volumes ont été réimprimés ; ils portent sur le faux-titre la mention
« Seconde édition », et sont datés de 1832, cette
seconde édition est en tous points semblable à
la première.
Ce recueil est, comme on le sait, composé
d'une série d'articles rédigés par l'élite des littérateurs du temps.
On trouve en tête du premier volume un
avertissement du libraire, dans lequel il est
parlé des « circonstances fâcheuses » dans lesquelles il se trouve, et à la suite desquelles divers écrivains ont résolu de venir à son secours
en lui fournissant les chapitres qui devaient
composer l'ouvrage intitulé : « Le Diable boiteux à Paris, ou Paris et les mœurs comme elles
sont ». Un prospectus avait annoncé l'ouvrage
sous ce titre ; mais au dernier moment les auteurs décidèrent que le titre définitif serait :
« Paris, ou Le Livre des cent-et-un ». Le libraire
Ladvocat avait rendu service à plus d'un
homme de lettres, particulièrement à ceux du
clan romantique : chacun rivalisa de zèle et la
matière ne lui manqua pas.
L'ouvrage devait d'abord n'avoir que dix volumes ; on alla jusqu'à quinze (Voy. l'avertissement du t. XI.) — Mais on peut y joindre une
publication d'un genre exclusivement littéraire,

« Les Cent-et-une nouvelles », qui eut peu de succès, et dont il est parlé dans l'article suivant.

« Le Livre des cent-et-un » ne contient qu'une planche hors texte, en tète du tome XIII ; de plus, dans le tome XV, se trouve une grande planche reproduisant le fac-similo des signatures de tous les auteurs qui, à l'origine, avaient si généreusement promis leur concours au libraire Ladvocat.

Un très petit nombre d'articles de cet ouvrage ont été publiés à l'état de tirage à part.

Un amateur parisien m'a assuré qu'il existait une contrefaçon belge du « Livre des cent-et-un » ; je manque absolument de renseignements sur cette édition que je n'ai jamais vue, et j'ai le regret de n'être pas mieux renseigné sur les contrefaçons publiées sous les rubriques *La Haye* ou *Francfort*, contrefaçons dont l'existence n'est cependant pas moins certaine.

C'est ici le lieu de rappeler que M. Darthenay a publié dans *Le Figaro* (n⁰ˢ 556, jeudi 14 juin 1860, à 561, dimanche 1ᵉʳ juillet 1860) une biographie de Ladvocat ; on la dit intéressante et bien faite.

Tout Paris se trouve passé en revue de la façon la plus intéressante dans « Le Livre des Cent-et-un » ; quelques-uns des chapitres de cet ouvrage sont purement littéraires ; j'ai cependant cru devoir donner *in extenso* le détail de chacun d'eux, avec les noms d'auteurs, car si ces chapitres ne se rapportent pas à l'histoire physique ou morale de Paris, ils se rapportent du moins directement à son histoire littéraire : le lecteur pourra en juger.

Tome I. — Asmodée, par JULES JANIN. — Le Palais-Royal, par EUGÈNE ROCH. — Le bourgeois de Paris, par A. BAZIN. — Le Jardin des Plantes, par BARTHÉLÉMY et MÉRY. — Une maison de la rue de l'Ecole-de-Médecine [la maison de Marat], par GUSTAVE DROUINEAU. — Le Bibliomane, par CH. NODIER. — Les soirées d'artistes, par A. JAL. — La Conciergerie, par PH. CHASLES. — Les bibliothèques publiques, par P.-L. JACOB, bibliophile. — A M. de Chateaubriand, par BÉRANGER, — A M. de Béranger, par CHATEAUBRIAND ; — L'ingratitude politique, par JOUY. — Une fête aux environs de Paris, par CH.-P. DE KOCK. — Une première représentation, par MERVILLE. — La Morgue, par LÉON GOZLAN. — Une maison du Marais, par HENRY MONNIER. — L'Abbaye-aux-Bois, par Mᵐᵉ la duchesse D'ABRANTÈS. — Une fête au Palais-Royal, juin 1830, par M. DE SALVANDY.

Tome. II. — La Chambre des députés, par A. BAZIN. — Candidats académiques et politiques, par NEPOMUCÈNE LEMERCIER. — Un voyage en omnibus, par ERNEST FOUINET. — Les Enfants-Trouvés, par ANDRÉ DELRIEU. — Le salon de La Fayette, par AUG. LUCHET. — Des soirées littéraires ou les poètes entre eux, par SAINTE-BEUVE. — Polichinelle, parCH. NODIER. — L'abbé Châtel et son église, par J. JANIN. — Charlatans, jongleurs..., par POMMIER. — Un atelier (de peintre) de la rue de l'Ouest, par CORDELIER-DELANOUE. — Le cocher de cabriolet, par AL. DUMAS. — Les deux saint-simoniens, par le comte ALEXIS DE SAINT-PRIEST. — Un conseil de discipline de la garde nationale, par CH. DUPEUTY. — Un bal chez le comte d'Appony, par Mᵐᵉ la comtesse DE BRADI. — Les musiciens, par CASTIL-BLAZE. — Les gens de lettres d'autrefois, par KÉRATRY.

Tome III. — Un duel, par VICTOR DUCANGE. — Les jeunes filles de Paris, par BOUILLY. — Les Béotiens de Paris (voy. aussi dans le t. V), par LOUIS DESNOYERS. — Les prix Montyon, par ANDRIEUX. — La nuit de Paris, par EUGÈNE BRIFFAULT. — Le juste milieu et la popularité, par FÉLIX BODIN. — La cour d'assises, par J. BOUSQUET. — Les comédiens..., par CASIMIR BONJOUR. — La Barrière du Mont-Parnasse, par MAX. DE VILLEMAREST. — Un élève de David, par Mᵐᵉ MARCELINE VALMORE. — Une séance de sourds-muets, par PAULMIER. — Paris, ville de garnison, par L. MONTIGNY. — La cour de France en 1830, par E. MENNECHET. — Les petits métiers, par J. JANIN. — Les Tuileries, par CHATEAUBRIAND. — Nécrologie (Mayeux), par A. BAZIN. — Les révolutions, par A. DE LAMARTINE.

Tome IV. — Vincennes, par M. DE PEYRONNET. — Les semainiers du Théâtre-Français chez le ministre de l'intérieur, par A. DE LA VILLE. — Une maison de la Cité, par ERNEST FOUINET. — Les monuments expiatoires, par CH. NODIER. — L'église, le temple et la synagogue, par l'Ermite de la chaussée d'Antin (JOUY). — Les fêtes publiques à Paris, par AMÉDÉE POMMIER. — Le cimetière du Père-Lachaise, par EUGÈNE ROCH. — L'ouvreuse de loges, par PAUL DAVID. — Une maison de fous, par JACQUES ARAGO. — Les trois lectures, par Mᵐᵉ SOPHIE GAY. — Sainte-Pélagie par ARMAND MARRAST. — L'apprenti journaliste, par ALEX. DUVAL. — Constantinople par MICHAUD. — Paris, par A. BAZIN. — L'archevêque de Paris, par ALEXANDRE SOUMET.

Tome V. — Une matinée aux Invalides, par EMILE DESCHAMPS. — Les jeunes personnes sans fortune à Paris, par Mˡˡᵉ VICTORINE COLLIN. — De la barbarie de ce temps, 1832, par DELÉCLUZE. — Monsieur de Paris, par JAMES ROUSSEAU. — Les amitiés littéraires en 1831, par le marquis DE CUSTINE. — Les convois, par P.-F. TISSOT. — Une visite à Charenton, par MAURICE PALLUY, directeur. — Les migrations du port Saint-Nicolas, par Mᵐᵉ AMABLE TASTU. — La manie des albums, par HENRY MONNIER. — Un café de vaudevillistes en 1831, par FÉLIX PYAT. — Paris il y a mille ans, par SAINT-MARC GIRARDIN. — Les naturalistes français, par GOETHE (Traduct. de M. Bohtlingk). — Les maisons de jeu, par le comte ARMAND D'ALLONVILLE. — Le compositeur typographe, par BERT. — Les Béotiens de Paris (Deuxième article, voy. ci-dessus, t. III), par LOUIS DESNOYERS. — Le théâtre Montansier, par J.-T. MERLE. — Le choléra morbus à Paris, par A. BAZIN. — Les obsèques de M. Cuvier, par JOUY, GEOFFROY-SAINT-HILAIRE, VILLEMAIN et ARAGO.

Tome VI. — Les monuments d'Italie à Paris, par le baron CH. DUPIN. — Les Catacombes, par NESTOR DE LAMARQUE. — Les gens de lettres d'aujourd'hui, par DE KÉRATRY. — Le Parisien en mer, par EUGÈNE SUE. — Le flâneur à Paris, par *un flâneur*. — Les demoiselles à marier, par RÉGNIER DESTOURBET. — La journée d'un journaliste par GUSTAVE PLANCHE. — L'église des Petits-Pères, par Mᵐᵉ ELISE VOÏART. — La vie d'un député, par VIENNET. — Les grisettes à Paris, par ERNEST DESPREZ. — Une audience de justice de paix, par ALPHONSE FRANÇOIS. — La place Louis XV, par N.-A. DE SALVANDY. — Les tables d'hôte parisiennes, par L.-D. DERVILLE (Louis DESNOYERS). — Le mélodrame, par GUILBERT DE PIXÉRÉCOURT. — Les vices à la mode,

fois et ceux d'aujourd'hui, par Mˡˡᵉ Léontine de Médine. — Les paysans des environs de Paris, par Mˡˡᵉ Victorine Collin. — La rue Saint-Honoré, par Lottin de Laval. — Le Temple, par N. Brazier. — Les créoles à Paris, par Sidney Daney. — Le monde à Paris, par Charles Ballard. — Montfaucon, par Eugène de Monglave. — Un Parisien à Vienne, par le duc d'Abrantès. — Les pavés de Paris, par le comte F. de la Bouillerie. — Paris sous le Consulat ou un bal de fournisseur, par Max. de Villemarest. — Le conducteur de coucou, par Achille Jubinal. — Chaillot, par Jules Sand [Jules Sandeau]. — Nécrologie des Cent-et-un, par J. Janin.

Tome XV. — Passy, Boulogne et La Muette, par le général baron Couture. — Une infirmerie de prison, par Charles Chabot. — Anecdotes sur Napoléon, par J.-C.-F. Ladouchette. — Le retour du jeune créole, par Victor Charlier. — Une orgie politique, par Alexis Dumesnil. — La loterie royale, par E. Blase. — La fête de l'abbé Sicard, par Paulmier,... instituteur des sourds-muets. — Les amours de la Morgue, par Mᵐᵉ Du Tillet. — L'Hôtel Diesbach, ou les Polonais à Paris (1796), par Charles Forster (de Varsovie). — L'amateur d'exécutions, par J. Arago. — Les magasins de Paris, par Auguste Luchet. — Les déjeuners de Paris, par E. Pouyat. — Le Palais-Royal en 1670, par Jules Niel. — Tours et tourelles, par le comte Jules de Rességuier. — Paris à Dieppe, par Arthur Duplessis. — La nouvelle prison pour dettes, par Jules Mayret. — L'Opéra, par Eugène Briffault. — Epître à l'éditeur du « Livre des Cent-et-un », par Népomucène Lemercier, de l'Institut. — Discours de réception à l'Académie française, par Thiers.

692. — Les Cent-et-une Nouvelles nouvelles des Cent-et-un, ornées de cent-et-une vignettes dessinées et gravées par cent-et-un artistes. — *Paris, Ladvocat, 1833, 2 vol. in-8,* [Carn., 17576.]

Ce recueil de nouvelles est très curieux au point de vue littéraire parce qu'il contient, en édition originale, quelques écrits d'auteurs devenus célèbres. Il est vrai qu'il est tout à fait étranger à notre sujet, mais comme il se joint presque toujours au « Livre des Cent-et-un » je ne devais pas omettre de le mentionner.

693. — France, social, literary, political. By Henry Lytton Bulwer, esq. M. P. — *Paris, Baudry, 1834, in-8,* xxiii-326 *et* 31 *p., 5 tableaux.* [Carn., 2920.]

Le commencement du volume est plus spécialement consacré à la description de Paris ; viennent ensuite les observations sur les mœurs, puis des considérations historiques et politiques. Il y a une autre édition : *Paris, Galignani, 1834, in-12,* qui ne me paraît pas différer, quant au texte, de l'édition in-8. [Carn. 2920 *bis.*]

694. — Pétition qui doit être adressée à la Chambre des Députés par 50 mille jolies femmes de Paris, demandant la révocation des ordonnances qui leur font défense de sortir et demandant en outre qu'on en forme des légions armées pour voler à la défense de la patrie. — *Paris, imp. de Mᵐᵉ de Lacombe, S. D. (1834), feuillet in-4.* [Bibl. nat., Liˢ 130.]

Comparez les pièces citées ci-dessus, nᵒˢ 648 et ss.

695. — Nouveau Tableau de Paris au xixᵉ siècle. — *Paris, librairie de Mᵐᵉ Charles Béchet, 1834-1835, 7 vol. in-8.* [Bibl. nat., Li³ 132.] [Carn., 2919.]

La publication de ce recueil a évidemment été inspirée par le succès que venait d'obtenir, peu auparavant, « Le Livre des Cent-et-un ». Le « Nouveau Tableau de Paris » n'est pas moins important ni moins intéressant que son devancier. On remarque parmi les collaborateurs plusieurs écrivains de valeur.

Voici le contenu de chaque volume.

Tome I. — Esquisse historique, par H. Martin, p. 1. — Esquisse chorographique [par le même ?], p. 73. (Ces deux chapitres sont importants et curieux). — Paris port de mer, par L. Gozlan, p. 127. — Les grisettes, par P. de Kock, p. 169. — Les réformateurs du xixᵉ siècle. Saint-Simoniens; Enfantin; Phalanstériens; Charles Fourrier. L'abbé de Lamennais. L'abbé Chatel, Néo-Christianisme. M. Gustave Drouineau. Les Templiers, par Louis Reybaud, p. 181. — Le printemps à Paris, par F. Davin, p. 207. — Les bains publics, par E. Deschamps, p. 215. — Ecoles de natation, par Alphonse Karr, p. 239. — Une messe à Saint-Roch, par A. Luchet. p. 251. — Les maisons de jeu, par Ch. Reybaud, p. 269. — Les réverbères, par Maurice Alhoy, p. 297. — Comestibles, par Michel Raymond, p. 315. — Le marché aux vieux linges (au Temple) par d'Antonelle, p. 351. — Bibliothèques publiques, par A. de Vaulabelle, p. 363 (voy. aussi le vol. suiv.).

Tome II. — Bibliothèques publiques (suite), par le même (voy. aussi à la fin du vol. précédent), p. 1. — Le dimanche à Paris, par Ernest Desprez, p. 33. — Sainte-Pélagie (prison politique), par Th. Muret, p. 55. — L'avoué à Paris, par A. Altaroche, p. 75. — Les prisonniers pour dettes, par Maurice Alhoy, p. 103. Le chiffonnier, par N. Brazier, p. 135. — Les marchands de nouveautés (modes pour dames), par Frédéric Soulié, p. 147. — De la maison pénitentiaire des jeunes détenus, par Richard, p. 167. — Les bureaux de confiance (agents matrimoniaux, etc.), par Félix Pyat, p. 183. — Le boutiquier, par Michel Masson, p. 213. — La Salpêtrière ; aliénation mentale, par Albert des Etangs, p. 233. — Les comiques de Paris (acteurs), par A. Jal,

p. 263. — Les amateurs de vieux livres, par P. L. Jacob, p. 333. — Les bals champêtres en 1833, par A. Luchet, p. 367. — Paris nocturne. Les basses œuvres (vidanges), par B.-T. Duvergen, p. 395.

Tome III. — Les passions innocentes (plaisirs divers) à Paris, par Jules Janin, p. 1. — La Bourse, par Frédéric Soulié, p. 27. — Le Palais-Royal, par Cordelier-Delanoue, p. 57. — Les noms des rues, par le bibliophile Jacob, p. 75. — Le propriétaire, par Edouard Monnais, p. 111. — Les avocats de Paris, par Pinard, p. 132. — Les cris de Paris, par H. Martin, p. 157. — L'intérieur de la Chambre des Députés, par Un Député (signé : Léonard), p. 173. — L'école de peinture, 1800-1834, par A. Jal, p. 197. — Le Théâtre-Français, par Samson, p. 281. — Les deux boulevards, par L. Gozlan, p. 323.

Tome IV. — Les artistes par Félix Pyat, p. 1. — Les mendiants, par Alphonse Karr, p. 23. — Les hôpitaux et les hospices, par Maurice Alhoy, p. 31. — Les cafés et les estaminets, par James Rousseau, p. 53. — Les restaurants, par P. de Kock, p. 73. — Montfaucon, par J.-B. Duvergen, p. 87. — Les enseignes, par Merville, p. 109. — Le Mont-de-Piété, par J. Anthony, p. 129. — Le Cirque-Olympique, par A. Luchet, p. 147. — Les voitures publiques, par L. Huart, p. 161. — Les cours publics, par H. Fortoul, p. 183. — Notabilités littéraires, poètes, par Gustave Planche, p. 223. — Les promenades de Paris, par Raymond Brucker, p. 269. — Les jeunes gens de Paris, par H. de Balzac, p. 325. — L'Institut, par Charles Didier, p. 335.

Tome V (1835). — Les existences problématiques, par Frédéric Soulié, p. 1. — Imprimeurs, libraires, bouquinistes, cabinets de lecture, par Alphonse Karr, p. 63. — Les Invalides, par Ad. Jubinal. p. 77. — Les médecins de Paris, par Philarète Chasles, p. 105. — La presse parisienne, par Bert, p. 131. — Les promenades extérieures (Bois de Boulogne, etc., et la banlieue), par Ed. Monnais, p. 147. — La Chambre des Pairs, par Eug. Briffaut, p. 169. — Les quais, les ponts, les places, par Fréd. de Courcy, p. 203. — Les halles et marchés, par Bertheaud, p. 231. — Les barrières et guinguettes, par James Rousseau, p. 279. — Les bureaux de nourrices, par Michel Raymond, p. 307. — L'hiver à Paris, par L. Gozlan, p. 343.

Tome VI. — Les cultes, par Félix Pyat, p. 1. — Les théâtres, par Fréd. Soulié, p. 39. — Les passages, par A. Luchet, p. 97. — Les commissaires de police, par Altaroche, p. 115. — Le quartier latin, par Théod. Muret, p. 165. — Ecole et Faculté de médecine, par Prosper Lucas, p. 207. — Petites misères parisiennes, par J. Janin, p. 273. — Le langage à la mode, par Charles Dégleny, p. 291. — La domesticité, par Alph. Karr, p. 325. — Le plan de Paris (embellissements, etc.), par Raymond Brucker, p. 343.

Tome VII. — La demoiselle à marier, par Pigault Lebrun, p. 1. — Les tireuses de cartes, par E. Desprez, p. 17. — Les prisons, (La Force et la Conciergerie), par Chabot, p. 61. — Les feuilletonistes, par J. Arago, p. 107. — Le Palais de Justice, par Gaussuron-Despréaux, p. 129. — Les concerts d'amateurs, par Paul de Kock,

p. 177. — Les raffinés, les roués, les duellistes, par Alph. Leclerc, p. 197. — Les hôtels garnis (anonyme), p. 223. — L'instruction publique, par Durocher, p. 329. — La bureaucratie, par Manneville, p. 305. — Paris vu dans ses causes, par P.-L.-B. Caffe, p. 345. (Il existe un *tirage à part* de ce dernier chapitre.)

696. — Paris vu dans ses causes, par M. P.-L.-B. Caffe. Extrait du « Nouveau Tableau de Paris », tome septième. — *Paris, imp. Bourgogne et Martinet, S. D.* (1835), in-8, 23 p. [Bibl. nat., Li³ 133.]

Courtes considérations sur la moralité et la vie des Parisiens. Tirage à part du dernier article contenu dans le tome VII du « Nouveau Tableau de Paris » (nº 695).

---

697. — Portrait de Paris. Dialogue entre un diable boiteux et un diable tortueux, portant la parole au nom de tous les autres; par Sicard. — *Paris, l'auteur, 1835, in-8, 32 p.* [Carn., 2923.]

Dialogue en vers dans lequel on trouve un tableau physique, statistique et moral de Paris. Ouvrage peu important.

698. — Voyage à Paris. Poème-Bluette, dédié aux Pariphiles des départements et de l'étranger; par J.-J. P.... de L..... — *Paris, chez Renard, 1835, in-8, 36 p.* [Carn., 14996.]

Par Jacques Porchat, d'après une note manuscrite. En vers. Peu intéressant.

---

699. — Paris and the Parisians in 1835. By Frances Trollope... Second edition. — *London, R. Bentley, 1836, 2 vol. in-8, xv-418 et ix-412 p. Frontisp. et figures.* [Carn., 11361.]

Ouvrage du plus haut intérêt et qui mérite d'être recherché. Les figures (six dans chaque volume) sont curieuses. Mᵐᵉ Trollope a rédigé sa relation sous forme de lettres, au nombre de soixante-douze; voici un extrait très abrégé de la table :

Lettre III. Les jeunes gens de Paris. La jeune France. Rococo. — IV. Théâtre-Français. Mˡˡᵉ Mars. — V. Musée et salon annuel du Louvre. — VI. La société. — VIII. L'abbé Cœur. Sermon à Saint-Roch. — X. Longchamps. — XI. Concert Musard. — XII. Notre-Dame, l'Archevêché, l'Hôtel-Dieu. — XIV. Le jardin des Tuileries. — XV. La rue. — XVI. Les fêtes et les Champs-Elysées. — XXII. Le Père-Lachaise. — XXV. Chapelle expiatoire. Marchés aux fleurs de la Madeleine. — XXIX. Le dimanche à Paris. — XXXI. Le Louvre et les Gobelins. — XXXII. L'abbé Auzou. — XXXV. Soirée dansante. — XXXVI. Embellissements de Paris. — XXXVII. La Morgue. — XXXVIII. Opéra-Comique.

Dans le second volume :

XLV. Le P. Lacordaire à Notre-Dame.— XLVII. Le Palais-Royal. — LI. Les Parisiennes. — LII. Le Palais de Justice. La Sainte-Chapelle. — LV. L'Opéra. — LVI. L'abbé Deguerry. Bibliothèque Sainte-Geneviève. Saint-Étienne-du-Mont. Le Panthéon. — LVII. Grands diners. — LVIII. Les Enfants-Trouvés. — LXI. Jardin des Plantes. — LXII. Montmorency et Saint-Denis. — LXV. Boulevard des Italiens. Tortoni. La Madeleine. — LXVIII. Le marché des Innocents. — LXIX. La Monnaie. Le Musée d'artillerie. — LXX. Concert aux Champs-Elysées. — LXXII. La fin de la saison. Conclusion. Pour d'autres éditions, voyez ci-après.

700. — Paris an the Parisians, in 1835. By FRANCES TROLLOPE... — *Paris, Baudry,* 1836, 2 *vol. in-*12, XI-292 *et* VIII-287 *p.* [Bibl. nat., Lk⁷ 6219 A.] [Carn., 2921.]

Il y a, sous la même date, des exemplaires avec l'adresse *A. and W. Galignani.* [Bibl. nat. Lk⁷ 6219]. — Voyez l'article suivant.

701. — Paris et les Parisiens en 1835. Publié par Madame TROLLOPE. — *Paris, H. Fournier,* 1836, 3 *vol. in-*8, 376, 371 *et* 324 *p.* [Bibl. nat., Lk⁷ 6220.] [Carn., 2922.]

Traduit par M. J. COHEN. Voyez l'article précédent. Cette traduction a été contrefaite en Belgique, *Bruxelles, J.-P. Meline,* 1836, 3 *vol. pet. in-12.*

———

702. — Bemerkungen auf einem Ausflug nach Paris im Jahre 1835, gemacht von HERRMANN SCHLEGEL.... — *Altenburg, F. Gleich,* 1837, *pet. in-*8, 3 *f. et* 112 *p.* [Carn., 10709.]

« Observations pendant une excursion à Paris, en 1835, par HERRMANN SCHLEGEL. » Une centaine de pages d'observations assez sommaires sur Paris, ses monuments, ses théâtres, les mœurs et coutumes des habitants.

703. — Paris und die Rheingegenden. Tagebuch einer Reise im Jahre 1835, von DR. C.-G. CARUS.... — *Leipzig, G. Fleischer,* 1836, 2 *vol. in-*8, X-342 *et* VI-300 *p.* [Bibl. nat., Lk⁷ 6221.] [Carn., 12774.]

« Paris et les environs du Rhin. Journal d'un voyage fait en 1835. »

Le premier volume contient un portrait de G. Cuvier. Beaucoup de détails sur la médecine et les hôpitaux. L'ouvrage est écrit sous forme de lettres. La description de Paris occupe les lettres XII à XXII du tome premier, et I à IX du tome second.

704. — Paris wie es ist, oder Gemælde dieser Hauptstadt und ihrer næchsten Umgebungen, in Beziehung auf Topographie, Statistik, und geselliges Leben, mit besonderer Berüchsichtigung wissenschaftlicher Anstalten und Sammlungen. Nach authentischen Quellen dargestellt von Dr VICTOR LANG. — *Paris, Heideloff und Campe,* 1835, *in-*18, VI-364 *p.* [Bibl. nat., Lk⁷ 6209.] [Carn., 6493.]

« Paris tel qu'il est, ou Tableau de cette capitale et de ses environs, par rapport à la topographie, à la statistique et à la vie-sociale, et principalement par rapport aux établissements et collections scientifiques ; décrit d'après des sources authentiques, par le Dr VICTOR LANG. » Dans la préface, l'auteur a promis une deuxième partie qui semble n'avoir pas paru. Le petit volume de M. Lang est moins une description de Paris qu'un guide à l'usage des étrangers ; les indications qu'il donne sont assez sommaires.

705. — De Paris, et de quelques écrits qui s'y publient, par CLEMPBN. Réponse à la « Revue de Paris », à la « Revue des Deux-Mondes », etc., etc. — *A Amsterdam, chez L. Van der Vinne,* 1836, *in-*8, 106 *p. et* 1 *f. d'errata.*

D'après une note manuscrite que porte mon exemplaire, le véritable nom de l'auteur serait BRAND ESCHAUZIER, premier lieutenant d'artillerie. L'auteur de cette satire en prose prétend que la réputation intellectuelle et morale de notre capitale est usurpée et s'efforce de démolir cette réputation au profit de celle de son pays — la Hollande — prenant occasion de certains articles qu'avaient publiés les Revues auxquelles il prétend répondre.

706. — Petits Tableaux de mœurs, ou Macédoine critique et littéraire. Par CH. PAUL DE KOCK. — *Paris, Barba,* 1836, *in-*8, 242 *p. et* 1 *f. de table.* [Carn., 12862.]

Recueil très amusant de petites nouvelles, d'historiettes, etc. La première édition paraît avoir été publiée en 1825. (Voy. le n° 618.)

707. — Tableaux poétiques de Paris et de ses environs, par VOLNY L'HOTELIER. Dédiées à M. de Lamartine. — *Paris, Dauvin et Fontaine,* 1836, *in*-8, 3 *f.* et 244 *p.* , 3 *pl. lith.* [Carn., 11386.]

Le faux-titre porte : « Tome Ier ». Mais ce volume est le seul paru.

Ce recueil de vers — je ne veux pas l'apprécier, au point de vue littéraire — n'est guère intéressant pour l'historien parisien, malgré les notes qui terminent le volume et dans lesquelles on rencontre quelques particularités sur diverses localités des environs de Paris (Saint-Germain, ses environs, Marly, etc.).

708. — The American in Paris. By JOHN SANDERSON. — *Philadelphia, Carey et Hart,* 1839, 2 *vol. in*-12, 233 et 254 *p.* [Bibl. nat.,Lk⁷ 6236.][Carn., 2926.]

John Sanderson, né en 1783 près de Carlisle (Pensylvanie), est mort en 1844. On trouvera une notice sur cet écrivain spirituel et brillant dans « Griswold's prose writers of America ». — L'ouvrage ci-dessus est sa principale production ; il avait paru en 1838, in-12, sous le titre de « Sketches of Paris, in familiar letters to his friends, by an american gentleman ». Une troisième édition sous le même titre que celle de 1839 a été publiée en 1847, 2 vol. in-8.

Voici un aperçu de la table des matières d'après l'édition de 1839, qui est divisée en vingt-trois lettres datées de juin 1835-mai 1836.

Lettre II. Paris. Cris des rues. Saint-Roch. Les boulevards. Le logement. Manière de vivre. Le grand Opéra. Les jardins publics. Les guinguettes. La danse.

Lettre III., Les boulevards de la Madeleine, des Capucines, des Italiens. Cafés. Boulevard Montmartre. Petits métiers. Boulevard du Temple. L'Ambigu-Comique. Monsieur de Paris (le bourreau). Le café Turc. Les fontaines. Souvenirs de la Bastille. La Halle aux blés. Bicêtre. Boulevard Montparnasse.

Lettre IV. Le Palais-Royal. Politesse française. Rue Vivienne. Le plaisir de se promener dans les rues. Les cafés du Palais-Royal. Les Mille Colonnes. Véry. Dîners français. Le passé du Palais-Royal. La galerie d'Orléans. Le jeu. Les joueurs. Le roi et la reine.

Lettre V. Les Tuileries. Le jardin. Les statues. Les cabinets de lecture. La musique du roi. Considérations sur le jardin des Tuileries. Climat de la France.

Lettre VI. Les « Trois glorieuses ». Considérations politiques. Les attentats. Fieschi, etc.

Lettre VII. Le Jardin des Plantes. Les omnibus. Musée d'histoire naturelle. La cuisine française.

Lettre VIII. Saint-Cloud. Le Bois de Boulogne. La place Louis XV. La cour et les personnes royales.

Lettre IX. La Seine. Le Jardin des Plantes. L'île Saint-Louis. La Halle aux vins. La police. Le Palais de Justice. La Morgue. Les suicides. L'Hôtel de Ville. La place de Grève. Le Pont-

Neuf. Le quai des Augustins. L'Institut. La Tour de Nesles., Les bains Vigier. Le pont des Arts. La fête des blanchisseuses. Ecoles de natation pour les deux sexes. La Chambre des Députés. Place de la Révolution. L'Obélisque. Les Invalides. L'Ecole militaire. Le Champ-de-Mars.

Lettre X. Faubourg Saint-Germain. Quartier Latin. Musée Dupuytren. Etudiants en médecine. Logements. Détails divers. Restaurant Flicoteau. Cuisine ambulante. Pension bourgeoise. La société américaine à Paris.

Lettre XI. L'Observatoire. Le Val-de-Grâce. Les Enfants-Trouvés. Sœurs de charité. Maison d'accouchement. Place Saint-Jacques. Les Catacombes. Les Thermes de Julien. Hôtel et musée de Cluny. Rue des Postes. Anciens couvents. Le faubourg Saint-Marceau.

Lettre XII. Messe célébrée pour l'amiral de Rigny. Lacordaire à Notre-Dame. Sainte-Geneviève. Saint-Etienne-du-Mont. Saint-Médard. La Madeleine. Notre-Dame. Saint-Denis. Saint-Sulpice. Le clergé. Observation du dimanche.

Lettre XIII. Le Père-Lachaise. Les enterrements.

Lettre XIV. Le Louvre. Le Luxembourg. Manufactures de Sèvres et des Gobelins. Mœurs populaires. Peinture et Beaux-Arts.

Lettre XV. Les écoles. La littérature. L'éducation. Bibliothèques publiques. La justice. Le barreau. La médecine. L'Institut.

Lettre XVI. Cours pour les jeunes filles. Caractère des femmes. Leur instruction. Femmes auteurs. Ecrivains divers.

Lettre XVII. Les théâtres. Comédie-Française, Italiens. Opéra. Les Variétés. L'Odéon. Drames et vaudevilles. Auteurs. Le Diorama. Les concerts et la musique.

Lettre XVIII. Mœurs parisiennes. La Chaussée d'Antin. Le jour de l'an. Le carnaval. Réception à la cour. Bal à l'Hôtel-de-Ville. Un bal de charité.

Lettre XIX. Exécution de Fieschi. La Chambre des Députés. Eloquence française. Orateurs. La Chambre des Pairs. Eglise de la Madeleine.

Lettre XX. La fièvre du bal. Mascarades du carnaval. Bals masqués. Descente de la Courtille.

Lettre XXI. Soirées chez la duchesse d'Abrantès. La société. Mœurs féminines. Conseils sur l'étiquette. Les fumeurs. Le dîner.

Lettre XXII. Fête de Longchamps. Modes parisiennes. Concert spirituel. La femme à la mode.

Lettre XXIII. Les puits artésiens. Montmartre. Le donjon de Vincennes. Saint-Ouen. Saint-Germain. Marly. Versailles et Trianon. Courses à Chantilly. La fête du roi, feux d'artifice, illuminations, etc.

Il ne faut pas confondre l'ouvrage de SANDERSON avec celui qui est cité ci-dessous, n° 887. Le « Critical Dictionnary of english literature », par S.-A. Allibone, a justement commis cette erreur : après avoir énuméré différentes éditions de l'ouvrage de Sanderson, Allibone ajoute : « The American in Paris, in french, by J. Janin, 1438 ».

D'abord ledit ouvrage est en anglais, ensuite il n'a aucun rapport, sinon par le titre, avec celui qui est décrit dans le présent article.

709. — Paris im Jahre 1836. — *Stuttgart und Augsburg, J.-G. Cotta,* 1836, *pet. in-8*, VI-305 *p.*, 1 *plan.* [Carn., 10640.]

« Paris en 1836. »
Le volume contient une série de tableaux de la vie parisienne, de deux à quatre pages chacun ; les sujets les plus divers y sont traités et la description des monuments n'y occupe qu'une très petite place.

710. — Pariser Silhouetten gezeichnet von ADELBERT VON BORNSTEDT. Nebst einer aphoristischen Uebersicht der Monumentalgeschichte von Paris. — *Leipzig, O. Wigand,* 1836, *pet. in-8*, VIII-280 *p.* [Carn., 12291.]

« Silhouettes parisiennes dessinées par ADALBERT DE BORNSTEDT. Avec un aperçu sommaire de l'histoire monumentale de Paris. »
L'auteur a séjourné cinq années en France ; il s'élève contre les jugements défavorables portés par les Allemands sur Paris. Les articles qu'il consacre aux divers sujets traités dans le volume, sont des plus sommaires et se terminent par un résumé de l'histoire de Paris comprenant une vingtaine de pages.

711. — Descarnado, ou Paris à vol de diable, par F. DARSIGNY. — *Paris, Delaunay,* 1837, 2 *vol. in-8*, 304 *et* 342 *p.*, *plus* 1 *f. d'errata.* [Carn., 10758.]

Roman de mœurs. Composition dans le genre du « Diable boiteux ». Ce volume est intéressant et rare. — Le nom qui se lit sur le titre de ce volume est le pseudonyme de E.-F.-A. MACHART, qui fut avocat général à la cour d'Amiens et est mort en 1852.

712. — Salons célèbres, par Madame SOPHIE GAY. — *Paris, Dumont,* 1837, *in-8.* 2 *f. et* 368 *p.* [Carn., 10112.]

Edition originale. — Voyez l'article suivant.

713. — Salons célèbres, par SOPHIE GAY. — *Paris, Michel Lévy frères,* 1864, *in-18*, 2 *f. de tit., et* 265 *p.* [Bibl. nat., Li³ 287.]

Croquis rétrospectifs : Salon de Mᵐᵉ de Staël, de Mˡˡᵉ Contat, du baron Gérard, de la comtesse Merlin et de l'impératrice Joséphine. Deux autres chapitres qui ont pour titre, l'un « Un salon au mois de décembre », l'autre « Le célibat moderne », contiennent des tableaux plus généraux mais non moins intéressants.
La première édition de cet ouvrage est de 1837, voyez l'article précédent.

714. — Cartas á mis hijos, durante un viaje á los Estados Unidos, Francia é Inglaterra ; en los siete últimos meses de 1837. Par G. LOBÉ. — *Nueva-York, imprenta de don Juan de la Granja, S. D. (   ), in-12,* 272 *p. et* 1 *f. d'errata.* [Bibl. nat., G.]

Sur trente et une lettres que contient ce volume, neuf se rapportent à Paris ; ce sont les lettres 13-21 qui occupent les pages 76-179.
Aperçu de la table des matières :
Idée générale de Paris. Les Tuileries. Les boulevards. Les passages. Salubrité de Paris. Mœurs et caractère des Parisiens. Eglise de Saint-Roch. Le Bois de Boulogne. La société et la famille. Etablissements scientifiques. Les chemins de fer (Saint-Germain). Les théâtres : drame et musique. Personnalités et artistes. Le Palais-Royal, etc., etc.

715. — Histoire des salons de Paris. Tableaux et portraits du grand monde, sous Louis XVI, le Directoire, le Consulat et l'Empire, la Restauration et le règne de Louis-Philippe 1ᵉʳ. Par la duchesse D'ABRANTÈS. — *Paris, Ladvocat,* 1837-1838, 6 *vol. in-8*, [Bibl. nat., La³³ 6.] [Carn., 3101.]

Chaque « salon » a son histoire particulière. Voici le détail du contenu de chaque volume :

Tome I. Introduction (*intéressante*).— Madame Necker (1787). — Madame de Polignac. — Monseigneur de Beaumont, archevêque de Paris. — La duchesse de Mazarin. — L'abbé Morellet.

Tome II. Salon de madame Roland. — Madame de Brienne et le cardinal de Loménie. — La duchesse de Chartres, au Palais-Royal. — La comtesse de Genlis. — Le marquis de Condorcet. — La comtesse de Custine. — Madame de Montesson. — Madame de Staël.

Tome III. Salon de Robespierre. — Madame de Sainte-Amaranthe. — Bal des victimes (janvier 1795). — Barras. — François de Neuchâteau. — Madame de Staël sous le Directoire. — Séguin (an VII-VIII). — Lucien Bonaparte (1798).

Tome IV. Madame de Montesson. — Madame de Genlis, à l'Arsenal. — La Gouvernante Paris (1806-1814).

Tome V. L'impératrice Joséphine. — Cambacérès. — Duchesse de Bassano.

Tome VI. Salon de M. de Talleyrand. — Les princesses de la famille impériale. — Madame Récamier (1800). — Madame Regnault de Saint-Jean d'Angély. — La duchesse de Luynes.

716. — Paris, ou Nouvelle mission de Belphégor; satire suivie de notes critiques et anecdotiques, par P. FLA-MEN. — *Paris, Delaunay, 1838, in-8, 2 f. de tit. et 146 p., plus 1 f. de table.* [Carn., 1809.]

Mon exemplaire contient en plus huit pages chiffrées (189)-(196) contenant la « Liste de MM. les souscripteurs » et les « Errata ». Cette pagination fautive doit provenir d'une erreur typographique, car mon exemplaire me paraît complet; il est broché et dans sa couverture polychrome originale.
Cette satire se compose de douze pièces en vers : Un rêve. — Les cloaques. — L'omnibus. Les boulevards. — Les parvenus. — Les extrêmes se touchent. — Passage des Panoramas. — La Bourse. — L'Hôtel des Commissaires-Priseurs. L'Opéra. — La Bibliothèque. — Le Palais-Royal.
Je remarque que la liste des souscripteurs comprend en grand nombre le nom des personnes de la haute société. FLAMEN ne serait-il pas un pseudonyme?

717. — Paris. Revue satirique. A M. G. Delessert, préfet de police, par BARTHÉLEMY. — *Paris, Rossignol et Cie, 1838, in-8, 24 p.* [Carn., 1808.]

Détails intéressants sur l'aspect général de la ville, ses embellissements, etc.

718. — Souvenirs d'un voyage à Paris, par J. KNEPPELHOUT. 17 décembre 1838 - 24 février 1839. — *Leyde, P.-H. Van den Heuvell, 1839, in-8, 3 f. limin., VIII-156 p., 1 f. de table et un autre pour les errata.* [Carn., 2925.]

Considérations sur la littérature et quelques écrivains de l'époque. A signaler aussi, le court chapitre intitulé « Le Jour de l'an » et celui qui est consacré à la grande artiste Rachel.

719. — Briefe aus Paris von EDUARD DEVRIENT, Kœnigl. Preuss. Hof-Schaufpieler und Sänger. — *Berlin, Jonas, 1840, in-12, IX-299 p.* [Bibl. nat., Lk7 6245.] [Carn., 10641.]

« Lettres de Paris, par EDOUARD DEVRIENT, acteur et chanteur de la cour du roi de Prusse ».
Se compose de vingt-deux lettres datées des 20 mars-2 mai 1839.
Détails très étendus sur les théâtres de tous genres, sur les auteurs dramatiques et les acteurs et actrices (Victor Hugo, Alex. Dumas, Bocage, Rachel, Mélingue, Fréd. Lemaître). Diverses lettres contiennent des passages intéressants sur les monuments, les musées, les mœurs et coutumes, et la vie politique à Paris.

720. — Der Deutsche in Paris. Herausgegeben vom Verfasser des deutschen Studenten. — *Altona, Hammerich, 1838, 2 part. pet. in-8, XI-245 et VI-225 p,* [Carn., 12295.]

« L'Allemand à Paris, publié par l'auteur de l'Etudiant allemand. »
Ces deux volumes contiennent une série de tableaux de la vie parisienne; plusieurs de ces tableaux sont consacrés aux étrangers qui viennent séjourner en France, et particulièrement aux Allemands.

721. — Schilderungen aus Paris von EDUARD KOLLOFF. — *Hamburg, Hoffmann und Campe, 1839, 2 vol. pet. in-8, VI-414 et VI-354 p.* [Bibl. nat., Lk7 6235.]

« Tableaux de Paris par EDOUARD KOLLOFF. »
Le tome Ier, ainsi qu'une partie du tome II, contient une série de tableaux de la vie à Paris, donnant beaucoup de détails intéressants sur les établissements publics, le commerce et les diverses classes de la population.
Le tome II comprend, en outre, un appendice (p. 145-354) consacré presque entièrement à la description des monuments de Paris.

722. — Croquis des mœurs parisiennes, par PIERRE-PAUL COYARD. — *Paris, Renduel, 1839, in-8, 2 f. et 8 p. Vignette.* [Bibl. nat., Li3 135.]

Le premier feuillet consiste en une couverture qui sert de titre; le second en un *prospectus* dans lequel l'ouvrage est annoncé comme devant se composer de cinquante livraisons. Cette première livraison a pour titre : « L'Epicier ». C'est la seule que je connaisse et la seule aussi qui ait été annoncée par le « Journal de la librairie ».

723. — Le Monde et ses travers, ou Les Hommes et les choses du temps au XIXe siècle, par LOUIS GI-GAULT. — *Paris, Chamerot, 1839, 2 vol. in-8, XXIV-520 et 568 p.* [Carn., 11152.]

Ouvrage lourd, compacte et ennuyeux; peintures de caractères. Le deuxième volume se compose de considérations philosophiques assez indigestes. « Le Monde et ses travers » a obtenu une deuxième édition en 1842. J'ai peine à croire qu'il ne s'agisse pas d'un simple rajeunissement de l'ouvrage au moyen de nouveaux titres.

724. — Panthéon drolatique, ou Galerie pour rire, enrichie de portraits, esquisses, ébauches, silhouettes, pochades, croquis de tous les personnages célèbres sur le pavé de Paris. Recueil composé à temps

perdu, par M. Bonœil, homme de loisir et syndic des flâneurs. — *Paris, chez les marchands de nouveautés*, 1839, *in*-32, 268 *et* 286 *p.* [Carn., 1508.]

Recueil facétieux assez amusant. Les titres ne portent pas de tomaison.

725. — Paris au dix-neuvième siècle; recueil de scènes de la vie parisienne dessinées d'après Victor Adam, Gavarni, Daumier, Bouchot, Bourdet, Cicéri, Pruche, Lepoittevin, Provost, Lorentz, Rigo, Célestin Nanteuil, Devéria, Traviès, etc. 48 dessins et 200 vignettes sur bois, avec un texte descriptif par Albéric Second, Burat de Gurgy, Jaime, Emile Pagès, Emmanuel Gonzalès, etc. — *Paris, Bauger et Cie; Aubert et Cie; Delloye; Curmer; Martinon*, 1841, *in-folio.* 1 *f. de tit.*, 96 *p.*, 48 *planches et couvert. illustrée.* [Bibl. nat., Li³ 134, édition de 1839.] [Carn., 12847.]

Album intéressant [et devenu assez rare. La date de publication primitive est 1830; l'édition de 1841 n'a peut-être été donnée qu'au moyen de la simple confection de nouveaux titres.

726. — Les Embarras de Paris. Quel horrible fracas, quel tumulte, quel (*sic*) cris. Par J.-C. M., le flaneur. — *Paris, chez l'éditeur, S. D.* (1839), *in*-12, 12 *p.* [Carn., 1509.]

Par J.-C Maldan. — Voyez l'article suivant.

727. — Première facétie. Les embarras de Paris. Quel horrible fracas! Quel tumulte! Quels cris! Par J.-C. Maldan. Deuxième édition. — *Paris, chez l'éditeur*, 1839. — Deuxième facétie. Chambres à louer. Moyens de payer son terme sans bourse déliée, en déménageant sans payer; petit traité à l'usage des locataires... Par J.-C. Maldan. — *Paris, chez l'éditeur*, 1840. — Troisième facétie. La garde nationale, ou 24 heures de service, contenant le récit sérieux, gai, moral philosophique et surtout très véritable de ce qui s'est passé dans un corps-de-garde de la capitale.; par J.-C. Mal-

dan. — *Paris, chez l'éditeur, rue des Marais-Saint-Germain*, 13, 1840, *in*-12. *Le tout formant 36 pages.*

Ces trois facéties (publication populaire) forment une seule brochure de 36 pages à pagination suivie. La première occupe les pages 1-12; la seconde, les pages 13-24; la troisième, les pages 29-36.

La première édition de la première facétie avait paru la même année (1839), in-12, sans nom d'auteur; voy. l'art. précédent. La première édition de la troisième facétie avait paru en 1831, in-8, 8 pages, sans date et sans nom d'auteur. Une deuxième édition (*Bordeaux, imp. Peletingeas*) fut publiée en 1831, et une troisième édition (*Toulouse, imp. J.-M. Corne*) en 1833. Comme la première édition, elles sont de 8 pages in-8°, anonymes et sans date. Ces premières éditions ne portent pas sur le titre la mention « Première... Troisième facétie ».

J'ai relevé dans le « Journal de la librairie », en 1838, l'annonce d'une autre brochure de Maldan, qui pourrait se joindre à celles-ci. Elle est intitulée : « Sûreté dans Paris. Plus de vols ni d'autres crimes pendant les nuits. La garde nationale au repos. La garnison paisible, l'emploi de 3 à 4,000 hommes. Le tout par un modique impôt de 5 centimes par jour sur les notables et les hôtels garnis de Paris ». (*Paris, chez l'éditeur, in*-12).

728. — Défi poétique. La province à Paris. Par J. Gustave Biers, de Villeneuve-sur-Lot. — *Paris, Ledoyen*, 1840, *in*-8, 11 *p.* [Carn., 6399.]

Réclamation et diatribe en faveur de la décentralisation littéraire. L'auteur voudrait :

..... rendre du Lot la Seine tributaire !

Il y a une deuxième édition publiée en 1841 sous le même pseudonyme que la pièce suivante.

729. — Paris. Ode, par un Charabia-Parisphobe de Villeneuve-sur-Lot. — *Paris, Ledoyen*, 1841, *in*-8, 20 *p.* [Carn., 6400.]

Par J.-G. Biers.

Même sujet que la pièce précédente. Entre la publication de ces deux brochures, il en a probablement paru une autre, dont le titre m'échappe et que je n'ai pu me procurer.

730. — De l'Élégance des mœurs françaises en 1670 et en 1840. — *S. L. (Arras), imp. Tierny. S. D.* (vers 1840), *in*-8, 24 *p.* [Bibl. nat., Li³ 137.]

Étude intéressante. L'exemplaire de la Bibliothèque nationale porte la signature manuscrite de l'auteur, signature que je crois lire ainsi : Cavel.

731. — Etudes physiologiques sur les grandes métropoles de l'univers. Paris. Par Gaétan Niépovié. — *Paris, Ch. Gosselin, 1840, in-8, 2 f. limin. et* IV-541 *p., plus 2 f., l'un pour la table, l'autre pour les errata.* [Carn., 2927.]

L'ouvrage est divisé en deux parties ; la première, intitulée « Dans la rue », contient huit chapitres : Une gouache de la ville de Paris. — Miroir de l'industrie française. — Palais-Royal. — Mouvement de Paris ; ses faits et gestes dans les rues. — Physionomie de l'émeute. — Paris la nuit.

La seconde partie, intitulée « Sous le toit », contient douze chapitres : Personnel, physionomie et caractéristique d'une pension bourgeoise à trois francs le cachet. — Causeries de table. — Paris au théâtre. — L'entr'acte à l'Opéra. — Théâtre-Français. — Opéra-Comique, etc. — Porte-Saint-Martin, le drame.

L'auteur de cet ouvrage est peut-être le colonel Frankowski, polonais au service de la Russie. Voy. Quérard, *Supercheries,* II, 1249, d.

732. — Lettres sur Paris, par F. G. — *Paris, Charpentier, septembre 1840, in-8, 30 p.* [Bibl. nat., Lk⁷ 6244.]

L'auteur — un Français dont je n'ai pu découvrir le nom — adresse à un ami, en Italie, deux lettres qui contiennent des observations assez fines sur les mœurs parisiennes.

733. — Les Lunes poétiques des deux mondes ; contemplations philosophiques, historiques, morales et religieuses, par P. Cuisin, ancien militaire, homme de lettres, auteur de divers romans et ouvrages d'éducation, membre honoraire de la Société française de statistique universelle, et conservateur du célèbre cabinet d'anatomie Dupont. Dédié à la jeune France. Orné de jolies gravures des premiers artistes. — *Paris, Le Bailly, 1840, gr. in-8, 224 p., y compris les titres, et 5 fig.* [Carn., 6679.]

Les cinq lithographies qui ornent ce volume sont assez curieuses.

« Les Lunes poétiques » sont un ouvrage très original qui, au milieu de considérations et de divagations philosophiques se refusant à toute analyse, contient quelques traits curieux assez intéressants ; plusieurs passages constituent même de curieux tableaux de Paris, et il est bon de les signaler.

734. — Mémoire présenté à l'Académie royale de Metz, sur cette question : Apprécier les avantages et les inconvénients de l'influence de la capitale sur le goût, les mœurs et le caractère de la nation ; et couronné dans la séance solennelle du mois de mai 1840. Par M. Em. Lefranc, ancien professeur de langue latine de Mgr le duc de Bordeaux... — *Paris et Lyon, Perisse frères, 1840, in-8, 53 p. et 1 f. de table.* [Bibl. nat., Li³ 138.] [Carn., 11943*; IV.]

Très curieux mémoire sur les différents aspects moraux de Paris, sur ces deux puissances : celle qui attire, et celle qui propage. — Les conclusions de l'auteur sont en faveur de la décentralisation.

Il faut joindre à cette brochure :

735. — Rapport sur le concours de 1840 fait à l'Académie royale de Metz, par M. Du Coetlosquet. — *Metz, S. Lamort, imprimeur, S. D. (1840), in-8, 16 p.* [Bibl. nat., Li³ 139.]

Voyez l'article précédent.

736. — Les Parisiens en 1840. D'officier à tambour, joies et douleurs de la garde nationale. — *Paris, chez les march. de nouv., 1840, in-18, 1 f. de tit. et 142 p. Vignettes ; couverture illustrée.* [Bibl. nat., Li⁵ 24.]

Publication populaire dont les vignettes, toutes grossières qu'elles soient, sont assez curieuses. — Je n'aurais pas cité ici ce volume qui rentre dans une série spéciale et n'appartient pas à celle des tableaux généraux de Paris, s'il ne semblait faire partie d'une collection qui se composerait de dix numéros et dont voici les titres :

1. De Dandy à voyou ; scènes de la vie élégante, ou pochades des faiseurs d'esbrouffe.

2. De Lionne à chameau ; mœurs des personnes qui n'en ont pas.

3. De Gamin à moutard ; espiègleries, bons tours, bons mots et naïvetés du premier âge.

4. Du Comptoir à l'atelier, mœurs des banquiers, commerçants, boutiquiers, ouvriers, etc.

5. De Haut en bas ou tout le monde en revue ; mise en action des diverses classes de la société.

6. De Voleurs à filous, ou les ruses et expédients de ces messieurs dévoilés.

7. De Juge à plaideur, ou le drame au tribunal.

8. D'Officier à tambour...

9. D'Archevêque à dévote ; peintures d'églises, de couvents, de sacristies, de cimetières.

10. Les Sept péchés capitaux, ou le diable fourré partout.

La publication de cette série, sous le titre général de « Les Parisiens en 1840 » était annoncée en 1840 ; je ne connais *de visu* que le n° 8 et j'ignore absolument si les autres ont paru.

737. — The Paris sketch book of
M. M.-A. TITMARSH, and little travels,
and road-side sketches. By WILLIAM
MAKEPEACE THACKERAY, with illustra-
tions... — *London, Smith, Elder et
C°*, 1879, *in*-8, XVI-336 *p., vignettes.*

Ce volume forme le tome XVI des œuvres
complètes de THACKERAY. La première édition a
paru en 1840; l'auteur était venu en France
en 1839.
La forme humoristique de cet ouvrage fait
qu'il échappe complètement à l'analyse, mais on
retrouve à chaque page la manière philosophique
et amusante du célèbre romancier anglais, son
observation incisive et délicate qui ont fait sa
notoriété.

738. — Drei Monate in Paris.
Briefe eines Idioten an einen alten
Waffenbruder. — *Dresden, J. Nau-
mann*, 1841, *in*-12, XVI-367 *p.* [Carn.,
12294.]

« Trois mois à Paris. Lettres d'un *idiot* à un
ancien compagnon d'armes ».
Ce volume se compose de cinq longues lettres
écrites en 1840 et consacrées presque exclusivement aux églises et à la vie religieuse à
Paris.

739. — L'An dix-neuf cent vingt-
huit. Scènes en vers, par A.-J.-J. DE
LA VILLE DE MIRMONT. — *Paris, A.
Allouard*, 1841, *in*-8, 2 *f. et* 390 *p.*

Scènes dialoguées contenant des tableaux de
mœurs et des traits de satire politique.

740. — Muséum parisien. Histoire
physiologique, pittoresque, philosophique et grotesque de toutes les
bêtes curieuses de Paris et de la
banlieue, pour faire suite à toutes les
éditions des œuvres de M. de Buffon.
Texte par M. LOUIS HUART. 350
vignettes par MM. GRANVILLE, GA-
VARNI, DAUMIER, TRAVIÈS, LÉCURIEUR
et HENRI MONNIER. — *Paris, Bauger
et Cie*, 1841, *gr. in*-8, 2 *f. de tit. et*
395 *p.* [Bibl. nat., Li³ 142.] [Carn.,
2941.]

Tous les types parisiens sont personnifiés et étudiés dans ce volume très amusant, véritable
ménagerie à laquelle ne manque pas un animal
plus ou moins sauvage, plus ou moins appri-
voisé.

— 741 —

PHYSIOLOGIES

En 1840, plusieurs éditeurs parisiens ont commencé à publier sous le titre de *Physiologie* des
ouvrages d'un format tout spécial et d'un genre
assez original, dus à la plume des meilleurs
écrivains de l'époque; ces petits volumes contiennent presque tous des illustrations signées
de différents artistes tels que Daumier, Gavarni,
Meissonnier, Henri Monnier, Trimolet, etc., etc.
Ces illustrations sont généralement intercalées
dans le texte ou bien se trouvent sur la couverture du volume.
La plupart de ces ouvrages sont intéressants
et leur collection complète est de la plus grande
rareté. J'en donne ci-après une description
détaillée pour la rédaction de laquelle j'ai dû
consulter trois ou quatre collections différentes,
sans avoir pu arriver à un achèvement absolu,
puisque, comme on le verra, j'ai été contraint
d'en citer cinq volumes d'après des indications
superficielles.
La liste que j'ai dressée se compose d'environ
cent trente de ces « Physiologies » en y comprenant, à titre exceptionnel, quatre ou cinq ouvrages qui, malgré un titre différent, rentrent, par
leur caractère, dans cette collection.
La publication des « Physiologies » devint à
un certain moment une véritable épidémie; ce
fut au point que l'on put chanter, sur l'air de
La Bonne Aventure :

> Semblables aux champignons
> Après une pluie
> On vit de ces embryons
> La ville remplie !
> Chose étrange à concevoir.
> Chaque homme voulut avoir
> Sa physiologie
> O gué !
> Sa physiologie.

Louis Huart a revendiqué la paternité de
l'invention de ces petits livres; il serait cependant possible que celle-ci dût être attribuée à
Jacques Arago. (Voy. la note du n° 839.)
Si je n'avais voulu rester exclusivement parisien, j'aurais pu grossir ma liste : il en fut
publié en province au moins une vingtaine dont
on ne trouvera pas les titres ci-dessous, non
plus que ceux de quelques « Physiologies » qui
furent publiées à une époque beaucoup plus
rapprochée de nous et qui n'ont, avec leurs
devancières, aucun rapport intrinsèque. Telle
est la « Physiologie du billard » publiée en
1860, etc.
Les vraies *Physiologies*, celles qui doivent
nous occuper, ont paru dans le format in-32,
in-16 ou in-18. Deux ou trois sont in-8° et, à
cause de cela pourraient être exclues d'une collection; j'ai cependant cru devoir les citer.
Nos « Physiologies » ont eu les honneurs de
la contrefaçon belge; faute de renseignements
complets, je n'ai pu donner des indications précises à ce sujet, excepté pour le n° 772, cette
indication m'ayant fourni un nom d'auteur. Certaines d'entr'elles ont été encore réimprimées
de nos jours à Bruxelles (*J.-B. Moens, éditeur*).
La Belgique n'a pas été seule à s'emparer des
« Physiologies parisiennes » : je possède un
exemplaire de la « Physiologie du viveur »
(n° 872. ci-dessous) traduite en russe (*Saint-
Pétersbourg, typographie du journal de Saint-*

Pétersbourg, 1843, *in-16*, 135 *p. Couv. illustrée*). Les vignettes de cette traduction sont exactement les mêmes que celles de l'original français. L'ouvrage a pour titre : « Phiziologiia vivera. (Lioubitelia naslajdeniia.) DJENSA ROUSSO. Risounki GENRIKHA BERTOU. » [« Physiologie du viveur.⸱(Plaisirs d'un amoureux.) Par JAMES ROUSSEAU. Dessins de HENRI BERTHOUD »]. Au dos de la couverture sont annoncés plusieurs ouvrages, parmi lesquels je dois citer : 1° la « Physiologie de l'homme marié » (n° 809, ci-dessous) : « Phiziologiia jenatago tcheloveka », par PAUL DE KOCK, avec 81 dessins de MARKL ; prix : 40 cop. arg. ; 2° la « Physiologie des théâtres de Paris et de la province » (n° 862, ci-dessous) : « Phiziologiia teatrov v Parije i v provintziiakh », par COUAILHAC, avec 80 dessins de Birouste ; prix : 40 cop. arg. D'après l'annonce, ces deux volumes portent, comme celui que je possède, la date de 1843.

À une époque postérieure à leur publication originaire, on a réimprimé quelques physiologies à l'état de recueil. (Voyez ci-dessous les n°⁹ 874 et 875.)

742. — Physiologie de **l'amant** de cœur, par MARC CONSTANTIN. — *Paris, Desloges*, 1842, *in-16*, 116 *p*. [Bibl. nat., Li⁶ 75.] [Carn., 2928*.]

743. — Physiologie des **amoureux**, par ET. DE NEUFVILLE. Illustrations de GAVARNI. — *Paris, J. Laisné*, 1841, *in-16*, 128 *p*. [Bibl. nat., Li⁶ 17.] [Carn., 2928*.]

Avec une préface par TH. POUPIN.

744. — Physiologie de l'**Anglais** à Paris, par CHARLES MARCHAL. — *Paris, Fiquet, S. D.* (1841), *in-32*, 127 *p. Vignettes*. [Bibl. nat., Li⁶ 45.] [Carn., 2928*.]

745. — Physiologie de l'**argent**, par un débiteur. Illustrations de LACOSTE et KOLB. — *Paris, Desloges*, 1841, *in-16*, 112 *p*. [Bibl. nat., Li⁶ 42.]

746. — Physiologie des **bals** de Paris, par CHICARD et BALOCHARD. Dessins par MM. LACOSTE et KOLB. — *Paris, Desloges*, 1841, *in-32*, 128 *p*. [Bibl. nat., Li⁶ 43.]

747. — Physiologie des **bals** de Paris et de ses environs, par M. E. DE CHAMPEAUX. — *Paris, Decaux*, 1845, *in-8*, 108 *p.*, 2 *planches lithogr*. [Bibl. nat., Li⁶ 116.]

Cet ouvrage a paru en trois livraisons qui comprennent le Bal Mabille, et le Nouveau Tivoli (Château-Rouge).

748. — Physiologie et hygiène de la **barbe** et des moustaches, par EUG. DULAC. — *Paris, C. Lachapelle*, 1842, *in-16*, 128 *p*. [Bibl. nat., Li⁶ 81.] [Carn., 2928*.]

749. — Physiologie des **barrières** et des musiciens de Paris, par E. DESTOUCHES. — *Paris, Terry, S. D.* (1842), *in-18*, 108 *p. Vignettes*. [Bibl. nat., Li⁶ 71.]

750. — Physiologie du **bas-bleu**, par FRÉDÉRIC SOULIÉ. Vignettes de JULES VERNIER. — *Paris, Aubert, S. D.* (1841), *in-16*, 110 *p. et 1 f. de table*. [Bibl. nat., Li⁶ 48.] [Carn., 2928*.]

751. — Physiologie du **billet doux**, par M. BRUNO DE FURCY. — *Paris, Bréauté ; Tresse*, 1840, *in-18*, 286 *p*. [Carn., 2928*]

Sans vignettes. Il y a des exemplaires qui portent sur la couverture imprimée la mention « Nouvelle édition », avec la date de 1841. C'est une supercherie.

752. — Physiologie du **blagueur**, par une Société en commandite. — *Paris, Garnier frères*, 1841, *in-16*, 122 *p. et 2 f. pour l'erratum et la table*. *Frontispice*. [Bibl. nat., Li⁶ 13.]

753. — Physiologie du **Bois de Boulogne**, par EDOUARD GOURDON. — *Paris, Charpentier*, 1841, *in-16*, 105 *p. et 1 f. de table*. [Bibl. nat., Li⁶ 10.] [Carn., 1467.]

754. — Physiologie du **bon vivant**. Edition illustrée. — *Paris, Lebailly*. 1845, *in-18*, 106 *p*. [Bibl. nat., Li⁶ 117.]

Publication populaire.
Il y a une autre édition : *Avignon, Offray aîné, S. D.* (1847), *in-12*, 106 *p*.

755. — Physiologie du **bonbon**, par JACQUES ARAGO. — *Paris, imp. de* Mme *Dondey-Dupré*, (1842,) *in-64*.

D'après le « Journal de la Librairie ». — Cf. ci-dessous, n° 823.

756. — Physiologie du **boudoir** et des femmes de Paris ; par L. DE CHAUMONT. Dessins par LACOSTE. — *Paris*,

chez l'éditeur, S. D. (1841), *in-32,*
115 *p.*

757. — Physiologie du **bourgeois**;
texte et dessins par HENRI MONNIER.
— *Paris, Aubert, S. D.* (1841); *in-16,*
124 *p. et 1 f. de table.* [Bibl. nat.,
Li⁶ 57.] [Carn., 2928*.]

Ce chef-d'œuvre du genre a été réimprimé
dans le format gr. in-8 en 1850 et en 1869.
(Voy. les nᵒˢ 874, 875.)

758. — Physiologie du **buveur**,
par P. SAVÈNE. — [*Paris,*] *au Salon
littéraire, rue Neuve - des - Petits-
Champs, n° 95,* 1842, *in-16,* 128 *p.
Vignettes.* [Bibl. nat., Li⁶ 80.] [Carn.,
2928*.]

759. — Physiologie des **cafés** de
Paris. Illustrations de PORRET. —
Paris, Desloges, 1841, *in-32,* 144 *p.*
[Bibl. nat., Li⁶ 24.] [Carn., 5360 et
2928*.]

760. — Physiologie du **calembourg**,
par un nain connu. Dessins de HENRY
EMY. — *Paris, Raymond - Bocquet,*
1841, *in-16,* 116 *p., plus les titres et
la table.* [Bibl. nat., Li⁶ 36.] [Carn.,
2928*.]

761. — Physiologie du **calembour**,
par un nain discret. — *Paris, Lebailly,*
1845, *in-18,* 106 *p. Vignettes.* [Bibl.
nat., Li⁶ 119.]

Publication populaire.
Il y a deux autres éditions : *Avignon, Offray
aîné,* 1847, *in-18,* 96 *p.* et : *Avignon, Offray
aîné, S. D.* (1859), *in-18,* 96 *p.*

762. — Physiologie du **carnaval**...
Voyez ci-dessous n° 830.

763. — Physiologie du **célibataire**
et de la vieille fille, par L. COUAILHAC.
Illustrations d'HENRI MONNIER. —
Paris, J. Laisné, 1841, *in-16,* 128 *p.*
[Bibl. nat., Li⁶ 34.] [Carn., 2928*.]

764. — Physiologie des **Champs-
Elysées**, par une ombre [DESESSARTS
fils]. Illustrée par PORRET. — *Paris,
Desloges,* 1842, *in-32,* 96 *p.* [Bibl.
nat., Li⁶ 101.]

765. — Physiologie de la **chanson**,
par tout le monde. — *Paris, Desloges,*
1842, *in-18,* VI-139 *p. Vignettes.* [Bibl.
nat., Li⁶ 86.]

766. — Physiologie du **chant**, par
STÉPHEN DE LA MADELAINE, ex-récitant
à la chapelle royale et à la musique
particulière de la chambre du roi.
— *Paris, Desloges,* (1840,) *in-18.*

D'après le « Journal de la librairie ».

767. — Physiologie du **chapeau** de
soie et du chapeau de feutre. Instruction pour acheter son chapeau. Publication gratis de la chapellerie
européenne. CHARLES MONNIER, rue
Montesquieu, n° 8. — *Paris, imp.
Worms,* 1841, *in-32,* 16 *p.* [Bibl. nat.,
Li⁶ 38.]

Il a été fait un second tirage en 1842.

768. — Physiologie du **chasseur**,
par DEYEUX. Vignettes d'EUGÈNE FO-
REST. — *Paris, Aubert, S. D.* (1841),
in-16, 122 *p. et 1 f. de table.* [Bibl.
nat., Li⁶ 37.] [Carn., 2928*.]

769. — Physiologie de la **Chaumière**, suivie de l'hymne sacré ; par
deux étudiants. Vignettes, et portrait du père Lahire. — *Paris, Bohaire,*
1841, *in-16, faux-titre et* IV-119 *p.*
[Bibl. nat., Li⁶ 30.]

770. — Physiologie du **chicard**,
par CHARLES MARCHAL, auteur de ....
Dessins par GAVARNI, DAUMIER, TRA-
VIER [*sic*] et MONIER [*sic*]. — *Paris,
Lachapelle,* 1842, *in-16,* 128 *p.* [Bibl.
nat., Li⁶ 103.] [Carn., 2928*.]

Au lieu du nom de l'auteur, on lit sur la couverture : « Par un journaliste ».

771. — Physiologie du **cocu**, par
un vieux célibataire. — *Paris, Fiquet,*
1841, *in-32,* 126 *p.* [Carn., 2928*.]

Par ALLEC, d'après Barbier : je ne sais trop
ce qu'il faut penser de cette attribution, je ne
trouve ce nom dans aucune bibliographie;
voyez l'article suivant.

772. — Physiologie du **cocu**. Considérations biscornues, par une bête
sans cornes. — *Bruxelles, J. Géruzet,*
1841, *in-16,* 95 *p.,* 4 *lithogr.*

Contrefaçon du numéro précédent.
La couverture imprimée porte : « Physiologie

du cocu, par PAUL DE KOCK ». Barbier indique ALLEC comme nom de l'auteur; serait-ce un pseudonyme de P. de Kock ?

Cet ouvrage est le même que la « Physiologie du prédestiné » ; voyez ci-dessous le n° 843.

773. — Physiologie du **commerce** des arts, suivie d'un traité sur la restauration des tableaux; par CH. ROEHN. — *Paris, Lagny frères*, 1841, *in*-18, VII-237 *p*. [Bibl. nat., Li⁶ 5.]

774. — Physiologie du **correcteur** d'imprimerie, par A.-T. BRETON. — *Paris, imprimerie de A.-T. Breton*, 1843, *in*-18, 68 *p*. [Bibl. nat., Li⁶ 104.]

775. — Physiologie du **créancier** et du débiteur, par MAURICE ALHOY. Vignettes de JANET-LANGE. — *Paris, Aubert, S. D.* (1842), *in*-16, 116 *p. et 1 f. de table*. [Bibl. nat., Li⁶ 68.] [Carn., 2928*.]

Réimprimée dans le format gr. in-8 en 1850 et en 1869. (Voy. les n°ˢ 874 et 875.)

776. — Physiologie du **débardeur**, par MAURICE ALHOY. Vignettes de GAVARNI. — *Paris, Aubert, S. D.* (1842), *in*-16, 117 *p. et 1 f. de table*. [Bibl. nat., Li⁶ 77.] [Carn., 2928*.]

Réimprimée dans le format gr. in-8 en 1850 et en 1869. (Voy. les n°ˢ 874 et 875.)

777. — Physiologie des **demoiselles** de magasin, par un journaliste. Dessins par GAVARNI, DAUMIER, TRAVIÈS et MONNIER. — *Paris, Lachapelle*, 1842, *in*-16, 123 *p*. [Bibl. nat., Li⁶ 85.] [Carn., 2928*.]

778. — Physiologie du **député**, par P. BERNARD. Dessins de HENRY EMY. — *Paris, Raymond-Bocquet*, 1841, *in*-32, 122 *p*. [Bibl. nat., Li⁶ 19.]

Il y a une deuxième édition sous la même date. — Cet ouvrage avait déjà paru, avec le même nom d'auteur sous le titre de « Aperçus parlementaires. Les élus, ce qu'ils sont, ce qu'ils font, ce qu'ils coûtent ». (*Paris, J. Hetzel et Paulin*, 1840–1841, 2 parties in-16.)

779. — Physiologie du **diable**, par A. DEPASSE. Dessins de MOYNET, gravés par nos meilleurs artistes. — *Paris, Sergot*, 1842, *in*-16, 120 *p*. [Bibl. nat., Li⁶ 76.] [Carn., 2928*.]

780. — Physiologie des **diligences** et des grandes routes, par M. EDOUARD GOURDON. — *Paris, Terry, S. D.* (1842), *in*-12, 108 *p. Vignettes*. [Bibl. nat., Li⁶ 72.] [Carn., 2928*.]

781. — Physiologie de l'**écolier**, par EDOUARD OURLIAC. Vignettes de GAVARNI. — *Paris, Aubert, S. D.* (1841), *in*-16, 124 *p. et 1 f. de table*. [Bibl. nat., Li⁶ 22.] [Carn., 2928*.]

Réimprimée dans le format gr. in-8 en 1850 et en 1869. (Voy. les n°ˢ 874 et 875.)

782. — Physiologie de l'**électeur**, par quelqu'un qui a le malheur de l'être... électeur. — *Paris, France*, juin 1842, *in*-16, 96 *p*. [Bibl. nat., Li⁶ 91.]

Par T. LARADE.

783. — Physiologie de l'**employé**, par M. DE BALZAC. Vignettes par M. TRIMOLET. — *Paris, Aubert, S. D.* (1841), *in*-16, 128 *p*. [Bibl. nat., Li⁶ 25.] [Carn., 2928*.]

Réimprimée dans le format gr. in-8 en 1850 et en 1869. (Voy. les n°ˢ 874 et 875.)

784. — Physiologie de l'**employé** de l'enregistrement, par M. P. BONNEFONT. — *Paris, chez l'auteur, S. D.* (1843), *in*-16, 56 *p*. [Bibl. nat., Li⁶ 108.]

785. — Physiologie de l'**enfant gâté**, par JACQUES ARAGO. — *Paris, imp. de Mᵐᵉ Dondey-Dupré* (1842), *in*-64.

D'après le « Journal de la librairie ». Cf. ci-dessous le n° 823.

786. — Physiologie des **enfants**; études, portraits et caractères d'enfants, par LÉON GUÉRIN. — *Paris, Lehuby*, 1842, *in*-16, VII-248 *p. Planches et vignettes*. [Bibl. nat., Li⁶ 65.]

787. — Pathologie de l'**épicier**, par LÉON DE SAINT-FRANÇOIS. — *Paris, Fiquet*, 1841, *in*-16, 93 *p. et 1 f. de table*. [Bibl. nat., Li⁵ 54.]

Le véritable nom de l'auteur est LÉON JOLY.

788. — Physiologie de l'**étudiant**, par LOUIS HUART. Vignettes de

MM. Alophe et Maurisset. — *Paris, Aubert*, 1841, *in-16*, 122 *p.* [Carn., 2928*.]

Réimprimée dans le format gr. in-8 en 1850 et en 1869. (Voy. les nᵒˢ 874 et 875.)

789. — Physiologie des **étudiants**, des grisettes et des bals de Paris, par Satan [Georges-Mathieu Dairnvæll]. — *Paris, G. Dairnvœll*, 1849, *in-32*, 126 *p.* [Bibl. nat., Li⁶ 123.]

790. — Physiologie de la **femme**, par Étienne de Neufville. Illustrations de Gavarni. — *Paris, J. Laisné*, 1842, *in-32*, 127 *p.* [Carn., 2928*.]

791. — Physiologie de la **femme** entretenue... [*sic*] par moi. — *Paris, Breteau et Pichery*, 1840, *in-18*, 122 *p. et 1 f. Vignettes. Couverture illustrée.* [Bibl. nat., Li⁶ 4.]

Par Jacques Arago. Une contrefaçon belge, *Bruxelles, chez tous les libraires*, 1841, *in-16*, 68 *p.*, porte le nom de l'auteur.

792. — Physiologie de la **femme** honnête, par Charles Marchal. Dessins par Gavarni, Daumier, H. Monnier, Traviès et Hippolyte Boillot. — *Paris, Lachapelle*, 1841, *in-16*, 127 *p.* [Bibl. nat., Li⁶ 47.]

793. — Physiologie de la **femme** la plus malheureuse du monde, par Edouard Lemoine. Vignettes de Valentin. — *Paris, Aubert, S. D.* (1841), *in-16*, 128 *p.* [Bibl. nat., Li⁶ 50.] [Carn., 2928*.]

Réimprimée dans le format gr. in-8 en 1850 et en 1869. (Voy. les nᵒˢ 874 et 875.)

794. — Physiologie de la **fille sans nom**, par Charles Marchal. — *Paris, C. Lachapelle, S. D.* (1841), *in-16*, 123 *p.* [Bibl. nat., Li⁶ 61.] [Carn., 2928*.]

. 795. — Physiologie du **flâneur**, par Louis Huart. Vignettes par MM. Alophe, Daumier et Maurisset. — *Paris, Aubert*, 1841, *in-16*, 126 *p. et 1 f. de table.* [Carn., 2928*.]

Le « Journal de la librairie » a aussi annoncé (année 1842, nᵒ 2160) une « Physiologie du flâneur », par Ch. Philipon ; il faut sans doute lire : « Physiologie du floueur », puisque celle-ci existe en effet. La Physiologie du flâneur a été

réimprimée en 1850 et en 1869 dans le format gr. in-8. (Voy. les nᵒˢ 874 et 875.)

796. Physiologie du **floueur**, par Ch. Philipon. Vignettes par Daumier, Lorentz, Ch. Vernier et Trimolet. — *Paris, Aubert, S. D.* (1842), *in-16*, 121 *p. et 1 f. de table.* [Bibl. nat., Li⁶ 88.] [Carn., 2928*.]

Réimprimée dans le format gr. in-8 en 1850 et en 1869. (Voy. les nᵒˢ 874 et 875.)

797. — Physiologie des **foyers** de tous les théâtres de Paris, par J. Arago. — *Paris, chez les march. de nouv. ; Blois, F. Jahyer, imprimeur*, 1841, *in-16*, 144 *p. et 2 f. non chiffrés.* [Bibl. nat., Li⁶ 21.] [Carn., 2928*.]

Pas de vignettes. — On lit sur la couverture : « Physiologie des foyers et des coulisses de tous les théâtres... »

798. — Physiologie du **franc-maçon**, par Pluchonneau aîné. Dessins de Josquin, gravés par Maurisset. — *Paris, C. Warée, S. D.* (1841), *in-16*, 128 *p.* [Bibl. nat., Li⁶ 58.] [Carn., 2928*.]

799. — Physiologie du **fumeur**, par   , illustrée par   , publiée par   . — *Paris, E. Bourdin, S. D.* (1840), *in-16*, 128 *p.* [Bibl. nat., Li⁶ 2.] [Carn., 2928*.]

Dans le titre même, et à la place des blancs ci-dessus se trouvent les portraits-vignettes de MM. Théodore Burette, auteur, A. Lorentz, dessinateur, et E. Bourdin, éditeur ; Jean Macé, élève de M. Burette au collège Stanislas, a été son collaborateur pour cet opuscule, et son portrait figure aussi parmi les vignettes du texte.

800. — Hygiène du **fumeur** et du priseur, pour faire suite et pendant à la Physiologie, par   . — *Paris, Desloges*, 1840, *in-18*, 128 *p.* [Bibl. nat., Li⁶ 3.]

Au-dessous du mot « par », et en guise de fleuron, le titre porte une vignette représentant divers individus (parmi lesquels l'auteur ?).

801. — Physiologie de la **Galerie Vivienne** et des deux pavillons ; chroniques et histoire de leurs constructions anciennes et modernes et de leurs environs. Anecdotes curieuses, etc., etc., par Eugène-Houx-Marc

[MARCHOUX].—*Paris, Galerie Vivienne,* 1851, *in-*18, 22 *p. et* 5 *f. d'annonces.* [Bibl. nat., Li⁶ 124.] [Carn., 1389.]

La couverture, ornée d'une vignette, sert de titre.

802. — Physiologie du **gamin** de Paris. Galopin industriel. par E. BOURGET. Illustrations de MARKL. — *Paris, J. Laisné,* 1842, *in-*32, 124 *p. et* 1 *f. de table.* [Bibl. nat., Li⁶ 73.] [Carn., 2928*.]

La date ne se trouve que sur la couverture.

803. — Physiologie du **gant**, par G. GUENOT-LECOINTE. Vignettes de LÉPAULLE, C.-J. TRAVIÈS, BARON, R. PELEZ, gravées par PORRET. — *Paris, Desloges, S. D.* (1841), *in-*16, 125 *p. et* 1 *f. de table.* [Bibl. nat., Li⁶ 46.]

804. — Physiologie du **garde national**, par LOUIS HUART. Vignettes de MM. MAURISSET et TRIMOLET. — *Paris, Aubert,* 1841. *in-*16, 138 *p., plus les titres.* [Bibl. nat., Li⁶ 8.] [Carn., 2928*.]

Il paraît avoir été fait un second tirage dans la même année.

805. — Physiologie du **grand-papa** et de la grand'maman. Par ALEX. DE SAILLET. — *Paris, Desesserts,* 1842, *in-*18, 218 *p.* [Bibl. nat., Li⁶ 67.]

806. — Physiologie de la **grisette**, par LOUIS HUART. Vignettes de GAVARNI. — *Paris, Aubert, S. D.* (1841), *in-*16, 115 *p. et* 1 *f. de table.* [Bibl. nat., Li⁶ 60.] [Carn., 2928*.]

Réimprimée dans le format gr. in-8 en 1850 et en 1869. (Voy. les nᵒˢ 874 et 875.)

807. — Physiologie de l'**homme** à bonnes fortunes, par EDOUARD LEMOINE Vignettes de MM. ALOPHE et JANET-LANGE. — *Paris, Aubert, S. D.* (1841), *in-*16, 128 *p.* [Bibl. nat., Li⁶ 28.] [Carn., 2928*.]

Réimprimée dans le format gr. in-8 en 1850 et en 1869. (Voy. les nᵒˢ 874 et 875.)

808. — Physiologie de l'**homme** de loi, par un homme de plume. Vignettes de MM. TRIMOLET et MAURISSET. — *Paris, Aubert, S. D.* (1841),

*in-*16, 112 *p. et* 1 *f. de table.* [Bibl. nat., Li⁶ 15.] [Carn., 2928*.]

Réimprimée dans le format gr. in-8 en 1850 et en 1869. (Voy. les nᵒˢ 874 et 875.)

809. — Physiologie de l'**homme** marié, par CH.-PAUL DE KOCK. Illustrations de MARKL. — *Paris, Laisné,* 1841, *in-*16, 128 *p.* [Bibl. nat., Li⁶ 23.] [Carn., 2928*.]

A été traduite en russe ; voy. ci-dessus, nᵒ 741, in fin.

810. — Physiologie de l'**imprimeur** par CONSTANT MOISAND. Illustrations de P.-EUGÈNE LACOSTE. — *Paris, Desloges, S. D.* (1842), *in-*16, 120 *p.* [Bibl. nat., Li⁶ 98.]

811. — Paris inventeur. Physiologie de l'**industrie** française, par EDOUARD FOUCAUD. — *Paris, Prévot,* 1844, *in-*18, 3 *f. et* 228 *p.* [Bibl. nat., Li⁶ 113.]

Cet ouvrage est, m'a-t-il semblé, le même que « Les Artisans illustres » du même auteur.

812. — Physiologie **inodore**, illustrée et propre à plus d'un usage. — *Paris, au Palais-Royal, galerie de Valois,* 185 (*Terry, libraire*), *et chez tous les libraires, S. D.* (1842), *in-*32, 12 *p.*

La couverture imprimée sert de titre. Petit poème scatologique assez curieux.

813. — Physiologie du **Jardin des Plantes** et guide des promeneurs, par MM. P. BERNARD et L. COUAILHAC. — *Paris, L. Curmer,* 1841, *in-*32, 93 *p.* [Bibl. nat., Li⁶ 39.] [Carn., 2928*.]

814. — Physiologie du **Jésuite**. — *Paris, chez Martinon,* 1844, *in-*16, 80 *p.*

Pamphlet contre la compagnie de Jésus.

815. — Physiologie du **jour de l'an**, par L. COUAILHAC. Dessins d'HENRI ÉMY et LORENTZ. — *Paris, Raymond-Bocquet, S. D.* (1842), *in-*16, 116 *p. et* 1 *f. de table.* [Bibl. nat., Li⁶ 69.] [Carn., 2928*.]

816. — Physiologie du **lion**, par FÉLIX DERIÈGE. Illustrations de GA-

VARNI et H. DAUMIER. — *Paris, J. De-laluhaye*, 1842, *in-16*, 120 *p. et* 1 *f. de table.* [Bibl. nat., Li⁶ 70.] [Carn., 2928*.]

817. — Physiologie de la **lorette**, par M. MAURICE ALHOY. Vignettes de GAVARNY [*sic*]. — *Paris, Aubert, S. D.* (1841), *in-16*, 128 *p.* [Bibl. nat., Li⁶ 16.] [Carn., 2928*.]

Réimprimée dans le format gr. in-8 en 1850 et en 1869. (Voy. les nᵒˢ 874 et 875.)

818. — Physiologie historique, politique et descriptive du palais et du jardin du **Luxembourg**, par le rédacteur des « Mémoires de Louis XVIII » [le baron DE LAMOTHE-LANGON]. — *Paris, C. Lachapelle*, 1842, *in-32*, 128 *p.* [Bibl. nat., Li⁶ 82.] [Carn., 2928*.]

819. — Physiologie du **Macaire** des Macaires, à l'usage de son illustre et héroïque fils, par Moi. — *Paris, chez Dupin, galerie Colbert, et au Palais-Royal*, 1842, *in-16 carré*, 127 *p. Couverture illustrée imitant la dentelle.*

En vers.

820. — Physiologie du **maître de pension**, par J. MAZABRAUD DE SOLIGNAC, professeur. Dessins de nos premiers artistes. — *Paris, G. Sergot*, 1842, *in-32*, 128 *p. Vignettes.* [Bibl. nat., Li⁶ 87.]

821. — Physiologie du **marchand** de contre-marques, par EMILE PALMAROLA. — *Marseille, chez les principaux libraires*, 1841, *in-8*, 24 *p.* [Bibl. nat., Li⁶ 56.]

822. — Théorie-poème en huit leçons. La boussole du **mariage**, ou l'art poétique de Boileau revu et détérioré par un vieux romantique. Douze gravures par PORRET. — *Paris, Charpentier*, 1841, *in-16*, 80 *p.*

823. — Physiologie de la **marraine**, par JACQUES ARAGO. — *Paris, chez tous les confiseurs, S. D.* (1842), *in-64*, 28 *p. Vignette.* [Bibl. nat., Li⁶ 97.]

Cette petite pièce, qui semble avoir servi de réclame à un marchand de bonbons, a été annoncée par le Journal de la Librairie (année 1842, nᵒ 4376) dans un même article, avec celles qui sont citées ici sous les nᵒˢ 755, 785 et 835.

824. — Physiologie du **médecin**, par LOUIS HUART. Vignettes de TRIMOLET. — *Paris, Aubert*, 1841, *in-16*, 123 *p.* [Bibl. nat., Li⁶ 18.] [Carn., 2928*.]

Réimprimée dans le format gr. in-8 en 1850 et en 1869. (Voy. les nᵒˢ 874 et 875.)

825. — Physiologie du **musicien**, par ALBERT CLER. Vignettes de DAUMIER, GAVARNI, JANET-LANGE et VALENTIN. — *Paris, Aubert, S. D.* (1841), *in-16*, 126 *p. et* 1 *f. de table.* [Bibl. nat., Li⁶ 54.] [Carn., 2928*.]

Réimprimée dans le format gr. in-8 en 1850 et en 1869. (Voy. les nᵒˢ 874 et 875.)

826. — Physiologie des **nègres** dans leur pays, précédée d'un aperçu de l'état des noirs en esclavage dans les colonies... Par PLUCHONNEAU aîné et HIPPOLYTE MAILLARD... — *Paris, chez tous les principaux libraires*, 1842, *in-16*, 2 *f. de tit. et* 124 *p. Planches, vignettes et couvert. illust.* [Bibl. nat., Li⁶ 83.]

829. — Physiologie de l'**omnibus**, par M. ED. GOURDON. — *Paris, Terry, S. D.* (1841), *in-18*, 124 *p. Vignette.* [Bibl. nat., Li⁶ 62.] [Carn., 2928*.]

830. — Physiologie de l'**Opéra**, du carnaval, du cancan et de la cachucha ; par un vilain masque. Dessins de HENRI EMY. — *Paris, Raymond-Bocquet*, 1842, *in-16*, 122 *p. et* 1 *f. de table.* [Bibl. nat., Li⁶ 100.] [Carn., 2928*.]

La couverture imprimée porte : « Physiologie du carnaval, du cancan... »

831. — Physiologie du **Palais-Royal** par l'Homme à la longue barbe ; silhouettes par SÉRAPHIN. — ..., 1841, ...

D'après un catalogue de libraire.

832. — Physiologie du **parapluie**, par deux cochers de fiacre. — *Paris, Desloges, S. D.* (1841), *in-16*, 110 *p. et* 1 *f. de table.* [Bibl. nat., Li⁶ 40.]

833. — Physiologie du **Parisien** en province, par CHARLES MARCHAL. — *Paris, C. Lachapelle, S. D.* (1841), *in-32*, 127 *p.* [Bibl. nat., Li⁶ 63.] [Carn., 2928*.]

834. — Physiologie de la **Parisienne**, par TAXILE DELORD. Vignettes de MENUT-ALOPHE. — *Paris, Aubert, S. D.* (1841), *in-32*, 113 *p.* [Bibl. nat., Li⁶ 64.] [Carn., 2928*.]

Réimprimée en 1850 et en 1869 dans le format gr. in-8. (Voy. les n°⁸ 874 et 875.)

835. — Physiologie du **parrain**, par LEPEINTRE jeune. — *Paris, chez tous les confiseurs, S. D.* (1842), *in-64*, 39 *p. Vignettes.* [Bibl. nat., Li⁶ 96.]

Comparez le n° 823. Barbier cite, d'après de Manne, une édition, *Paris*, 1834, *in-24*, qui m'est inconnue, et qui, paraît-il, est anonyme.

836. — Physiologie du **parterre**; types du spectateur; par LÉON (d'Amboise) [LÉON GUILLEMIN]. Illustrations de H. EMY. — *Paris, Desloges*, 1841, *in-16*, 126 *p. et 1 f. non chiffré.* [Bibl. nat., Li⁶ 29. [Carn., 2928*.]

837. — Physiologie des **physiologies**. — *Paris, Desloges*, 1841, *in-16*, 126 *p. et 1 f. non chiffré.* [Bibl. nat., Li⁶ 31.] [Carn., 2928*.]

838. — Physiologie du **pochard**, par JULES LADIMIR, membre de la Grande Goguette,... assaisonnée de vignettes réjouissantes et bachiques, par MAURISSET et JOSQUIN. — *Paris, C. Warée, S. D.* (1842), *in-16*, VIII-117 *p.* [Bibl. nat., Li⁶ 84.]

839. — Physiologie du **poëte**, par SYLVIUS [EDMOND TEXIER]. Illustrations de DAUMIER. — *Paris, J. Laisné*, 1842, *in-16*, 124 *p. et 1 f. de table.* [Bibl. nat., Li⁶ 102.] [Carn., 2928*.]

C'est Edmond Texier lui-même qui, dans sa « Biographie des journalistes » (*Paris, Pagnerre*, 1851, *in-18*), avoue la paternité de ce volume : « La gloire et le crime de M. L. Huart, dit-il, c'est d'avoir été l'inventeur des Physiologies, ces petits livres jaunes qui firent irruption vers 1840 dans la librairie parisienne. A cette époque tout le monde voulut absolument écrire sa physiologie, Balzac, Gozlan, Delord, Henry Monnier, etc., etc. Chacun se sentit si bien piqué de la tarentule physiologique, que celui qui écrit ces lignes innocentes se rendit lui-même

coupable de la « Physiologie du Poète », qu'il signa du pseudonyme de *Sylvius* ».

Edmond Texier devait être évidemment bien renseigné sur l'origine de « ces petits livres jaunes »; il faut remarquer cependant que, si nous examinons, au moyen du *Journal de la librairie*, l'ordre de leur publication respective, le premier que nous voyons paraître dans la *Bibliographie de la France* est la « Physiologie du Fumeur » (n° 2811, juin 1840). En ce cas, la priorité appartient à Théod. Burette (voy. le n° 799 ci-dessous).

D'autres disent que ce fut la « Physiologie de la Femme entretenue » (par J. Arago), qui fit naître les cent et quelques Physiologies publiées à partir de cette époque. Celle-ci (n° 791 ci-dessus) a été annoncée dans la *Bibliographie de la France* à la fin du mois d'août 1840, n° 4259.

Quoi qu'il en soit de l'inventeur de ces publications, il paraît certain que l'idée doit lui en être venue du succès grandissant de la « Physiologie du mariage » de Balzac, dont la première édition avait paru en 1830, et qui, en 1840, avait déjà été plusieurs fois réimprimée.

Il est à propos de rappeler aussi que Brillat-Savarin avait publié sa célèbre « Physiologie du goût » en 1825, et, qu'antérieurement à notre siècle, le mot « Physiologie » semble n'avoir eu qu'un sens exclusivement médical.

840. — Physiologie de la **polka**, d'après Cellarius, par AUGUSTE VITU et PAUL FARNÈSE [LAURENCE DE BLANRY]. Illustrations polkaïques. — *Paris, A. Le Gallois*, 1844, *in-16 carré*, 96 *p. Couverture verte. Vignettes.* [Bibl. nat., Li⁶ 114.]

Il y a une autre édition sous la même date : *Paris, chez l'éditeur, gr. in-16*, 96 *p.* vignettes ; couverture rose avec texte au verso. Elle est grossièrement imprimée.

841. — Physiologie de la **portière**, par JAMES ROUSSEAU (de la « Gazette des Tribunaux »). Vignettes par DAUMIER. — *Paris, Aubert*, 1841, *in-16*, 119 *p. et 1 f. de table.* [Bibl. nat., Li⁶ 20.] [Carn., 2928*.]

Réimprimée dans le format gr. in-8, en 1850 et en 1869. (Voy. les n°⁸ 874 et 875.)

842. — Physiologie de la **poupée**, par ALEX. DE SAILLET, auteur des « Enfants peints par eux-mêmes... » — *Paris, A. Desesserts*, 1842, *in-18*, 202 *p. Planches lithogr.* [Bibl. nat., Li⁶ 66.]

843. — Physiologie du **prédestiné**, considérations biscornues par une bête sans cornes. Dessins de J. GAGNIET. « La femme en défendra la lecture au mari. » — *Paris, Raymond-Boc-*

quet, 1841, *in-16*, 127 p. [Carn., 2928*.]

Il y a des exemplaires sur papier jaune. Même ouvrage que la « Physiologie du cocu »; voy. ci-dessus les n°⁵ 771 et 772.

844. — Physiologie de la première nuit de noces; par M. Octave de Saint-Ernest [Ch. Chobot de Bouin]; précédée d'une introduction philosophique, hygiénique et morale, par Morel de Rubempré, docteur-médecin de la Faculté de Paris. Avec vignette. — *Paris, Terry*, 1842, *in-18*, 108 p. [Bibl. nat., Li⁶ 93.] [Carn., 2928*.]

Réimprimée en 1855, *Paris, Fruchard, in-18*. — Cet ouvrage a été à deux reprises différentes poursuivi et condamné : voy. le « Catalogue des ouvrages... poursuivis », par F. Drujon, (1879, in-8). p. 317.

845. — Physiologie de la presse. Biographie des journalistes et des journaux de Paris et de la province. — *Paris, J. Laisné*, 1841, *in-32*, 116 p. et 1 f. de table. Vignettes. [Bibl. nat., Li⁶ 55.] [Carn., 2928*.]

846. — Physiologie du prêtre, par Edouard de Franc-Castel. — *Paris, Martinon*, 1841, *in-16*, 127 p. [Bibl. nat., Li⁶ 59.] [Carn., 2928*.]

Au lieu du nom du libraire, qui ne se lit que sur la couverture imprimée, le titre porte : « Paris, imprimerie de Lange-Lévy et Ci° ».

847. — Physiologie du protecteur, par un aveugle clairvoyant de la Chaussée-d'Antin. — *Paris, Charpentier*, 1841, *in-16*, 112 p., 1 *lithogr.* [Bibl. nat., Li⁶ 9.]

Par Jacques Arago. — Il y a une deuxième édition sous la même date; certains exemplaires portent même sur la couverture la mention « Troisième édition ».

848. — Physiologie du provincial à Paris. Par Pierre Durand (du « Siècle ») [Eugène Guinot]. Vignettes de Gavarni. — *Paris, Aubert, S. D.* (1841), *in-16*, 121 p. [Bibl. nat., Li⁶ 27.] [Carn., 2928*.]

Réimprimée dans le format gr. in-8 en 1850 et en 1869. (Voy. les n°⁵ 874 et 875.)

849. — Physiologie des quartiers de Paris. Illustrations de Henri Emy.

— *Paris, Desloges*, 1841, *in-32*, 123 p. et 1 f. de table. [Bibl. nat., Li⁶ 26.]

Par Léon Guillemin.

850. — Physiologie des rats d'église. Illustrations de Josquin et Maurisset. — *Paris, C. Warée*, 1841, *in-16*, 125 p. et 1 f. de table. [Bibl. nat., Li⁶ 44.]

Par J. Ladimir. Il y a, sous la même date, une deuxième édition qui porte le nom de l'auteur sur la couverture imprimée.

851. — Physiologie complète du rébus. Ouvrage illustré de 800 petites figures, et rédigé par Blismon. — *Paris, Delarue, S. D.* (1842), *in-18*, 169 p. [Bibl. nat., Li⁶ 92.]

Blismon est le pseudonyme de Simon Blocquel.

852.—Physiologie du recensement, par Léon de Chaumont. 2ᵉ édition. — *Paris, Rozier*, 1841, *in-32*.

D'après le *Journal de la librairie*. — La 1ʳᵉ édition, *Paris, chez l'éditeur*, 1841, *in-8*, était anonyme; elle se trouve à la Bibliothèque Nationale, Lb⁵¹ 3502.

853. — Physiologie du rentier de Paris et de province, par MM. de Balzac et Arnould Frémy. Dessins par Gavarni, Henri Monnier, Daumier et Meissonnier. — *Paris, Martinon*, 1841, *in-16*, 127 p. [Carn., 2928*.]

854. — Physiologie du Robert-Macaire, par James Rousseau. Illustrations de H. Daumier. — *Paris, J. Laisné*, 1842, *in-16*, 106 p. et 1 f. de table. [Bibl. nat., Li⁶ 95.] [Carn., 2928*.]

855. — Physiologie des rues de Paris, par le Bibliophile Jacob; suivie de notes et renseignements et d'un plan de Paris et de ses faubourgs, contenant tous les changements survenus jusqu'à ce jour, par Ch. Piquet, ingénieur ordinaire du roi. — *Paris, Martinon*, 1842, *in-18*, 2 f. de tit., 60 p., 1 *plan*. [Carn., 1339.]

La couverture imprimée, datée de 1843, porte: « Les rues de Paris... » au lieu de « Physiologie des rues de Paris... ». Les six dernières pages du volume, « Notes et renseignements curieux et utiles », sont signés A. D. Cette « Physiologie » est beaucoup plus historique et rétrospective que contemporaine et humoristique.

856. — Physiologie du **séducteur**, par VICTOR DOINET. — *Paris, Rozier,* S. D. (1841), *in-16*, 124 *p. et* 1 *f. blanc. Vignettes.* Bibl. nat., Li⁶ 49.]

Ouvrage différent du suivant.

857. — Physiologie du **séducteur** Edition illustrée. — *Paris, Lebailly,* 1845, *in-18*, 106 *p.* [Bibl. nat., Li⁶ 118.]

Cet ouvrage n'est pas le même que le précédent.
Il y a une autre édition : *Avignon, Offray aîné,* 1847, *in-18*, 182 *pages.* C'est, comme celle de 1845, une édition populaire, grossièrement imprimée sur très mauvais papier, et dont les vignettes sont affreuses.

858. — Physiologie du **soleil**, par LÉON DE SAINT-FRANÇOIS [LÉON JOLY]. — *Paris, Fiquet,* 1841, *in-16*, 128 *p.* [Bibl. nat., Li⁶ 52.]

Voyez aussi l'article suivant.

859. — Physiologie du **soleil**, par un habitant de la lune. — *Paris, Chrétien,* 1842, *in-16*, *faux-titre et* 128 *p.*

Même ouvrage que le précédent.

860. — Physiologie du **tabac**, de son abus, de son influence sur les fonctions et sur les facultés intellectuelles surtout chez les jeunes gens ; suivie de quelques conseils hygiéniques aux fumeurs et aux priseurs, par G. MONTAIN, professeur de thérapeutique, docteur-médecin de la Faculté de Paris,... 2ᵉ édition. — *Paris, Maison,* 1842, *in-24*, 94 *p.,* 10 *fig. grav.*

La première édition a paru en 1840 sous le titre de : « Quelques considérations sur le tabac », *Lyon, Boitel, in-8.*

861. — Physiologie du **tailleur**, par LOUIS HUART. Vignettes par GAVARNI. — *Paris, Aubert,* 1841, *in-16*, 121 *p.* [Bibl. nat., Li⁶ 35.]

862. — Physiologie du **théâtre**; par un journaliste. Vignettes de MM. H. EMY et BIROUSTE. — *Paris,*

J. *Laisné,* 1841, *in-16*, 126 *p.* [Bibl. nat., Li⁶ 11.] [Carn., 2928*.]

Par L. COUAILHAC. Voy. le n° suivant.

863. — Physiologie du **théâtre** à Paris et en province, par L. COUAILHAC. Vignettes de H. EMY, gravées par BIROUSTE. — *Paris, J. Laisné,* 1842, *in-16*, 128 *p.* [Bibl. nat., Li⁶ 12.] [Carn., 2928*.]

Même ouvrage que le n° précédent, avec des additions.
Une traduction russe a été publiée à Saint-Pétersbourg en 1843. Voyez ci-dessus n° 741, *in fin.*

864. — Physiologie de la **toilette**, par CHARLES DEBELLE et A. DELBÈS. — *Paris, Desloges,* 1842 *in-16*, 126 *p.* [Bibl. nat., Li⁶ 79.] [Carn., 2928*.]

865. — Physiologie du **troupier**, par EMILE MARCO DE SAINT-HILAIRE. Vignettes par JULES VERNIER. — *Paris, Aubert,* 1841, *in-16*, 125 *p. et* 1 *f. de table.* [Bibl. nat., Li⁶ 41.] [Carn., 2928*.]

866. — Physiologie du Jardin des Tuileries, par Mᵐᵉ VALÉRIE DE FREZADE. — *Paris, Charpentier,* 1841, *in-16*, 111 *p.* [Bibl. nat., Li⁶ 6.]

La couverture imprimée porte en plus : «Vignettes par PORRAT ».

867. — Physiologie historique, politique et descriptive du château des Tuileries ; par l'auteur des «Mémoires d'une femme de qualité » [le baron DE LAMOTHE-LANGON]. — *Paris, C. Lachapelle,* 1842, *in-32*, 127 *p.* [Bibl. nat., Li⁶ 99.] [Carn., 1605.]

868. — Physiologie de l'**usurier**, par CHARLES MARCHAL.... Dessins par GAVARNI, DAUMIER, H. MONNIER et TRAVIÈS. — *Paris, Lachapelle,* 1841, *in-16*, 126 *p.* [Bibl. nat., Li⁶ 51.]

869. — Physiologie de la **vie conjugale** et des mariés au treizième ; par MM. ARTHUR DE Sᵀ-LUC et P. AYMÈS. — *Paris, Terry,* S. D. (1842), *in-16*, 99 *p. et* 2 *f. de table.* [Bibl. nat., Li⁶ 70.]

ARTHUR DE SAINT-LUC est le pseudonyme de M. EDOUARD GOURDON, mais je ne sais quel est

l'écrivain qui s'est caché sous le nom de P.
AYMÈS.

870. — Physiologie du **vieux garçon**, par CHARLES MARCHAL, auteur de
... — *Paris, Fiquet, S. D.* (1841),
in-16, 128 p. Vignettes. [Bibl. nat.,
Li⁶ 33.] [Carn., 2928*.]

Il y a des exemplaires qui portent la mention
« deuxième édition » sur la couverture imprimée.

871. — Physiologie du **vin de Cham-
pagne**, par deux buveurs d'eau. —
Paris, Desloges, 1841, *in-16, 142 p.*
[Bibl. nat., Li⁶ 14.] [Carn., 2928*.]

Par MM. LOUIS LURINE et BOUVIER.

872. — Physiologie du **viveur**, par
JAMES ROUSSEAU. Illustrations d'HENRI
EMY. — *Paris, J. Laisné,* 1842, *in-16,*
118 p. et 1 f. *de table.* [Bibl. nat., Li⁶
74.] [Carn., 2928*.]

Cet ouvrage a été traduit en russe en 1843 ;
voyez ci-dessus, n° 741, *in fin.*

873. — Physiologie du **voyageur**,
par MAURICE ALHOY. Vignettes de
DAUMIER et JANET-LANGE. — *Paris,
Aubert, S. D.* (1841), *in-16, 126 p. et*
1 f. *de table.* [Bibl. nat., Li⁶ 53.]
[Carn., 2928*.]

Réimprimée dans le format gr. in-8, en 1850
et en 1869. (Voyez les nᵒˢ 874 et 875.)

874. — Les Physiologies parisiennes, illustrées par MM. GAVARNI,
CHAM, DAUMIER, BERTALL, VALENTIN,
ALOPHE, etc. — *Paris, Aubert et Cⁱᵉ
(typographie de Plon frères), S. D.*
(1850), gr. in-8, 2 f. *de tit., 20 cahiers
de* 16 p. *chacun et couverture illustrée.*
[Bibl. nat., Li⁶ 1.] [Carn., 2935, in-4.]

Le faux-titre et la couverture portent : « Bibliothèque pour rire, 1ʳᵉ série », mais c'est tout
ce qui a paru. Il y a des exemplaires qui portent
aussi sur le titre l'adresse du libraire Barba.
Chaque livraison a une pagination séparée. Ce
recueil se compose de la réimpression de vingt
des « Physiologies » qui avaient paru une dizaine
d'années auparavant. En voici la liste ; le numéro
entre parenthèses qui suit l'indication de chaque
titre est celui sous lequel on trouvera ci-dessus
la citation de l'édition originale.

1. L'étudiant, par M. LOUIS HUART. Vignettes
de MM. ALOPHE et MAURISSET. — (Voyez ci-
dessus n° 788.)
2. Le débardeur, par M. MAURICE ALHOY. 55
vignettes de M. GAVARNI. (776.)
3. Le bal Musard, par LOUIS HUART. 60 vignettes par CHAM. (La première édition m'est
inconnue.)

4. La lorette, par MAURICE ALHOY. 60 vignettes de GAVARNI. (817.)
5. Le médecin, par LOUIS HUART. 70 vignettes
de TRIMOLET. (824.)
6. La femme la plus malheureuse du monde,
par EDOUARD LEMOINE. 60 vignettes de VALENTIN.
(793.)
7. La portière, par JAMES ROUSSEAU. 65 vignettes par DAUMIER. (841.)
8. L'écolier, par EDOUARD OURLIAC. 65 vignettes de GAVARNI. (781.)
9. La grisette, par LOUIS HUART. 65 vignettes
par GAVARNI. (806.)
10. Le flâneur, par LOUIS HUART. 70 vignettes de MM. ALOPHE, DAUMIER et MAURISSET.
(795.)
11. L'employé, par H. DE BALZAC. 60 vignettes,
par TRIMOLET. (783.)
12. Le provincial à Paris, par PIERRE DURAND
[EUGÈNE GUINOT]. 65 vignettes par GAVARNI.
(848.)
13. Le bourgeois, par HENRI MONNIER. 60 vignettes par le même. (757.)
14. L'homme à bonnes fortunes, par EDOUARD
LEMOINE. 60 vignettes par ALOPHE et JANET-
LANGE. (807.)
15. Le voyageur, par MAURICE ALHOY. 65 vignettes de DAUMIER et JANET-LANGE. (873).
16. La Parisienne, par TAXILE DELORD. 65 vignettes par MENUT-ALOPHE. (834.)
17. Le musicien, par ALBERT CLER, 65 vignettes par DAUMIER, GAVARNI, JANET-LANGE et
VALENTIN. (825.)
18. L'homme de loi, par un homme de plume.
60 vignettes par MM. TRIMOLET et MAURISSET.
(808.)
19. Le créancier et le débiteur, par MAURICE
ALHOY. 65 vignettes de JANET-LANGE. (775.)
20. Le floueur, par CH. PHILIPON. 70 vignettes
par DAUMIER, LORENTZ, CH. VERNIER et TRIMO-
LET. (796.)
Voyez encore le n° suivant.

875. — Bibliothèque pour rire. Les
Physiologies parisiennes. — *Paris,
librairie Charlieu frères et Huillery,
rue Git-le-Cœur,* 10, *Huillery succes-
seur (Poissy, typogr. de Arbieu, Lejay
et Cⁱᵉ),* 1869, gr. *in-8.*

La couverture imprimée sert de titre à ce
volume qui est la reproduction absolue de celui
que j'ai cité dans le numéro précédent. Il a paru
en 20 livraisons de 16 pages, et est très mal
imprimé ; c'est une publication populaire. Les
exemplaires propres et complets sont cependant
devenus assez rares.

———

876. — Les Français peints par
eux-mêmes. — *Paris, L. Curmer,*
1840-1842, 8 *vol. gr. in-8. Figures.*
[Bibl. nat., Li³ 141.] [Carn., 2929.]

On joint à cette collection un neuvième volume
« Le Prisme », qui en fait partie intégrante, puisqu'il est mentionné dans la table générale des
matières, qui se trouve à la fin du tome VIII. Le
volume est décrit dans l'article suivant. Je le
laisse de côté pour le moment.

A partir du tome II « Les Français peints par eux-mêmes » ont pour sous-titre : « Encyclopédie morale du dix-neuvième siècle ».

Les cinq premiers volumes sont tomés I-V; les trois autres I-III, avec le sous-titre : « Province ».

Je n'entrerai pas ici dans de minutieux détails relatifs à la genèse et à l'histoire de cet ouvrage important, à l'état et au classement de ses gravures, etc., ce serait faire double emploi avec la « Bibliographie des ouvrages illustrés » de M. Brivois dans laquelle on les trouvera au complet (p. 157), et à laquelle je renvoie.

Je m'attacherai surtout à ce qui peut avoir échappé à mon devancier et au contenu comme texte et gravures, de chaque volume.

Il faut se défier des exemplaires qui portent sur le cartonnage ou la couverture l'adresse « Au bureau des publications illustrées », avec la date de 1846 ; dans ces exemplaires, le coloris des planches laisse souvent à désirer. Même observation pour ceux qui portent l'adresse de *Furne*, avec la date de 1853 [Bibl. nat., Li³ 141 B et Carn., 2030], ou l'adresse de *Delahays*, avec la date de 1858 [Bibl. nat., Li³ 141 C]. Un seul volume, le premier, a été réimprimé par Curmer [Bibl. nat., Li³ 141 A.]; cette réimpression porte, comme l'édition originale, la date de 1840. Il y a aussi, du reste, des exemplaires rajeunis au moyen de titres datés de 1841, 42, 43, etc., avec l'adresse de *Curmer*.

TABLE DES MATIÈRES ET COLLATIONNEMENT DE CHAQUE VOLUME

---

[1] Cet intitulé est celui qui se lit dans les tables ; le titre de départ de l'article porte : « ... depuis cinquante ans ».

Le commissionnaire. L. Roux. 1 pl. Monnier ; 2 vign. Pauquet, p. 241.

Le rat. Théoph. Gautier. 1 pl. Gavarni ; 2 vign. E. Lami, Pauquet, p. 249.

Le garde du commerce. A. Leclerc. 1 pl. et 1 vign. Gavarni ; 2 vign. Pauquet, p. 257.

La femme adultère. Hipp. Lucas. 1 pl. Géniole ; 2 vign. Pauquet, p. 265.

L'homme du peuple. Léon Golzan. 1 pl. Gavarni ; 1 pl. Charlet, 2 vign. Pauquet, p. 273.

Le chef d'orchestre. Alf. Legoyt. 1 pl. et 1 vign. Gavarni ; 1 vign. Pauquet, p. 284.

Le fat. Mad. Eugénie Foa. 1 pl. Gavarni ; 1 vign. Eug. Lami ; 1 vign. Pauquet, p. 297.

Le pharmacien. E. de la Bédollière. 1 pl. et 1 vign. Grandville ; 3 vign. Pauquet, p. 305.

L'habituée du Luxembourg et l'habituée des Tuileries. J. Arago ; 1 pl. Gavarni ; 1 pl. Eug. Lami ; 2 vign. Emy ; p. 321.

Les chiffonniers. L.-A. Berthaud. 1 pl. et 2 vign. Travies, p. 333.

Le commissaire de police. A. Dufaï. 1 pl. et 1 vign. Travies ; 1 vign. Pauquet, p. 345.

Tome IV (1841). *Faux-titre, frontispice, titre, feuillet de dédicace, et* 392 p., *plus* 5 f. *pour la table.*

Les détenus. Moreau-Christophe. 6 pl. et 10 vign. Monnier ; 4 pl. et 2 vign. Gavarni ; 2 pl. et 6 vignettes Pauquet ; 1 pl. et 1 vign. Daumier ; 1 vign. Gagniet ; 1 vign. Malapeau, p. 1.

Les pauvres. Moreau-Christophe. 2 pl. Pauquet ; 2 pl. et 1 vign. Monnier ; 1 vign. Meissonnier, p. 97.

La dévote. J. Janin. 2 pl. et 2 vign. Eug. Lami ; 1 vign. Pauquet, p. 129.

Le directeur de théâtre. Eug. Guinot. 1 pl. et 3 vign. Pauquet ,1 vign. Férogio, p. 142.

Les enfants. Brisset. 1 pl. et 1 vign. Pauquet ; 1 vign. Français, p. 153.

Le tyran d'estaminet. Ch. Rouget.. 1 pl. et 3 vign. Pauquet, p. 161.

La religieuse. Mlle Maria d'Anspach. 3 pl. et 11 vign. Pauquet, p. 169.

Le second mari. F. Soulié. 1 pl. et 2 vign. Gavarni, p. 193.

Les cris de Paris. J. Mainzer. 1 pl. et 2 vign. Pauquet, p. 201.

Le pâtissier (*et autres types de petits métiers, en tout* 11 *articles*) par J. Mainzer. 8 pl. et 32 vign. Pauquet ; 1 pl. Gavarni ; 1 pl. Meissonnier ; 1 vign. Emy, p. 210.

Le botaniste E. Villemin. 1 pl. et 2 vign. Pauquet, p. 305.

Le goguettier. L.-A. Berthaud. 2 pl. et 2 vign. Gavarni, p. 313.

L'éditeur. E. Regnault. 1 pl. et 2 vign. Gavarni, p. 322.

Le diplomate. Comte de la Rivallière-Frauendorff. 1 pl. et 2 vign. Pauquet, p. 335.

La maîtresse de maison de santé. F. Soulié. 1 pl. Pauquet ; 2 vign. Travies, p. 344.

La misère en habit noir. B. Maurice. 1 pl. et 2 vign. Grandville ; 1 vign. Daumier ; 1 Gavarni, p. 343.

Le garçon d'amphithéâtre. P. Bernard. 1 pl. Grandville ; 2 vign. Jacque ; 1 Pauquet, p. 362.

La girafe. Pétrus Borel. 2 pl. Meissonnier ; 2 vign. Pauquet, p. 373.

Le contrôleur des contributions. F. Soulié. 1 pl. et 2 vign. Pauquet, p. 386.

Tome V (1842). *Faux-titre, frontispice, titre, feuillet de dédicace et* cvii-376 *pages, plus* 5 f. *pour la table.*

La population de la France, par A. Legoyt. 2 vign. V. Braucé, p. 1.

Le roi. J. Janin [1] 1 pl. Pauquet ; 1 vign. Delacroix, p. lxxxi.

L'armée. E. de la Bédollière. 27 pl. et 48 vign., par Jacque, Meissonnier, Penguilly, Eug. Lami, etc., p. 1.

Les écoles militaires. E. de la Bédollière et Raoul de la Barre, 6 pl. et 2 vign. par Pauquet, p. 113.

Le garde national. A. Legoyt. 5 pl. et 9 vign. Pauquet ; 15 vign. E. Lami ; 1 Meissonnier, p. 161.

Le bas-bleu. J. Janin. 3 pl. et 3 vign. Pauquet. 201.

La belle-mère. Mad. Anna Marie. 1 pl. et 2 vign. Pauquet, p. 232.

Le Tailleur. Roger de Beauvoir. 2 pl. et 2 vign. Pauquet, p. 239.

La première amie. Paul de Kock. 1 pl. et 1 vign. Pauquet, p. 255.

Le maître de chausson. Théoph. Gautier. 1 pl. et 2 vign. Pauquet, p. 263.

Le sergent de ville. A. Durantin. 1 pl. et 2 vign. Pauquet, p. 271.

Le jésuite. Edouard Lassène. 1 pl. et 2 vign. Pauquet, p. 281.

La halle. J. Mainzer. 1 pl. et 3 vign. Pauquet, p. 287.

La marchande de poisson, etc., (*en tout* 4 *articles*). J. Mainzer. 5 pl. et 10 vign. Pauquet, p. 302.

Le propriétaire. A. Achard. 1 pl. et 1 vign. Monnier, p. 337.

L'homme sans nom. T. Delord. 1 pl. Gavarni ; 3 vign. Pauquet, p. 345.

L'ouvrier de Paris. Brisset. 2 pl. et 3 vign. Pauquet, p. 361.

Les trois autres volumes des « Français peints par eux-mêmes » sont consacrés aux types de la province ; il est donc inutile de donner ici le détail de leur contenu. Un seul article peut se rattacher à notre sujet : « Le paysan des environs de Paris », par L. Couailhac, qui se trouve dans le tome VII, p. 8.

Les couvertures imprimées sous lesquelles les livraisons des « Français » étaient délivrées aux souscripteurs offrent un intérêt exceptionnel, non seulement à cause des renseignements qu'elles contiennent sur la publication et les différents états de l'ouvrage, mais parce qu'on y trouve aussi la correspondance de l'éditeur avec les souscripteurs ou avec les écrivains qui proposaient leurs articles à Curmer. Il est superflu de dire que bien peu d'exemplaires contiennent ces couvertures qui, à la Bibliothèque nationale, ont été réunies sous une même reliure et forment le 10ᵉ volume de l'ouvrage. Dans cet exemplaire, « Le Prisme » (voy. l'art. suiv.) forme le tome IX.

Le huitième volume des « Français » contient les tables des matières, en 40 pages dont la dernière n'est pas chiffrée. Ces tables, très détaillées et très intéressantes, sont parfaitement ré-

---

1 Dans les exemp'aires qui ne proviennent pas de souscription originaire, ces pages liminaires ont été supprimées.

digées; elles sont au nombre de six. Elles comprennent : 1° les articles selon leur ordre dans
chaque volume; 2° les noms d'auteurs ; 3° les
sujets par ordre alphabétique ; 4° les sujets par
ordre méthodique; 5° les noms des dessinateurs ;
6° les livraisons dans l'ordre de publication.
Ces tables ne se trouvent que dans l'édition originale et sont de la plus grande importance.

877. — Le Prisme. Encyclopédie morale du XIX° siècle. Illustrée par MM. DAUMIER, GAGNIET, GAVARNI, GRANDVILLE, MALAPEAU, MEISSONNIER, PAUQUET, PENGUILLY, RAYMOND, PELEZ, TRIMOLET. — Paris, L. Curmer, 1841, gr. in-8, 2 f. de tit., et 480 p. [Bibl. nat., Li³ 141.] [Carn., 2929.]

Ainsi que je l'ai dit au commencement de
l'article consacré aux « Français peints par eux-
mêmes », « Le Prisme » fait partie intégrante de
cet ouvrage aux souscripteurs duquel il a été
délivré à titre de prime gratuite. Il ne doit
donc pas en être séparé. Les articles qu'il contient ne sont pas moins intéressants que ceux des
« Français »; il y en a plus de quatre-vingts;
une grande partie d'entre eux sont très parisiens,
mais comme ils sont généralement très courts,
les types auxquels ils s'appliquent étant brièvement dépeints, je crois inutile d'en donner ici le
détail. Une table se trouve à la fin du volume.

« Le Prisme » ne contient pas de grandes
planches, mais seulement des vignettes imprimées dans le texte. Il est assez rare.

878. — Les Français peints par eux-mêmes. Types et portraits humoristiques à la plume et au crayon. Mœurs contemporaines par H. DE BALZAC, LÉON GOZLAN, AMÉDÉE ACHARD, J. JANIN, FRANCIS WEY, FRÉDÉRIC SOULIÉ, ALPHONSE KARR, EMILE DE LA BÉDOLLIÈRE, DE CORMENIN, CH. NODIER, NOEL PARFAIT, Mᵐᵉ ANCELOT, ELZÉAR BLAZE, EUGÈNE BRIFFAULT, PETRUS BOREL, etc. Illustrations de MEISSONNIER, DAUBIGNY, J.-J. GRANDVILLE, GAVARNI, H. DAUMIER, CHARLET, TONY JOHANNOT, FRANÇAIS, SAINT-GERMAIN, PAUQUET, DAUZATS, A. CATENACCI, BERTALL. E. BAYARD, AD. MARIE, etc. — Paris, J. Philippart, S. D. (1877-1878), 4 vol gr. in-8. [Bibl. nat., Li³ 141 E.]

Le nouvel éditeur a singulièrement défiguré
par des additions ou par des suppressions la
publication primitive. La note que M. Brivois
(Bibliographie des ouvrages illustrés, p. 160-
161) a consacré à cette réimpression, me semble
un peu trop indulgent. Le même éditeur avait
déjà tenté cette publication en 1861, en 2 vol.
in-4 [Bibl. nat., ibid., 141 D]; elle semble
n'avoir pas très bien réussi.

879. — Les Fous de Paris, types curieux de Paris, par un Nain-sensé. — Paris, J. Laisné, 1842, in-32, 2 f. et VII-88 p., plus 1 f. de table. [Bibl. nat., Li³ 148.] [Carn., 2931.]

Portraits et types divers : Le Solliciteur. —
Le Lovelace. — Le Démolisseur. — Les Rêveurs,
etc.

880. — La Grande Ville; nouveau tableau de Paris, comique, critique et philosophique, par CH. PAUL DE KOCK. Illustrations de GAVARNI, VICTOR ADAM, DAUMIER, D'AUBIGNY, H. EMY, etc. — Paris, au bureau central des publications nouvelles, 1842-1843, 2 vol. gr. in-8, ornés de vignettes, 412 et 418 p., plus les titres et des planches hors texte. [Bibl. nat., Li³ 145.] [Carn., 2936.]

Le titre ci-dessus est celui du premier volume
qui est tout entier de PAUL DE KOCK; celui du
second volume qui est dû à la collaboration de
plusieurs écrivains, sous la direction de M. MARC
FOURNIER, est ainsi libellé : « La Grande Ville ;
nouveau tableau de Paris, comique, critique et
philosophique, par H. DE BALZAC, ALEX. DUMAS.
FRÉDÉRIC SOULIÉ, EUGÈNE BRIFFANET, EUGÈNE DE
MIRECOURT, EDOUARD OURLIAC, MARC FOURNIER, L.
COUAILHAC, ALBERT CLER, CHARLES BALLARD, le
comte CHARLES DE VILLEDOT. Illustrations de
GAVARNI, VICTOR ADAM, DAUMIER, D'AUBIGNY, H.
EMY, TRAVIÈS et HENRI MONNIER. »

Extrait de la table du premier volume :
Bains à domicile. — Bouquetières en boutique.
— Les réverbères. — Les trottoirs. — Cabriolets. — Les floueurs. — La petite poste
aux lettres. — Notre-Dame-de-Lorette. —
La rue Saint-Denis. — Un bateau de blanchisseuses. — Estaminets-divans. — La sortie du
spectacle. — Les garnis, les mendiants. — Les
chemins de fer. — Les modes. — Le dimanche.
— Magasins de nouveautés (modes). — Les
débits de consolation; Paul Niquet. — Le ca-
non du Palais-Royal. — Les Champs-Elysées. —
Le jardin du Luxembourg. — Les artistes. —
Les grisettes. — Le bal de l'Opéra. — Les
tables d'hôte. Etc.

Le second volume contient : Restaurants et
gargottes, par FRÉDÉRIC SOULIÉ. — Marché des
Innocents, par EUGÈNE BRIFFAULT. — Rotonde
du Temple, par MARC FOURNIER. — Bateleurs,
par EDOUARD OURLIAC. — Diplomates et ambas-
sades, par le comte CHARLES DE VILLEDOT. —
Mont-de-Piété, par EUGÈNE DE MIRECOURT. —
Monographie de la presse parisienne, par H. DE
BALZAC. — Chambre des députés, par FRÉDÉRIC
SOULIÉ. — Canotiers de la Seine, par MARC
FOURNIER. — Sociétés chantantes, par L. COUAIL-
HAC. — Boulevard du crime, par EUGÈNE DE
MIRECOURT. — Hôtel des commissaires-priseurs,
par CHARLES BALLART. — Une actrice de société,
chronique de l'hôtel Castellane, par EUGÈNE
BRIFFAULT. — Filles, lorettes et courtisanes, par

ALEXANDRE DUMAS. — Jockey-Club, par ALBERT CLER.

Cet ouvrage mérite d'être recherché, autant à cause de son texte qu'à cause de ses illustrations.

Il y a une soi-disant autre édition ; voyez l'article suivant.

881. — La Grande Ville ; nouveau tableau de Paris, comique, critique et philosophique, par MM. PAUL DE KOCK, BALZAC, DUMAS, SOULIÉ, GOZLAN, BRIFFAULT, OURLIAC, E. GUINOT, H. MONNIER, etc. Illustrations de GAVARNI, VICTOR ADAM, DAUMIER, D'AUBIGNY, H. EMY, TRAVIÈS, BOULANGER, HENRI MONNIER et THENOT. — *Paris, Marescq, 1844, 2 vol. gr. in-8, 412 et 418 p., plus les titres et les planches.* [Bibl. nat., Li³ 145 A.] [Carn., 2936 bis.]

Au devant du titre du premier volume, un frontispice porte : « La grande ville ; nouveau tableau de Paris, par PAUL DE KOCK ». Au devant du titre du second volume, un frontispice porte : « La grande ville par H. DE BALZAC, 1844 ».

Il y a aussi des exemplaires avec la date de 1845. [Carn., 2936 A.]

Tout cela n'est qu'un rajeunissement de l'édition originale, citée sous le n° précédent, au moyen de la simple confection de nouveaux titres et de nouveaux feuillets liminaires.

Il a été fait une contrefaçon belge de cet ouvrage en volumes in-16 : « La Grande Ville. Nouveau tableau de Paris, comique, critique et philosophique ». (*Gand, imp. Vanderhueghe-Maya,* 1843), dont le tome V se trouve à la Bibl. nat. [ibid., 145 B]. La couverture porte : Par CH.-PAUL DE KOCK.

Enfin, pour ne rien omettre, je citerai les éditions plus modernes.

— *Paris, Sartorius,* 1867, *in-18.* [Bibl. nat., ibid., 145 C.]

— *Paris, Sartorius.* 1868, *in-18* [ibid., 145 D], avec la mention 2° édition.

— *Paris, Benoist,* 1874, *in-4.* [ibid., E, *in-4*].

— *Paris, Degorce-Cadot, S. D.* (1876), *in-18* [ibid., F].

882. — Histoire du royaume des lanternes, mise en lumière par un bec de gaz, et racontée par Naïf, arrière-petit-cousin de Candide. — *Paris, Paulier, S. D.* (1842), *in-32, 128 p., avec vignettes et 1 planche.* [Carn., 9298.]

Cet écrit, plutôt pamphlet politique que tableau de mœurs, est une satire violente de la monarchie de Juillet. Il est de GEORGES-MARIE-MATHIEU DAIRNVELL. Il a obtenu deux éditions dès sa publication. Quelques exemplaires portent sur la couverture la mention : « troisième édition ».

883. — Un Hiver à Paris, par M. JULES JANIN. — *Paris, L. Curmer ; Aubert et Cⁱᵉ , 1843, gr, in-8. Faux-titre, titre et 283 p., 18 grav.* [Carn., 3119 bis.]

Cet ouvrage est illustré de vignettes sur bois dans le texte, et de 18 grands sujets tirés à part, dessinés par EUGÈNE LAMI et gravés sur acier par HEATH. M. Brivois a donné dans sa « Bibliographie » (p. 208) le classement des 18 grandes gravures qui sont fort jolies. Quant au texte, il se compose d'une série de croquis parisiens dont quelques-uns sont intéressants. Je ne signalerai que les chapitres suivants : Neuilly. — Le Bois de Boulogne. — Les Champs-Elysées. — Les boulevards. — Les cafés. — Le monde. — Les églises. — Les théâtres.

Cet ouvrage avait d'abord paru en livraisons dont la publication a commencé à la fin de 1842 ; il en a été offert au public une pseudo-deuxième édition en 1844. (Voy. les articles suivants.)

884. — Un Hiver à Paris, par M. JULES JANIN. Deuxième édition. — *Paris, L. Curmer, 1844, gr. in-8. Faux-titre, titre et 283 p. , 18 grav.* [Carn., 3119.]

Soi-disant deuxième édition de l'article précédent. Cf. aussi le n° suivant.

885. — Un Hiver à Paris, par M. JULES JANIN ; enrichi de dix-huit gravures anglaises. Nouvelle édition. — *Paris, veuve L. Janet, S. D.* (1846), *gr. in-8, 2 f. de titre et 282 p., 18 grav.* [Bibl. nat., Li³ 150.]

Cette édition est véritablement « nouvelle » ; elle contient une liste des gravures. Voyez encore le n° suivant.

886. — L'Hiver et l'Eté à Paris, par M. JULES JANIN, illustrés par M. EUGÈNE LAMI. — *Londres, Fisher fils et Cⁱᵉ ; Paris, Mandeville (Londres, imprimerie de Fisher), S. D.* (1846), *2 vol. in-4.*

Voyez les articles précédents. Je n'ai jamais vu cette édition que je ne cite que d'après la « Bibliographie » de M. Brivois ; elle ne contiendrait pas les bois dans le texte, mais seulement les 36 grandes planches.

L'ouvrage que je cite sous le n° suivant montre, du reste, que la publication des deux volumes de J. Janin avait eu du succès chez nos voisins dès l'époque de sa première apparition.

887. — The American in Paris, or HEATH's picturesque annual for 1843. By M. JULES JANIN. Illustrated by

eighteen engravings from designs by
EUGÈNE LAMI. — *London, Longman ;
New-York, Appleton and son ; Paris,
Aubert and C° ; Leipsic, Weigel,* 1843,
gr. in-8, VII-256 *p.* 18 *grav. et* 1 *front.*
[Carn., 9885.]

« The American in Paris » n'est autre chose
qu'une adaptation ou traduction de « Un Hiver à
Paris » de Jules Janin (voy. les articles précédents) ; les titres des chapitres ont été quelquefois changés, mais le texte reste presque toujours
le même — sauf les nécessités de traduction —
que dans l'original. Il a probablement, du reste,
paru à Londres presque en même temps que
celui-ci paraissait à Paris.
Cet ouvrage n'a aucun rapport avec celui qui
est cité ci-dessus sous le n° 708, mais il est bon
de noter la confusion à laquelle a donné lieu
la similitude des deux titres, confusion dont j'ai
parlé en décrivant l'ouvrage de Sanderson.

888. — L'Été à Paris. — *Paris,
chez L. Curmer, S. D.* (1843), *gr. in-8,*
VIII-279 *p. Vignettes et* 18 *grav.* [Bibl.
nat., Li³ 159.] [Carn., 3120.]

Le faux-titre et la couverture portent : « Par
M. JULES JANIN ». Les VIII pages liminaires comprennent : 1° 1 faux-titre qui porte : « L'Été à
Paris, par M. JULES JANIN ». — 2° le titre gravé
dont l'intitulé est ci-dessus (sans nom d'auteur).
— 3° une *Préface des éditeurs.*
Extrait de la table : Le vieux Paris. — L'an
deux mil quatre cent quarante. — La conversation parisienne. — Versailles. — Fontainebleau.
— Les fêtes de juillet. — La vallée de Montmorency, etc.
« L'Été à Paris » est, comme « Un Hiver à
Paris », illustré de vignettes sur bois dans le
texte et de 18 gravures dessinées par EUGÈNE
LAMI. M. Brivois a donné le classement de
celles-ci dans sa « Bibliographie », page 208.
Cette première et unique édition avait paru
en dix-huit livraisons à partir de juillet 1843.
Il y a des exemplaires avec l'adresse *Aubert
et Cie;* on en trouve aussi avec une couverture
à l'adresse de *L. Curmer* et la date de 1844.

889. — Les Indiscrétions de Lucifer,
écrites sous sa dictée par son secrétaire intime, GEORGES-MARIE DAIRN-
VÆLL. Dessins de M. F. DERISTAL. Illustrations de PORRET, THOMPSON, etc. —
Paris, Fiquet, Rozier, 1842, *in-32,*
147 *p. Vignettes,* 3 *fig.* [Bibl. nat.,
Li³ 144.]

Satires violentes contre diverses personnalités
dont les unes sont clairement désignées et les
autres ne le sont que par des initiales. Ces
satires sont pour l'auteur l'occasion de peindre
sous de vives couleurs la vie parisienne de
l'époque.

890. — Les Industriels, métiers et
professions en France, par EMILE DE
LA BÉDOLLIÈRE, avec cent dessins par
HENRY MONNIER. — *Paris, veuve L.
Janet,* 1842, *in-8,* IV-231 *p.* [Bibl. nat.,
Li³ 55.] [Carn., 1514.]

Un grand nombre des types décrits dans cet
ouvrage intéressant appartiennent à la classe
des industriels du pavé de Paris. Grandes planches, et nombreuses vignettes dans le texte.

891. — La Mine des blagues. Revue
critique, anecdotique et réjouissante
de l'année 1841, par CLOVIS DETRAN-
CHANT. — *Paris, Mansard et Cie ; Martinon,* 1842, *in-18,* 2 *f. de tit. et* 190
p. Vignettes. [Bibl. nat., Li³ 143.]
[Carn., 820.]

Écrit humoristique peu important.

892. — Paris actuel ou 12 dans un,
Janvier 1842. — *Paris, Martinon,* 1842,
in-32, 95 *p.* [Bibl. nat., Li³ 146.]
[Carn., 2938.]

On avait annoncé d'autres volumes; celui-ci
a seul paru. Il contient douze chapitres parmi
lesquels je citerai : Le jour de l'an. — Les bals.
— Les femmes. — La musique. — Les théâtres,
etc.

893. — Paris la nuit; silhouettes
par M. EDOUARD GOURDON. — *Paris,
Charpentier, libraire, Palais-Royal,
galerie d'Orléans,* 7, 1842, *in-16,*
XVI-192 *p.* [Bibl. nat., Li³ 228.]

La préface est signée : « H. L. »
Le style de ce volume est simple et sans prétention, mais correct et agréable. L'auteur a su
nous donner un tableau court mais très intéressant de Paris après le coucher du soleil. Il faut
lire le chapitre consacré à l'Opéra — aux Tuileries — aux Boulevards — aux Passages — au
Palais-Royal — aux Théâtres — aux Maisons
de jeu, etc., etc.

894. — La Société parisienne.
Esquisses de mœurs par un jeune
provincial. — *Paris, Amyot,* 1482
(*sic,* 1842), *in-8,* 2 *f. de tit. et* 322 *p.*
[Bibl. nat., Li³ 147.] [Carn., 2937.]

Par Mme MARIE-BÉNIGNE-ESTHER LETISSIER.
Volume assez intéressant : Un salon — La
messe d'une heure — Un bal — Un jour d'é-
meute — Les écrivains — Les étrangers — Etc.

896. — Une Année à Paris; par
AUGUSTE DE BRACEWICH. — *Paris,
Baudry,* 1842, 2 *vol. in-8.*

Je manque absolument de renseignements sur le contenu de ces deux volumes que je ne connais que par le *Journal de la librairie*. Quérard les a cités dans ses *Supercheries* (II, 573 e) ajoutant que « cet ouvrage, publié sous ce pseudonyme, est traduit de l'anglais de lady CHAR-LOTTE BURY ».

897. — How to enjoy Paris in 1842, intended to serve as a companion and monitor, indicating all that is useful and interesting in the french metropolis, containing historical, political, commercial, artistical, theatrical and statistical information ; as also a description of the manners and customs of the Parisians of the present day ; with instructions for the stranger, in respect to economy, and advice as to his general proceedings with the French. By F. HERVÉ, author of a « A Residence in Turkey, and Greece », etc., etc. Illustrated by [6] lithographic engravings. — *Paris, Amyot; London, G. Briggs*, 1842, *in-8, 3 f. et 422 p.* [Bibl. nat., Lk⁷ 6257.]

En plus des 6 lithographies qui sont signées : *Champin*, et qui semblent extraites de « Paris historique » (1838), on trouve au commencement du volume une planche curieuse au point de vue des procédés d'exécution. Elle est tirée en couleur sur fond blanc et *gauffrée;* elle représente la place de la Concorde et les Champs-Elysées.
Cet ouvrage pourrait peut-être mieux se classer parmi les *guides-cicérone*, mais il m'a paru assez intéressant, au point de vue des mœurs et des descriptions morales, pour le mentionner ici ; il contient un *index* alphabétique détaillé, et est tout à fait différent de celui que j'ai cité sous le n° 538. Il est divisé en 14 chapitres, parmi lesquels le quatrième (p. 100), traite particulièrement des mœurs des Parisiens. Ce volume, imprimé à Paris, a été annoncé par le *Journal de la librairie* (n° 4039 de 1842) comme un in-12 de 18 feuilles. C'est cependant bien un in-8, et la dernière feuille est chiffrée 27. Y aurait-il une édition in-12? J'en doute. Je ne comprends pas davantage pourquoi le catalogue de la Bibliothèque Nationale le mentionne comme in-16 ; c'est un in-8 de grand format.

898. — Briefe aus Paris, von KARL GUTZKOW. — *Leipzig, Brockhaus*, 1842, *2 vol. in-12,* VI-291 *et* 260 *p.* [Bibl. nat., Li³ 149.] [Carn., 17808.]

Ces « Lettres sur Paris » sont datées de 1842. Une seconde édition a été récemment publiée à Iéna ; voy. ci-dessous le n° 1211.
Les 29 lettres contenues dans ces deux volumes ont été écrites dans le courant des mois de mars à mai 1842; elles sont rédigées dans un style qui trahit immédiatement un auteur visant

à l'effet, ce qui ne doit pas étonner de la part du romancier Gutzkow. On y trouve peu de descriptions de monuments ; ce sont principalement des scènes de la vie parisienne et des détails sur la politique, les arts et la littérature.

899. — Erinnerungen aus und an Frankreich, von IDA, Græfln VON HAHN-HAHN. — *Berlin, A. Duncker*, 1842, *2 vol. in-8.*

« Souvenirs de France. »
Je n'ai pu me procurer ces « Souvenirs » ; je ne les cite que d'après une bibliographie où j'en ai trouvé l'indication. Si j'en crois Forster, « Quinze ans à Paris », tome II, p. 453 (voy. ci-dessous le n° 939), l'ouvrage de la comtesse de Hahn-Hahn est partial et méchant.

900. — Paris im Frühjahr 1843. Briefe, Berichte und Schilderungen von L. RELLSTAB. — *Leipzig, R.-F. Kœhler*, 1844, *3 parties pet. in-8,* VIII-400, 444 *et* 160 *p.* [Bibl. nat., Li³ 156.] [Carn., 17805.]

« Paris, au printemps de 1843. Lettres, récits et tableaux, par L. RELLSTAB. »
Les deux premiers volumes contiennent cinquante et une lettres sur Paris et les environs. La partie descriptive occupe une assez grande place : cependant de nombreuses pages sont consacrées aux sommités artistiques, littéraires et politiques, aux théâtres et aux acteurs. Le tome III contient des rapports assez détaillés sur le Conservatoire de musique, le Théâtre-Italien, l'Opéra, le Théâtre-Français, etc.

901. — Impressions and observations of a young person, during a residence in Paris. — *Paris, A. and W. Galignani; London, Dalton*, 1843, *in-12,* 111 *p.* [Bibl. nat., Lk⁷ 6259.] [Carn., 2942, 3ᵉ édition.]

Extrait d'un journal tenu, pendant une résidence à Paris, par une jeune fille de seize ans... avec des corrections de sa maman. Quelqu'en soit l'auteur, ce petit volume est amusant et digne d'attention. Il a obtenu deux autres éditions qui se trouvent aussi à la Bibliothèque nationale :
— Second edition, enlarged. — *London, Dalton*, 1844 (*Paris, imp. de veuve Dondey-Dupré*), *in-12,* 152 *p,*
— Third edition. — *Paris, A. and W. Galignani*, 1845, *in-18,* 161 *p.*
Cette troisième édition est beaucoup plus ample que les deux précédentes.

902. — Lettres infernales, par FORTUNAT, auteur du « Rivarol ». Première [et unique] livraison. — *Paris, Martinon*, 1843, *in-18,* 1 *f. de tit. et* 35 *p.* [Bibl. nat., Li³ 155.]

Sur le bal de l'Opéra.

FORTUNAT est le pseudonyme de FORTUNÉ MESURÉ, d'Orléans. Voyez Quérard, *Supercheries*, II, 67, *a*.

.903. — Le Siècle maudit, par ALEXIS DUMESNIL. — *Paris, Pagnerre*, 1843, *in*-8, 172 p. [Bibl. nat., Li³ 151.]

Etude philosophique et sérieuse sur les mœurs.

904. — Lutèce. Lettres sur la vie politique, artistique et sociale de la France, par HENRI HEINE. Nouvelle édition. — *Paris, Calmann-Lévy*, 1878, *gr. in*-18, xv-420 p. [Bibl. nat., Li³ 189, différentes éditions.] [Carn., 812.]

Ce livre contient une série de lettres écrites originairement en allemand pour la « Gazette d'Augsbourg », par H. Heine, sous le voile de l'anonyme. Elles sont datées du 25 février 1840 au 1er mai 1844. Il les réunit d'abord, dans leur texte original, en 1 volume qui parut en chez Hoffman et Campe, à Hambourg, sous le titre de « Lutèce ». Il en publia ensuite lui-même une version française en 1855 (*Paris, Michel Lévy, in*-18). Depuis, elles furent plusieurs fois réimprimées chez le même éditeur.

Dans ces lettres, H. Heine s'étend beaucoup plus sur la politique, que sur les autres côtés de la vie parisienne ; il fait cependant aussi une petite part à la vie artistique et aux nouvelles théâtrales et musicales. Il se défend, dans sa préface de l'accusation contre lui lancée d'avoir calomnié la capitale de son pays d'adoption, mais il ne pourrait en tous cas se justifier du cynisme de ses appréciations et de la crudité avec laquelle il les exprime si souvent. Son style, que je qualifierai de tudesque, rend la lecture de ce volume assez désagréable en maints passages. L'absence de tables et de sommaires y rend les recherches pénibles, pour ne pas dire impossibles.

905. — Souvenirs de mon voyage à Paris et Versailles, 1843. — *Bordeaux, autographie de H. Faye, S. D.* (1843), *in*-8, 1 f. de tit. et 19 p. [Bibl. nat., Lk⁷ 6260.]

Signé : G. L. D. — En prose mêlée de vers. Description assez insignifiante, mais curieuse à cause de la naïveté de son style. L'auteur, qui semble être avocat ou magistrat à Bordeaux, adresse ces « Souvenirs » en forme de lettres à Mademoiselle.... qui habite Saint-Caprais. Cette plaquette, entièrement autographiée, a dû être tirée à très petit nombre.

906. — Un Voyage à Paris, par le Rᵉ JOSEPH ASTI, maître de langue française à Milan. — *Milan, Pirotta et Cⁱᶜ*, 1843, *pet. in*-8, 368 p. [Carn., 16665.]

L'ouvrage, dont le style se ressent quelque peu de la nationalité de l'auteur, est divisé en chapitres. Je signalerai les suivants : Tombeau de Napoléon, p. 67. — Jardin des Plantes, p. 177. — Versailles, p. 193. — Sèvres et les Gobelins, p. 207. — Saint-Denis, p. 233. — La Colonne de Juillet ; les Quinze-Vingts, p. 253. — Le Père-Lachaise, p. 271. — Les Tuileries ; les Champs-Elysées, l'Arc-de-Triomphe, p. 285. — La Chapelle expiatoire ; la Madeleine, p. 321.

907. — Les Abus de Paris, par M***** et FRANCIS GIRAULT. Illustrations par MM. EMILE, A. BARON et SEIGNEUR-GENS. — *Paris, Breteau*, 1844, *gr. in*-8, 2 f. de tit., VIII-524 p. et 2 feuillets non numérotés, 30 pl., double frontispice. [Bibl. nat., Li³ 162.] [Carn., 5369, in-4.]

Roman de mœurs. Les illustrations sont assez curieuses.

Les étoiles qui précèdent le nom de FRANCIS GIRAULT cachent le nom de VIOLLET D'EPAGNY ; cet écrivain dramatique avait commencé le volume que des circonstances fortuites ont fait continuer et achever par FRANCIS GIRAULT.

En plus des 30 planches qui se trouvent dans le corps du volume, on trouve, à la fin, 22 gravures numérotées 1-4 et 1-18.

Cet ouvrage a été publié par livraisons, dont la première a paru à la fin de 1842.

908. — 1844. Almanach des mystères de Paris. — *Paris, Desloges, S. D.* (1844), *pet. in*-12, 135 p. [Carn., 2939.]

Types, caractères, faits-Paris, etc. Vignettes, d'après Gavarni et Daumier.

909. — Colères. Par AMÉDÉE POMMIER. (Le Métromane). — *Paris, Dolin*, 1844, *in*-8, 2 f. et III-127 p. [Carn., 2940.]

Satires sur les travers et les mœurs de Paris.

910. — Les Étrangers à Paris, par MM. LOUIS DESNOYERS, J. JANIN. OLD-NICK, STANISLAS BELLANGER, E. GUINOT, MARCO SAINT-HILAIRE, E. LEMOINE, ROGER DE BEAUVOIR, CH. SCHILLER, A. FRÉMY, F. MORNAND, P. MERRUAU, A. DE LACROIX, A. ROYER, DESTIGNY, L. COUAILHAC, L. HUART, CAPO DE FEUILLIDE. Illustrations de MM. GAVARNI, TH. FRÈRE, H. EMY, TH. GUÉRIN, ED. FRÈRE. — *Paris, Ch. Warée, S. D.* (1844), *in*-4, XXXV-525 p. et 1 f. de table, 30 planches ; vignettes. [Bibl. nat., Li⁵ 137.] [Carn., 3122.]

Ce livre est d'une exécution matérielle très soignée ; il a été publié en 50 livraisons. On trouve au verso du dernier feuillet une table pour le classement des trente gravures hors texte.

Voici la copie de la table des matières : Introduction, par LOUIS DESNOYERS (DERVILLE). — L'Anglais, par OLD-NICK. — L'Arabe, par FÉLIX MORNAND. — Le Moldo-Valaque, par STANISLAS BELLANGER. — Le Hongrois, par *le même.* — Le Savoisien, par DESTIGNY (de Caen). — Le Chinois, par MÉRY. — Le Polonais, par EMILE MARCO DE SAINT-HILAIRE. — L'Allemand, par LOUIS HUART. — Le Prussien, par CH. SCHILLER. — L'Italien, par J. JANIN. — Le Hollandais, par STANISLAS BELLANGER. — Le Colon, par CAPO DE FEUILLIDE. — L'Egyptien, par EDOUARD LEMOINE. — Le Belge, par LOUIS COUAILHAC. — Le Grec, par AUGUSTE DE LACROIX. — Le Brésilien, par PAUL MERRUAU. — Le Suisse, par CHARLES SCHILLER. — L'Américain, par ARNOULT FRÉMY. — Le Persan, par MALEK-ZADÉH. — Le Turc, par ALPHONSE ROYER. — Le Portugais, par ARNOULT FRÉMY. — L'Espagnol, par ROGER DE BEAUVOIR. — Le Suédois, Norwégien et Danois, par CHARLES WARÉE. — Le Russe, par EUGÈNE GUINOT.

911. — Les Nouveaux Mystères de Paris. — *Paris, chez tous les libraires,* S. D. (1844?). *in-16.* [Bibl. nat., Li³ 161.]

L'exemplaire de la Bibliothèque nationale ne consiste que dans quatre pages comprenant le titre et la table. Cet ouvrage semble ne pas avoir été annoncé dans le *Journal de la librairie.* Le titre est orné d'une vignette.

912. — Paris comique. Revue amusante des Caractères, Mœurs, Modes, Folies, Ridicules, Excentricités, Niaiseries, Bêtises, Sottises, Voleries et Infamies parisiennes. Texte non politique par MM. L. HUART, MICHELANT, CH. PHILIPON et autres rédacteurs du « Charivari » et de la « Caricature ». Dessins comiques par MM. BOUCHOT, CHAM (DE N...), DAUMIER, GAVARNI, GRANDVILLE, et autres artistes du « Musée Philipon ». — *Paris, chez Aubert,... S. D. (1844), in-4,* 20 *livraisons de 8 p. de texte chacune.*

Cette amusante publication a paru en 20 livraisons. Chacune d'elles est numérotée au bas de la première page et contient, en outre des gravures, 8 pages de texte. J'y remarque : 1ʳᵉ liv. Les écoles de natation. Les mystères d'un hôtel. — 2ᵉ liv. Une scène de saltimbanques. Les magasins monstres (Pauvre Diable, Petit Saint-Thomas, les Deux Magots). — 4ᵉ liv. Etude de mœurs par les gants. — 5ᵉ liv. Les grandes eaux de Saint-Cloud. L'uniforme des agents de police. Graves événements dans le Gérolstein, *etc.*

913. — Les Petits Mystères de Paris. Par M. M.... DE S.-H...T. Deuxième édition. — *Paris, chez l'éditeur, rue du Petit-Carreau,* 32,

et chez les marchands de nouveautés, 1844, 2 *vol. in-18, chacun de 180 p. et 1 fig.*

La couverture imprimée porte : *Paris, Gennequin, libr. édit.* — Chaque volume contient une planche repliée représentant diverses scènes en cinq médaillons lithographiés d'une exécution assez soignée. La première édition avait paru au commencement de la même année.

J'ai eu le regret de ne pouvoir, malgré mes recherches, interpréter les initiales que porte le titre de cet ouvrage assez rare.

Les 48 premières pages de cet écrit contiennent divers portraits de Paris (« Paris hideux » et « Beau Paris »), suivis d'un roman dont je n'ai rien à dire.

914. — Le Rideau levé sur les mystères de Paris, publié par ADOLPHE DE LIANCOURT. — *Paris, E. Renault,* 1844, 2 *vol. in-18 de 107 et 108 p., y compris les titres. Vignettes.* [Bibl. nat., Li³ 164, Tome I. seul.] [Carn., 15176.]

Curieux petit tableau de Paris, très mal imprimé sur très vilain papier.

915. — Le Voyage au Panthéon. Revue de 1843, par PAUL ZÉRO. — *Paris, Ebrard,* 1844, *in-12,* 94 *p. et 1 feuillet non chiffré.* [Carn., 5358.]

Scènes dialoguées. L'auteur destinait cette pièce au théâtre, mais elle n'a pas été jouée. Le véritable nom de l'auteur est PAUL-AIMÉ GARNIER.

916. — Paris and its people. By the author of « Random recollections of the lords and commons », « The great metropolis », etc., etc. — *London, Saunders, and Otley,* 1844, 2 *vol. in-8,* XI-301 *et* VIII-324 *p. Portrait.* [Bibl. nat., Lk⁷ 6283.) [Carn., 16172.]

Par JAMES GRANT ? Ouvrage important et d'une lecture intéressante.

917. — Les Boudoirs de Paris, par le duc D'ABRANTÈS. — *Paris, Recoules,* 1845-1846, 6 *vol. in-8.* [Carn., 10807.]

Très intéressant tableau de la société parisienne depuis l'époque de Louis XV jusqu'à celle de Louis-Philippe. L'auteur est le duc Napoléon d'Abrantès, né en 1807, mort en 1851, fils du général d'Abrantès.

918. — Chronique parisienne (1843-1845), par C.-A. SAINTE-BEUVE. — *Paris, C. Lévy,* 1876, *in-18.* 2 *f. et* VIII-348 *p.* [Bibl. nat., Li³ 542.]

La préface est signée : J. TROUBAT. — Ces
« Chroniques », datées du 18 février 1843-
5 juillet 1845, ont été publiées par Sainte-Beuve
dans la « Revue suisse », sous le voile de l'anonyme. Le *critique* perce sous le *chroniqueur* et
ses articles se rapportent surtout au mouvement
artistique et littéraire de l'époque. On en trouve
pourtant parmi eux qui sont de véritables *chroniques parisiennes*, et c'est à cause de cela que
je ne pouvais — quoiqu'excluant de mon travail
les célèbres *Lundis* du même auteur — me dis-
penser de mentionner ce volume intéressant.

---

919. — **Le Diable à Paris. Paris et
les Parisiens. Mœurs et coutumes,
caractères et portraits des habitants
de Paris; tableau complet de leur
vie privée, publique, politique, artis-
tique, littéraire, industrielle, etc., etc.
Texte par MM. GEORGE SAND, P.-J.
STAHL, LÉON GOZLAN, P. PASCAL, FRÉ-
DÉRIC SOULIÉ, CHARLES NODIER, EUGÈNE
BRIFFAULT, S. LAVALETTE, DE BALZAC,
TAXILE DELORD, ALPHONSE KARR, MÉRY,
A. JUNCETIS, GÉRARD DE NERVAL, AR-
SÈNE HOUSSAYE, ALBERT AUBERT, THÉO-
PHILE GAUTIER, OCTAVE FEUILLET, AL-
FRED DE MUSSET, FRÉDÉRIC BÉRAT; précédé d'une Histoire de Paris, par
THÉOPHILE LAVALLÉE. Illustrations :
Les gens de Paris, séries de gravures
avec légendes, par GAVARNI. Paris
comique, vignettes par BERTALL. Vues,
monuments, édifices particuliers,
lieux célèbres et principaux aspects
de Paris, par CHAMPIN, BERTRAND,
D'AUBIGNY, FRANÇAIS. — *Paris, J. Hetzel, 1845-1846, 2 vol. gr. in-8. XXXII-
380 et LXXX-364 p., plus les titres.
Couvertures illustrées.* [Bibl. nat., Li³
165.] [Carn., 2932, in-4.]**

Le titre du second volume est le même, à l'ex-
ception de la liste des collaborateurs qui est
sensiblement différente. On y lit : « ... Texte
par MM. DE BALZAC, EUGÈNE SUE, GEORGE SAND,
P.-J. STAHL, ALPHONSE KARR, HENRY MONNIER,
OCTAVE FEUILLET, DE STENDHAL, LÉON GOZLAN,
S. LAVALETTE, ARMAND MARRAST, LAURENT-JAN,
ÉDOUARD OURLIAC. CHARLES DE BOIGNE, ALTAROCHE,
EUG. GUINOT, JULES JANIN, EUG. BRIFFAULT, AUG.
BARDIER, marquis DE VARENNES, ALFRED DE MUS-
SET, CHARLES NODIER, FRÉDÉRIC BÉRAT, A. LEGOYT;
précédé d'une Géographie de Paris, par THÉO-
PHILE LAVALLÉE. Illustrations... Panthéon du
Diable à Paris, par BERTALL... »

Ces deux volumes sont ornés d'une multitude
de gravures sur bois, dont 212 planches tirées
hors texte. Le nombre et le classement sont indiqués à la table de chacun d'eux ; voyez aussi la
« Bibliographie des ouvrages illustrés du XIXᵉ siècle », par M. Brivois, p. 126.

TABLE DES MATIÈRES ET DES GRAVURES.

TOME I.

Le diable à Paris : Frontispice par GAVARNI,
en regard du titre.

Histoire de Paris, par TH. LAVALLÉE ; (21 vues,
CHAMPIN), p. I.

Prologue. Comment... un diable vint à
Paris, par P.-J. STAHL ; 31 vignettes, BERTALL ;
1 D'AUBIGNY.

Coup d'œil général sur Paris, par GEORGE
SAND ; 2 vign. FRANÇAIS, p. 33.

Court monologue de Flammèche, par P.-J.
STAHL ; 1 vign. BERTALL ; 1 D'AUBIGNY, p. 41.

Ce que c'est qu'une Parisienne, par LÉON
GOZLAN ; 21 vign. BERTALL ; 1 D'AUBIGNY, p. 43.

Flammèche et Baptiste... Opinion de Baptiste
sur les femmes, par P.-J. STAHL ; 6 vign. BER-
TALL, p. 73.

Le monde élégant ; les bals ; 18 vign. par
BERTALL, p. 80.

Comment on se salue à Paris, par P. PASCAL ;
11 vign. BERTALL, p. 82.

Oraisons funèbres : 4 grav. par GAVARNI,
p. 84.

Les drames invisibles, par F. SOULIÉ ; 5 vign.
BERTALL, p. 85.

Drames bourgeois : 1 grav. par GAVARNI,
p. 120.

Métempsycoses et Palingénésies : 7 grav. par
GAVARNI, p. 120.

A quoi on reconnaît un homme de lettres, par
CH. NODIER, p. 121.

Hommes et femmes de plume : 7 grav. par
GAVARNI.

Une journée à l'Ecole de natation, par E. BRIF-
FAULT ; 68 vign. BERTALL, p. 123.

Les petits mordent : 2 grav. par GAVARNI,
p. 146.

Séraphin, par S. LAVALLETTE ; 2 vign. BER-
TALL, p. 147.

Théâtres : 3 grav. par GAVARNI, p. 150.

Un mot sur les journaux, par L. GOZLAN ;
2 vign. BERTALL, p. 151.

Les bals en plein air ; Mabille (et autres) :
27 vign. par BERTALL, p. 162.

En carnaval : 12 grav. par GAVARNI, p. 164.

Philosophie de la vie conjugale à Paris, par
BALZAC ; 4 vign. BERTALL, p. 165.

Meubles de salons ; le monde : 9 vign. par
BERTALL, p. 212.

Boudoirs et mansardes : 4 grav. par GAVARNI,
p. 212.

La semaine de l'ouvrière, par TAX. DELORD ;
2 vign. BERTALL, p. 213.

Paris aux champs : 7 grav. par GAVARNI,
p. 224.

Les passants à Paris, par P.-J. STAHL ; 2 vign.
BERTALL, p. 225.

Parisiens de Paris : 7 grav. par GAVARNI,
p. 228.

Un espion à Paris (... garde du commerce),
par BALZAC ; 1 vign. BERTALL. p. 229.

Loyal et Vautour : 5 grav. par GAVARNI,
p. 234.

Prisons : 5 grav. par GAVARNI, p. 234.

Signes pour reconnaître le Parisien, par AL-
PHONSE KARR, p. 235.

La Seine et les quais : 16 vign. par CHAMPIN,
p. 236.

Le climat de Paris, par MÉRY ; 12 vign. BER-
TALL, p. 238.

[En raison de ce que j'explique ci-dessous à l'article du « Tiroir du Diable », n° 920, qui, pour les pages 41-357, n'est qu'un défet du « Diable à Paris », je crois inutile de donner ici la transcription de la fin de la table de ce dernier ouvrage, puisque, pour le texte, on la trouvera à l'article du « Tiroir du Diable », absolument conforme à celle que je donnerais ici. Je vais donc seulement continuer l'énumération des planches hors texte, avec l'indication de la page en regard de laquelle elles doivent se placer, car elles sont beaucoup plus nombreuses dans le présent volume que dans le « Tiroir du Diable ». Toutes ces planches sont de Gavarni ; ceci dit, il est inutile de répéter son nom à chaque article.]

Les pages 341-357 sont occupées par une « Statistique de la ville de Paris », signée A. LEGOYT. Ces quelques pages sont assez intéressantes.

La publication du « Diable à Paris » eut un certain succès ; elle le méritait du reste. Le second volume semble cependant s'être moins bien vendu que le premier, car il en resta un certain nombre d'exemplaires aux mains de l'éditeur qui, à trois reprises différentes, chercha à les écouler sous le titre de « Tiroir du Diable » : voyez l'article suivant. On fit par la suite trois autres éditions de cette publication sous son titre originaire ; ces trois autres éditions sont décrites sous les n°° 921, 922 et 923.

920. — Le Tiroir du diable. Paris et les Parisiens. Mœurs et coutumes, caractères et portraits des habitants de Paris, tableau complet de leur vie privée, publique, politique, artistique, littéraire, industrielle, etc., etc. Par MM. DE BALZAC, EUGÈNE SUE, GEORGE SAND, P.-J. STAHL, ALPHONSE KARR, HENRY MONNIER, OCTAVE FEUILLET, DE STENDHAL, LÉON GOZLAN, S. LAVALETTE, ARMAND MARRAST, LAURENT-JAN, EDOUARD OURLIAC, CHARLES DE BOIGNE, ALTAROCHE, EUG. GUINOT, JULES JANIN, E. BRIFFAULT, AUGUSTE

BARBIER, Marquis DE VARENNES, AL-
FRED DE MUSSET, CHARLES NODIER, FRÉ-
DÉRIC BÉRAT, A. LEGOYT; précédé
d'une Géographie de Paris par THÉO-
PHILE LAVALLÉE. Illustrations : Les
gens de Paris, série de gravures avec
légendes par GAVARNI. Paris comique,
Panthéon du diable à Paris par BER-
TALL. Vues, monuments, édifices particuliers, lieux célèbres et principaux aspects de Paris par CHAMPIN,
BERTRAND, D'AUBIGNY, FRANÇAIS. Première [et deuxième] partie. — *Paris,
chez les principaux libraires, S. D.,
gr. in-8, 2 f. de titre et* LXXX-*357 p.,
plus 1 f. de table.* [Bibl. nât., Li³
166, ne consistant que dans les titres.]
[Carn., 2934.]

Ce volume, assez commun, n'est à proprement
parler, qu'un défet. Il se compose des pages
41-357 du second tome du « Diable à Paris »
que l'éditeur a tenté d'écouler en réimprimant
les pages 1-6, un titre et une table. Dans les
differents exemplaires qui m'ont passé sous les
yeux, les pages 7-40 n'existaient pas et la numérotation sautait brusquement de 6 à 41. Cette
tentative de rajeunissement de l'ouvrage se fit
en 1850, 1851 et 1855, années dans lesquelles
on fit des réimpressions de titres. Après la page
160, il y a un titre et un faux-titre qui ne
comptent pas dans la pagination. Ce titre ne
diffère du premier qu'en ce qu'il porte :
« Deuxième partie », au lieu de : « Première partie ». C'était encore un subterfuge pour faire croire
que les « deux parties » du « Tiroir du Diable »
représentaient les « deux volumes » du « Diable
à Paris ». Il est presque inutile de dire que la
pagination se suit dans ces pseudo- « deux parties ». Je n'ai fait de collationnement des planches texte que dans mon exemplaire qui en
contient 53. Il est probable que ce nombre est
variable, suivant qu'il en était resté plus ou
moins en magasin, car on a eu soin de n'en
mentionner aucune dans la table dont voici un
extrait, et qui ne donne que le détail du texte
imprimé.

Géographie de Paris, par TH. LAVALLÉE; 30
vues par CHAMPIN, p. 1.
Un mariage bourgeois à Paris, par H. MON-
NIER, 6 vignettes par *le même*, p. 1.
Paris avant le déluge, par TH. LAVALLÉE, p. 54.
Quelques épisodes du carnaval, 25 vignettes,
par BERTALL, p. 68.
Sous le marronnier des Tuileries, par OCT.
FEUILLET; 3 vignettes par BERTALL, p. 68.
Sous les tilleuls de la place Royale, par OCT.
FEUILLET; 1 vignette par BERTALL. p. 75.
Dans le jardin du Luxembourg, par OCT.
FEUILLET; 2 vignettes par BERTALL, p. 80.
Philibert Lescale; esquisse de la vie d'un
jeune homme riche à Paris, par STENDHAL
(H.-J. BEYLE); 1 vignette par BERTALL, p. 84.
Quelques phrases inédites, par CH. NODIER,
p. 87.
Les petits métiers de Paris, vign. de BERTALL,
p. 88 et 128.

Histoire et physiologie des boulevards de
Paris, de la Madeleine à la Bastille, par BALZAC;
26 vues, BERTRAND; 10 vign., BERTALL; p. 89.
Les maîtresses à Paris, par L. GOZLAN; 2 vign.
BERTALL, p. 105.
Ce que c'est que l'amour et si l'on s'aime, par
P.-J. STAHL, p. 123.
Du voilement de l'image du Christ dans les
cours de justice, par CH. NODIER, p. 130.
Des déceptions à Paris, par S. LAVALETTE,
p. 131.
Les expositions au Louvre, 17 vignettes par
BERTALL, p. 136.
Les mères de famille dans le beau monde, par
G. SAND, p. 138.
Sur la pauvreté volontaire des gens riches,
par A. KARR, p. 148.
De la manière de vivre à Paris, 9 vign. par
BERTALL, p. 150.
Où va une femme qui sort, par LAURENT-JAN;
1 vign., BERTALL, p. 151.
Essai sur les mœurs des saltimbanques, par
E. OURLIAC; 13 vign., BERTALL; 1 D'AUBIGNY,
p. 161.
Quelques réjouissances publiques, 6 vign.,
BERTALL, p. 185.
Relation d'un voyage chez les sauvages de
Paris. Lettre à un ami, par G. SAND, p. 186.
Les Indiens Iowais à Paris (7 vign.), par
MAURICE S., p. 213.
La Salle des Pas-Perdus à la Chambre des
Députés, par A. MARRAST; 3 vign., BERTALL,
3 vues, BERTRAND, p. 214.
Le Jockey-Club, par CH. DE BOIGNE, 1 vign.,
BERTALL; 1 vue, BERTRAND, p. 237.
Les cimetières de Paris, par S. LAVALETTE,
p. 244.
M. Mélange et Compagnie, par ALTAROCHE;
3 vign., BERTALL, p. 250.
Les enfants à Paris, 15 vign., par BERTALL,
p. 256.
Les enfants aux Tuileries, par A. KARR; 1 vign.
BERTALL, p. 258.
Les veuves du diable, par E. GUINOT; 1 vign.,
BERTALL, p. 260.
Paris la nuit, 14 vign., de D'AUBIGNY, p. 280.
Le Palais de Justice, par un vieux praticien;
1 vue, BERTHAUD, p. 282.
Les théâtres de Paris, par L. GOZLAN; 1 vign.,
BERTALL, p. 294.
Les collégiens de Paris, 9 vign., par BERTALL,
p. 300.
Ecoles et examens, 8 vign., par BERTALL,
p. 301.
Instituteurs et institutions, 7 vign., par BER-
TALL, p. 302.
Clichy; par JULES JANIN, 1 vue BERTRAND, 1 vign.,
BERTALL, p. 303.
Ce que c'est que l'aumône, par P.-J. STAHL,
p. 307.
Comment on mange à Paris, 18 vign., BERTALL,
p. 314.
Des ouvriers de l'esprit, par BRIFFAULT, p. 317.
L'indifférence, satire, par AUG. BARBIER, p. 318.
Les billes d'agate, par EUG. SUE, 2 vign.,
BERTALL, p. 321.
Le turban, fable, par le marquis DE VARENNES,
p. 328.
Conseils à une Parisienne, par A. DE MUSSET,
p. 329.
Ma prison (roman avec musique, illustrations
d'après les originaux crayonnés sur les murs de
la cellule n° 14), par FRÉD. BÉRAT, p. 332.

Panthéon du diable à Paris, 4 gravures hors texte par BERTALL. p. 336.
Conclusion, par P.-J. STHAL, 1 vign., BERTALL, p. 337.
Dans mon exemplaire. les pages 341-357 sont occupées par la « Statistique de la ville de Paris », signée : A. LEGOYT. Ce travail n'ayant pas été mentionné dans la table, je pense qu'on peut lui appliquer ce que j'ai dit plus haut des gravures et qu'il ne se trouve pas dans tous les exemplaires.
Voyez l'article suivant.

921. — Le Diable à Paris. Paris et les Parisiens. Texte par GEORGE SAND, P.-J. STAHL (HETZEL), DE BALZAC, LÉON GOZLAN, FRÉDÉRIC SOULIÉ, CHARLES NODIER, EUGÈNE BRIFFAULT, S. LAVALETTE, P. PASCAL, ALPH. KARR, MÉRY, GÉRARD DE NERVAL, ARSÈNE HOUSSAYE, THÉOPHILE GAUTIER, ALFRED DE MUSSET, etc. Illustrations par GAVARNI, BERTALL, ANDRIEUX, HENRI MONNIER, LANCELOT, FABRITZIUS, etc. — *Paris, Marescq et Cie ; Gustave Havard,* 1853, *gr. in-8, 2 f. de titre,* 274 p. *et 1 f. de table.* [Bib. nat., Z.]

Cette nouvelle édition du « Diable à Paris » (voyez les nºˢ précédents) fait partie de la collection intitulée : « Les chefs-d'œuvre de la littérature et de l'illustration », ainsi que cela est mentionné dans la vignette que porte le titre de départ. Le « Diable à Paris » forme les numéros 75-94, de cette collection qui paraissait par livraisons, imprimées sur assez mauvais papier, sur deux colonnes. C'était une publication à bon marché : cependant les vignettes, ainsi que les grandes planches, sont d'une assez bonne exécution.
Les grandes planches comptent toutes dans la pagination, à l'exception de huit qui se trouvent, deux entre les pages 46-47 et six entre les pages 128-129.
La couverture illustrée, imprimée en bistre sur papier blanc glacé, porte une vignette qui n'est pas répétée dans le volume.
Le contenu de cette édition diffère sensiblement de celui des autres, c'est pourquoi j'ai cru devoir transcrire ici la table des matières :

Les cimetières de Paris. S. LAVALETTE, p. 233.
Les enfants aux Tuileries. ALPH. KARR, p. 237.
Les veuves du diable. EUG. GUINOT, p. 238.
Le Palais de Justice, par un *Vieux Praticien*,
p. 246.
Les théâtres à Paris, par LÉON GOZLAN, p. 252.
Les billes d'agate, par EUGÈNE SUE, p. 254.
Ce que c'est que l'aumône, par P.-J. STAHL
(HETZEL), p. 258.
Ma prison. Maison d'arrêt de la garde natio-
nale, par FRÉD. BÉRAT, p. 262.
Des ouvriers de l'esprit, par EUG. BRIFFAULT,
p. 263.
L'indifférence, par AUG. BARDIER, p. 266.
Le turban, par le marquis E. DE VARENNES,
p. 267.
Clichy, par J. JANIN, p. 268.
Conseils à une Parisienne. A. DE MUSSET,
p. 269.
Conclusion. P.-J. STAHL (HETZEL), p. 273.
Voyez encore l'article suivant.

922.— Le Diable à Paris. Paris et les
Parisiens... — *Paris, Michel Lévy
frères*, 1857, 3 *vol. in-18*. [Bibl. nat.,
Li³ 165 A.] [Carn., 2933.]

Le titre du second volume, au lieu des mots :
« Paris et les Parisiens », porte : « Les Parisiennes
à Paris » et le troisième : « Le Tiroir du Diable ». Chacun de ces titres porte en outre l'énumération des auteurs. Ces trois volumes consistent en une réimpression sans figures du
« Diable à Paris » publié pour la première fois
en 1845. Voyez ci-dessus. Ces volumes ont été
réimprimés, notamment le second sous la date
de 1862, même format et mêmes éditeurs.

923.— Le Diable à Paris. Paris et les
Parisiens à la plume et au crayon. Par
GAVARNI, GRANDVILLE, BERTALL. CHAM,
DANTAN, CLERGET, BALZAC, OCTAVE
FEUILLET, ALFRED DE MUSSET, GEORGE
SAND, P.-J. STAHL, E. SUE, SOULIÉ,
GUSTAVE DROZ, HENRY ROCHEFORT,
A. VILLEMOT, etc. — *Paris, J. Hetzel*,
1868-1869, 4 *vol. gr. in-8*. [Bibl. nat.,
Li³ 165 B.] [Carn., 2932 A.]

Cette réimpression du « Diable à Paris » offre
de notables différences avec la publication originale. Elle peut être amusante à feuilleter et à
parcourir mais pour faire ressortir ses défauts,
il me suffira de faire remarquer combien les
nouveaux articles, ceux de Gustave Droz, par
exemple, font un contraste singulier avec les
articles des écrivains de 1845.
Le titre que j'ai donné ci-dessus est celui du
premier volume ; dans les autres, l'énumération
des auteurs est un peu différente.
En outre des anciens clichés qui sont ici reproduits, un certain nombre de dessins de CLER-
GET donnent des vues du nouveau Paris.

924. — Les Mystères du Palais-
Royal, par sir PAUL ROBERT. —

Paris, Baudouin; Le Clère, 1845, 2 *vol.
in-8*, 359 et   *p.* [Carn., 1630, t. Iᵉʳ
seul.]

Tableau moral du Palais-Royal ; croquis rétrospectifs et contemporains.
Quérard avait d'abord attribué cet ouvrage à
RABAN (voy. *Supercheries*, III, 43 c et d ; il a
rectifié plus tard cette assertion et l'a attribué
à un certain LEFÈVRE, prote d'imprimerie. L'attribution à RABAN a été adoptée par M. O. Lorenz. — Cet ouvrage paraît avoir été réimprimé.
Voy. l'art. suivant.

925. — Les Mystères du Palais-
Royal, ou les Confessions de Pied-
de-fer. — *Paris, chez les principaux
libraires*, 1847, 2 *vol. in-16*, 4 *fig.*

Cet ouvrage, que je n'ai pas voulu séparer
du précédent, parce qu'il semble en être une
réimpression, est ainsi annoncé dans le *Journal
de la librairie* en 1845. Quérard (*loc. cit.*) l'a
cité comme portant le nom de SIR PAUL ROBERT.
Je ne sais qu'en penser, mais il me semble que
ce bibliographe a commis là quelque confusion que débrouillera celui qui aura la bonne
fortune de pouvoir rapprocher ces deux ouvrages, afin de les comparer.

————————

926. — Revue sur la société, par
Madame VERVEL, née DUVAL. — *Paris, imp. P. Dupont*, 1845, *in-12*,
24 *p.* [Bibl. nat., Li³ 163.]

Insignifiant et mal écrit.

927. — Journal d'un voyage en
France et Lettres écrites d'Italie, par
THOMAS WILLIAM ALLIES, recteur de
Launton (Oxford). Traduit de l'an-
glais par M. I. — *Paris; Tournai,
Casterman*, 1857, *gr. in-8*, 332 *p.*
[Bibl. nat., L²⁹ 71.]

Séjour à Paris en 1845. L'auteur, un ministre
protestant, étudie sans haine et sans parti pris
toutes les questions qui se rapportent à la religion et aux œuvres catholiques. Tout ce qui
intéresse Paris se trouve compris entre les pages
170 et 287. Le voyageur visite plus spécialement
les églises, les établissements charitables, les
couvents, etc. ; il a eu de nombreuses entrevues
avec plusieurs personnalités ecclésiastiques de
l'époque : prélats, prédicateurs, etc.
L'ouvrage original avait paru en Angleterre
avec le nom de l'auteur, ainsi que cela est ex-
pliqué dans la préface, sous le titre de : « Journal in France in 1845 and 1848, with letters
from Italy in 1847, on things and persons con-
cerning the church and education ». Il fut traduit pour la première fois en français pour un
journal de Gand « Le Bien Public », où il parut
en feuilleton en 1856 ou 57. C'est cette même
traduction qui est donnée ici en un volume.

928. — Pariser Bilder. (Jänner-März 1845). — *Stuttgart, J.-G. Cotta, 1845, in-8,* vi-218 *p.* [Bibl. nat., Lk⁷ 19778.]

« Tableaux de Paris (Janvier-Mars 1845) ».
La préface est datée du mois de janvier et la conclusion du mois de mars 1845. Chap. I. Les places publiques. — II. Les promenades. — III. Les gares de chemins de fer. — IV. Le Palais-Royal. — V. Exposition de l'industrie. — VI. Les théâtres. — VII. Le Panthéon. — VIII. Les rues, etc., etc.

929. — Paris und die Franzosen. Skizzen von Ida Kohl. — *Dresden und Leipzig, Arnoldische Buchhandlung,* 1845, 3 *vol. in-8,* xiv-336, xii-310 *et* x-277 *p.* [Bibl. nat., Lk⁷ 6284.] [Carn., 10486.]

« Paris et les Français. Esquisses par Ida Kohl ».
Description sans prétention, mais non sans intérêt, de Paris en 1844. Voici les principaux sujets traités dans les trois volumes :
I. Paris à vol d'oiseau. — Le caractère national des Français. — Les femmes. — Le Parisien en plein air. — La danse à Paris. — Les cimetières.
II. Les fleurs à Paris. — Les Anglais. — Anglais-Allemands-Français. — Comparaisons entre les usages des trois nations. — Promenades à Paris et dans les environs. — Divers quartiers et monuments de Paris. — Les églises et le culte de la Vierge.
III. La charité à Paris. — Le protestantisme. — L'instruction des filles. — Excursions aux environs de Paris. — Paris et la province.

930. — Paris le jour et la nuit. Histoires, aventures, crimes, belles actions, les bonnes et les mauvaises compagnies, les marchands parisiens. — *Paris, chez tous les libraires,* 1846, *in-12,* 144 *p. Vignettes.* [Carn., 12428.]

Ce petit volume contient des historiettes, des études, etc., assez insignifiantes. — La date ne se trouve que sur la couverture imprimée.

931. — Les Dangers du nouveau débarqué dans Paris, en face des demoiselles et dames aux doux regards, de la basse et haute volée, et des malins, filous et escrocs répandus dans les bals, jardins publics et autres guinguettes de Paris et de la banlieue. — *Paris, B. Renault,* 1847, *in-18,* 108 *p. Vignettes, couverture illustrée.* [Bibl. nat., Li⁵ 145.]

Tableau des mœurs interlopes de Paris ; publication populaire dont l'impression et les vignettes sont très grossières.

932. — Le Diable dans les boudoirs de Paris ; comtes amoureux, bons mots, révélations, chansons. (Epigr. « La mère en défendra la lecture à sa fille. ») — *En vente à Paris, rue Colbert, 4,* 1847, *in-32,* 63 *p.* [Bibl. nat., Li³ 169.]

Anecdotes politiques dissimulées parmi quelques récits gaillards et très insignifiants. La lecture de ce pamphlet donne à penser qu'il est de G.-M. Dainvæll. Dans les exemplaires de la première édition (couverture en papier glacé noir, imprimée en or), les pages 59-63 ne sont pas chiffrées ; elles contiennent une curieuse réclame en faveur d'un fameux dentiste du temps. Dans d'autres exemplaires (couverture blanche, portant la mention deuxième édition) ces mêmes pages sont chiffrées et contiennent des chansons. C'est en cela seulement que consiste la différence entre les deux éditions, les 58 premières pages du volume n'ayant pas même été réimprimées pour la seconde édition.

933. — Paris comique. Almanach pour 1847. Revue drôlatique de la défunte année. 50 centimes pour tout le monde. Dix sous (vieux style) pour MM. les députés et militaires non vaccinés. — *Paris, Albert frères,* 1847, *in-16,* 192 *p.* [Carn., 14931.]

Revue facétieuse de l'année 1846.

934. — Paris ou les sciences, les institutions et les mœurs au xixᵉ siècle. Par MM. Alphonse Esquiros. — *Paris, au Comptoir des Imprimeurs-Unis,* 1847, 2 *vol. gr. in-8,* 484 *p. et* 492 *p., plus* 2 *f. de table.* [Bibl. nat., Li³ 168.] [Carn., 14434.]

Ouvrage que l'auteur n'a jamais terminé. Ces deux volumes ne contiennent que les chapitres suivants : Le Jardin des Plantes (longs et curieux détails sur Lakanal et sur Et. Geoffroy Saint-Hilaire, sur le docteur Gall). Les maisons de fous. Les Enfants-Trouvés. Les Sourds-Muets. Il existe une traduction allemande.

935. — The Parson, pen, and pencil ; or reminiscences and illustrations of an excursion to Paris, Tours, and Rouen, in the summer of 1847 ; with a few memoranda on french farming. By G.-M. Musgrave, M. A., vicar of Borden, Kent. — *London, Richard Bentley,* 1848, 3 *vol. gr. in-12. Vignettes.* [Bibl. nat., Lk⁷ 6295.]

Ouvrage assez intéressant, mais rédigé d'une façon très diffuse qui y rend les recherches absolument impossibles. L'auteur, en raison de sa qualité de *clergyman*, s'étend particulièrement sur les cérémonies du culte, les mœurs religieuses, etc.

936. — Paris, 1847. Von Heinrich Laube. — *Mannheim, H. Hoff*, 1848, *pet. in-8*, 2 *f. de titre et* 215 *p.* [Bibl. nat., Lk⁷ 17149.] [Carn., 16256.]

Le volume comprend une série de tableaux de la vie parisienne. Il est assez naturel que le futur auteur dramatique et directeur du Burg-Theater de Vienne consacre la majeure partie de son ouvrage aux théâtres et aux acteurs les plus importants de Paris. On y trouve, en outre, des pages sur la politique, la littérature et les arts, ainsi que sur les personnages les plus marquants dans ces différents domaines.

937. — A Portion of the journal kept by Thomas Raikes esq., from 1831 to 1847, comprising reminiscences of social and political life in London and Paris during that period. New edition. — *London, Longman,...* 1858, 2 *vol. pet. in-8*, viii-489 *et* 506 *p. Portrait et figures.* [Carn., 10908.]

L'auteur a séjourné à Paris pendant une bonne partie des seize ans qu'il a passés hors de son pays; son journal est assez intéressant. On trouve un *index* très détaillé à la fin du second volume.

938. — Paris incompatible avec la république. Plan d'un nouveau Paris où les révolutions seront impossibles, par Henri Lecouturier. — *Paris, Desloges*, 1848, *pet. in-12*, 108 *p.* [Carn., 2944.]

Tableau critique et satirique du Paris de 1848.

939. — Quinze ans à Paris (1832-1848). Paris et les Parisiens. Par Charles de Forster. — *Paris, Didot*, 1848-1849, 2 *vol. in-8*, 408 *et* viii-501 *p., plus* 1 *f. de table dans chaque volume.* [Bibl. nat., Lk⁷ 6297.] [Carn., 2943.]

L'auteur, ancien secrétaire au cabinet du vice-roi de Pologne, a séjourné assez longtemps à Paris pour y avoir pu étudier consciencieusement nos mœurs et nos usages. Son ouvrage, écrit avec esprit et très amusant, est substantiel et passe pour exact.

Extrait de la table des matières :
Les Français. — Comme on dîne à Paris. — Promenades, fêtes publiques, passages. — Cafés. — Palais-Royal. — La Bourse. — Les chemins de fer. — Le tour de Paris; les barrières. — La fille du peuple ; la boutiquière. — Instruction publique. — Bibliothèques. — Le

Conservatoire. — La presse. — La garde nationale. — Tribunaux, etc. prisons. — Musées. — Théâtres. — Actrices. — Bals publics. — Lionne, lorette, étudiante et grisette. — Hôpitaux. — Paris à vol d'oiseau.

940. — Vᵗᵉ de Beaumont-Vassy. Les Salons de Paris et la société parisienne sous Louis-Philippe Iᵉʳ. — *Paris, F. Sartorius*, 1866, *in-12*, 2 *f. de titre et* iv-384 *p.*, 12 *portraits sur acier.* [Carn., 6591.]

Tableau intéressant de la haute société parisienne après la révolution de 1830. — Le parti légitimiste. — L'Abbaye-aux-Bois. — Personnalités diverses. — L'Opéra. — Le Théâtre-Français. — Les bals : la valse, les déjeûners dansants. — Le carnaval. — La cour. — Courses du Champ-de-Mars. — Salons officiels. — Salons littéraires. — Salons financiers. — La crise de 1848.

Pour une suite à cet ouvrage, voyez ci-dessous le nº 1179.

941. — Le vicomte de Launay. Lettres parisiennes, par Mᵐᵉ Emile de Girardin, précédées d'une introduction par Théophile Gautier. Edition considérablement augmentée et la seule complète, ornée du portrait de Mᵐᵉ E. de Girardin. Nouvelle édition. — *Paris, Calmann Lévy*, 1878, 4 *vol. in-18, portrait.* [Bibl. nat., Li³ 152-154, éditions diverses.] Carn., 810. Edit. de 1856, en 3 vol.]

Il serait banal de refaire ici l'éloge — déjà fait une fois — de ces « Lettres parisiennes » qui parurent dans *La Presse* de 1836 à 1848, signées : vicomte de Launay. La verve ne tarit jamais dans ces pages charmantes dans lesquelles l'esprit pétille sans cesse et qui resteront le modèle du genre. Ces chroniques sont, de plus, très précieuses pour l'histoire de la vie parisienne sous la monarchie de Juillet et il arrivera plus d'une fois au chercheur en quête d'un renseignement de s'oublier longtemps à feuilleter cet ouvrage agréable et spirituel.

Dans cette édition, chaque volume contient une table des lettres qu'il renferme, avec un sommaire pour chacune d'elles, et dont voici les dates :

28 sept.-29 déc. 1836, 8 lettres.
5 janv.-30 décembre 1837, 38 lettres.
6 janv.-29 déc. 1838, 9 lettres.
4 janv.-28 déc. 1839, 29 lettres.
4 janv.-31 déc. 1840, 29 lettres.
9 janv.-18 juillet 1841, 47 lettres.
11 déc.-31 déc. 1842, 2 lettres.
26 fév.-31 déc. 1844, 19 lettres.
25 janv.-5 mai 1845, 4 lettres.
10 janv.-11 juillet 1847, 7 lettres.
13 mai-3 sept. 1848, 3 lettres.

Soit en tout 165 lettres ou chroniques.

On voit qu'il y a des lacunes nombreuses et assez longues dans les dates de ces lettres, soit qu'elles n'aient pas toutes été réimprimées, soit que la verve de la charmante *chroniqueuse* se soit ralentie à certains moments.

C'est en 1843 que les chroniques de Mᵐᵉ de Girardin ont été réunies pour la première fois en volumes. Les différentes éditions qui se sont succédé à partir de cette époque sont moins complètes que celle que j'ai indiquée ci-dessus. Toutes ces éditions portent le véritable nom de l'auteur; en voici l'énumération.

1° — Lettres parisiennes par Mᵐᵉ EMILE DE GIRARDIN. — *Paris, Charpentier*, 1843, *in*-18. [Bibl. nat. Li³, 152.]

2° — Mᵐᵉ EMILE DE GIRARDIN. Le vicomte de Launay. Lettres parisiennes. — *Paris, Librairie Nouvelle*, 1856, 3 *vol. in*-18. [Bibl. nat., Li³ 153.]

3° — Le vicomte de Launay, correspondance parisienne, par Mᵐᵉ EMILE DE GIRARDIN. — *Paris, M. Lévy frères*, 1853, *in*-12. [Bibl. nat., Li³ 154.]

4° — (Sous le même titre.) — *Paris, M. Lévy frères*, 1857, 4 *vol. in*-12. [Bibl. nat., Li³ 154 A.]

Les « Lettres parisiennes » se retrouvent encore dans les Œuvres complètes de Mᵐᵉ de Girardin, *Paris, Plon*, 1860-1861, 6 *vol. in*-8, tomes IV et V.

941 bis. — Œuvres choisies de GAVARNI, revues, corrigées et nouvellement classées par l'auteur. Etudes de mœurs contemporaines... —*Paris, Hetzel*, 1846-1848, 4 *fascicules grand in*-8. [Bibl. nat., Li³ 167.] [Carn., 3195.]

Recueil de caricatures de Gavarni avec des notices en tête de chaque série, par MM. TH. GAUTIER, LAURENT-JAN et P.-J. STAHL.

On y trouve les suites qui portent les titres suivants : Les enfants terribles. — Traductions en langue vulgaire. — Les lorettes. — Les actrices. — La vie de jeune homme. — Les débardeurs.

On rencontre, du reste, des exemplaires diversement composés et rarement complets.

942. — Briefe aus Frankfurt und Paris (1848-1849), von FRIEDRICH VON RAUMER. — *Leipzig, F.-A. Brockhaus*, 1849, 2 *vol. in*-8, XVI-426 et XII-468 *p.* [Carn., 10759.]

« Lettres de Francfort et de Paris, par FR. DE RAUMER. »

Les deux volumes contiennent en tout cent cinquante et une lettres, dont quarante sont datées de Paris, du 24 août au 22 décembre 1848 (T. I, p. 200-426 et t. II, p. 1-153) : elles sont exclusivement consacrées aux événements politiques.

943. — Drei Missionen. Politische Skizzen aus Paris. Von Dr. G. OELSNER-MONMERQUÉ.—*Bremen, F. Schlodtmann*, 1850, *pet. in*-8, VIII-376 *p.* [Carn., 10950.]

« Trois Missions. Esquisses politiques de Paris. »

Considérations sur l'état de Paris de 1848 à 1849.

944. — (Voyage en France, par le cheik REFAA.)—*Boulak*(?), 1849, *in*-8. [Carn., 19005.]

Je regrette de ne pouvoir signaler ce volume, entièrement rédigé en arabe, que d'une façon très vague. J'ai eu connaissance de son existence trop tard pour pouvoir prendre à son sujet des renseignements précis auprès de quelque ami compétent. On m'a assuré qu'il contient des passages importants relatifs à la capitale. Je ne saurais en dire autre chose pour le moment.

945. — Erinnerungen aus Paris. 1817-1848. — *Berlin, Wilhelm Hertz*, 1851, *in*-8, 267 *p.* [Bibl. nat., Lk⁷ 6315.]

« Souvenirs de Paris. 1817-1848 ».

Le volume ne contient aucune description de Paris. L'auteur résume ses impressions sur la vie politique, littéraire et artistique pendant les trente années de son séjour dans la capitale de la France.

946. — Album grotesque et pittoresque contenant 40 belles caricatures par GAVARNI. — *Paris, chez tous les principaux libraires (lith. Goyer)*, 1849, *in*-4. [Bibl. nat., Li³ 171.]

Reproduction d'une partie des caricatures qui avaient déjà été données en 1845 dans « Le Diable à Paris » et qu'on retrouve encore dans « Le Tiroir du Diable ». — Il n'y a pas de texte.

947. — Biographie des vilains, par une Société anonyme. — *Paris, impr. Bénard*, 1850, *in*-12, 52 *p.* [Bibl. nat., Li³ 173.]

Écrit satirique peu important.

948. — Chronique parisienne. — *Paris, imp. Dautreville, S. D.* (1850), *feuillet in*-4. [Bibl. nat., Li³ 622.]

Signée : EMILE PAGÈS. Cette « Chronique », ainsi imprimée en un feuillet, était destinée à être envoyée aux journaux, particulièrement à ceux de province ; ceux-ci avaient le droit de la reproduire, moyennant un traité avec la Société des gens de lettres.

948 bis. — Chronique parisienne. — *Paris, imp. Dautreville. S. D.* (1850), *feuillet in*-4. [Bibl. nat., Li³ 623.]

Signée : ANTONIN FAUCHERY. Pièce analogue à la précédente.

949. — Le Treizième arrondissement de Paris, par Louis LURINE. — *Paris, Lamiche,* 1850, *in-8,* 2 *f. de titre, frontispice et* 354 *p. Vignettes.* [Carn., 3801.]

Il est à peine besoin de faire remarquer que Paris était alors divisé administrativement en douze arrondissements, comprenant douze mairies. « Le treizième arrondissement », c'est celui des ménages irréguliers et du demi-monde ; aussi, « ce qu'il y a de plus difficile à y trouver, c'est un homme qui soit le mari de sa femme ».
Etudes de mœurs spéciales, aphorismes et réflexions sur les femmes, l'amour et les liaisons faciles de la capitale. Les vignettes sont nombreuses et amusantes. Cf. n° 1100.

950. — Scènes de la Bohême, par HENRY MURGER. — *Paris, M. Lévy frères,* 1851, *in-18,* 2 *f.* et XIII-406 *p.* [Carn., 3134.]

La célèbre étude de Murger, étude faite, comme on le sait, d'après nature, a été maintes fois réimprimée depuis, sous le titre de « Scènes de la vie de Bohême ». Le premier chapitre reporte le lecteur à une époque de dix ans environ antérieure à la publication du volume.
Au sujet de l'identité des personnages dépeints par Murger, il faut lire deux courtes notes données dans « L'Intermédiaire », XII, 707, 765, et aussi XIII, 20. Voyez aussi un article signé « Furetières » dans *Le Soleil* du 6 mai 1886.
Il faut rapprocher des« Scènes de la Bohême » l' « Histoire de Murger » citée plus loin sous le n° 1062, ainsi que les ouvrages de Delvau, de Privat d'Anglemont et autres.

951. — Frankreich immer das Alte unter der neuen Republik, oder Eindrücke und Erinnerungen aus Frankreich im Jahre 1850 und der kurz vorhergehenden Zeit. — *Berlin, A. Duncker,* 1851, *in-8,* XVI-318 *p.* [Carn., 14339.]

« La France toujours la même sous la nouvelle République, ou impressions et souvenirs de France pendant l'année 1850 et l'époque immédiatement antérieure. »
Description de Paris assez détaillée, écrite « par un homme du monde pour les gens du monde ». Les premiers chapitres sont presque exclusivement consacrés à la politique ; les chapitres VII à XII (p. 214-318), contiennent des notes sur Paris et Versailles.

952. — Zwei Monate in Paris. Von ADOLF STAHR. — *Oldenburg, Schulze,* 1851, 2 *vol. in-12,* 308 *et* 367 *p. plus les titres.* [Bibl. nat., Lk⁷ 6316.]

« Deux mois à Paris, par ADOLPHE STAHR. » — Cf. ci-dessous le n° 991.

Esquisses assez sommaires sur la vie à Paris en 1850 écrites sous forme de lettres. Les pages 90-120 sont consacrées à divers ateliers de peintres (Horace Vernet, Ary Scheffer, Lehmann) ; les pages 122 à 180, au Louvre et à l'Hôtel des Invalides. Les premières pages du tome II portent comme titre : « Villégiature aux Loges en Josas », puis vient une nouvelle intitulée: « La grisette », des articles sur le Prince Président, sur le musée de Versailles, les bals publics à Paris, les plaisirs du peuple, les théâtres, l'Institut, etc.

953. — Relation du voyage en France de Si SLIMAN-BEN-SIAM. — *Alger, imprimerie du Gouvernement,* 1852, *in-8,* 22 *et* 28 *p.* [Bibl. nat., L²⁹ 68.]

La traduction française occupe les 22 premières pages et le texte, les 28 autres.
Les observations assez naïves du voyageur constituent la seule curiosité de cette brochure.

954. — A Faggot of french sticks. By the author of « Bubbles from the Brunnen of Nassau ». — *Paris, A. and W. Galignani,* 1852, *in-8,* 2 *f. de titre et* 231 *p. à* 2 *col.* [Bibl. nat., Li³ 174.]

Première édition de l'ouvrage de sir FRANCIS BOND HEAD. Elle a été imprimée et publiée à Paris. Halkett et Laing dans leur « Dictionary of the anonymons and pseudonymous litterature of Great Britain » semblent dire que la première édition a été publiée à Londres en deux volumes in-12. Voy. l'article suivant.

955. — A Faggot of french sticks; containing a series of descriptive sketches of the principal public institutions of Paris, and of the system of instruction of the various branches of the french army. By Sir FRANCIS B. HEAD, Bart. Third edition. — *London, J. Murray,* 1855, 2 *vol. in-8,* VIII-463 *et* IV-455 *p. Vignettes.* [Carn., 10862.]

Extrait de la table des matières :
Vol. I : Entreprise générale des omnibus. — Café de Paris. — Place de la Bastille. — Les pauvres. — Jardin des Plantes. — Jardin des Tuileries. — La Madeleine. — Le chemin de fer du Nord. — Les Invalides. — Le musée d'artillerie. — La poste. — Le préfet de police. — Les commissionnaires. — La Halle aux vins. — Les Jeunes-Aveugles. — Le Mont-de-piété. — Les chiffonniers.
Vol. II : Mon logement. — L'Imprimerie nationale. — La Morgue. — Le marché aux chiens. — L'hospice de la Vieillesse. — Conservatoire des Arts-et-Métiers. — Panthéon. — Les Enfants-Trouvés. — L'Elysée. — Les Sourds-

Muets. — La Monnaie. — Les bateaux de blanchisseuses. — Place de Grève. — Pompes funèbres. — Ecole polytechnique. — Ecole des Ponts-et-Chaussées. — Casernes. — Saint-Cyr. — Ecole d'Etat-major. — La Grande-Chaumière. — L'Assemblée nationale. — Chemin de fer de Lyon. — Revue. — Prison modèle. — Le Père-Lachaise. — Conclusion.

La première édition a paru en 1851, sans nom d'auteur. Voy. l'article précédent. Dans la 3ᵉ édition, le cartonnage de l'éditeur porte sur les plats de la reliure : « Paris, 1851 ».

---

956. — Impressions of Paris, containing an account of socialism, popery and potestantism in the french capital; together with brief sketches, of historical scenes. By the Rev. ALEXANDER GORDON, A. M., author of « The Pastor's gift », etc. — *London, Partridge and Oakey, S. D.* (1851), *pet. in-8, 4 f. et* 215 *p.* [Bibl. nat., Lk⁷ 6317.]

Etude parisienne principalement faite sous le rapport religieux, et à un point de vue protestant.

Chap. Iᵉʳ. Introduction. Arrivée à Paris. Description générale.

Chap. II. Palais royaux et considérations historiques. Les Tuileries, Versailles, Saint-Cloud. Scènes de la Révolution, etc.

Chap. III. Description des lieux remarquables et intéressants. Les boulevards. Place de la Bastille. Faubourg Saint-Antoine. Hôtel de ville. Notre-Dame. Le Luxembourg. Les Invalides. Palais-Bourbon. Place de la Concorde. Place Vendôme. Rue Saint-Honoré. Eglise de Saint-Roch. Palais-Royal. Place de la Madeleine.

Chap. IV. Le socialisme à Paris. Ses caractères généraux. Ecoles différentes : Le saint-simonisme, Fourier, Lamenais, Louis Blanc, Pierre Leroux, Proudhon.

Chap. V. Le catholicisme à Paris. Eglises et personnalités religieuses.

Chap. VI. Description du Louvre. — La Saint-Barthélemy.

Chap. VII. Le protestantisme à Paris. (*Détails nombreux.*)

Chap. VIII. Conclusion (*au point de vue religieux*).

---

957. — Journals kept in France and Italy, from 1848 to 1852, with a sketch of the Revolution of 1848, by the late NASSAU WILLIAM SENIOR,... edited by his daughter M. C.-M. SIMPSON. — *London, H.-S. King and Cᵒ,* 1871, 2 *vol. in-8,* XXIV-352 *et* XVI-301 *p. Portrait.* [Bibl. nat., La⁴⁰ 6.]

M. Senior, l'auteur des divers fragments publiés par sa fille dans ces deux volumes, était professeur d'économie politique et membre correspondant de l'Institut (section des sciences morales). Le journal de voyage de cet homme de haute valeur se distingue de celui des autres voyageurs à plus d'un titre. M. Senior avait beaucoup de goût pour le pittoresque et les beaux-arts, ce qui ne l'empêchait pas de rechercher le monde et la société ; ses fréquentations ont été pour lui l'occasion d'observations importantes et intéressantes. Il a séjourné à Paris à différentes époques.

Dans le premier de ces deux volumes, je signalerai des « Esquisses de la Révolution de 1848 », avec son « Journal » rédigé pendant la même année (p. 1-119). — « Journal de mai 1849 » (p. 120-163), et en juillet (165-177). — Paris en octobre 1849 (p. 195-218), en mai et octobre 1850 (p. 220-276). Dans le second volume : Paris en mai 1851-janvier 1852 (p. 171-301).

Ces différents fragments ne sont pas, comme on pourrait le croire, exclusivement consacrés à la politique ; on y trouve au contraire un grand nombre de passages (voyez les tables) relatifs à l'aspect moral de Paris, à ses habitants et à ses monuments.

---

958. — Allons-y gaiement! Aux petites affiches du « Tintamarre ». Ouvrage dédié aux gens sans place et sans aveu, par COMMERSON et VACHETTE, rédacteurs assermentés près « Le Tintamarre ». — *Paris, Martinon,* 1853, *in-18,* XII-132 *p.* [Bibl. nat., Li³ 178.]

Facéties dont quelques-unes sont satiriques. Volume insignifiant.

---

959. — Paris à l'envers, par le comte DE VILLEDEUIL. — *Paris, Librairie nouvelle,* 1853, *gr. in-18,* 200 *p. et* 1 *f. de table.* [Bibl. nat. Li³ 176.] [Carn., 2947.]

Tableau des mœurs parisiennes sous forme de lettres écrites par un sauvage à son frère, en Australie.

Une particularité typographique que je remarque dans ce volume, édité et imprimé avec un certain soin, c'est que la pagination se trouve, contre l'ordinaire, au bas de chaque page.

---

960. — Tableau de Paris par EDMOND TEXIER. Ouvrage illustré de quinze cents gravures d'après les dessins de BLANCHARD (PHAR.), CHAM, CHAMPIN, FOREST (EUG.), FRANÇAIS, GAVARNI, GÉRARD-SÉGUIN, J.-J. GRANDVILLE, LAMI (EUG.), PAUQUET, RENARD, ROUSSEL, VALENTIN, VERNET (HOR.), etc., etc. — *Paris, Paulin et Le Chevalier, rue Richelieu,* 60, *aux bureaux de* « L'Illustration », 1852-1853, 2 *vol. gr. in-4,* IV-388 *et* 396 *p.*; 1 *plan.* [Bibl. nat., Lk⁷ 6328.] [Carn., *usuels.*]

Intéressant recueil de gravures qui avaient déjà paru dans *L'Illustration* et dans d'autres journaux illustrés, et qui sont accompagnées d'un texte souvent intéressant. Il y a une autre édition, dans le même format, *Paris, imp. de Walder, sans date (   )*. La première est préférable.

961. — Du Ton et des manières actuels dans le monde, par M. DE CHAMPGAR, auteur du « Ton et des Manières d'un ecclésiastique dans le monde ». 6e édition, revue, corrigée et augmentée du portrait d'un homme du mauvais ton. — *Paris, Hivert (et autres)*, 1853, *in-12*, 107 p. [Carn., 15280.]

Ce petit volume est presque un manuel de civilité; il se distingue cependant de ses congénères par un intérêt qui m'a semblé le rendre digne de figurer ici.

962. — Une Impression de Paris, par M. V. CAZALS, licencié en droit. — *Se vend à Castelsarrazin, chez Mézamat; à Moissac, chez F.-A. Lacurie*, 1853, *in-8*, 15 p. [Bibl. nat., Lk⁷ 6331.]

L'auteur n'avait, dit-il, « guère plus de vingt ans »... C'est peut-être pour cela que sa brochure est assez amusante.

963. — La Vie parisienne ; regain. Par NESTOR ROQUEPLAN. Nouvelle édition. — *Paris, Calmann Lévy*, 1882, *in-18*, 2 *f. et* 320 p. [Bibl. nat., Li⁵ 175 E.]

La première édition a paru en 1853 chez *V. Lecou, in-12* ; la deuxième en 1854, *Paris, Librairie nouvelle, in-12* ; la troisième, *ibid*, 1857, *in-12*; la quatrième, *ibid*, 1860, *in-18* ; la cinquième sous la même date, et la sixième en 1882.
Réunion d'articles assez spirituels qui avaient paru précédemment dans divers journaux, avec une note de l'auteur ou sous le voile de l'anonyme; peinture de mœurs parisiennes et croquis fantaisistes se rapportant plus particulièrement à la période antérieure à 1848.

964. — Paris in Skizzen aus dem Volksleben, von EDUARD SCHMIDT. — *Berlin, A.-W. Hayn*, 1854, *pet. in-8*, 6 *ff. et* 244 p. [Bibl. nat., Li³ 567.]

« Paris, en esquisses de la vie populaire. »
Tableaux de la vie parisienne présentés sous forme de nouvelles. (Les Bals de barrière. Mazas. Les Boulevards. Le Palais-Royal. Les Catacombes. La Morgue.)

965. — Wahrnehmungen in Paris. 1853 und 1854. Von WOLDEMAR SEYFFARTH. — *Gotha, H. Scheube*, 1855, *in-8*, 5 *f. et* 274 p. [Bibl. nat., Lk⁷ 6338.]

« Aperçus sur Paris, 1853 et 1854. »
Observations écrites particulièrement au point de vue moral et social.
Opinion du peuple sur Napoléon III et l'impératrice Eugénie. — Les ouvriers. — La comtesse d'Agoult, la démocratie et la presse. — Les Parisiennes en général et les grisettes en particulier. — Les amusements de Paris et la police. — Les théâtres. — Le culte des morts, etc.

966. — Les Bourgeois de Paris, par HENRY MONNIER, auteur des « Scènes populaires, » etc., etc. Scènes comiques. — *Paris, Charpentier*, 1854, *in-12*, 2 *f. de titre*, 365 p. et 1 *f. de table*.

Recueil de scènes dialoguées comprenant : Un voyage en chemin de fer. — Scènes de mélomanie bourgeoise. — Le tyran de la table. — Les bonnes gens de campagne. — Les fâcheux à domicile. — Les discurs de rien. — Une fille à marier. — Un train de plaisir. — Un café militaire. — Locataires et propriétaires. — Le bourgeois.

967. — EDMOND et JULES DE GONCOURT. La révolution dans les mœurs. — La famille. — Le monde. — La vieille femme. — Les jeunes gens. — Le mariage. — Les demoiselles à marier. — Les gens riches. — Les lettres et les arts. — La pudeur sociale. — Le catholicisme. — *Paris, E. Dentu*, 1854, *in-18*, 36 p. [Bibl. nat., Li³ 179.]

Violente diatribe contre la société moderne; comparaison des mœurs actuelles avec celles du dernier siècle.
L'exemplaire que j'ai sous les yeux ne porte pas de pagination : est-elle tombée sous le couteau du relieur ?

968. — Figurines parisiennes, par CHARLES MONSELET. — *Paris, J. Dagneau*, 1854, *in-16*. 132 p. et 1 *f. de table*. [Bibl. nat., Li³ 182.] [Carn., 2948.]

La couverture imprimée porte : « Bibliothèque mignonne ». Il serait dommage de déflorer ce petit volume par une analyse qui se trouverait bien pâle à côté de l'original. C'est du Monselet, et du plus fin ; voyez plutôt les chapitres sur l'Aboyeur de Séraphin, sur la Bibliothèque d'une grisette, sur « Ce qu'on écrit sur les murs », sur les Cafés chantants, etc.

969. — Les Mœurs d'aujourd'hui, par AUGUSTE LUCHET. — *Paris, Coulon-Pineau*, 1854, *in-18*, XIX-213 p, et

1 f. de table. [Bibl. nat., Li³ 180.]
[Carn., 7003.]

Le tabac, le jeu, le canot, le pourboire, la blague, la pose, le chantage, le loyer, la boutique, l'exil.

970. — Les Métamorphoses du jour, par GRANDVILLE ; accompagnées d'un texte par MM. ALBÉRIC SECOND, LOUIS LURINE, CLÉMENT CARAGUEL, TAXILE DELORD, H. DE BEAULIEU, LOUIS HUART, CHARLES MONSELET, JULIEN LEMER ; précédées d'une Notice sur Grandville, par M. CHARLES BLANC. — *Paris, Gustave Havard*, 1854, *gr. in-8*, 2 *f. de tit.*, XXVIII-283 *p.* 70 *pl. color.* [Bibl. nat., Li³ 181.]

Types variés, portraiturés sous la forme d'animaux. Aucune des notices qui accompagnent les planches ne sont signées, de sorte qu'il serait difficile de rendre à chaque écrivain ce qui lui appartient.

La première édition avait paru en 1829 avec un simple feuillet de texte comprenant une notice signée : ACH. COMTE. Elle contenait 73 planches.

L'édition *Havard* a été réimprimée chez Garnier frères en 1869, revue par J. JANIN, gr. in-8. [Bibl. nat., ibid., 181 A.]

Au reste, je ne veux pas entrer ici dans tous les détails de description, classement, etc., que l'on trouvera dans « la Bibliographie des ouvrages illustrés du XIXᵉ siècle » de M. Brivois (1883), p. 179.

---

971. — Paris anecdote. Les industries inconnues, la Childebert, les oiseaux de nuit, la villa des chiffonniers ; par ALEX. PRIVAT D'ANGLEMONT. - *Paris, P. Jannet*, 1854, *in-16*, 232 *p.* [Bibl. nat., Li³ 183.] [Carn., 3138.]

Cette première édition, beaucoup moins ample que les suivantes, fait partie de la « Bibliothèque choisie ». Elle a été reproduite en 1855, avec l'adresse du libraire *A. Delahays*, au moyen d'un nouveau titre. Voyez les articles suivants.

972. — Paris anecdote. Les industries inconnues. La Childebert. Les oiseaux de nuit. La villa des chiffonniers. Voyage de découverte, du boulevard à la Courtille, par le faubourg du Temple. Paris inconnu. Par ALEX. PRIVAT D'ANGLEMONT. — *Paris, A. Delahays*, 1860, *in-16*, 343 *p.* [Carn., 3139.]

Nouvelle édition de l'ouvrage cité sous le numéro précédent.

Les industries inconnues : La loueuse de voi-

tures à bras et sa remise. Artistes populaires. Le boulanger en vieux. Le pâtissier ambulant. La fabrique de café à deux sous la tasse. Le fabricant de crêtes de coq. La loueuse de sangsues. Le professeur d'oiseaux, etc.

La Childebert : c'était le nom d'une maison située rue Childebert, maison dans laquelle habitaient des artistes; description pittoresque.

Les oiseaux de nuit : cabarets des environs des Halles.

Villa des chiffonniers : Cité Doré au faubourg Saint-Marceau.

Voyage ..... : bals publics; lord Seymour.

Paris inconnu : les chiffonniers. (Ce dernier chapitre est différent de l'ouvrage cité ci-dessous, n° 976 et ss.)

Les chapitres qui composent « Paris anecdote » avaient précédemment paru, sous forme d'articles, les uns dans *Le Siècle*, les autres dans *Le Figaro*.

Il y a des exemplaires sous la même date avec la mention « Deuxième... Troisième édition » sur la couverture. C'est une supercherie. Voyez encore les numéros suivants.

973. — Paris anecdote. Les industries inconnues. La Childebert. Les oiseaux de nuit. La villa des chiffonniers. Voyage de découverte, du boulevard à la Courtille, par le faubourg du Temple. Paris inconnu. Par ALEX. PRIVAT D'ANGLENONT. — *Paris, A. Delahays, S. D.* (1876), *in-16*, 343 *p.* et 2 *f.*-315 *p.* [Carn., 3140 A.]

Dans les volumes ainsi composés le « Paris anecdote » a seul été réimprimé pour le joindre au « Paris inconnu » de l'édition de 1875. Ces deux parties sont renfermées en un volume sous un même cartonnage, sur le plat duquel est frappé en or le portrait de l'auteur.

« Paris anecdote » a été maintes fois rajeuni au moyen de nouveaux titres; l'indication de ces différents *états* n'offrirait pas grand intérêt; j'indiquerai cependant le suivant :

974. — A. PRIVAT D'ANGLEMONT. Paris anecdote. Les industries inconnues. La Childebert. Les oiseaux de nuit. La villa des chiffonniers. Voyage de découverte, du boulevard à la Courtille, par le faubourg du Temple. Paris inconnu. — *Paris, P. Rouquette*, 1884, *in-16*, 343 *p.*

Cette édition a été tirée sur les mêmes clichés que les deux précédentes. Il n'en est pas de même de la suivante, qui mérite l'attention des amateurs de publications de luxe.

975. — A. PRIVAT D'ANGLEMONT. Paris anecdote, avec une préface et des notes par CHARLES MONSELET. Edition illustrée de cinquante dessins à la plume, par J. BELON, et d'un portrait de Privat d'Anglemont,

gravé à l'eau-forte par R. DE LOS
RIOS. — *Paris, P. Rouquette,* 1885,
in-8, 2 *f. de tit.,* 278 *p.,* 1 *portrait.*

Papier vélin. Couverture illustrée en couleurs.
Il a été tiré 50 exemplaires sur papier du Japon.
Ce volume, d'une exécution très soignée, est
sorti des presses de Jouaust.

976. — Paris inconnu, par A.
PRIVAT D'ANGLEMONT, précédé d'une
étude sur sa vie, par M. ALFRED DEL-
VAU. — *Paris, A. Delahays,* 1861,
in-16, 2 *f. de tit. et* 283 *p.* [Bibl. nat.,
Li³ 227.] [Carn., 3140.]

Etudes littéraires et croquis réalistes ; je ne
veux pas donner en détail l'indication de tout
ce que contient ce volume, mais j'y signalerai
comme plus spécialement parisiens les chapitres
suivants : Le cloître Saint-Jean de Latran. — Le
camp des barbares de Paris. — Rues Traversine
et du Clos-Bruneau.—Paris en villages.—Esquisses parisiennes : le marché aux journaux. — Le
Musée de Cluny, etc., etc.
La notice sur l'auteur, par Delvau, constitue
une étude fort intéressante sur la bohème littéraire de l'époque. On trouve une autre notice
sur lui dans *La Patrie* du 25 juillet 1859 et
aussi dans l'édition du « Paris anecdote » donnée
chez Rouquette en 1885. (Voy. ci-dessus, n° 975).
J'ai cru devoir placer ici le titre de cet ouvrage quoique la date de sa publication semble
lui assigner une date bien postérieure ; il m'a
paru qu'il était préférable de ne pas le séparer
de l'autre ouvrage de Privat, dont il forme le
pendant et même presque la suite.
Voyez l'article suivant.

977. — Paris inconnu, par A. PRI-
VAT D'ANGLEMONT, précédé d'une étude
sur sa vie, par M. ALFRED DELVAU. —
Paris, A. Delahays, 1875, *in-16,* 2 *f.
de tit. et* 315 *p.* [Bibl. nat., Li³ 227 A.]

On lit en plus sur la couverture imprimée :
« Deuxième édition, augmentée. »
Reproduction exacte de la première édition
que l'on a utilisée en entier en la rajeunissant
au moyen de nouveaux titres et d'une nouvelle
couverture. Il n'y eut de nouvellement imprimé
pour cette édition que les pages 281-315 qui
contiennent la table des matières et une curieuse
étude intitulée : « La Closerie des Lilas, qua-
drille en prose ». Voy. encore l'article suivant.

978. — A. PRIVAT D'ANGLEMONT.
Paris inconnu, avec une étude sur la
vie de l'auteur, par ALFRED DELVAU.
Nouvelle édition augmentée.... —
Paris, P. Rouquette, 1884, *in-16,* 2 *f.
et* 315 *p.*

Cette édition a été tirée sur les mêmes clichés
que la précédente.

979. — A. PRIVAT D'ANGLEMONT.

Paris inconnu, avec une étude sur la
vie de l'auteur par ALFRED DELVAU.
Soixante-trois dessins à la plume
par F. COINDRE. — *Paris, P. Rouquette,* 1886, *in-8,* 3 *f. limin., frontisp., titre et* 355 *p.*

Ce beau volume, exécuté dans des conditions
identiques à celles du n° 975 ci-dessus, est destiné à lui servir de pendant. Les illustrations
dont il est orné sont jolies et soigneusement
tirées.

———————

980. — Purple tints of Paris, character and manners in the new
empire. By BAYLE ST. JOHN.... Second edition. — *London, Chapman
and Hall,* 1854, *in-8,* XXVII-545 *p.*
[Bibl. nat., Li³ 185.] [Carn., 12971.]

Ouvrage important et fort intéressant.

981. — Les Petits Paris par les
auteurs des «Mémoires de Bilboquet».
— *Paris, A. Taride,* 1854-1855, 25
vol. in-18. [Bibl. nat., Li³ 184, les 24
premiers volumes seulement.][Carn.,
divers numéros.]

Cette collection est attribuée par Barbier et
par le catalogue de la Bibliothèque nationale à
TAXILE DELORD, ARNOULD FRÉMY et EDMOND TEXIER.
J'enregistre cette attribution, que je crois exacte,
tout en faisant remarquer que Barbier avait,
pour les « Mémoires de Bilboquet » indiqué les
noms de MAURICE ALHOY, TAXILE DELORD et ED-
MOND TEXIER sans parler d'ARNOULD FRÉMY.
Dans chacun de ces volumes, la couverture
imprimée sert de titre et est suivie d'un faux-
titre.
Cette collection, dans sa forme originale (on
verra plus loin ce que je désigne de cette façon),
comprend 25 volumes ayant pour titre général :
« Les petits Paris... », et pour sous-titre l'indication du type ou du caractère auquel chacun
d'eux est consacré. Je vais en donner la liste,
dressée par ordre de publication, mais je dois
auparavant mentionner que les 1er-6e volumes
ont obtenu une deuxième édition, et les 2e-4e
volumes une troisième édition toujours en 1854
et sous la forme primitive.

1. Paris-boursier.		14. Paris étudiant.	
2.	— comédien.	15.	— mariage.
3.	— journaliste.	16.	— saltimbanque.
4.	— lorette.	17.	— médecin.
5.	— restaurant.	18.	— propriétaire.
6.	— bohème.	19.	— avocat.
7.	— grisette.	20.	— ... un de plus.
8.	— gagne-petit.	21.	— Faublas.
9.	— actrice.	22.	— Fumeur.
10.	— viveur.	23.	— étranger.
11.	— portière.	24.	— rapin.
12.	— en voyage.	25.	— à l'Exposition.
13.	— en omnibus.		

Ce dernier est daté de 1855 ; il paraît manquer à la Bibl. nat., mais il se trouve à Carna-

valet [n° 4140]. Il résulte d'une liste imprimée au dos de la couverture de « Paris-rapin » que la collection comprend encore un « Paris-joueur » que je ne connais pas de *visu*. De plus, je remarque que, dans cette liste, « Paris-étrange » est remplacé par « Paris toqué ». Je n'ai jamais rencontré ce dernier. Si ces deux volumes existent, il faut 27 volumes pour que la collection soit complète. J'ai eu le regret de ne pouvoir obtenir à cet égard une réponse précise de l'éditeur qui aurait pu seul me renseigner... s'il avait daigné le faire.

Je crois utile de dresser une seconde liste par ordre alphabétique. Je supprime le mot Paris qui précède chaque qualificatif.

Actrice.	Lorette.
Avocat.	Mariage.
Bohème.	Médecin.
Boursier.	Omnibus.
Comédien.	Portière.
Etranger.	Propriétaire.
Etudiant.	Rapin.
Exposition.	Restaurant.
Faublas.	Saltimbanque.
Fumeur.	? Toqué.
Gagne-petit.	... Un de plus.
Grisette.	Viveur.
? Joueur.	Voyage.
Journaliste.	

C'est encore sous la même forme qu'une « nouvelle édition » de certains de ces volumes a été donnée en 1878. L'ouvrage avait été cliché, de sorte que ce n'est qu'un rajeunissement au moyen de nouvelles couvertures. Cependant cette « nouvelle édition » contient en plus un cahier de quatre pages qui ont été ajoutées et qui sont consacrées à une introduction signée : Louis DE VALLIÈRES. Ce pseudonyme cache le nom de M. Décembre, actuellement imprimeur à Paris. Huit volumes au moins ont été mis en vente ainsi à cette époque. Ce sont : « Paris-boursier », — « étranger », — « étudiant », — « Faublas », — « grisette », — « mariage », — « portière », — « viveur ».

J'ai fait allusion plus haut à ce que j'ai appelé la « forme originale » de cette collection ; je dois à ce sujet donner une explication : la voici : certains des volumes des « Petits-Paris » n'étaient pas encore épuisés en 1856. L'éditeur fit alors imprimer une vignette et des couvertures portant un nouveau titre qui excluait l'idée de collection. Par exemple : « Les Avocats de Paris. Avec un dessin par ANDRIEUX ». Il existe au moins douze volumes sous cette seconde forme, car en plus des « Avocats », je connais les suivants : Les actrices. — La bohème. — Les boursiers. — Les comédiens. — Les étrangers. — Les étudiants. — Les fumeurs. — Les grisettes. — Les lorettes. — Les propriétaires. — Les sganarelles.

Ce dernier est le même ouvrage que « Paris... un de plus ».

982. — Coup d'œil sur Paris, la Belgique et la Hollande en 1855. (Extrait des « Procès-verbaux de l'Académie du Gard »). — *Nîmes, typogr. Ballivet, S. D. (vers 1856), in-8, 15 p.* [Bibl. nat., Lk⁷ 6397.]

Signé : ALPH. DUMAS. — Aperçu sur les amé-

liorations matérielles et morales de la capitale. Comparaison du Paris de 1830 et du Paris de 1855.

983. — FÉLIX MORNAND. La Vie de Paris. — *Paris, Librairie nouvelle, 1855, in-16, VIII-304 p.* [Bibl. nat., Li³ 187.]

Ce petit volume est curieux et assez amusant. Titre de quelques-uns des chapitres : Les cafés. — Les spectacles. — Les salons. — Paris marchand. — La Bourse. — Le Temple. — L'École de Droit. — Les employés. — Maisons de jeu. — La misère. — L'Exposition de 1855, etc., etc. — Il a été fait un second tirage sous la même date. Ne pas confondre cet ouvrage avec celui qui est ci-dessous, n° 1031 et qui est d'un genre tout différent.

984. — Impressions de voyage d'un étranger à Paris. Visite à l'Exposition universelle de 1855 ; par M. HENRI MOULIN. — *Mortain, typogr. d'Aug. Lebel, 1856, in-8, 85 p.* [Bibl. nat., Lk⁷ 6411.]

Impressions générales sur Paris. Ce qui se rapporte à l'Exposition occupe seulement la seconde partie du volume ; cette seconde partie est traitée plus particulièrement au point de vue des beaux-arts.

984 bis. — J. RUFFINI, auteur de « Lorenzo Benoni » et du « Docteur Antonio ». Découverte de Paris par une famille anglaise, traduit [de l'anglais], par G. LISSE et P. PÉTROZ. — *Paris, Collection Hetzel; librairie de L. Hachette et Cie, 1860, in-12. 2 ff. et 243 p.* [Carn., 3173.]

Récit humoristique et romanesque des aventures d'une famille anglaise venue à Paris pour visiter l'Exposition de 1855. Cette traduction a été réimprimée en 1863. L'ouvrage original a paru en 1856, sans nom d'auteur, sous le titre de « The Paragreens on a visit to the Paris universal exhibition, by the author of « Lorenzo Benoni ».

985. — Paris dans un fauteuil. Types, histoires et physionomies par LÉO LESPÈS. — *Paris, Bolle-Lasalle, 1855, in-12, 2 f. et 444 p.* [Bibl. nat., Li³ 186.] [Carn., 17546.]

Volume amusant, peut-être composé de morceaux qui avaient déjà paru dans des recueils périodiques. Il contient une table des chapitres. — Cet ouvrage a obtenu une troisième édition la même année.

986. — De la Société contemporaine, religion, noblesse, bourgeoisie par Mᵐᵉ LECOCQ DE MONTBORNE. —

Paris, Dentu, 1855, *in-*8, 208 *p.* [Bibl. nat., Li³ 190.]

Considérations générales sur la décadence des mœurs et de la société.

987. — Voyage de FRANÇOIS BARNA à Paris, écrit par lui-même. — *Marseille, impr. Arnaud, S. D.* (1855), *in-*8, 4 *p.* [Bibl. nat., Li³ 188.]

Signé : JULES LEJOURDAN. Facétie insignifiante en patois marseillais. Réimprimé à Marseille puis à Toulon en 1856 dans le même format.

988. — D. EUGENIO DE OCHOA,... Paris, Londres y Madrid. — *Paris, Baudry,* 1861, *in-*12, 2 *f. et* 612 *p. Figures.* [Bibl. nat., Lk⁷ 6461.] [Carn., 12045.]

Séjour à Paris en 1855, dont la relation occupe les 237 premières pages du volume. Le reste est consacré aux deux autres capitales.

989. — Das neue Paris. Von HANS WACHENHUSEN. — *Leipzig, C.-B. Lorck,* 1855, *pet. in-*8, VIII-167 *p.* [Carn., 12960.]

« Le nouveau Paris. »
Suite de notes sur Paris, rédigées au jour le jour, et s'occupant surtout des théâtres et des amusements de Paris en 1855. L'avant-dernier chapitre est consacré aux travaux de voirie entrepris par le préfet de la Seine, M. Haussmann. Le célèbre correspondant de la *Gazette de Cologne* a publié d'autres ouvrages sur Paris, dont voici les titres :
I. — Paris und die Pariser (Paris et les Parisiens). Ein unterhaltender Fremdenführer. — *Berlin, Hofmann et Cⁱᵉ,* 1855, *in-*16, 2 *ff.,* 123 *pp. et* 1 *plan de Paris.*
II. — Die Grisette. Ein Pariser Sittenbild (La grisette, tableau de mœurs parisiennes). — *Berlin, Verlags-Comptoir* (Huber), 1855, *in-*32, 64 *pp. avec* 4 *grav. sur bois.*
III. — Die Lorette. Eine Pariser Skizze (La lorette, esquisse parisienne). — *Berlin, Verlags-Comptoir* (Huber), 1855, *in-*32, 64 *pp. avec* 4 *grav. sur bois.*
IV. — Cancan. Pariser Aquarellen (Cancan, Aquarelles parisiennes). 4 *livr.* 1-3. — *Berlin, Verlags-Comptoir* (Huber) 1856, *gr.* 8°, 8 *pp. et* 2 *lith. par livr.*
V. — Eva in Paris. Culturhistorische Studien. (Ève à Paris. Études pour l'histoire de la civilisation). — *Berlin, Hausfreund-Expedition,* 1866, *in-*8°, VII-113 *pp.*
VI. — Paris, 1867. Weltaustellungsbilder (Paris en 1867. — Tableaux de l'Exposition universelle), 2 *Theile.* — *Berlin, Hausfreund-Expedition,* 1867, *in-*8°, 127 *et* 128 *pp.*
VII. — Pariser Photographien (Photographies parisiennes). — *Berlin, Hausfreund-Expedition,* 1868, *in-*8°, 255 *pp.*
Voy. aussi le n° 1016.

990. — Imperial Paris; including new scenes for old visitors. By W. BLANCHARD JERROLD. — *London, Bradbury and Evans,* 1855, *pet. in-*8, VIII-280 *p.* [Carn., 11550.]

Considérations philosophiques et morales. Curieux chapitres sur les cafés, les garçons de restaurants, sur le carnaval, les chiffonniers, le Bois de Boulogne, la physionomie des rues, etc. Quelques passages de ce volume avaient déjà paru dans l'ouvrage du même auteur intitulé « Household Words ».

991. — Nach fünf Jahren. Pariser Studien aus dem Jahre 1855. Von ADOLF STAHR. — *Oldenburg, Schulze,* 1857, 2 *vol. in-*18, VI-394 *et* IV-326 *p.* [Bibl. nat., Lk⁷ 6417.]

« Cinq ans après. Études sur Paris en 1855 ».
Pour l'intelligence du titre, voyez ci-dessus le n° 952.
Les études de M. Stahr sont entièrement consacrées aux œuvres d'art conservées dans les musées de Paris et surtout à l'Exposition des beaux-arts de 1855. Le deuxième volume contient une étude sur l'école de peinture française et ses principaux représentants.

992. — Pariser Bilderbuch. Von JULIUS RODENBERG. — *Braunschweig, F. Vieweg und Sohn,* 1856, *in-*16, XVI-440 *p.* [Bibl. nat., Lk⁷ 6413.]

« Esquisses parisiennes. »
Le volume contient une série de tableaux de la vie parisienne, dessinés au jour le jour, pendant un séjour de six mois que l'auteur passa à Paris en 1855. Il se divise en quatre parties intitulées : I. Feuilles d'album (la rue et les boulevards ; les étrangers à Paris, etc.). II. Études. III. Esquisses. IV. Morceaux lyriques (poésies).

993. — Schultze und Müller in Paris. Humoristische Reisebilder von D. KALISCH. — *Berlin, A. Hofmann et Cⁱᵉ,* 1855, *pet. in-*8, 108 *p.* [Bibl. nat., Li³ 235.]

« Schultze et Muller à Paris. Tableaux de voyage humoristiques, par D. KALISCH... 2ᵉ édition. »
Le séjour à Paris de Schultze et de Muller, les deux compères du *Kladderadatsch* de Berlin, n'est qu'un prétexte à toute une série de lourdes plaisanteries sur la vie et les mœurs parisiennes.

994. — Paris et les Parisiens au XIXᵉ siècle. Mœurs, arts et monuments. Texte par MM. ALEXANDRE DUMAS, THÉOPHILE GAUTIER, ARSÈNE HOUSSAYE, PAUL DE MUSSET, LOUIS ENAULT et DU FAYL. Illustrations par MM. EUGÈNE LAMI, GAVARNI et ROUARGUE. — *Paris,*

Morizot, 1856, *gr. in*-8, IV-461 *p.,*
plus 2 *f. de tit. et* 1 *f. de table. Cou-*
verture illustrée; 28 *planches hors*
texte. [Bibl. nat., Li³ 191.] [Carn.,
17613 in-4.]

L'exécution typographique de ce volume est
soignée et les planches, gravées sur acier, sont
très jolies ; elles représentent des monuments et
des types parisiens. J'ai indiqué ci-dessus qu'il
en faut 28 : c'est le nombre qu'annonce le
Journal de la librairie, mais je n'ai jamais
vu d'exemplaire qui en contînt ce nombre. Cet
ouvrage est relativement rare et mérite d'être
recherché. Mon exemplaire offre cette particularité que le titre ne porte pas de date, tandis
que celui de la Bibl. nat. et celui de Carnavalet en portent une. Il me paraît certain que les
exemplaires avec date sont de la publication
originaire, tandis que les exemplaires sans date
sont ceux que l'éditeur a rajeuni au moyen d'un
nouveau titre.

Classement des planches d'après mon exemplaire comparé avec celui de la Bibl. nat. :

TITRES DES GRAVURES	DESSINATEURS	EXEMPLAIRE sans date. — En regard de la page	EXEMPLAIRE avec date. — En regard de la page
Arc de Triomphe	Rouargue	26	22
Rue de Rivoli	Id.	46	manque
Tuileries	?	manque	56
Cortège impérial	Eugène Lami	56	manque
Notre-Dame	?	manque	82
Carrousel	Rouargue	62	48
Panthéon	Id.	89	88
Saint-Etienne-du-Mont	Id.	94	94
Saint-Vincent de Paul	Id.	101	101
Palais de Justice et Sainte-Chapelle	Id.	119	218
Place Vendôme	Id.	197	196
Place de la Concorde	Id.	205	manque
Revue au Champ de Mars	Eugène Lami	236	231
Luxembourg	Rouargue	258	259
Hôtel de Ville	Id.	274	214
Fête à l'Hôtel de Ville	Eugène Lami	276	216
Marchande de bouquets	Gavarni	309	300
Palais de l'Industrie	Rouargue	310	manque
Un salon du grand monde	Eugène Lami	403	1
Un monsieur	Gavarni	407	407
Un Bohémien	Id.	408	452
Porteuse de modes	Id.	416	448
Dame du grand monde	Id.	422	421
Bourgeoise	Id.	428	327
Marchande de pommes	Id.	436	437
Marchande de la Halle	Id.	440	440
Marchande à la toilette	Id.	446	444
Marchand de coco	Id.	449	450

La comparaison des deux exemplaires et le
collationnement ci-dessus permettent de croire
qu'il faut en réalité 28 planches, au moins dans
les exemplaires avec date. Quant aux exemplaires sans date, il est possible qu'ils en contiennent moins, selon que le stock était
plus ou moins considérable. Mon exemplaire
était presque à l'état de neuf quand je l'ai
acheté et devait être encore aussi complet qu'il
l'était à sa sortie de chez l'éditeur.

Pour ce qui est de son contenu en tant que
texte, cet ouvrage est assez intéressant. Voici le
détail de ce qu'il renferme :

Introduction ; Etudes philosophiques ; Mosaïque de ruines ; Le nouveau Paris ; Le Louvre ;
Les Musées, par TH. GAUTIER.

Les Champs-Elysées ; L'Elysée ; Le Bois de
Boulogne ; Les Tuileries ; Le Paris futur, par
ARSÈNE HOUSSAYE.

Les Eglises, par DU FAYL.

La place Royale et le Marais, par lord PIL-
GRIM [ARSÈNE HOUSSAYE ?].

Les Boulevards ; Au bord de l'eau ; Le Luxembourg ; L'hôtel de ville ; Les Jardins (bals, etc.);
Le palais de l'Industrie, par LOUIS ENAULT.

Le Palais-Royal ; Parisiens et Parisiennes, par
PAUL DE MUSSET.

Mon Odyssée au Théâtre-Français, par ALEX.
DUMAS.

Au moyen de la table qui se trouve à la fin
du volume, il sera facile de retrouver chacun de
ces articles que j'ai groupés ici par noms d'auteurs, afin d'être plus bref.

995. — VAUCHERET. Les Larmes de
Satan. — *Paris, A. Taride,* 1856,
in-16, 30 *p.* [Bibl. nat., Li³ 192.]

Diatribe satirique contre les mœurs, peu importante. On avait annoncé des livraisons subséquentes qui semblent ne pas avoir paru.

996. — Pariser Kaiser-Skizzen. Von THEODOR MUNDT. — *Berlin, O. Janke*, 1857, 2 *vol. pet. in*-8, 2 *f*.-177 *p*., 1 *f. et* 2 *f*.-191 *p*. [Bibl. nat., Lk⁷ 6416.] [Carn., 10642.]

« Esquisses du Paris impérial. »
Critique acerbe des mœurs parisiennes sous le second Empire. I. Le théâtre. — La fanfaronnade du vice. III. La société française et les femmes. IV. L'empereur, les esprits, la presse. V. L'idée napoléonienne.
Le tome II est consacré en grande partie à la politique impériale et aux classes ouvrières. L'ouvrage a été écrit à Paris même, pendant un séjour de l'auteur dans cette ville, en 1856.

997. — Pilgrimages in Paris, by miss PARDOE. — *London, W. Lay*, 1857, *pet. in*-8, VI-376 *p. et* 1 *f. de table*. [Carn., 15560.]

Le Pont-Neuf. — Une nuit au Champ-de-Mars. — Un jour de pluie dans le passage Vendôme. — Les Invalides. — La Morgue. — L'hôtel Séguier, le Palais-Royal et les Tuileries. — La cour d'assises.

998. — Il Viaggio di un ignorante a Parigi ossia ricetta per gli ipocondriaci composta dal dottore GIOVANNI RAJBERTI. — *Milano, G. Bernardoni, maggio* 1857, *in*-8, 226 *p*., *plus* 2 *f. limin. et* 1 *f. de table*. [Carn., 5898.]

Voyage humoristique.

999. — A propos de tout, quelque chose, ou mes impressions à Paris, par ARBOUSSE-BASTIDE. — *Paris, Ch. Meyrueis et Cie*, 1857, *gr. in*-18, VI-172 *p*. [Bibl. nat., Lk⁷ 6418.]

L'auteur de cette relation était pasteur protestant. Ses impressions sont entremêlées de considérations religieuses qui ne donnent pas toujours une note très gaie à son récit; ce volume vaut cependant la peine d'être lu.

1000. — Les Abus dévoilés depuis A jusqu'à Z, par LÉON DELAVERNE et CH. BRUNE. — *Paris, P. Masgana*, 1857, *in*-18, 106 *p*. [Bibl. nat., Li³ 197.]

Ce petit livre, assez spirituel, contient quelques pages amusantes sur la Bourse, les domestiques, les femmes, le jour de l'an, le mariage, les restaurants, les théâtres, etc. etc.
Cet ouvrage est, du reste, peu important.

1001. — Considérations sur cinq fléaux : l'abus du corset, l'usage du tabac, la passion du jeu, l'abus des liqueurs fortes et l'agiotage; par CH. DUBOIS, chevalier de la Légion d'honneur et de l'ordre de Léopold de Belgique. — *Paris, Dentu*, 1857, *in*-8, X-XI-135 *p*. [Bibl. nat., Li³ 198.]

Dissertations assez curieuses mais d'une nature toute spéciale et quelque peu prudhommesques. L'auteur était évidemment animé des meilleures intentions : ses conseils semblent n'avoir pas eu grand résultat jusqu'à présent.
Il faut un carton à la page 81 de ce volume. Dans les exemplaires cartonnés, cette page contient le commencement d'une *annexe* qui est intitulée : « Extraits et observations... sur l'usage du tabac et de l'alcool », et dont la fin se trouve à la suite (avant la page 82) imprimé en 6 feuillets non chiffrés. La pagination reprend à la suite de ces feuillets.

1002. — GAVARNI. Masques et visages. — *Paris, Paulin et Lechevalier*, 1857, *gr. in*-18, XXIV-270 *p*. *Vignettes*. [Bibl. nat., Li³ 199, différentes éditions.]

Cet intéressant volume nous donne pour ainsi dire le résumé de l'œuvre de Gavarni, la quintescence de son spirituel talent et de ses fines observations. La préface — qui est à signaler — n'est pas signée. Le texte est accompagné de vignettes minuscules qui suffisent pour rappeler l'œuvre originale. L'ouvrage est divisé en XXI chapitres qui correspondent à différentes séries de dessins publiés autrefois par l'auteur; telles sont : Les partageuses. — Les lorettes vieillies. — Le carnaval. — Les parents terribles. — L'argent. — Balivernes parisiennes, etc.
A la fin de l'ouvrage se trouve un catalogue de l'œuvre de Gavarni, avec indications de dates, détails sur les sujets, etc.
Ce volume a eu d'autres éditions :
1° *Paris, Delahays*, 1860, *in*-18.
2° *Paris, Dentu*, 1862, *in*-18.
3° *Paris, Librairie du Figaro*, 1868, *gr. in* 8°.

1003. — Les Hommes et les choses en 1857; par E.-A. CARRIÈRE. — *Paris, chez l'auteur*, 53 *rue de Buffon*, 1857, *in*-8, 420 *p*. [Bibl. nat., Li³ 196.]

1004. — Paris à vol de canard; impressions de voyage dans les 13 arrondissements de la capitale recueillies et publiées par EUGÈNE FURPILLE. — *Paris, Passard, S. D.* (1857), *in*-32, XII-500 *p*. [Bibl. nat., Lk⁷ 6419.] [Carn., 3161.]

Le titre ne porte, comme nom d'auteur, que celui de EUGÈNE FURPILLE, mais la couverture imprimée porte en plus celui de MAX GÉRARD. C'est par erreur que le catalogue de M. O. Lorenz indique la date de 1853 comme date de la publication; ce volume a paru en 1857.

Le faux-titre porte : « Petite encyclopédie récréative ».

Composition facétieuse et quelquefois spirituelle rédigée dans un style tintamarresque et hérissé de calembourgs. Je ne crois pas qu'il soit utile de donner le détail de son contenu, mais il est bon de signaler un « Dictionnaire de la langue bleue, ou Glossaire franco-parisien » qui occupe les pages 185-262, assez intéressant pour l'histoire de l'argot usité dans les différentes classes parisiennes.

1005. — Paris. Une voix dans la foule, par ACHILLE DU CLÉSIEUX. — *Paris, Amyot,* 1857, *in-8,* VIII-236 p. [Carn., 2949.]

En vers. — Je relève dans la table quelques titres de pièces à signaler : Paris. — La mode. — Le théâtre. — La Bourse. — Notre-Dame de Paris, etc.

1006. — PAUL-ERNEST DE RATTIER. Paris n'existe pas. — *Paris, (Bordeaux, impr. Balarac),* 1857, *in-16,* 128 p. [Bibl. nat., Li³ 195.]

Critique sévère des mœurs du Paris moderne; considérations sur la décadence de la capitale au point de vue moral.

1007. — HENRI MONNIER. Mémoires de Monsieur Joseph Prudhomme. — *Paris, Librairie nouvelle,* 1857, *2 vol. in-12,* 286 *et* 269 p., *plus les titres.* [Carn., 2950.]

Le talent et l'esprit d'observation qui furent les principales qualités du célèbre écrivain-comédien me dispensent d'insister ici sur la valeur *documentaire* — je n'exagère rien — de ces deux volumes.

1008. — Galerie d'originaux, par HENRY MONNIER. — *Paris, Michel Lévy frères,* 1858, *in-18,* 219 p. *et* 1 f. de table. [Carn., 10132.]

De la Collection Hetzel-Lévy. Edition interdite pour la Belgique et l'étranger.
Scènes et types divers : Intérieurs de bureaux. — L'enterrement.

1009. — Les Bourgeois aux champs, par HENRY MONNIER, 2e édition. — *Paris, J. Hetzel, S. D. (   ), in-18,* 219 p. *et* 1 f. de table. [Carn., 10131.]

Collection Hetzel. — Scènes dialoguées.

1010. — Les Souhaits d'un bonhomme à ses concitoyens, par DVITIYA DURMANAS, vasiya de Bénarès. Nouvelle édition. — *Paris; et Lyon, Ballay et Conchon,* 1857-1858, 2 *vol.* *in-18,* 539 *et* 538 p. [Bibl. nat., Li³ 204.]

La couverture imprimée porte : « La silhouette du jour. Abus, vices, travers, ou Les Souhaits d'un bonhomme... »; sur la couverture imprimée du second volume se trouve la date de 1860 qui semble être la véritable date de publication du second volume.

Cet ouvrage n'est pas exclusivement parisien, mais il contient de nombreux passages intéressants pour l'histoire des mœurs de la capitale : ce qui m'a engagé à ne pas le négliger. Il est rédigé en forme de dictionnaire et contient plus de 200 articles, parmi lesquels je citerai par exemple : abattoir, accident, banques, bourgeois, cadeau de noces, calembourg, calendrier, célibat, chicane, clergé, commerce, etc.

Le second volume s'arrête à la lettre C.

« Les Souhaits d'un bonhomme » ont été, comme on le voit, publiés sous le voile du pseudonyme, mais l'éditeur de cette nouvelle édition a pris soin de donner le nom de l'auteur dans un avertissement placé en tête du 1er volume : l'auteur se nommait ANTOINE-GASPARD BELLIN, né à Lyon en 1815. Son ouvrage fut écrit à la première édition en huit publiée dans *les dernières années de la monarchie constitutionnelle* à laquelle il était attaché par ses convictions ; il était alors investi de modestes fonctions judiciaires (juge suppléant au tribunal civil de Lyon).

La date et le titre exact de la 1re édition me sont inconnus ; M. O. Lorenz (Catalogue, t. I, p. 212-213) dit (d'après le *Journal de la librairie,* année 1857, n° 2299) que la 1re édition a paru en 1830 : c'est évidemment une erreur, d'abord en raison de ce que dit l'éditeur de la nouvelle édition, puis à cause de la date de naissance de l'auteur qui n'aurait eu que 15 ans à l'époque où il publia son ouvrage !

Mes recherches pour trouver l'indication de cette première édition dans le *Journal de la librairie* sont restées sans résultat.

1011. — Ce qu'on voit dans les rues de Paris, par M. VICTOR FOURNEL. — *Paris, A. Delahays,* 1858, *in-16,* 2 f. *de tit. et* 410 p. [Bibl. nat., Li³ 205.] [Carn., 1510.]

Volume curieux et devenu assez rare. L'auteur, ayant parcouru les rues de Paris, en a tracé un tableau intéressant, — d'autant plus intéressant qu'il l'a tracé d'après nature. Ses croquis à la plume entremêlés de réflexions spirituelles et délicates, constituent la description dont on ne saurait trop signaler l'importance.

L'ouvrage est divisé en deux parties : I. Les artistes nomades et l'art populaire. — II. L'Odyssée d'un flâneur dans les rues de Paris. — La première partie comprend cinq chapitres, et la seconde dix-neuf. Voici un extrait de la *Table des matières* de la seconde partie, car, pour la première, il me suffit de dire qu'elle est tout entière consacrée aux musiciens ambulants, aux saltimbanques, aux petits industriels, aux littérateurs populaires, etc. — IIe partie, chap. II-IV. La flânerie, les badauds et la foule. — V. Les cochers. — VI. Enseignes et affiches. — VIII. Les cris de Paris. — XI. Le Temple. — XII. Balayeurs et chiffonniers. — XIII. Le gamin de Paris. — XIV. Les mendiants. — XV. La Morgue. — XVI. Marchands de vins, cafés, restaurants. — XIX. Les Parisiennes, etc.

L'ouvrage de Victor Fournel avait déjà paru en tout ou en partie et sous forme d'articles dans la *Revue de Paris* en 1854. Il a eu une deuxième édition en 1867. (Voy. ci-dessous le n° 1134.)

1012. — D'après nature, par GAVARNI; texte par MM. JULES JANIN, PAUL DE SAINT-VICTOR, EDMOND TEXIER, EDMOND et JULES DE GONCOURT. — *Paris, Morizot, S. D.* (1858), *in-folio*, 40 *pl. lithogr., plus le texte.* [Bibl. nat., Li³ 200.]

Cet album comprenant 4 *dizains*, il faut 4 titres : un pour chacun d'eux ; la numérotation des planches se suit de 1 à 40 ; mais la pagination du texte est séparée pour chaque dizain : chaque série de texte a 16 pages. L'exécution matérielle de ce volume est très soignée ; il en a été fait en 1867 un second tirage, qui, comme le premier ne porte pas de date sur le titre.

1013. — GALOPPE D'ONQUAIRE. Le Diable boiteux à Paris. — *Paris, librairie nouvelle*, 1858, *in-12*, 2 *f. de tit. et* 250 *p.* [Carn., 2951.]

Chroniques parisiennes; observations sur les mœurs; types, caractères, etc. Volume spirituel et amusant. Le titre de départ, p. 5, porte en plus : « Etude philosophique ».

1014. — Les Masques de Paris, esquisses satiriques... par EDOUARD STEVENS; avec une préface, par A. VÉMAR. — (*Saint-Quentin, impr. Doloy et Penet aîné, S. D.* [1858]),·*in-12*, 108 *p.* [Bibl. nat., Li⁸ 201.]

.Contre le monde littéraire, certains écrivains ou journalistes parisiens.

A. VÉMAR est le pseudonyme de GUSTAVE MARX.

1015. — Quatre Matinées dans le grand monde, en 1778-1787-1818-1858; par M. le comte DU LA*; précédées d'une introduction, par M. ULRIC GUTTINGUER. — *Paris, Dentu*, 1858, *in-18*, 72 *p.* [Bibl. nat., Li³ 203.]

Cette petite composition fantaisiste est intéressante et gracieusement écrite.

1016. — Die Frauen des Kaiserreichs. Pariser Gesellschafts-Skizzen. Von HANS WACHENHUSEN. — *Berlin, Verlags-Comptoir (A. Dominé), S. D.* (1858), *in-16*, 157 *p.*, 1 *grav.* [Bibl. nat., Li³ 236.]

« Les femmes de l'Empire. Esquisses de la société parisienne. »

Etudes de mœurs sur les femmes des différentes classes de la société. Cf. ci-dessus les différents ouvrages cités sous le n° 989.

1017. — Les Salons de Paris. Foyers éteints ; par Mᵐᵉ ANCELOT. — *Paris, Jules Tardieu,*1858, *in-18*, 2 *f. de tit.*, 245 *p. et* 1 *f. de table.* [Bibl. nat., Li³ 202.] [Carn., 3103.]

Souvenirs retrospectifs : Salons de Mᵐᵉ Lebrun, du baron Gérard, de la duchesse d'Abrantès, de Charles Nodier, de M. de Lancy, de Mᵐᵉ Récamier, du vicomte d'Arlincourt et du marquis de Custine.

Il y a une deuxième édition sous la même date.

1018. — Les Toquades, illustrées par GAVARNI. Etudes de mœurs, par CH. DE BUSSY. — *Paris, P. Martinon, libraire; G. de Gonet, éditeur, S. D.* (1858), *gr. in-8*, 2 *f. limin.*, 160 *p.*, 1 *f. de table.* [Carn., 17624, in-4.]

CH. DE BUSSY est le pseudonyme de CHARLES MARCHAL. — Ce volume est illustré de 20 lithographies hors texte, qui comptent dans la pagination; il est consacré à l'étude humoristique de divers types, de manies, d'habitudes, etc.

1019. — La Vie à Paris ; chroniques du « Figaro », par AUGUSTE VILLEMOT, précédées d'une Etude sur l'esprit en France à notre époque, par P.-J. STAHL [HETZEL]. — *Paris, édition Hetzel, Michel Lévy frères*, 1858, 2 *vol. in-18*, XXIV-348 *et* 426 *p.* [Bibl. nat., Li³ 446, 1ʳᵉ série seule.] [Carn., 915.]

Ces spirituelles chroniques sont datées de 1854 à 1856. Chaque volume contient une table des matières et un index alphabétique des noms propres, ce qui les rend particulièrement utiles et intéressants.

1020. — La Vie élégante à Paris, par le baron DE MORTEMART-BOISSE. Deuxième édition. — *Paris, Hachette et Cⁱᵉ*, 1858, *in-12*, 2 *f. et* II-476 *p.* [Bibl. nat., Li³ 194; 1ʳᵉ et 2ᵉ édit.] [Carn., 3098.]

Cet ouvrage est divisé en trois parties. Première partie : De l'élégance personnelle, de la politesse, des costumes. les gants, les locutions, l'homme élégant, l'habitation. — Deuxième partie : De l'élégance dans le monde ; l'étiquette, présentations, les repas, le jeu, les salons, le jour de l'an, etc. — Troisième partie : De l'élégance en public ; culte, promenades, théâtres, chasses. etc. Cette seconde édition est dédiée au prince de La Tour d'Auvergne, ministre plénipotentiaire de France à la cour de Sardaigne.

La première édition est de 1857.

1021. — Paris vivant, par des hommes nouveaux. — *Paris, chez tous les libraires; G. de Gonet, éditeur,* 1858-1861, 17 vol. in-16. [Bibl. nat., Li³ 206.] [Carn., divers numéros.]

Chacun des volumes de cette collection est consacré à un type spécial ; en voici les titres, par ordre de publication :

1. La plume.	9. La fille.
2. Le théâtre. Mémoires d'un jeune premier.	10. La république des lettres.
3. Le million.	11. Le cheval.
4. Le prêtre.	12. Le trucqueur.
5. Le soldat.	13. Le savant.
6. Le génie et ses droits.	14. Un drame.
7. Le pinceau, le crayon et le ciseau.	15. Le grand monde.
8. Le mariage.	16. Retour de l'armée d'Italie.
	17. Le gandin.

Les numéros 1-15 portent la date de 1858 ; le n° 16, celle de 1859, et le n° 17, celle de 1861. Chaque volume a 96 pages, plus la couverture. Celles-ci méritent d'être conservées. Ainsi, celle du n° 13 (Le savant) contient le jugement du procès intenté à l'éditeur par l'abbé Migne, qui avait cru se reconnaître dans « Le prêtre » (n° 4). Sur la couverture du n° 14, il en est encore question : l'abbé Migne avait pensé que l'auteur du « Prêtre » était un nommé LACOMBE qu'il avait autrefois employé dans son imprimerie ; celui-ci a été renvoyé des fins de la plainte, mais l'éditeur a été condamné à une indemnité.

La couverture du n° 16 porte que PRIVAT D'ANGLEMONT, dont on annonçait la mort, était un des auteurs de « Paris-vivant » ; malheureusement, on n'indique pas celui ou ceux des volumes qu'il avait écrits.

C'est là tout ce que j'ai pu découvrir comme noms d'auteurs ; une question posée à ce sujet dans *L'Intermédiaire* en 1874 (VII, 151), est restée jusqu'à présent sans réponse.

1022. — Esquisses parisiennes. Scènes de la vie ; par THÉODORE DE BANVILLE. — *Paris, Poulet-Malassis et de Broise,* 1859, in-12, 402 p. [Bibl. nat., Li³ 209, 1ʳᵉ édition et Li³ 546, édit. de 1876.] [Carn., 12180, édition de 1876.]

Recueil de croquis fantaisistes et de nouvelles : Les Parisiennes de Paris ; L'Armoire ; Les Noces de Médéric ; Un Valet comme on n'en voit pas, etc.

Réimprimé : *Paris, Charpentier et Cⁱᵉ,* 1876, in-12, VI-434 p.

Il a été tiré de cette dernière édition 50 exemplaires sur papier de Hollande.

Cf. ci-dessous le n° 1145.

1023. — Le Musée secret de Paris, par CHARLES MONSELET. — *Paris, Michel Lévy frères, S. D.* (1859), in-16, 200 p.

Publié dans la petite collection Hetzel et Lévy. — Tableaux de mœurs et études très fines de

divers types parisiens : Les concerts de Paris. — Une loge d'acteur. — Les voyous. — Ballades parisiennes. — Monsieur Cocodès. — Les professeurs de déclamation. — Le propriétaire, etc.

1024. — H. DE PÈNE. Paris intime. — *Paris, Librairie nouvelle,* 1859, in-12, 2 f. de tit. et 343 p. [Bibl. nat., Li³ 210.] [Carn., 905.]

Recueil de chroniques qui avaient paru de 1856 à 1858 sous le pseudonyme de NEMO dans « Le Nord », puis dans « Le Figaro » Ce volume contient une table des matières.

Il y a une seconde édition sous la même date.

1025. — Portraits et souvenirs, par A. DE BELLOY. — *Paris, Michel Lévy frères, S. D.* (1859), pet. in-18, 210 p. et 1 f. de table. [Carn., 5415.]

Publié dans la petite collection Hetzel et Lévy. Volume assez spirituel et intéressant. Il faut signaler le chapitre relatif au café Valois et celui qui a pour sujet « Le cimetière Delahays, ou ce que deviennent les livres ».

1026. — Physionomies contemporaines, par A. DE BELLOY. — *Paris, Michel Lévy frères, S. D.* (1859) pet. in-18, 170 p. et 1 f. de table. [Carn., 5435.]

Ce volume fait partie de la même collection que le précédent. Il n'est pas moins intéressant, au point de vue littéraire, mais il est plus fantaisiste. Le chapitre intitulé « Profils de coquins et d'honnêtes gens » mérite une lecture attentive.

1027. — La Saison d'hiver à Paris. Lettres à un homme du monde sur le carême et sur les principaux devoirs de la vie chrétienne, par M. l'abbé H. DUCLOS, vicaire à la Madeleine. — *Paris et Lyon, Perisse frères,* 1859, in-12, XVI-412 p.

Le cachet tout particulier de ce livre consacré à des conseils religieux pour passer l'hiver à Paris aurait peut-être dû le faire exclure de mon travail ; quelques-uns de ses chapitres, cependant, seront peut-être dans l'avenir utiles à l'historien ; à ce titre, je signalerai ceux qui sont relatifs à « la vie parisienne », à « l'assistance aux mariages, convois », etc., aux « plaisirs d'hiver, musique, romans et bals », etc., etc.

1028. — Les Tréteaux de CHARLES MONSELET, avec un frontispice dessiné et gravé par BRACQUEMOND. — *Paris, Poulet-Malassis et de Broise,* 1859, in-12, 268 p. et 1 f. de table. [Carn., 3159.]

Croquis humoristiques. A signaler : un chapitre sur la Bibliothèque nationale (alors impériale !) très amusant et très spirituel.

1029. — Realities of Paris life. By the author of « Flemish Interiors », etc., etc. — *London, Hurst and Blackett,* 1859, 3 *vol, in-*8. *Grav. et vign.* [Bibl. nat., Liᵃ 208.] [Carn., 12829.]

Il résulte d'une note insérée dans *L'Intermédiaire* (XVII, 381) que cet ouvrage est dû à Mrs WILLIAM PITT BYRNE. Ces trois volumes sont intéressants et d'une lecture entrainante. Il est visible pour nous que l'auteur a connu à fond Paris et les Parisiens.
Extrait de la table des matières :
Tome I. Les rues. — Les quartiers pauvres : La Glacière, le faubourg Saint-Marceau, etc. — Les chiffonniers. — Les mendiants aveugles.
Tome II. Le gamin. — Charlatans et saltimbanques. — Criminels et filous. — Cimetières.
Tome III. La police et la justice. — Les prisons. — Les œuvres charitables.
Certains passages du dernier chapitre de l'ouvrage donnent à penser que l'auteur est catholique.

1030. — ALFRED DELVAU. Les Dessous de Paris. Avec une eau-forte de LÉOPOLD FLAMENG. — *Paris, Poulet-Malassis et de Broise,* 1860, *in-*12, 2 *f. de tit. et* 288 *p. Frontispice à l'eau-forte.* [Bibl. nat., Liᵃ 214.] [Carn., 3141.]

Curieuses études réalistes spirituellement écrites, dont la plupart avait précédemment paru dans « Le Figaro ». Il y a des exemplaires avec la date de 1862 ; c'est le restant de l'édition de 1860 rajeunie au moyen d'un nouveau titre. Ces exemplaires ne contiennent pas tous l'eau-forte de Flameng, qui est assez jolie.

1031. — L'Année anecdotique. Petits-mémoires du temps, par FÉLIX MORNAND. — *Paris, E. Dentu,* 1860, *in-*12, 2 *f. de tit. et* III-356 *p.* [Bibl. nat., Liᵃ 216.] [Carn., 903.]

Ce volume contient une table ; il est absolument différent de celui qui est cité ci-dessus, nº 983 et se compose d'une collection de chroniques qui avaient paru en 1859 dans... (?)

1032. — Etudes et voyages. Paris, la Belgique, la Hollande ; par FERNAND LAGARRIGUE. — *Paris, F. Sartorius,* 1860, *in-*18, 2 *f. et* 380 *p.* [Bibl. nat., Lk⁷ 6457.]

Les cent cinquante premières pages, comprenant deux chapitres, sont consacrées à la capitale. Analyse sommaire :
Installation du voyageur à Paris. — La rue Vivienne. — La Bourse. — Le Palais-Royal. — Jardin et château des Tuileries. — Le

Louvre. — La Rue de Rivoli. — Comédie-Française. — Théâtres. — Place de la Concorde. — Champs-Elysées. — La Madeleine. — L'Hôtel-de-Ville. — La Cité. — Notre-Dame. — Les ponts. — Les quais. — Les rues de la rive gauche. — Institut. — Les Invalides. — Château et jardin du Luxembourg. — Odéon. — Ecole de Médecine. — Ecole de Droit. — Saint-Etienne-du-Mont. — Sainte-Geneviève. — Saint-Sulpice. — Jardin des Plantes. — Entrepôt des vins.
Si l'on consulte le « Catalogue général » de O. Lorenz à l'article LAGARRIGUE (Fernand), on y verra que ce nom est le pseudonyme d'EMILIEN MARY. A l'article MARY, dans le même volume, il est dit que le nom d'EMILIEN MARY est le pseudonyme de M. FERNAND LAGARRIGUE. *Quid?*

1033. — Paris aventureux, par MANÈ, avec une dédicace à Marguerite Rigolboche. — *Paris, E. Dentu,* 1860, *in-*12, 2 *f. de tit. et* v-331 *p.* [Bibl. nat., Liᵃ 213.] [Carn., 900.]

Réunion de dix-neuf chroniques qui avaient paru dans « L'Indépendance belge » du 5 novembre 1858 au 18 novembre 1859 sous la signature de MANÈ, pseudonyme de HENRI DE PÈNE.

1034. — Les Toqués, par le marquis DE BELLOY. — *Paris, Michel Lévy frères,* 1860, *in-*18, 2 *f. et* 343 *p.* [Carn., 9639.]

Etudes de mœurs parisiennes.

1035. — Voyage d'un curieux dans Paris, par CHARLES AUBERIVE. — *Paris, Victor Sarlit,* 1860, *in-*12, 2 *f.,* 184 *p. et* 1 *f. de table.* [Bibl. nat., Lk⁷ 6456.]

Petit volume sans prétention, mais assez intéressant. Il faut y signaler les chapitres suivants : XII. Le Paris du xixᵉ siècle. — XIX. Le Paris intime. — XX. Le Paris des salons. — XXI. Le Paris officiel. — XXIII. Le Paris aristocratique. — XXVI. Le Paris industriel et commercial. — XXVII. Le Paris artisan.
D'après le « Catalogue général » de O. Lorenz, le nom qui se lit sur le titre de ce volume est le pseudonyme de mademoiselle DE VARS.

1036. — Conversations with M. Thiers, M. Guizot, and other distinguished persons, during the second empire, by the late NASSAU WILLIAM SENIOR,... edited by his daughter M. C.-M. SIMPSON. — *London, Hurst and Blackett,* 1878, 2 *vol. in-*8, XXXI-411 *et* XXXIII-399 *p.* [Bibl. nat., Laᵃ⁰ 11.]

M. Senior (cf. ci-dessus le nº 957), dans les divers séjours qu'il a faits à Paris, s'est trouvé en relations avec diverses personnalités parisiennes; quoique ses conversations, qu'il avait soin de noter au jour le jour, roulent souvent sur des sujets politiques, elles traitent aussi quelquefois des mœurs, des habitudes, etc., et autres sujets intéressants. Les conversations contenues dans ces deux volumes se rapportent à la période 1852-1860.

Voyez aussi le n° 1079.

1037. — Unter Lebendigen und Todten. Spaziergänge in Deutschland, Frankreich, England und der Schweiz. Von SEBASTIAN BRUNNER. Zweite vermehrte Auflage. — *Vienne, W. Braumuller*, 1863, *pet. in-8, 4 f. et* 588 *p.* [Bibl. nat., M.]

« A travers vivants et morts: Promenades en Allemagne, en France, en Angleterre et en Suisse, par SÉBASTIEN BRUNNER. Deuxième édition augmentée ».

Voyage à Paris en 1860; il occupe les pages 218-280.

Le Palais-Royal, l'Hôtel Cluny, le Louvre, Saint-Denis et Versailles. Les églises de Paris. Le cimetière du Père-Lachaise et la Morgue.

1038. — **Actualités.** Les ceintures qui parlent, par ACHILLE TOLA-PAIX. — *Paris, Poulet-Malassis*, 1861, *in-18,* 36 *p.* [Bibl. nat., Li³ 243.]

La mode de la ceinture à travers les âges. Considérations assez curieuses sur les mœurs modernes, auxquelles l'auteur est amené par des recherches approfondies sur ce sujet. M. O. Lorenz a, dans son « Catalogue », appelé l'auteur de ce livre TOLA-PAIN, au lieu de TOLA-PAIX, et lui a donné la qualité d'ouvrier bijoutier.

1039. — CHARLES SOULLIER. Paris neuf, ou Rêve et Réalité. Grande fantasmagorie, composée de quarante-cinq satires, descriptions historiques ou tableaux pittoresques sur la capitale de la France, vers le milieu du XIXᵉ siècle; ouvrage orné de nombreuses gravures. — *Paris, G. Barba*, 1861, *pet. in-4,* VIII-211 *p. Vignettes.*

Le poète a divisé son œuvre en quatre parties : Monuments et histoire. — Etablissements et institutions. — Les maisons. — Les rues.

Je n'entrerai pas davantage dans le détail de son élucubration : son volume contient une table qui renseignera suffisamment le lecteur. Quant à la versification de M. Ch. Soullier, en veut-on un échantillon ?

Le poète nous peint la Bourse :

Demandez-vous du *Nord*, du *Crédit Mobilier,*
Du *Grand-Central*, de l'*Est*, du *Midi*, du *Foncier* ?
Vous faudrait-il des *Docks*, des *Zincs de Silésie* ?
Tout est là : choisissez à votre fantaisie.

Où bien il énumère les compagnies d'assurances :

Consacrons un chapitre aux comptoirs d'assurance,
. - . - . - . - . - . - . - . - . - . - . - . - .
Citons les principaux qui sont : *La Générale, L'Union, Le Phénix et La Nationale, La France, Le Soleil, La Mutualité, L'Aigle, La Paternelle,* et *La Sécurité*
. - . - . - . - . - . - . - . - . - . - . - . - .

On trouve en maints endroits du poème de nombreux passages non moins... extraordinaires que ceux-ci.

1040. — GABRIEL PÉLIN. Les Laideurs du beau Paris; histoire morale, critique et philosophique des industries, des habitants et des monuments de la capitale. Sections du commerce honnête et des philanthropes spécialistes. — *Paris, Lécrivain et Toubon*, 1861, *in-18,* 2 *f. de tit.,* 245 *p. et* 1 *f. de table.* [Bibl. nat., Li³ 218.] [Carn., 3162.]

Si la capitale mérite son nom de *beau Paris* au point de vue matériel, elle épouvante par le cynisme et l'impudeur d'une partie de ceux qui vivent dans ses murs. En développant ce thème d'une façon assez intéressante, l'auteur montre ce qu'il faut penser de l'honnêteté commerciale des Parisiens. Son ouvrage est divisé en treize chapitres dans lesquels il prend successivement à partie : les imagiers, — les brocanteurs et les commissaires priseurs, — les marchandes à la toilette, les directeurs de théâtre, etc.

Les trois derniers chapitres sont consacrés au régime des prisons et à des considérations sur les lois.

1041. — Lettres de M. JOURNAL, par H. BOSSELET. — *Paris, E. Dentu*, 1861, *in-18,* 306 *p.* [Bibl. nat., Li³ 219.]

Observations philosophiques très prétentieuses et souvent très insignifiantes sur les mœurs, les habitudes et l'organisation sociale de l'époque.

1042. — Lettres d'un bon jeune homme à sa cousine Madeleine, recueillies et mises en ordre par EDMOND ABOUT. — *Paris, Michel Lévy frères*, 1861, *in-18,* IV-393 *p. et* 1 *f. de table.* [Carn., 5237, tome I.]

Ce volume contient vingt-quatre lettres ; toutes sont très parisiennes ; quelques-unes se rapportent plutôt à la politique, mais la plupart rentrent absolument dans le cadre de cette bibliographie. Telles sont celles qui ont pour titre : La Comédie-Française. Le Carnaval. Le Bal de la Mi-Carême. La question des fiacres, etc., etc.

Voyez aussi l'article suivant.

1042 *bis*. — Dernières lettres d'un bon jeune homme à sa cousine Madeleine, recueillies et mises en ordre par Edmond About. — *Paris, Michel Lévy frères,* 1863, *in*-18, 3 *f. et* 378 *p.* [Carn., 5237, tome II.]

. Suite du n° précédent.
Le journalisme. Les portraits-cartes. Le Mont-de-Piété. Le salon de 1861, etc., etc. Les quatorze lettres que contient ce volume avaient déjà paru, comme celles que contient le volume précédent dans *L'Opinion nationale,* quelque temps avant cette publication définitive. — Cf. n° 1116.

1043. — La Liberté dans la maison. — *Paris, Marpon,* 1861, *in*-18, 36 *p.* [Bibl. nat., Li³ 232.]

Sur les concierges, les propriétaires et les locataires.

1044. — Les Marionnettes de Paris, par Pierre Véron. — *Paris, E. Dentu,* 1861, *in*-12, 2 *f. et* 284 *p.* [Bibl. nat., Li³ 237.] [Carn., 2952.]

Petits tableaux humoristiques des mœurs parisiennes ; nouvelles à la main, fantaisies, etc.

1045. — Mémoires d'une dame du monde. — *Paris, Marpon,* 1861, *in*-32, 126 *p.* [Carn., 3127.]

Tableaux mondains, impressions de l'auteur dans ses rapports avec la société. Il est superflu de dire que ces « Mémoires » semblent supposés.

1046. — Les Mœurs de notre temps, par Arnould Frémy. — *Paris, Librairie nouvelle; A. Bourdilliat et Cⁱᵉ, éditeurs,* 1861, *gr. in*-8, 2 *f. de tit.,* 340 *p. et* 1 *f. de table.* [Bibl. nat., Li³ 217.]

Études et considérations philosophiques sur les mœurs. Le volume comprend quatorze chapitres parmi lesquels il faut citer ceux dont les titres sont ci-après : La religion. — L'aristocratie bourgeoise. — La famille. — La littérature. — Les théâtres. — Les arts. — Les femmes.

1047. — Paris au gaz ; par Julien Lemer. — *Paris, Dentu,* 1861, *in*-12, 2 *f. et* 288 *p.* [Bibl. nat., Li³ 221.]

Paris avant le gaz et Paris pendant le gaz. — La vie de Paris entre cinq et six heures du soir, ou comment on dîne et comment on ne dîne pas. — Le noctambulisme. — Croquis fantaisistes, scènes nocturnes, etc.

1048. — Paris mystérieux, par Mané. — *Paris, E. Dentu,* 1861, *in*-12,

2 *f. et* iv-323 *p.* [Bibl. nat., Li³ 220.] [Carn., 5496.]

Mané est le pseudonyme de Henri de Pène. Recueil de seize chroniques parisiennes datées du 9 décembre 1859-16 novembre 1860.

1049. — Paris s'amuse, par Pierre Véron. — *Paris, Dentu,* 1861, *in*-18, 2 *f. de tit. et* 283 *p.* [Bibl. nat., Li³ 230, diverses éditions.]

Cet ouvrage a eu au moins six éditions en plus de la première. L'édition la plus récente est celle-ci : *Paris, Lévy frères,* 1872, *in*-18.
« Paris s'amuse » est un recueil de croquis parisiens pleins de gaité et de bonne humeur.

1050. — Piqûres d'épingle. Lettres siamoises, fragments de correspondance mis en ordre par Charles Dumay. — *Paris, Aumond,* 1861, *in*-18, 35 *p.* [Bibl. nat., Li³ 222.]

Cette brochure contient neuf lettres écrites dans le genre des « Lettres persanes », et assez spirituelles.

1051. — Les Portiers de Paris, esquisse parisienne. — *Paris, chez tous les libraires,* 1861, *in*-16, 63 *p.*

Ce petit écrit est assez spirituel. J'ai vu un exemplaire dont la couverture portait la mention de « Troisième édition » sans que cette mention fût inscrite sur le titre : simple changement de couverture dans un but de rajeunissement.

1052. — Photographs of Paris life A record of the politics, art, fashion, and anecdote of Paris during the past eighteen months. By Chroniqueuse. — *London, W. Tinsley,* 1861, *pet. in*-8, xv-344 *p.* [Carn., 12831.]

1053. — Alfred Delvau. Histoire anecdotique des cafés et cabarets de Paris. Avec dessins et eaux-fortes de Gustave Courbet, Léopold Flameng et Félicien Rops. — *Paris, E. Dentu,* 1862, *in*-18, 2 *f. limin.,* xviii-298 *p. et* 1 *f. de table.* [Carn., 2996.]

Si ce volume n'avait été qu'une « histoire », il n'aurait certainement pas dû trouver place ici ; mais il contient, en bien des cas, de curieux tableaux des cafés et cabarets de l'époque et dont plusieurs existent encore aujourd'hui, ce qui m'a engagé à ne pas omettre de le citer.
« Quelques exemplaires sur papier vergé. Sept eaux-fortes... Bien que signé par M. Courbet, l'en-tête pour le chapitre *Andler-Keller* est gravé par M. Flameng, d'après un vague dessin

du maître d'Ornans... » (« Au bord de la Bièvre » par Alfred Delvau, édition précédée d'une bibliographie, 1873, in-18, p. XIV).

1054. — Les Bas-fonds de la société, par HENRY MONNIER. — *Paris, imp. Claye, 1862, in-8 carré, 2 f. de tit., 2 pour l'avertissement, 267 p. et 1 f. de table.* [Bibl. nat., Li³ 245. Rés.] [Carn., 3171.]

Papier vergé. Tiré à 200 exemplaires non mis ouvertement dans le commerce. Pas de figures.

Cet ouvrage, dont il ne faut pas, par le haut prix auquel il est coté en librairie, s'exagérer l'importance et la valeur, contient huit scènes dialoguées dont plusieurs sont assez curieuses et parmi lesquelles il faut particulièrement signaler celle qui a pour titre : « Une nuit dans un bouge ». Certaines de ces scènes se retrouvent du reste dans les autres volumes de Monnier, mais très châtiées et considérablement expurgées. Je connais deux autres éditions reproduisant absolument le texte de celle-ci ; voy. les deux nos suivants.

1055. — Les Bas-fonds de la société, par HENRI MONNIER. Avec un frontispice... dessiné et gravé par S. P. Q. R. [FÉLICIEN ROPS.] Sur l'imprimé à Paris, chez J. Claye. — *Amsterdam, 1866, in-18, 2 f. de tit., 141 p. et 1 f. de table., 1 fig.* [Bibl. nat., Li³ 245 A. Rés.]

Tiré à 276 exemplaires. — Voy. encore l'article suivant.

1056. — Documents pour servir à l'histoire de nos mœurs. Les Bas-fonds de la société, par HENRY MONNIER, avec 8 dessins à la plume de F. R. [FÉLICIEN ROPS.] Edition minuscule tirée à 64 exemplaires. — *S. L. N. D. (   ), pet. in-12, Pap. vergé.* [Bibl. nat., Li³ 245 B. Rés.]

Voyez les deux articles précédents.

1057. — Les Choses du temps présent, par EDMOND TEXIER. — *Paris, J. Hetzel, S. D. (1862), in-12, 377 p.* [Bibl. nat., Li³ 252.] [Carn., 16025.]

Titres de quelques chapitres : Les femmes. — Les salons. — Les habitations modernes. — Figures originales de Paris. — Comédiennes et financiers. — La femme ouvrière, etc.

1058. — EUGÈNE PELLETAN. La nouvelle Babylone ; lettres d'un provincial en tournée à Paris. — *Paris, Pagnerre, 1862, in-12, 2 f. de tit. et II-364 p.* [Bibl. nat., Li³ 251.] [Carn., 17545.]

Considérations philosophiques sur les mœurs et l'esprit des Parisiens ; observations sur quelques personnages du temps.

Cet ouvrage eut un certain succès, car une troisième édition a paru en 1863, et une quatrième en 1865.

1059. — Excursions parisiennes, par un Parisien de Mulhouse. Notes de vacances. — *S. L. N. D. (Mulhouse, imp. Baret, [1862]), in-8, 104 p.* [Carn., 2954.]

En tête de cette brochure on lit : « A E. About et F. Sarcey, parfaits amis, écrivains excellents, leur dévoué E. B. ». C'est-à-dire : E. BOISSIÈRE, professeur à l'école supérieure des sciences appliquées.

Tiré à 200 exemplaires, d'après Barbier qui cite cet ouvrage avec la rubrique : *Mulhouse, E. Perrin*, 1862 ; cette rubrique se lit probablement sur la couverture imprimée qui manque aux deux exemplaires que j'ai sous les yeux.

Cet écrit comprend douze « excursions », parmi lesquelles il faut citer : II. Les boulevards. — III. Les théâtres. — IV. Le Bois de Boulogne. — V. Les bibliothèques, les librairies. — VI. Mabille et le théâtre de Guignol. — VII. Le petit commerce ; enseignes. — IX. Le vivre et le couvert. — X. Les cimetières, etc.

1060. — FRANCIS WEY. Dick Moon en France. Journal d'un Anglais de Paris. — *Paris, Hachette et Cie, 1862, in-12, XI-442 p.*

Les chapitres VI-XXV sont plus particulièrement parisiens, mais notre Anglais est de Paris et même quand il parle de la province il n'oublie pas son pays d'adoption. Cet excellent ouvrage a été plusieurs fois réimprimé depuis sa première apparition.

1061. — GUSTAVE CLAUDIN. Paris. — *Paris, Dentu, 1862, in-12, 2 f. de tit. et IV-244 p.* [Bibl. nat., Li³ 246.] [Carn., 2953.]

Quelques titres extraits de la table des chapitres : VI. Le Paris de 1862. — VII. La vie parisienne. — VIII. Ce qu'on entend par Tout Paris. — IX. Les cercles. — X. Les hôtels. — XI. La cuisine à Paris. — XV. De quelques mœurs nouvelles. — XVI. Paris sera-t-il plus civilisé ? — XVII. Que deviendra Paris ?

Ce volume a été presque textuellement reproduit, avec l'addition de réclames commerciales, en 1867. (Voy. ci-dessous le n° 1138.)

1062. — Histoire de Murger, pour servir à l'histoire de la vraie Bohème, par trois buveurs d'eau, contenant des correspondances privées de Murger. — *Paris, J. Hetzel, S. D.* (1862), *in-18*, 2 *f. et* 296 *p.* [Carn., 3135.]

Par Adrien Lelioux, Félix Tournachon, dit Nadar, et Léon Noel. — Pour la part qui semble devoir être attribuée à chacun de ces écrivains dans la composition de cet ouvrage, voyez « L'Intermédiaire », XIII, 565.
Cf. aussi le n° 950 ci-dessus.

1063. — Les Jeudis de madame Charbonneau, par A. DE PONTMARTIN. Nouvelle édition augmentée d'une préface. — *Paris, Michel Lévy frères,* 1872, *gr. in-18,* XLVII-288 *p.* [Carn., 6059, 2e édition.]

La première édition de cet ouvrage a paru en 1862. C'est une revue satirique du journalisme et de la littérature, avec quelques traits fort piquants contre les mœurs parisiennes. C'est un des livres de notre temps qui a fait le plus de bruit à son apparition à cause de ses appréciations sévères et de l'importance des personnalités jugées par l'auteur. Il faut lire à ce sujet un article de Sainte-Beuve (juillet 1862) inséré dans les « Nouveaux Lundis », t. III, p. 34.
L'auteur a « Jeudis de madame Charbonneau » a pris soin de nous donner lui-même une clef de la plupart des noms supposés qu'il a cités dans son volume. Dans l'édition que j'ai sous les yeux (1872) cette clef est à la page 263.
Cet ouvrage obtint quatre éditions au moins dans l'année même de sa publication. La première ne contient pas la préface assez curieuse qui se trouve dans toutes les suivantes, mais elle contient seule les passages un peu violents contre Legouvé, que l'auteur a modifiés dans toutes les autres.

1064. — Lettes de JUNIUS. — *Paris, E. Dentu,* 1862, *in-18,* 2 *f.,* 257 *p. et* 1 *f. de table.* [Carn., 894.]

Par Alfred Delvau, en collaboration avec Alphonse Duchesne.
Réunion de douze lettres-chroniques dont les onze premières avaient paru dans *Le Figaro* à la fin de 1861.
Voyez Quérard, *Superch.,* II, 440 e ; Lemercier de Neuville, « Soirées parisiennes, I Pupazzi » (1866), p. 130 ; Delvau « Les lions du jour » (1867), p. 201 ; et enfin la Bibliographie des œuvres de Delvau, dans « Au bord de la Bièvre », 1873, in-18, p. XIII.

1065. — Louis JACQUIER. L'Amour à Paris. — *Paris, chez tous les libraires,* 1862, *in-18,* 2 *f. et* 244 *p.* [Bibl. nat., Li³ 244.]

De la manière d'aimer dans les différents quartiers de Paris : à la Closerie, au faubourg Saint-Germain, au Marais, au quartier Bréda, rue de la Paix, et... le long des trottoirs.
Croquis agréablement présentés au lecteur.

1066. — Nouvelles scènes populaires. La religion des imbéciles, par HENRY MONNIER. — *Paris, Collection Hetzel ; Dentu, libraire, S. D.* (1862), *in-12,* 3 *f. et* 299 *p.*

L'auteur n'a pas voulu rire ni faire rire des cérémonies religieuses, mais seulement et exclusivement des sots et des ignorants ; il a voulu saisir la bêtise humaine sur le fait, et montrer comment elle rabaisse jusqu'à son niveau ce qui est de soi-même grand et élevé. C'est dans cette pensée qu'il nous trace le tableau — d'un Baptême, — de la Confirmation, — d'une première Communion, — d'un Mariage, etc. Plusieurs de ces scènes avaient peut-être déjà été publiées : nous avons déjà vu *Le Mariage* dans « Le Diable à Paris ».
Cet ouvrage, avant sa publication, devait être intitulé « Les Sept Sacrements ». Il avait aussi été annoncé sous le titre de « Paris à l'église ». (Voyez « L'Intermédiaire », t. IV, col. 197 et 309.)

1067. — Le Tour du monde parisien, par HENRI MARET. — *Paris, Hetzel,* 1862, *in-12,* 315 *p.* [Bibl. nat., Li³ 247.] [Carn., 5653.]

Volume intéressant et spirituellement écrit. Tout Paris, mœurs, lieux de plaisirs, usages, etc., y est passé en revue.

1068. — Paris comique sous le second Empire, par PIERRE VÉRON. — *Paris, M. Lévy frères,* 1874, *in-18,* 2 *f. et* 320 *p.* [Bibl. nat., Li³ 517.]

Revue humoristique de l'année 1862.

1069. — Le Paris viveur, par MANÈ. — *Paris, E. Dentu,* 1862, *in-12,* VIII-339 *p.* [Bibl. nat., Li³ 238.] [Carn., 5239.]

Dix-sept chroniques parisiennes datées des 7 décembre 1850-7 novembre 1861. Manè est le pseudonyme de M. Henry de Pène.

1070. — A. CORBON. Le Secret du peuple de Paris. — *Paris, Pagnerre,* 1863, *in-8,* 2 *f. et* 412 *p.* [Bibl. nat., Li³ 264.]

Une deuxième édition, de format in-18, a paru en 1863 chez le même éditeur.
Physiologie de la population ouvrière de Paris. — La question du travail selon le peuple. — La politique du peuple. — La religion du peuple.
L'auteur a été vice-président de l'Assemblée constituante en 1848.

1071. — BARILLOT. La Mascarade humaine. Satire de mœurs du XIXᵉ siècle. — *Paris, Dentu*, 1863, *in-18,* 300 *p.* [Carn., 11553.]

Satire parisienne.

1072. — Les Ficelles de Paris, par Ch. Reboux. — *Paris, Vanier,* 1863, *in-12,* v-135 *p. et* 1 *f. non chiffré. Couverture illustrée.* [Bibl. nat., Li³ 273.]

Scènes et croquis de la vie parisienne.

1073. — Georges Méreuil. Sur le trottoir. — *Paris, Cournol,* 1863, *in-12,* 59 *p. et* 1 *f. de table.* [Bibl. nat., Li³ 274.]

Observations d'un flâneur dans les rues de Paris.

1074. — Paris effronté, par Mané. — *Paris, E. Dentu,* 1863, *in-12,* 3 *f. et* 337 *p. Frontispice. Couverture illustrée.* [Bibl. nat., Li³ 269.] [Carn., 5495.]

Mané et le pseudonyme de Henry de Pène. Recueil de dix-huit chroniques parisiennes datées du 20 novembre 1861-21 novembre 1862.

1075. — Paris en Amérique, par le docteur René Lefebvre, Parisien, de la Société des contribuables de France et des administrés de Paris; des Sociétés philadelphique et philarmonique d'Alise et d'Alaise, etc. ; de la Real Academia de los Tontos de Guisando; pastore nell'Arcadia in Brenta… ; membre du club Tarleton, à Coventry… ; commandeur de l'Ordre grand-ducal della Civetta ; chevalier du Merle-Blanc. (LXXXIX° classe) avec plaque, etc., etc. — *Paris, Charpentier,* 1863, *in-18* 2 *f. et* 450 *p.* [Bibl. nat., Li³ 257.]

Par Edouard Laboulaye, dont le nom se trouve sur le titre des dernières éditions. Cet ouvrage a obtenu un assez grand succès : une trente-troisième édition a paru en 1882. Toute *américaine* que soit cette satire, je n'ai pas résisté au désir de la mentionner ici parce qu'on y trouve, en somme, de nombreux traits sur les mœurs françaises et même parisiennes. « Paris en Amérique » a, de plus, le mérite d'être un des ouvrages les plus spirituels de notre époque.

1076. — Paris est-il l'enfer des chevaux, le purgatoire des hommes, le paradis des femmes ? Trilogie. — *Paris, chez les principaux libraires,* 1863, *gr. in-18,* 1 *f. de tit. et* 1 *f. non chiffré.* [Carn., 11497.]

Par M. Anicet Digard. En vers. Spirituelle, satire des mœurs parisiennes.

1077. — Le Perron de Tortoni. Indiscrétions biographiques, par Jules Lecomte. — *Paris, Dentu,* 1863, *in-12,* 2 *f. et* 346 *p.* [Carn., 2959.]

Portraits parisiens écrits avec verve et très intéressants. La biographie de chacun des personnages mis en scène est pour l'auteur l'occasion de présenter au lecteur de très curieux tableaux de mœurs.

1078. — Une Saison à Paris, par Mᵐᵉ R*** K***. — *Paris, Dentu,* 1863, *in-12,* 2 *f.,* 234 *p. et* 1 *photog.* [Bibl. nat., Li³ 268.]

L'auteur, — une étrangère qui ne dit pas son nom, mais dont le portrait (?) se trouve au commencement du volume, — a séjourné pendant quelques mois à Paris et a fréquenté la haute société. Elle a écrit ses impressions d'une manière assez agréable et intéressante.

1079. — Conversations with distinguished persons during the second Empire, from 1860 to 1863, by the late Nassau William Senior,… edited by his daughter M. C.-M. Simpson. — *London, Hurst and Blackett,* 1880, 2 vol. *in-8,* XXXIII-346 *et* XXXI-311 *p.* [Bibl. nat., Lb⁵⁶ 3190.]

Ces deux volumes ne sont pas moins intéressants que les deux volumes analogues cités ci-dessus, n° 1036. Cf. aussi n° 957.

1080. — Modern France. Its journalism, literature and society. By A.-V. Kirwan, esq. ,… — *London, Jackson,…* 1863, *pet. in-8,* x-396 *p.,* 1 *f. de table.* [Carn., 12832.]

Longues considérations sur le journalisme, la bourse, les spéculateurs, l'industrie, les modes féminines, etc.

1081. — Adrien Marx. Histoires d'une minute. Physionomies parisiennes illustrées par Gustave Doré. avec une préface par Charles Monselet. — *Paris, Dentu,* 1864, *in-18,* 2 *f. et* v-276 *p. Couverture illustrée.* [Bibl. nat., Li³ 302.]

Historiettes et croquis parisiens. Les « illustrations » de Gustave Doré se bornent à quelques têtes de chapitres.

1082. — Alfred Delvau. Les Cythères parisiennes. Histoire anecdotique des bals de Paris, avec 24

eaux-fortes et un frontispice de Féli-
cien Rops et Emile Thérond. — *Paris,
E. Dentu, 1864, in-18, 2 f. et 281 p.*
[Carn., 3765.]

Histoire des bals publics, dans laquelle se
trouvent esquissés de nombreux tableaux contemporains.
Il y a des exemplaires sur papier vergé.
Les eaux-fortes ne sont pas signées ; pour
la paternité de chacune d'elles, voyez une longue
note dans « Au bord de la Bièvre », par Alfred
Delvau, édition précédée d'une bibliographie,
1873, in-18, p. XV.

**1083. — Charles Yriarte. Paris
grotesque. Les célébrités de la rue.
Paris (1815 à 1863). Illustrations par
MM. L'Hernault, Lix, de Montault et
Yriarte.** — *Paris, Librairie parisienne, Dupray de la Mahérie, éditeur,
1864, gr. in-8, 4 f. limin., 365 p. et
1 f. de table.* [Carn., 5621.]

Types célèbres dans la capitale : excentriques,
marchands ambulants, etc. Souvenirs rétrospectifs et croquis contemporains.
Il y a une seconde édition en 1868 ; voy. ci-
dessous le nᵒ 1155.

**1084. — L'Enfant du peuple de
Paris, par L.-C. Michel.** — *Paris,
Douniol, 1864, gr. in-8, 54 p.*

Cette brochure est la réimpression d'une étude
qui avait paru précédemment dans « Le Correspondant », réimpression augmentée de deux
chapitres (les chapitres XII et XIII).
L'opuscule de M. Michel est intéressant et
bien fait ; l'auteur étudie l'enfant de Paris dans
ses origines, dans ses différents états, dans ses
dispositions intellectuelles et morales, etc. Il
fait ressortir la fausse idée que donneraient
aujourd'hui de l'enfant de Paris les portraits de
fantaisie du *Gamin* parisien. Les derniers chapitres sont consacrés à l'étude des meilleurs
moyens d'éducation et d'instruction à employer
pour relever le niveau moral des enfants de la
classe inférieure.

**1085. — Essai sur les mœurs et le
le progrès au xixᵉ siècle. à propos
du « Maudit » de l'abbé ***, par
Mᵐᵉ Eugénie Poujade.** — *Paris, Dentu,
1864, in-8, 31 p.* [Bibl. nat., Liᵃ 292.]

Réflexions sur les prêtres et les sentiments
religieux de l'époque. Plaidoyer en faveur des
institutions religieuses.

**1086. — H.-Emile Chevalier et Th.
Labourieu. Les trois Babylones :
Paris, Londres, New-York. Paris-
Babylone.** — *Paris, Lécrivain et Tou-*
bon, 1864, in-12, 2 f. et 396 p. [Carn.,
5494.]

Roman.

**1087. — Impressions d'un Japonais
en France ; suivies des impressions
des Annamites en Europe ; recueillies
par Richard Cortambert.** — *Paris,
A. Faure, 1864, in-18, 2 f. et 208 p.*
[Bibl. nat., Liᵃ 301.]

Considérations sur les mœurs, les coutumes,
etc. La rédaction de ces « Impressions » m'a
bien l'air d'être supposée.

**1088. — Maison Amour et Cⁱᵉ, par
Pierre Véron.** — *Paris, Dentu, 1864,
in-18, 2 f. et 332 p. Couvert. illustrée.*
[Bibl. nat,, Liᵃ 295.]

Ce volume a été réimprimé : *Paris, Michel Lévy
frères,* 1872, in-18. — Scènes et croquis fantaisistes.

**1089. — Monsieur Personne, par
Pierre Véron.** — *Paris, Dentu, 1864,
in-18, 2 f. de tit. et 284 p. Couv. illust,*
[Bibl. nat., Liᵃ 286.]

Chroniques fantaisistes. Scènes et croquis de
mœurs.

**1090. — Oh ! Les femmes !!! La
grande dame.** — *Paris, chez tous les
libraires, 1864, in-18, 35 p.* [Bibl.
nat., Liᵃ 291.]

Diatribe peu aimable et, du reste, peu spirituelle, contre le beau sexe.

1091. — Paris amoureux, par Mané.
— *Paris, E. Dentu, 1864, in-12, 2 f.
et 353 p.* [Bibl. nat., Liᵃ 298.] [Carn.,
901.]

Mané est le pseudonyme de M. Henry de Pène.
Ce volume contient le recueil de chroniques parisiennes qui avaient paru en 1863.

**1092. — Les Petits-fils de Tartuffe,
par Honoré Pontois.** — *Paris, Librairie centrale, 1864, in-18, xv-234 p.
Couvert. illust.* [Bibl. nat., Liᵃ 290.]

Tartuffe n'est, paraît-il, pas mort sans posté-
rité : lisez plutôt ce petit volume dans lequel se
rencontrent quelques pages amusantes, mais non
spécialement *parisiennes.*

**1093. — Scènes dessinées à la
plume par　　.** — *Paris,
E. Dentu, 1864, in-8, 2 f. et 637 p.*
[Carn., 3170.]

Au-dessous du mot *par,* le titre porte, au lieu du nom de l'auteur le portrait d'Henri Monnier. Cette édition contient treize « scènes ». Pour l'édition originale, parue en 1830, voy. ci-dessus le n° 677 et cf. le n° 1273.

1094. — Aus Paris. Beiträge zur Charakteristik des gegenwärtigen Frankreichs, von Paul Lindau. — *Stuttgard, A. Krœner,* 1865, *pet. in-8,* 5 *f. et* 229 *p.* [Bibl. nat., Lk⁷ 12039.]

« Souvenirs de Paris. Documents servant à caractériser la France actuelle. »
L'opuscule est divisé en deux parties :
I. La vie publique. (Les partis politiques sous le second Empire. Les drames populaires. La presse.)
II. Les arts et la poésie. (Rachel, Victor Hugo, Scribe et Flaubert.)
Un dernier chapitre est consacré à l'élément allemand à Paris et à l'histoire de la représentation du « Tannhäuser » de R. Wagner à Paris, en 1861.

1095. — Reise durch Belgien nach Paris und Burgund. Von Dr. Ernst Fœrster. — *Leipzig, Weigel,* 1865, *pet.in-8,* VIII-220 *p.* [Bibl. nat., L³⁰ 58.]

« Voyage à Paris et en Bourgogne, en passant par la Belgique. »
La partie relative à Paris occupe les pages 109-208. L'auteur donne d'abord un aperçu général de la ville, puis quelques remarques sur le musée du Louvre et son catalogue. — Observations sur les cafés. Visite du Panthéon, de Notre-Dame, du Père-Lachaise, et de l'Hôtel Cluny.

1096. — L'an 5865, ou Paris dans quatre mille ans, par le docteur H. Mettais, auteur des « Souvenirs d'un médecin de Paris ». — *Paris, Librairie centrale,* 1865, *in-18,* 2 *f. et* 384 *p.* [Bibl. nat., Lk⁷ 11598.]

Élucubration indigeste et très peu intéressante

1097. — Aurélien Scholl. Les dames de Risquenville. — *Paris, Librairie centrale,* 1865, *in-12,* XI-307 *p.* [Carn., 5702.]

Nouvelles à la main, études de différents types. Ce volume est spirituellement écrit, et n'est pas, ainsi que le titre pourrait le faire croire, exclusivement consacré aux mœurs féminines.

1098. — Le Guide de l'amoureux à Paris, par Henry de Kock, d'après le manuscrit original de Mᵐᵉ la baronne de C***. — *Paris, Faure,* 1865, *in-18. Frontisp. ;* 2 *f. de tit.,*

271 *p. et* 1 *f. de table.* [Bibl. nat., Li³ 307.]

Thèmes variés sur un sujet toujours le même, mais toujours nouveau.

1099. — Histoire anecdotique des barrières de Paris, par Alfred Delvau. Avec 10 eaux-fortes par Emile Thérond. — *Paris, E. Dentu,* 1865, *in-18,* 2 *f. et* 301 *p.* [Carn., 1319.]

Études rétrospectives contenant quelques tableaux contemporains des faubourgs de la capitale.
Il a été tiré un petit nombre d'exemplaires sur papier vergé.
La « deuxième édition » est la même que la première, ainsi mise en vente au moyen de nouveaux titres.

1100. — Histoire de très joyeux, très illustre et très aimable seigneur le 21ᵉ arrondissement. Conte moral pour les enfants au-dessus de 25 ans, par messire Arlequin. — *Paris, Marpon,* 1865, *in-32,* 93 *p.* [Bibl. nat., Li³ 308.]

Analogue au n° 949, mais bien moins intéressant que l'ouvrage de Louis Lurine.

1101. — Marquis de Villemer (Ch. Yriarte). Portraits parisiens. — *Paris, Dentu,* 1865, *in-18,* 2 *f. et* 384 *p.* [Bibl. nat., Li³ 320.]

Types et portraits parisiens spirituellement croqués.
Voyez encore ci-dessous le n° 1189.

1102. — Nos bons Parisiens, poésies par Mᵐᵉ Anaïs Ségalas. Deuxième édition. — *Paris, Magnin, Blanchard et Cⁱᵉ,* 1865, *in-18,* 335 *p.* [Carn., 11917.]

Esquisses et scènes parisiennes en vers. — La 1ʳᵉ édition avait paru dans la même année.

1103. — Paris partout, par Nérée Desarbres.—*Paris, Librairie centrale, 24, boulevard des Italiens,* 1865, *gr. in-18,* 190 *p. et* 1 *f. de table.* [Bibl. nat., Li³ 323.] [Carn., 2955.]

Paris à table, — en voiture, — à la Bourse, — au théâtre, — à la campagne, — aux eaux, — à Clichy. — Le Caveau (société des chansonniers). — Etc.

1104. — Pierre Véron. Le Pavé de Paris. — *Paris, Librairie centrale,*

1865, *in*-18, 2 *f. de tit.*, 312 *p. et* 1 *f. de table.* [Bibl. nat., Li³ 312.]

Croquis parisiens, chroniques fantaisistes, etc.

1104 *bis.* — Journal d'un flâneur, par JULES NORIAC. — *Paris, M. Lévy frères*, 1865, *in*-18, 2 *f. de tit. et* 311 *p.* [Bibl. nat., Li³ 311.] [Carn.. 15598, édition de 1879.]

Croquis parisiens, chroniques fantaisistes, etc.

1105. — Lebende Bilder aus dem modernen Paris. — *Köln, J.-B. Bachem* 1863-1866, 4 *vol. pet. in*-8. [Carn., 11394.]

« Tableaux vivants du Paris moderne. » La préface est signée E. [EBELING]. Suite des chroniques parisiennes publiées dans les *Kœlnische Blætter* : Noël et le Jour de l'An. Le carnaval. Les célébrités de Paris. Les industries de la rue. Les concerts. Les fêtes. L'Institut. Le Louvre. L'hôtel d'Albe. La cour impériale. Les théâtres, etc., etc. Pour une suite à cet ouvrage, voy. ci-dessous le n° 1181.

1106. — ADRIEN MARX. Indiscrétions parisiennes. — *Paris, Ach. Faure*, 1866, *in*-12, 347 *p.* [Bibl. nat., Li³ 344.] [Carn., 2958.]

Ce volume est composé de récits ou d'études sur la capitale, qui eurent jadis quelque succès sous la forme d'articles de journal. Il y a des exemplaires dont la couverture porte la mention : 2ᵉ édition.

1107. — ALFRED DELVAU. Le grand et le petit Trottoir. — *Paris, A. Faure*, 1866, *in*-12, 2 *f. et* 343 *p.* [Carn., 3814.]

Esquisses de mœurs parisiennes (en forme de roman). Quelques exemplaires sur papier vergé. Le livre devait être accompagné d'une eau-forte qui n'y fut pas jointe parce qu'elle fut achevée trop tard. Voy. la Bibliographie des œuvres de Delvau, dans « Au bord de la Bièvre », 1873, in-18, p. XXV.

1108. — ALFRED DELVAU. Les Heures parisiennes. 25 eaux-fortes d'EMILE BENASSIT. — *Paris, Librairie centrale, boulevard des Italiens*, 24, 1866, *in*-12, 2 *f. de tit.*, 210 *p.*, 25 *fig.* [Bibl. nat., Li³ 327. Rés.] [Carn., 2957, édition expurgée.]

Heure par heure l'auteur nous peint la journée parisienne qui, pour lui, commence à trois heures du matin et finit à deux heures de la nuit. Tableaux naturalistes très curieux. Les eaux-fortes de Benassit sont charmantes. La planche de

minuit existe en double état. Dans le premier état un Amour est représenté entre les rideaux du lit; dans le second, il est effacé, et remplacé par des hachures. Cette modification fut exigée par la censure, ainsi que sept cartons (pages 32 ; — 62 ; — 76, 77, 78 ; — 92, 93 ; — 142 ; — 154 ; — 171, 172). Il a été tiré 200 exemplaires sur papier de Hollande sans modifications. Les cartons n'ont été exigés que pour l'édition ordinaire, mais il y a des exemplaires de celle-ci (j'en ai un sous les yeux) qui contiennent les passages censurés, sans cartons. Il faut joindre au volume de Delvau une brochure intitulée : « Appendice aux Heures parisiennes. Histoire du livre d'Alfred Delvau intitulé : Heures parisiennes, accompagnée de trois lettres d'Alfred Delvau, d'un beau portrait de Delvau gravé à l'eau-forte par H. Valentin, et suivie de la réimpression des sept cartons des textes supprimés par un censeur occulte, placés en regard des textes subtitués. » (*Paris, Librairie centrale*, 9, *rue des Beaux-Arts*, 1872, *in*-12 XLV *pages et* 1 *portrait*). Cette brochure est de JULIEN LEMER, éditeur des « Heures parisiennes » en 1886. Voyez encore la Bibliographie des œuvres de Delvau, dans « Au bord de la Bièvre », 1873, in-18, p. XXI. Les « Heures parisiennes » ont été réimprimées en 1882, *Paris, Marpon et Flammarion*, *in*-12 *carré;* il y a des exemplaires sur papier de luxe.

1109. — AMÉDÉE POMMIER. Paris, poème humoristique. — *Paris, Garnier frères*, 1866, *pet. in*-12, 2 *f. de tit. et* 441 *p.* [Carn., 1815.]

« J'ai beau regarder à la ronde », dit le poëte,

> J'ai beau regarder à la ronde
> Fouiller et ciel et terre et mer,
> Je ne vois qu'un sujet au monde,
> Pour faire pendant à l'enfer,
> Ce sujet presqu'inabordable,
> C'est Paris, le gouffre insondable,
>
> · · · · · · · · · ·
>
> Plein de luxe et d'immondices,
> Eden et Tartare à la fois.

1110. — AURÉLIEN SCHOLL. Les Cris de paon. Scandales du jour. Satires de l'actualité. — *Paris, Faure*, 1866, *in*-18, 2 *f. et* 320 *p.* [Bibl. nat., Li³ 347.]

Chroniques et croquis de mœurs parisiennes.

1111. — Du Luxe, des Femmes, des Mœurs, de la Littérature et de la Vertu, par ERNEST FEYDEAU. — *Paris, Michel Lévy frères*, 1866, *in*-12, 4 *f.*, 237 *p. et* 1 *f. de table.* [Bibl. nat., Li³ 297.] Carn., 3064.]

Dans sa séance du 22 juin 1865, le Sénat fut saisi d'une pétition contre la prostitution ; on se souvient encore du retentissement qu'eut le discours de M. Dupin ; les journaux ne parlèrent que de cela pendant longtemps; on n'imagine pas tout le bruit que cette discussion occasionna. Le livre d'Ernest Feydeau m'a semblé un des plus intéressants sur cette question. Une partie du procès-verbal de la séance du Sénat y est reproduite en appendice.

Ce volume a été réimprimé en 1883, même format, même éditeur.

Je ne pouvais avoir la prétention de citer ici tous les écrits publiés à l'occasion de la discussion de cette pétition et du discours de M. Dupin ; j'ai cependant réuni les titres des brochures qui m'ont semblé les plus curieuses et je les ai groupés ici :

I. — Le luxe des femmes. Réponse d'une femme à M. le procureur général Dupin. — *Paris, Dentu*, 1865, in-18. — Quatre éditions la même année. [Bibl. nat.. Li³ 318.]

II. — Encore le luxe des femmes. Les femmes sages et les femmes folles. — *Paris, Dentu*, 1865, in-12. [Bibl. nat. Li³ 319.] (Extrait de « L'Illustration des dames ». Signé : Constance Aubert.

III. — Le droit des femmes au luxe et à la toilette. — *Paris, Librairie du « Petit Journal »*, 1865, in-32. [Bibl. nat. Li³ 330]. Une quatrième édition, sans date (1866), *Paris, chez les march. de nouv.*, in-12.

IV. — Lettre de Mᵐᵉ la marquise de Saint-Céran à M. le procureur général Dupin... à l'occasion de son discours au Sénat, sur le luxe des femmes. — *Paris, Josse, S. D.* (1865), in-32. [Bibl. nat., Li³ 372.]

V. — Eh bien, messieurs, parlons-en donc ! par Mᵐᵉ Louise Audebert. — *Paris, Librairie centrale* 1865, in-12. [Bibl. nat., Li³ 373.]

VI. — Le luxe effréné des hommes. Discours tenu dans un comité de femmes. *Paris, Dentu*, 1865, in-18. [Bibl. nat.. Li³ 376.] Par Mᵐᵉ Olympe Audouard.

VII. — Réponse de ma femme à Monsieur Dupin. — *Paris, Lebigre-Duquesne*, 1865, in-32. [Bibl. nat., Li³ 377.] Signé : Louise-Laurent Martin. — D'après une note qui se trouvait jointe à un exemplaire, cette brochure serait de Gustave Huriot, l'un des rédacteurs du « Courrier français ». Voyez « L'Intermédiaire », t. IX (1876), col. 138-139.

VIII. — Eloge du luxe effréné des femmes. Extrait des « Légendes » de J.-T. de Saint-Germain [Jules Tardieu]. — *Paris, Tardieu*, *S. D.* (1865), in-18. [Bibl. nat., Li³ 378.]

IX. — Vive le luxe ! La comédie de Monsieur Dupignac. Réponse à Monsieur Dupin, par une grande dame et une petite dame. — *Paris, chez tous les libraires*, 1865, in-8. [Bibl. nat., Li³ 381.]

1112. — Les Français de la décadence, par Henri Rochefort. — *Paris, Librairie centrale*, 1866, in-18, 2 f. de tit. et 320 p. [Bibl. nat., Li³ 324.] [Carn., 912.]

Réimprimé, sous la même rubrique, deux fois en 1867 et deux fois en 1868. Le second tirage de 1867 porte la mention : 4ᵉ édition. Chroniques fantaisistes, articles au jour le jour spirituellement écrits et agréables à lire. Chacun d'eux est précédé d'un sommaire.

1113. — Henri Rochefort. La grande Bohème. (2ᵉ série des « Français de la décadence. ») — *Paris, Librairie*

centrale, 1867, in-18, 2 f. de tit. et VI-309 p. [Bibl. nat., Li³ 324 bis. [Carn., 910.]

Il y a deux tirages sous cette date et deux autres sous la date de 1868. Voy. le nᵒ précédent et aussi le nᵒ 1164.

1114. — Gustave Droz. Monsieur, Madame et Bébé. Edition illustrée par Edmond Morin, et orné d'un portrait de l'auteur en frontispice, gravé par Léopold Flameng. — *Paris, V. Havard*, 1878, gr. in-8. Frontisp., 4 f. limin. et 436 p. *Vignettes ; couverture illustrée.* [Carn., 14389.]

Scènes et croquis intimes gracieusement écrits. La première édition, in-18, sans illustrations, a paru en 1866 ; depuis, cet ouvrage en a obtenu plus de cent.

1115. — Jules Vallès. Les Réfractaires. — *Paris, A. Faure*, 1866, in-12, 2 f. et 328 p., plus 1 f. de table. [Carn., 5367.]

La Bohème. — Les irréguliers de Paris. — La vie littéraire, etc. Croquis et scènes réalistes ; ouvrage curieux et intéressant.

1116. — Léon Rossignol. Lettres d'un mauvais jeune homme à sa Nini. (25 mai 1866.) Avec une préface d'Aurélien Scholl. — *Paris, Faure*, 1866, in-18, 2 f. et VII-299 p. [Bibl. nat., Li³ 337.]

Lettres et articles fantaisistes qui avaient paru précédemment dans « Le Tintamarre ». — Cf. nᵒ 1042.

1117. — Madame Ancelot. Un salon de Paris, 1824 à 1864. — *Paris, E. Dentu*, 1866, in-12, XXIV-391 p. et 1 f. de table, 5 fig. [Carn., 5418.]

Le salon de Mᵐᵉ Ancelot a été, on le sait, le rendez-vous de toutes les personnalités parisiennes les plus importantes. Tout ce que Paris contenait de plus remarquable en artistes, en littérateurs et en personnages politiques recherchait la société de cette femme de haute valeur : c'est le tableau de cette société qu'elle a peint dans ce volume. Il est divisé en cinq parties : la première nous montre le salon de Mᵐᵉ Ancelot sous la Restauration ; la seconde sous le règne de Louis-Philippe ; la troisième sous la République de 1848, et les deux derniers sous le règne de Napoléon III. Chacune de ces parties est précédée d'un sommaire dans lequel sont énumérés les personnages mis en scène ; les 5 figures représentent l'intérieur des cinq salons. Le groupement des personnages est indiqué au moyen d'un papier de soie superposé et de numéros qui renvoient à une liste. Ces planches ne se trouvent pas dans tous les exemplaires.

1118. — Mémoires du Boulevard, par ALBERT WOLFF. — *Paris, Librairie centrale*, 1866, *in*-12, 284 p. [Carn., 16060.]

« J'ai donné à ce livre. dit l'auteur dans sa préface, le titre de *Mémoires du Boulevard* parce qu'il traite du monde mixte qui commence au faubourg Montmartre et finit au bout du premier lac du Bois. »

1119. — Nos Idées, nos mœurs, nos caractères ; par EUGÈNE BRUN-CAMP, commissaire de police de la ville de Paris. — *Paris, Hachette et Cie*, 1866, *in*-18, 2 f. de tit. et VIII-480 p. [Bibl. nat., Li³ 322.]

Considérations philosophiques. Extrait de la table des matières : De l'esprit. Du monde et de ses impressions. — Du peuple, ou des différentes classes de la société. — Des petites et des grandes gens. — De la pauvreté, etc., etc.

1120. — Paris et la province, par HENRY MONNIER. — *Paris, Garnier frères*, 1866, *in*-12, 2 f. de tit., 382 p. et 1 f. de table. [Bibl. nat., Yth.] [Carn., 12771.]

Ce volume contient une très intéressante *introduction* par THÉOPHILE GAUTIER. Sur les neuf scènes dialoguées que renferme l'ouvrage, j'en trouve six qui sont plus spécialement parisiennes: Le Mardi-Gras — Grand-père et petit-fils. — L'escalier de la cour d'assises. — Propos en l'air. — Menus propos. — Un banquet.
Ces peintures de mœurs se rapportent évidemment à une date bien antérieure à celle de la publication de ce volume ; mais, dans l'impossibilité de préciser cette date, j'ai dû l'inscrire ici, à sa date de publication.

1121. — Paris-Roman, par BENJAMIN GASTINEAU. — *Paris, Librairie internationale,... S. D.* (1866), *in-fol.*, 4 p. [Bibl. nat., Li³ 333.]

Esquisses parisiennes. — Il a paru aussi : « Paris en noir », « Paris en rose », « Paris religieux », pièces analogues à celle-ci et du même format. D'autres fascicules ont été annoncés, mais je ne crois pas qu'ils aient été publiés.

1122. — Le Roman de la Parisienne ; par EMILE VILLARS. (1er mai 1866.) — *Paris, Librairie centrale*, 1866, *in*-16, 2 f. et 316 p. [Bibl. nat., Li³ 340.]

Croquis parisiens et scènes dialoguées ; études féminines.

1123. — La Rue, par JULES VALLÈS. — *Paris, A. Faure*, 1866, *in*-12, 2 f. de tit. et 320 p. [Carn., 1512.]

Tableau réaliste de ce qu'on voit dans les rues de Paris. Ouvrage curieux et intéressant.

1124. — Le Secret des Parisiennes, suivi de mélanges ; par Mᵐᵉ EMMELINE RAYMOND. — *Paris, F. Didot frères et Cie*, 1866, *in*-18, 2 f. et 358 p. [Bibl. nat., Li³ 328.]

Une deuxième édition a paru en 1883, in-18. — De quel secret s'agit-il ? Du secret que, mieux que toute autre femme, possède la Parisienne : le secret de plaire, d'être à la mode, de connaître toutes les élégances. Cet ouvrage est essentiellement féminin : écrit par une femme, il ne s'adresse qu'aux femmes : mais il n'en demeure pas moins un document très utile pour l'historien des mœurs des Parisiennes.

1125. — Spectacles vus de ma fenêtre, par LÉO LESPÈS (TIMOTHÉE TRIMM). — *Paris, Ach. Faure*, 1866, *in*-12, 320 p. [Carn., 16417.]

C'est une réunion d'articles que l'auteur avait écrits pour « Le Petit Journal ». Quelques-uns sont assez amusants.

1126. — Un Quaker à Paris, par ALFRED ASSOLLANT. — *Paris, libr. internat. de Lacroix, Verboeckhoven et Cie*, 1866, *in*-12, 308 p. [Bibl. nat., Li³ 335.] [Carn., 16689.]

Comparaison des mœurs américaines avec les nôtres. Peu intéressant au point de vue spécialement parisien.

1127. — Paris bei Sonnenschein und Lampenlicht. Ein Skizzenbuch zur Weltausstellung. von JULIUS RODENBERG... Zweite Auflage. — *Leipzig, J.-A. Brockhaus*, 1867, *in*-8, VIII-367 p. [Carn., 14933.]

« Paris au soleil et à la lueur du gaz. Recueil d'esquisses pour l'Exposition universelle. » Suite d'une série d'études sur Paris par divers auteurs : La journée de Paris, par RODENBERG. II. La sculpture à Paris, par A. WOLTMANN. III. L'esprit français, par CHARLES MARELLE. IV. Les hommes de bourse et les blouses blanches, par RODENBERG. V. Le Paris des pauvres et des misérables, par W. RAYMOND et J. RODENBERG. VI. La vie publique à Paris, par H.-B. OPPENHEIM. VII. Le journalisme à Paris, par A. LEVYSOHN. VIII. Le feuilleton parisien, par EUG. LAUR. IX. X, XI. Les théâtres, l'Opéra, les concerts, les bals, par H. GOTTSCHALL, RODENBERG, etc. XII. L'hiver à Paris; XIII. Les dames de la Halle. XIV. Paris souterrain.

1128. — Album-Bracke. Etrennes 1867. Saison des bains 1867. Les Caricatures parisiennes. 10° année, 1867. Suivies de « A travers Paris

pendant l'Exposition universelle ».
— *Paris, F. Bracke, S. D.* (1867),
in-4. 5 *ff.*, 106 *et* xv *p.* [Bibl. nat.,
Li³ 207 (in-fol.) et 211, différentes
éditions.]

Caricatures et réclames mêlées. Cet album a
eu plusieurs éditions depuis 1860.

1129. — ALFRED DELVAU. Les Lions
du jour. Physionomies parisiennes.
— *Paris, E. Dentu*, 1867, *in-18*, 2 *f.*
et 330 *p.* [Carn., 1181.]

Etudes (59) rétrospectives et contemporaines
sur divers personnages connus à Paris dans les
lettres, les arts, la société, etc. Quelques-unes
offrent de l'intérèt. Le volume n'a pas de table.
La couverture porte un médaillon, non reproduit
sur le titre, dans lequel sont représentés une
partie des personnages qui font le sujet du volume. Celui-ci est dédié à M. de Villemessant.

1130. — Les Béarnais à l'Exposi-
tion de 1867; par FLAVIEN MOUILLAN.
— *Paris, Dentu*, 1867, *in-8*, 52 *p.*
[Bibl. nat., Li³ 392.]

Relation familière d'un séjour à Paris.

1131. — Qu'en pensez-vous? Par
HIX. — *Paris, Lacroix, Verboeckoven
et Cie*, 1867, *in-18*, IX-306 *p. Couverture illustrée.* [Bibl. nat. Li³ 393.]

Le volume est dédié : A «mon ami Em. Keller».
Scènes et croquis; notes et réflexions sur les
choses du monde parisien.
Le véritable nom de l'auteur est GIRIN qui
a signé du même pseudonyme des articles dans
« La Vie parisienne ».

1132. — Boutades d'un promeneur dans Paris, par HENRI DE FON-
TENAY. — *Paris, A. Laplace*, 1867,
in-12, 2 *f. de tit. et* 137 *p.* [Bibl.
nat., Lk⁷ 13289.] [Carn., 1816.]

Quatrains, épigrammes et courtes pièces de
vers sur les monuments et les habitants de la
capitale. Pas un de ces vers ne me semble digne
d'être cité.

1133. — Causeries parisiennes,
par RAIMOND DE MIRAVALS. — *Dragui-
gnan, imp. Gimbert*, 1867, *in-16*,
238 *p.* [Bibl. nat., Li³ 437.]

Extrait du journal « L'Echo du Var ». —
Impression d'un Provençal à Paris. — Avec un
post-scriptum daté de mai 1868.

1134. — Ce qu'on voit dans les
rues de Paris, par M. VICTOR FOUR-
NEL. Nouvelle édition, revue, corrigée

et augmentée. — *Paris, E. Dentu*,
1867, *in-12*, VII-426 *p.* [Bibl. nat., Li³
205 A.]

La première édition de cet intéressant ouvrage
avait paru en 1858 : voy. ci dessus le n° 1011
sous lequel j'ai indiqué le détail de son contenu.
La numérotation des chapitres est la même dans
les deux éditions.

1135. — EDMOND TEXIER et ALBERT
KAEMPFEN, Paris, capitale du monde.
— *Paris, Hetzel*, 1867, *in-18*, 3 *f.*
et 323 *p.* [Bibl. nat., Li³ 363.]

Il y a, sous la même date, des exemplaires qui
portent la mention : 3° édition.
Table des matières.
I. Plus vite ! plus vite! (Tableau de l'agita-
tion, de la vie et des mœurs parisiennes.) — II.
Jeunes filles. — III. L'esprit français. — IV.
Celle-ci et celle-là. — V. Les peureux de la li-
berté. — VI. L'expropriée. — VII. Plus grand !
plus grand !. — VIII. Quelqu'un et quelque
chose. (Tableau mondain.)—IX. Les deux luxes.
— X. Le carnaval de l'histoire. — XI. Histoire
d'un drame. — XII. De l'idéal à ces messieurs.
—XIII. Les femmes honnêtes. —XIV. Les autres.
— XV. La déesse Réclame. — XVI. Jeunes gens.
— XVII. Le défilé.

1136. — Les Gens de Paris; par
JULES NORIAC. — *Paris, M. Lévy
frères*, 1867, *in-18*, 2 *f. de titre et*
346 *p.* [Bibl. nat., Li³ 390.]

Types, caractères et usages parisiens.

1137. — Les Scandales de Paris,
par DREIMÆNNER. Scènes de mœurs,
types et portraits, par F. LIX; gravures de TRICHON. — *Paris, typ. Vert
frères, S. D.* (1867), *feuillet in-8.*
[Bibl. nat., Li³ 391.]

Prospectus annonçant pour le 8 octobre 1867,
la publication en vingt-cinq livraisons à 10 cent.,
d'un ouvrage qui devait être un « miroir fidèle
de la société parisienne..., prise dans ses écarts
dans ses fautes, dans ses crimes, comme aussi
dans ses beaux côtés et ses douloureux martyrs ! »
Je n'ai pu me procurer cette publication qui est
citée dans le catalogue de O. Lorenz et qui se
composerait de 3 vol. in-4°.

1138. — GUSTAVE CLAUDIN. Paris.
— *Paris, Achille Faure*, 1867, *in-12*.
XI-268 p. [Bibl. nat., Li³ 246 A.]

Chapitres à signaler : VI. Le Paris de 1867. —
— VII. La vie parisienne. — VIII. Ce qu'on
entend par tout Paris. — IX. Les cercles. —
X. Les hôtels. — XI. La cuisine. — XII. L'art
et le luxe. — XIII. Le plaisir. — XV. De quelques mœurs nouvelles. XVIII. L'Exposition à
vol d'oiseau.

La réclame montre le bout de l'oreille, principalement dans le chapitre XVIII. — Ce volume n'est presque entièrement composé, sauf quelques passages ajoutés à l'occasion de l'Exposition de 1867, que des matières déjà étudiées par l'auteur dans sa publication de 1862. (Voy. ci-dessus le n° 1061.)

1139. — LORÉDAN LARCHEY. Gens singuliers. — *Paris, F. Henry, S. D.* (1867), *in*-12, XI-204 *p.* [Carn., 1185.]

Etudes rétrospectives sur divers personnages excentriques, connus sur le pavé de Paris : Castellane, Egerton, Chodruc-Duclos, Journet, Saint-Cricq, etc.

1140. — Marquis DE VILLEMER. Les Femmes qui s'en vont; études parisiennes. — *Paris, Dentu,* 1867, *in*-18, 2 *f.,* 279 *p.* et 2 *f. de table.* [Bibl. nat., Li³ 366.]

Croquis féminins, fins et spirituels.
Marquis DE VILLEMER est le pseudonyme de CH. YRIARTE.

1141. — Les Mirages parisiens, par HECTOR DE CALLIAS. — *Paris (Saint-Germain, imp. L. Toinon),* 1867, gr. *in*-18, 291 *p.* [Bibl. nat., Li³ 351.] [Carn., 15265.]

Scènes et études diverses.

1142. — Mrs. Brown's visit to the Paris exhibition. By ARTHUR SKETCHLEY.... — *London, G. Routledge and sons, S. D.* (1867), *in*-16, VI-138 *p. Cartonnage illustré.*

Langage et orthographe populaires. Cf. ci-dessous le n° 1259.

1143. — Notes sur Paris. Vie et opinions de M. Frédéric-Thomas Graindorge, docteur en philosophie de l'université d'Iéna, principal associé commanditaire de la maison Graindorge and C° (huiles et porc salé, à Cincinnati, Etats-Unis d'Amérique); recueillies et publiées par H. TAINE, son exécuteur testamentaire. — *Paris, Hachette et Cⁱᵉ,* 1867, *in*-8, 2 *f. et* VII-415 *p. Titre rouge et noir.* [Bibl. nat., Li³ 403.] [Carn., 3ᵉ édition, 913.]

Les exemplaires de ce format (tirage de luxe sur papier fort) sont rares, mais il y a aussi une édition gr. in-18 sous la même date ; une quatrième édition (gr. in-18) a paru au commencement de 1868, et une neuvième édition en 1883. Cet ouvrage, spirituel et bien écrit, avait déjà

été publié sous forme d'articles dans *La Vie parisienne* de Marcellin, en 1864 et 1865. C'est une étude finement travaillée des mœurs parisiennes de l'époque, une critique très agréable et très amusante des travers et de la mode ; sous les phrases badines de l'écrivain se cachent des considérations philosophiques d'une portée élevée mais agréablement présentées.

1144. — Les Odeurs de Paris; par LOUIS VEUILLOT. — *Paris, Palmé,* 1867, *in*-8, XVI-498 *p.* [Bibl. nat., Li³ 349 A.] [Carn., 2960, in-8, et 2961, in-12.]

Véritable édition originale (et seule édition de ce format) de cet ouvrage célèbre qui fit, comme on se le rappelle encore, tant de bruit dans Paris lors de son apparition. Les deux premiers livres, consacrés à la Presse, le troisième, consacré aux divertissements parisiens (théâtres, cafés concerts, etc.), suscitèrent les plus vives réclamations dans le monde et dans les journaux, à cause des violences qu'ils contenaient ; mais le volume s'épuisa en quelques heures et faisait prime le soir même du jour de sa mise en vente. Réimprimé immédiatement, mais dans le format in-18 et avec quelques changements, il peut être considéré comme un des grands succès de librairie du siècle. Il ne faut pas, à ce sujet, s'en rapporter au chiffre des éditions ; chacune d'elles fut tirée à très grand nombre, sur clichés, de sorte que si, actuellement (1884), l'éditeur vend la douzième édition (*Paris, Palmé, S. D.* (1876), *in*-12, XVI-472 *p.*), il ne faut pas croire que ces douze éditions représentent douze mille exemplaires ; c'est à plusieurs centaines de mille qu'il faut en estimer le nombre.

Louis Veuillot a souvent peint ses personnages sous des noms supposés ; j'avais espéré pouvoir donner une clef de tous ces noms : j'ai dû y renoncer. Une question récemment posée par moi dans « L'Intermédiaire des chercheurs et curieux » est restée sans réponse satisfaisante et il m'a, de plus, été assuré par une personne très compétente à qui je m'étais adressé, que l'auteur, ayant pris ses types de côtés et d'autres, a souvent, sous un seul et même nom, dépeint plusieurs personnages à la fois, de façon à diminuer les intentions de personnalités. En effet, à part une dizaine de noms absolument transparents tels que : Pachionnard d'Auvergne (Jules Vallès), Eliacin Lupus (Albert Wolff), Amanda Pigeonnier (Marie Colombier), Passe-partout (Adrien Marx), Lilia (George Sand), Zora (Cola Pearl), Habet-Vinum (Havin), Posthippos (Cucheval-Clarigny), Saint-Remy (le duc de Morny), à part ces noms, dis-je, il est impossible de dire qui peut être désigné par les noms de Galvaudin, de Jubin, de Fouilloux, etc., etc.

Je sais cependant qu'un amateur, dont je ne suis pas autorisé à dévoiler le nom, a noté sur son exemplaire qu'il cache soigneusement à tous les curieux, des indications plus précises et plus nombreuses que celles que je puis donner ici.

Je ne pouvais avoir la pensée de donner ici l'indication de toutes les réfutations ou de toutes les attaques dont « Les Odeurs de Paris » furent l'objet dans la presse au moment de leur publication : je ne puis que renvoyer aux journaux du commencement de l'année 1867, mais j'ai réuni ci-dessous les titres de quelques brochures adressées à L. Veuillot à l'occasion de son ouvrage ; voici les plus importantes parmi celles dont j'ai pu connaître le titre exact :

I. — Quelques pages à M. Louis Veuillot. Les puanteurs de Déodat ; par F. . . . M. . . (5 janvier 1867.) — *Paris, A. de Vresse*, 1867, *in*-8 [Bibl. nat., Li³ 354.]

II. — Extrait de « L'Echo des Vallées », journal de Bagnères. (25 janvier 1867.) « Les Odeurs de Paris ». — *Bagnères, imp. Dussan, S. D.* (1867), *in*-8. (Signé : l'abbé P. MONIQUET.) [Bibl. nat., Li³ 382.]

III. — La Jaunisse. A propos des « Odeurs de Paris. » (Extrait pour partie de « La Foi Picarde ».) 2ᵉ édition. — *Noyon, imp. Andrieux, S. D.* (1867), *in*-8. — (Signé : L. DELACROIX). [Bibl. nat., Li³ 386).

IV. — 31, 32. Lou dernier fermo la pouarto. L. Veuillot, Ulysse Pic et Thérésa, par FRANCIS GÉNIN. (28 avril 1867.) — *Marseille, imp. Jamet*, 1867, *in*-8. (La couverture sert de titre.) [Bibl. nat., Li³ 370.]

V. — Les Odeurs ultramontaines ; par l'abbé *** ... — *Paris, Lacroix, Verboeckoven et Cⁱᵉ*, 1867, *in*-8. [Bibl. nat., Li³ 383.]

VI. — Les Puanteurs du père L. Veuillot, de la Société de Jésus ; par l'abbé DES CHARMES [ANT. CONSTRASTY DE CASTELNAU]... augmentées d'une satire de VICTOR HUGO. — *Bruxelles, imp. Thiry van Buggenhoudt*, 1867, *in*-8. (L'exemplaire de la Bibl. nationale [Li³ 447], contient un envoi autographe de l'auteur.)

VII. — Monsieur de Fort-en-Gueule, par MARIUS ROUX. — *Paris, chez tous les libraires*, 1867, *in*-8, 31 p.

VIII. — Ceci tuera cela, ou les senteurs veuillotines ; par M. F. DINUY. — *Paris, Gosselin*, 1868, *in*-8. [Bibl. nat., Li³ 496.]

IX. — Les mauvaises Odeurs de Veuillot passées au chlore par F. RADO. — *Avignon, imp. Gros frères*, 1868. *in*-12. [Bibl. nat., Li³ 497.]

Extrait de la « Petite Gazette d'Avignon. » — Il y a une deuxième édition sous la même date.

1145. — Les Parisiennes de Paris ; par THÉODORE DE BANVILLE. Nouvelle édition. — *Paris, M. Lévy frères*, 1867, *in*-18, XI-330 p. [Bibl. nat., Li³ 367.]

La Femme-ange. — La bonne des grandes maisons. — L'ingénue de théâtre. — La maitresse qui n'a pas d'âge. — Le cœur de marbre. — La dame aux peignoirs. — Galathée idiote. — La femme de treize ans. — La jeune fille honnête. — L'actrice en ménage. — La vieille funambule. — La divine courtisane.

Ces différentes études sont suivies de quelques nouvelles, telles que : L'Armoire. — Les Noces de Médéric. — Un Valet comme on n'en voit pas. — Sylvanie, etc.

Cet ouvrage est le même que « Esquisses parisiennes », cité ci-dessus, nᵒ 1022.

1146. — Les petits Secrets de la comédie ; par AURÉLIEN SCHOLL. —

Paris, M. Lévy frères, 1867, *in*-18, 2 f. et 351 p. [Bibl. nat., Li³ 356.]

Chroniques parisiennes.

1147. — PIERRE VÉRON. Monsieur et Madame tout le monde. — *Paris, A. de Vresse, S. D.* (1867), *in*-18, 2 f. et 283 p. Couvert. illustrée. [Bibl. nat., Li³ 431.]

Second tirage sans date, chez le même libraire en 1868. — Réimprimé plus tard : *Paris, M. Lévy frères*, 1875, *in*-18. Recueil de chroniques parisiennes.

1148. — PIERRE VÉRON. La Mythologie parisienne. — *Paris, A. de Vresse, S. D.* (1867), *in*-18, 2 f. de titre et 260 p. [Bibl. nat., Li³ 368.]

Réimprimé en 1876 : *Paris, Calmann Lévy, in*-18. Etudes de différents types parisiens personnifiés sous des noms mythologiques.

1149. — Les Plaisirs de Paris. Guide pratique et illustré ; par ALFRED DELVAU. — *Paris, A. Faure*, 1867, *in*-16. Titre, frontispice, et 299 p. Couverture illustrée. Nombreuses vignettes. [Bibl. nat., Lk⁷ 13309.] [Carn., 3273.]

Ce volume semble, par son titre, devoir rentrer dans la série des *Guides-Cicerones*, mais il est mieux placé ici parce qu'il n'est en somme qu'un tableau moral — ou immoral, comme on voudra — « de toutes les choses folâtres qui constituent la *great attraction* de la capitale de l'univers ». Il a été publié par l'administration des *Guides-Conty*.

1150. — Promenades dans Paris, par Léo LESPÈS (TIMOTHÉE TRIMM). — *Paris, A. Faure, S. D.* (1867), *in*-12, 2 f. et 316 p. [Carn., 899.]

Les études dont cet ouvrage se compose ont été publiées dans *La Presse*, en 1866, sous le pseudonyme de YORICK.

1151. — Auf dem Vulkan. Pariser Schilderungen von SIGMUND KOLISCH. — *Stuttgart, Rieger*, 1868, *in*-8, IV-324 p. [Bibl. nat., Li³ 493.]

« Sur le volcan. Esquisses parisiennes. » Le volume contient un parallèle entre l'honnêteté, la modestie et la simplicité des Allemands comparées à la duplicité, à la vanité et au luxe des Français ; mais le livre est écrit en 1868 et, depuis cette époque, bien des idées se sont modifiées et les assertions de M. Kolisch ne rencontreraient aujourd'hui que des incrédules. Les diverses parties de l'ouvrage sont consacrées aux personnalités les plus marquantes de la cour impériale, aux ouvriers parisiens, à divers hommes politiques, etc.

1152. — Frankreich und die Franzosen. Von Schmidt-Weissenfels. — *Berlin, A. Sacco*, 1868, 2 *vol. in-*8, x-318 *et* xii-307 p. [Carn., 12938.]

« La France et les Français. »
Les deux volumes comprennent une série d'études sur la vie politique, sociale et littéraire de la France sous le second Empire : on peut relever de temps en temps des remarques intéressantes pour l'histoire ou la description de Paris, à laquelle l'auteur consacre, du reste, presque tout le cinquième chapitre du tome premier (p. 284-318) et une partie du chapitre VI du tome II, s'occupant des prisons (p. 272-299).

1153. — Paris al fresco. Von R. B. Zweite Auflage. — *Berlin*, 1868, *in-*8, 98 p. [Bibl. nat., Li³ 641.]

Tableaux de Paris, sous le second Empire, assez sommaires et consacrés aux théâtres, à l'Exposition de 1867, aux plaisirs mondains, etc. J'ignore le nom de l'écrivain allemand qui s'est caché sous les initiales R. B.

1154. — Ces dames du grand monde, par une femme qui n'en est pas. — *Paris, P. Lebigre-Duquesne*, 1868, *in-*18, iv-132 p. *et* 1 *f. de table.* [Carn., 3107.]

Critique des mœurs des dames du monde.

1155. — Charles Yriarte. Les Célébrités de la rue, orné de 40 types gravés. Nouvelle édition augmentée de sept types nouveaux. — *Paris, Dentu*, 1868, *in-*12, xii-370 p. [Carn., 1513.]

La première édition, plus luxueuse que celle-paru en 1864 ; voy. ci-dessus le n° 1083.

1156. — Clovis Bourbon. Excursion dans le vingtième siècle; par Ernest Jonchère, pompier honoraire de Bougival. Dédié à M. Edouard Laboulaye. — *Paris, Lacroix Verboeckoven et Cⁱᵉ*, 1868, *in-*18, 4 *f. et* 350 p. [Bibl. nat., Li³ 415.]

Il y a des exemplaires dont la couverture porte : 2ᵉ édition.
Roman dans lequel on rencontre quelques chapitres humoristiques qu'il est bon de signaler : Opinion d'un dormeur éveillé sur l'Exposition universelle de 1867. — Pourquoi les Parisiens du vingtième siècle ne voulaient pas qu'on dépavât leurs rues. — Réflexions et mêmes

propos du Guide de l'étranger dans Paris en 1007. — Pourquoi l'obélisque de Louqsor ne restera pas sur la place de la Concorde, etc., etc.
Les opinions émises par l'auteur sont très discutables, mais son livre ne manque pas d'intérêt.
Clovis Bourbon est le nom du héros du roman; Ernest Jonchère est le pseudonyme d'Ernest Brelay, ancien conseiller municipal de Paris.

1157. — Confession de la dame masquée; par elle-même. — *Paris, chez tous les libraires*, 1868, *in-*16, 112 p. [Bibl. nat., Li³ 435.]

Mœurs interlopes.

1158. — Etienne Baudry. Le camp des Bourgeois. Illustrations par G. Courbet. — *Paris, Dentu*, 1868, *in-*18, 4 *f. et* 316 p. *Vignettes.* [Bib. nat., Li³ 427.]

Etude des mœurs bourgeoises; la vie domestique, etc.

1159. — Pierre Véron. L'Age de fer-blanc. — *Paris, A. de Vresse*, S. D. (1868), *in-*12, 2 *f. et* iii-280 p. *Couverture illustrée.* [Bibl. nat., Li³ 429.]

Réimprimé : *Paris, M. Lévy frères*, 1875, *in-*18.
Esquisses et croquis parisiens.

1160. — Les Femmes à Paris et en province, par la comtesse Dash. — *Paris, M. Lévy frères*, 1868, *in-*18, 2 *f. de titre*, 324 p. *et* 1 *f. de table.* [Bibl. nat., Li⁴ 36.]

Réimprimé en 1883, même format et même éditeur. Le nom de comtesse Dash cache celui de Mᵐᵉ la vicomtesse de Saint-Mars, née Cisterne de Courtiras, romancière, née en 1805, morte en 1872.
Plus de la moitié du volume se rapporte aux mœurs de la capitale. Extrait de la table : Le monde d'aujourd'hui. — Le carnaval. — Les tribulations d'un bal costumé. — Les bals masqués. — Thérésa. — Quelques Parisiennes : la duchesse, la douairière, la mendiante, la femme de chambre. — Quelques mots sur la société parisienne. — Les eaux. — Appendice : Quelques traits de physionomies parisiennes pendant ces dernières années.

1161. — Les Gens mal élevés ; par Arnould Frémy. — *Paris, M. Lévy frères* 1868, *in-*18, 2 *f. et* 319 p. [Bibl. nat., Li³ 406.]

Cet ouvrage est consacré à l'étude des mœurs de toutes les classes de la société et constitue un tableau des plus importants et des plus intéressants pour l'histoire des mœurs parisiennes à la fin de l'Empire. Il est terminé par une table très détaillée de laquelle j'extrais quelques titres généraux : De la politesse en général. — Dans la rue. — Au théâtre. — Les dîners en ville. — Les bals. — Financiers et boursiers. — Savants. —Gens de lettres.—Les chemins de fer. — Les femmes. — Etc., etc.

« Les gens mal élevés » avaient déjà paru sous forme d'articles dans « L'Avenir national ».

1162. — Gustave Claudin. Entre minuit et une heure. Etude parisienne. — *Paris, Dentu*, 1868, *in*-16, 144 *p*. [Bibl. nat., Li³ 432.]

Tableau des mœurs et des usages de Paris.

1163. — Un peu de tout; par Adrien Marx. — *Paris, Sartorius*, 1868, *in*-18, 2 *f*., 282 *p. et* 1 *f. de table*. [Bibl. nat., Li³ 433.]

Chroniques; esquisses et croquis parisiens.

1164. — Henri Rochefort. Les Signes du temps, 3ᵉ série des « Français de la décadence ». — *Paris, Librairie centrale* 1868, *in*-18, 2 *f. de titre et* 302 *p.* [Bibl. nat., Li³ 324 *ter*.] [Carn., 911.]

Il y a des exemplaires dont la couverture porte: 2ᵉ édition. — Voyez les nᵒˢ 1112 et 1113.

1165. — Les Maisons comiques; par Ch. Virmaitre et Elie Frébault. — *Paris, P. Lebigre-Duquesne*, 1868, *gr. in*-18, 322 *p. et* 1 *f. de table. Vignettes; couvert. illustrée*. [Bibl. nat., Li³ 424.] [Carn., 3166.]

Il ne faut pas prendre la qualification de *comiques* dans le sens de *grotesques*, mais dans le sens de l'adjectif latin *comicus*. c'est-à-dire : *appartenant à la comédie...* à la comédie du jour. Les auteurs font, en effet, pénétrer leur lecteur dans les coulisses de la comédie parisienne; et c'est pour eux l'occasion d'intéressants croquis de mœurs.

C'est ainsi que nous assistons à la vie intime des journalistes, des artistes dramatiques; que nous pénétrons dans certains cafés peu connus, dans des restaurants du grand monde, dans la boutique d'un coiffeur, dans celle d'un photographe qui fut célèbre, etc., etc.

La couverture porte : « 1ʳᵉ série »; je crois que ce volume est le seul qui ait paru.

1166. — Maria Deraismes. Nos principes et nos mœurs. (Octobre 1867.) — *Paris, M. Lévy frères*, 1868, *in*-18, 2 *f*., 250 *p. et* 1 *f. de table*. [Bibl. nat., Li³ 397.]

La polémique. — La morale. — La vie privée. — L'éducation. — Le progrès. — Le plaisir. — L'influence du roman.

1167. — Les Curiosités de Paris, par Ch. Virmaitre. Préface de M. Xavier Eyma. (28 octobre 1867.) — *Paris, Lebigre-Duquesne*, 1868, *in*-18, xii-360 *p. Couverture illustrée*. [Bibl. nat., Li³ 398.] [Carn., 11253.]

Ce volume, dédié à M. de Girardin, se compose de la réunion d'articles qui avaient paru dans « La Liberté ».

Parmi ces vingt-cinq articles, je signalerai les suivants : Sainte-Geneviève. — L'église Saint-Laurent. — L'hôtel Carnavalet. — La Bourse. — L'hôtel de la Poste. — Le Palais-Royal.

Plusieurs autres chapitres sont consacrés à la peinture de types ou de caractères parisiens.

1168. — Notes and sketches of the Paris Exhibition. By George-Augustus Sala.... — *London, Tinsley brothers*, 1868, *in*-8, 396 *p.* [Carn., 15037.]

Quoique cet ouvrage soit plus spécialement consacré à la description de l'exposition de 1867, on y trouve pourtant quelques détails généraux et quelques aperçus intéressants sur Paris à cette époque.

1169. — Physionomies parisiennes. — *Paris, A. Le Chevalier*, 1867-1868, 11 *vol. in*-16, *ornés de vignettes*. [Bibl. nat., Li³ 395.] [Carn., 2963.]

Cette collection se compose de onze volumes soigneusement imprimés par Jouaust; en voici les titres:

1. Acteurs et actrices, par Ch. Monselet; dessins par E. Lonsay.

2. Restaurateurs et restaurés, par Eugène Chavette; dessins par Cham.

3. Cocottes et petits-crevés, par Edouard Siebecker; dessins par Grévin.

4. Le journal et le journaliste, par Edmond Texier; dessins par Bertall.

5. Artistes et rapins, par Louis Leroy; dessins par Cook. (Deux éditions.)

6. Le Bohême, par Gabriel Guillemot; dessins par Hadol.

7. Commis et demoiselles de magasin, par mademoiselle X***; dessins par Hadol. (Deux éditions.)

8. Les usuriers; floueurs et floués, par Adrien Paul; dessins par Bénassis.

9. La Parisienne, par Paul Perret; dessins par Vernier.

10. Les joueuses..., par *une joueuse;* dessins par Morin.

11. Les industriels du macadam, par Elie Frébault; dessins par A. Humbert. (Deux éditions.)

Les trois premiers de ces volumes portent la date de 1867; les huit autres celle de 1868.

1170. — Pierre Véron. Les Pantins du boulevard. — *Paris, A. de Vresse, S. D.* (1868), *in-18,* 2 *f.,* et 284 *p.* Couvert. *illustrée.* [Bibl. nat., Li³ 453.]

Réimprimé : *Paris, M. Lévy frères,* 1875, *in-18.*
Chroniques et esquisses parisiennes.

1171. — Pamphlets d'un franc-parleur; par Edouard Siebecker . — *Paris, Le Chevalier,* 1868, *in-18,* 2 *f.* et 297 *p.* [Bibl. nat., Li³ 457.]

Chroniques et esquisses parisiennes.

1172. — Appel aux jeunes femmes chrétiennes. — *Paris, Blériot,* 1868, *in-12,* 48 *p.* [Bibl. nat., Li³ 460.]

Signé : Marie de Gentelles. — Une deuxième, une troisième et une quatrième éditions ont paru en 1869. — Brochure de propagande contre le luxe des femmes dans leurs toilettes et leurs habitudes.

1173. — Profils et charges à la plume. Les soupeurs de mon temps; par Roger de Beauvoir. — *Paris, Ach. Faure,* 1868, *in-12.* xxxi-243 *p.* et 1 *f. de table.* [Carn., 2962.]

OEuvre posthume de Roger de Beauvoir; on trouve en tête du volume une notice biographique sur ce spirituel écrivain, par Alexandre Dumas.
L'auteur nous donne les portraits de dix personnalités très parisiennes de son temps : Saint-Cricq, Courchamps, Malitourne, Romieu, Bouffé, etc. Ces portraits sont pour lui l'occasion de peintures de mœurs très caractéristiques et très amusantes.

1174. — Propos de Thomas Vireloque; par Jules Lermina. — *Paris, Pache et Deffaux,* 1868, *in-12,* 212 *p.* [Carn., 10090.]

Thomas Vireloque, type du chiffonnier philosophe créé par Gavarni, nous fait part de ses observations sur ses contemporains. Curieuses réflexions sur les mœurs parisiennes, le bal de l'Opéra, les concerts populaires, les filles, les savants, etc. Personne n'est épargné par le sceptique.

1175. — Salons et sacristies; par Georges Murat.—*Paris, chez les principaux libraires,* 1868, *in-18,* 2 *f.,* viii-333 *p.* et 1 *f. de table.* [Bibl. nat., Li³ 412.]

Etude des mœurs, de la manière de vivre, des allures et des habitudes du monde religieux (laïcs et ecclésiastiques). Le volume est dédié à M. Louis Veuillot.

1176. — Les Boutiques de Paris. La boutique du marchand de nouveautés; par Eugène Mulller. — *Paris, Hachette,* 1868, *in-18,* 2 *f.,* 241 *p.* et 1 *f. de table.* [Bibl. nat., Li³ 416.]

Plus intéressant au point de vue des modes féminines que sous le rapport de l'histoire des mœurs : contient cependant quelques passages se rattachant à notre sujet : description d'un magasin de nouveautés, etc.

1177. — Viaje comico a la exposicion de Paris; por D. Carlos Frontaura, director de « El Cascabel ». — *Paris, Rosa y Bouret,* 1868, *in-18,* 2 *f.* et 312 *p.* [Bibl. nat., Li³ 418.]

Tableau de Paris pendant l'exposition de 1867 : Mabille, les restaurants, les théâtres, les cafés, l'exposition, aventures de l'auteur, etc. Le livre est dédié à Timothée Trim.
Peut-être y a-t-il une autre édition, *Madrid,* 1867, *in-18,* 304 *p.* (?).

1178. — Les Mondes parisiens. Le faubourg Saint-Germain; par Tony Révillon. — *Paris, Dentu,* 1868, *in-18,* 211 *p.* [Bibl., nat., Li³ 419.] [Carn., 362 et 3106.]

Etudes sur les familles et la vie du faubourg Saint-Germain. Portraits, anecdotes, croquis, etc.

1179. — Vᵗᵉ de Beaumont-Vassy. Les Salons de Paris et la société parisienne sous Napoléon III. Avec dix portraits sur acier. — *Paris, F. Sartorius,* 1868, *in-12,* 4 *f. limin.* et 349 *p.* 10 *portr.* [Carn., 6586.]

Cet ouvrage fait suite à celui qui est cité ci-dessus, n° 940. On y trouve d'intéressants détails sur l'état de Paris et la société depuis le 24 février 1848. — Tableau de la capitale au moment du coup d'Etat. — Le mariage de l'empereur. — Bals et fêtes officiels. — Réceptions mondaines. — L'exposition de 1855. — La reine Victoria à Paris. — La résidence de M. de Morny aux Champs-Elysées. — L'Hôtel de Ville. — Salons particuliers. — La société en 1867. — Le salon de l'auteur.
Il y a une deuxième édition sous la même date.

1180. — La Vie à grandes guides; par Georges Mancel, « Lot » de « La Vie Parisienne ». Dessins par Hadol. — *Paris, Lacroix, Verboeckhoven et Cⁱᵉ,* S. D. (1868), *in-18,* 323 *p.,* 1 *f. de table. Vignettes.* [Carn., 12460.]

On retrouverait probablement les éléments de ce volume dans « La Vie parisienne », sous la signature de Lot, pseudonyme de l'auteur.

1181. — Neue Bilder aus dem modernen Paris. Von ADOLF EBELING. — *Paderborn, F. Schœningh*, 1869, 2 *vol. pet. in-8*, 2 *ff.*-348 *pp. et* 2 *ff.*-349 *pp.*, *plus* 2 *ff. de titre pour chaque vol.* [Carn., 11494 A.]

Cet ouvrage fait suite à celui publié en 1863-1866 sous le titre : « Lebende Bilder aus dem modernen Paris » (Tableaux vivants du Paris moderne) (voy. ci-dessus le nº 1105) et contient une série d'articles de journaux sur la littérature, la politique et particulièrement sur les faits divers de la vie parisienne en 1866-1868.

1182. — Les Aigles du Capitole ; par EDOUARD LOCKROY. Préface inédite. — *Paris, Librairie centrale*, 1869, *in-18*, 2 *f. et* IX-296 *p.* [Bibl. nat., Li³ 473.]

Les mœurs, particulièrement au point de vue politique.

1183. — Les Grimaces parisiennes. — *Paris, de Vresse,* 1869, *in-18*, 286 *p.* Couverture illustrée. Bibl. nat., Li³ 477.]

Esquisses et croquis par PIERRE VÉRON, dont le nom se lit sur la couverture imprimée. Réimprimé en 1876 (deux tirages), *Paris, C. Lévy, in-18*.

1184. — La Boutique à treize ; par PIERRE VÉRON. — *Paris, A. de Vresse*, S. D. (1869), *in-18*, VII-280 *p*. [Bibl. nat., Li³ 462.]

Réimprimé en 1875, *Paris, M. Lévy frères, in-18*. Chroniques, esquisses, croquis, etc.

1185. — PIERRE VÉRON. Je, tu, il, nous, vous, ils. — *Paris, A. de Vresse*, S. D. (1869), *in-18*, 2 *f. et* 286 *p.* Couverture illustrée. [Bibl. nat., Li³ 470.]

Chroniques, esquisses, croquis, etc.

1186. — LÉON LENIR. Les Flèches. Satires parisiennes. — *Paris, imp. Simon Raçon*, 1869, *in-8*, 2 *f. et* 143 *p.* [Carn., 10652.]

Sonnets satiriques sur les mœurs de la capitale et sur diverses physionomies parisiennes.

1187. — Les Mystères de la vie du monde, du demi-monde et du quart de monde, ou Les Mœurs d'aujourd'hui ; scènes épisodiques et anecdotiques prises dans tous les rangs et conditions de la société. Par L'HÉRITIER, avec des illustrations représentant les personnages en action. — *Paris, Charlieu frères et Huillery, S. D.* (1868-1869), 2 *vol. in-4*, 48 *et* 47 *p.* Vignettes ; couvert. illustrée. [Bibl. nat., Li³ 451, 451 *bis.*]

Le premier fascicule est consacré à divers types de la société ; le second porte en sous-titre : « Les grisettes et les grisons ».
Publication populaire.

1188. — NESTOR ROQUEPLAN. Parisine. — *Paris, Hetzel, S. D.* (1869), *in-12*, 3 *f. et* 330 *p.* [Bibl. nat., Li³ 463.] [Carn., 2956.]

La préface que l'auteur a mise au devant de son volume est courte et bonne : « On dit : Strychnine, Quinine, Nicotine, Aniline... Je dis : Parisine. » Il était impossible de trouver mieux ; c'est pourquoi je l'ai citée *in extenso*. Voici un volume auquel on peut prédire qu'il sera, dans les siècles futurs un document intéressant et recherché sur les mœurs de notre époque.
« Parisine » a obtenu huit éditions dans l'année même de sa publication ; aucune ne porte de date.

1189. — Nouveaux Portraits parisiens, par le marquis DE VILLEMER. Illustrés par MORIN. — *Paris, Lacroix, Verboeckhoven et Cie*, 1879, *in-18*, 3 *f. et* 234 *p.* Vignettes. [Bibl. nat., Li³ 320 *bis.*]

Par CHARLES YRIARTE.
Types et portraits parisiens, spirituellement croqués : Dames de la société, femmes du demi-monde, artistes dramatiques, etc. Une première série avait paru en 1865. (Voy. ci-dessus le nº 1101). Les portraits qui composent ces deux volumes semblent avoir, les uns et les autres, paru sous forme d'articles dans divers journaux.

1190. — Paris en l'an 2000, par le docteur TONY MOILIN. — *Paris, chez l'auteur, 36, rue de Seine, et librairie de la Renaissance*, 1869, *in-12*, 2 *f. de tit. et* 188 *p.* [Bibl. nat., Lb⁵⁶ 3442.] [Carn., 1755.]

La couleur de la couverture imprimée indique assez les opinions politiques de l'auteur de cette élucubration, destinée à présenter une exposition de toutes les réformes politiques, religieuses et économiques demandées par les socialistes.
L'auteur a évidemment pensé à Mercier en rédigeant son titre : le lecteur ne pensera pas à l'auteur du « Tableau de Paris » en feuilletant l'ouvrage de M. Tony Moilin.

1191. — La Société française. Le paysan, l'ouvrier, la bourgeoisie, l'aristocratie, les femmes. Etudes morales sur le temps présent; par A. Mézières, professeur à la Faculté des Lettres de Paris. — *Paris, Didier et Cie*, 1869, in-12, 152 p. et 1 *f.* de table. [Carn., 10211.]

En outre des matières qui sont énumérées dans le titre, il faut signaler aussi un *appendice* : « Les réunions publiques à Paris », qui est curieux.

1192. — Les vieilles Lunes d'un avocat; par Frédéric Thomas. — *Paris, Hachette,* 1863-1869, 2 *vol.* in-16, VII-291 et 2 *f.*-395 p. [Bibl. nat., Li³ 454.]

Au lieu d'indication de tomaison, le titre du premier volume porte : « Premier quartier » ; et le second volume est intitulé : « Dernier quartier des vieilles lunes d'un avocat ». Ces deux volumes sont spécialement consacrés à des souvenirs et à des anecdotes judiciaires dont la plupart se rapportent à Paris.

1193. — Voyage autour du grand monde; par Quatrelles. 1869. — *Paris. J. Hetzel, S. D.* (1869), in-12, 3 *f. de tit.* et 324 p. [Carn., 11997.]

Réunion d'articles (dont quelques-uns très fantaisistes) qui avaient paru dans « La Vie Parisienne ».

Quatrelles est le pseudonyme de M. Ernest Lépine, ancien secrétaire du duc de Morny.

1194. — Zoologie parisienne; par Alfred Truqui. — *Paris, Librairie du Petit Journal,* 1869, in-16, 150 p. [Bibl. nat., Li³ 471.]

Petit volume assez insignifiant dans lequel différents types parisiens sont décrits sous le nom d'animaux.

1195. — Jules Claretie. La Débacle. — *Paris, Librairie Centrale,* 1870, in-18, 2 *f.* et II-374 p. [Bibl. nat., Li³ 495.]

Tableau des mœurs politiques à la fin de l'Empire. La préface est datée du 4 septembre 1870, mais l'auteur avertit ses lecteurs que son livre était écrit avant la déclaration de la guerre.

1196. — Scènes et croquis de la vie parisienne; par Charles Joliet. — *Paris, L. Lachaud,* 1870, in-12, 2 *f.* et III-290 p. [Carn., 9588.]

Recueil d'articles qui avaient paru dans différents journaux depuis 1855.

1197. — Documents pour servir à l'histoire de nos mœurs. — *Paris,* librairie de l' « *Académie des Bibliophiles* », 1868-1871, 12 *vol.* in-32. [Bibl. nat., Li³ 600.] [Carn., 2945.]

Collection publiée par Lorédan Larchey. Elle se compose de douze volumes dont voici le détail. Les dates entre parenthèses sont celles de publication.

1. — Manuscrit de février 1848 (février 1868).
2. — Carnet de la comtesse de L., avec un fac-simile du récit de la perte de son avant-dernière dent (mars 1868).
3. — Manuscrit de juin 1848. Du 15 avril au 30 juin (mai 1868).
4. — Les Tuileries en 1848 : 1° Relation d'un officier d'artillerie ; 2° Relation du garde national Cosmène ; 3° Rapport d'un anonyme (juillet 1868).
5. — Notes d'un agent 1861-1867 (février 1869).
6. — Autographes sérieux et comiques. I. Les gastronomes (1867-1868) (février 1869).
7. — Autographes sérieux et comiques. II. Les amoureux. Déclarations, rendez-vous, plaintes, ruptures et provocations (juin 1869).
8. — Mémoires de Pierre Louette, jardinier de Talma (novembre 1869).
9. — Comptes d'un budget parisien. Toilette et mobilier d'une élégante de 1869 (février 1870).
10. — Tribulations d'une muse académique [Mme Adèle Gaudelan] 1865 (avril 1870).
11. — Autographes sérieux et comiques. III. Les demandeurs. Places, honneurs, argent, mariages, etc... (août 1871).
12. — Les grands jours du Petit Lazari par un de ses artistes [Marquet], avec une pièce inédite (octobre 1871).

Voyez aussi l'article suivant.

1198. — Documents pour servir à l'histoire de nos mœurs. (Nouvelle collection.) — *Paris, Rouquette,* in-32. [Bibl. nat., Li³ 600 *bis.*] [Carn., 2945.]

Collection publiée par Lorédan Larchey; elle devait faire suite à la précédente, mais il n'a été publié qu'un volume :

1. — Compte rendu d'un habitué de réunions publiques non politiques. Février-septembre 1869 (mars 1874).

1199. — The Cockaynes in Paris, or « Gone abroad ». By Blanchard Jerrold. With sketches by Gustave Doré, and other illustrations of the English abroad from a french point of view. — *London, J. Camden Hotten, S. D.* (1871), in-12, 235 p., 24 *fig.* [Bibl. nat., Li³ 500.]

Récit humoristique du voyage d'une famille anglaise à Paris. La préface, datée de juillet 1871, avertit le lecteur que cet ouvrage était écrit dix ans avant la guerre de 1870 et les changements survenus dans l'aspect de la capitale par suite des désastres de la Commune.

La page IX contient une table des chapitres et la page XI une liste des gravures dont quelques-unes sont assez amusantes.

1200. — Cocodettes et petits crevés du bas empire. Des femmes high-life, courtisanes, chien. Par le comte D'ESTERNO. - *Bruxelles, imp. Mertens, S. D.* (1871 ?), *in-8, 7 p.* [Bibl. nat., Li³ 509.]

Satire très vive contre les mœurs parisiennes sous l'Empire.

1201. — La France comique et populaire. Choix d'études de mœurs parisiennes et provinciales, scènes comiques, charges d'atelier, récits drôlatiques, etc. Par J. BAUMGARTEN, docteur en philosophie. — *Stuttgard, P. Neff, S. D.* (1871), *in-16, x-410 p.* [Bibl. nat., Li³ 506.]

Recueil de morceaux choisis dans différents auteurs contemporains ; voici un aperçu de la table : Les blagueurs, par EDOUARD OURLIAC. — Voyage autour d'une fête publique, par PIERRE VÉRON. — L'étudiant, par LOUIS HUART. — Le flâneur, par LOUIS HUART. — Les Romains (la claque), par BALZAC ; etc.
La préface du volume est en allemand ; un index français-allemand termine le volume.
La préface est datée du 29 septembre 1871 ; un grand nombre des morceaux réimprimés dans ce volume avaient été originairement publiés à une époque bien antérieure.

1202. — Paris. — *Bruxelles, Office de publicité, Imprimerie Lebègue, S. D.* (1871), *in-8, 118 p.* [Carn., 2964.]

Réflexions sur les mœurs et la société parisiennes après la guerre franco-allemande et la Commune.

1203. — VICTOR KONING. Tout Paris. Lettre buissonnière ; par HENRI DE PÈNE. (9 octobre 1871.) — *Paris, Dentu,* 1872, *in-12, 2 f. et* XVI-364 p. [Bibl. nat., Li³ 502.]

Recueils de fantaisies, chroniques, esquisses, etc., datés du 11 janvier 1870-28 octobre 1871.

1204. — Choses de Paris. (5 avril 1872.) — *Vincennes, imp. P. Juin, S. D.* (1872), *feuillet in-8°.* [Bibl. nat., Li³ 505.]

Signé : POMME VERTE.
Réclames et annonces présentées sous forme de conseils sur la mode.

1205. — Le Fond de la société sous la Commune, décrit d'après les documents qui constituent les archives de la justice militaire, avec des considérations critiques sur les mœurs du temps et sur les événements qui ont précédé la Commune. Par C.-A. DAUBAN. Ouvrage enrichi d'une gravure et de fac-simile. — *Paris, E. Plon et Cie,* 1873, *in-8,* 481 p. [Carn., 6052.]

Tableau moral de Paris pendant la période révolutionnaire de 1871. Nombreuses reproductions et réimpressions de documents originaux.

1206. — Les Mœurs d'aujourd'hui, par LUDOLPHE DE VIRMOND. — *Paris, E. Dentu,* 1873, *in-12, 2 f. et* 284 p. [Carn., 5497.]

Titres de quelques chapitres : Les gens qui épousent ; ceux qui n'épousent pas. — Les dames de la petite vertu. — Les intrigues galantes et les affaires. — Les sots. — Les gens d'esprit.— Le Monsieur qui tient à faire gémir la presse.— La mode, etc.

1207. — Nocturnal Paris, containing a description of the fast women, their haunts, habits, etc. ; to which is added a faithful description of the night amusements and resorts ; in short, all that can be comprised under the title of «Paris after dark». — *Paris, sold by the continental booksellers (imp. de Vve E. Vert), S. D.* (1873), *in-16,* 50 p. [Bibl. nat., Li³ 513.]

Il y a une autre édition : *Paris, sold by all booksellers, S. D.* (1874), *in-16.* — Voyez plus loin « Paris after dark », n° 1260. Cf. aussi l'art. suiv.

1208. — Among the mossos and mam'sells, with which is incorporated : « Walks through Paris » ; by PUDDICOMBE HARTCUPP. With humorous engravings. — *Paris, sold by all the booksellers (imp. de Vve E. Vert), S. D.* (1873), *in-8,* 63 p. Couv. ill. [Bibl. nat., Li³ 514.]

Publication analogue à la précédente, quoique d'une nature un peu moins spéciale.

1209. — La Vie à grand orchestre. Charivari parisien ; par QUATRELLES [ERNEST LÉPINE], 1873. — *Paris, J. Hetzel et Cie, S. D.* (1873), *in-8,* VII-354 p. [Carn., 15779.]

Cet ouvrage a eu de nombreuses éditions. Il est composé d'articles qui avaient précédemment paru dans « La Vie Parisienne ». Scènes fantaisistes de la vie du grand monde.

1210. — The Diary of H. M. the SHAH of Persia, during ,his tour through Europe in A. D. 1873. By J. W. REDHOUSE, member of the royal asiatic society,... A verbatim translation, with portrait. Third thousand. — London, J. Murray, 1874, in-8, xx-427 p., portrait. [Carn., 12137.]

La partie de ce journal qui concerne notre capitale occupe les pages 220-274. Les réflexions du visiteur royal sont quelquefois amusantes; il fut mis en rapport avec différents personnages et étudia avec intérêt les curiosités de Paris.
J'extrais de la table (p. XV) les indications suivantes : Le Jardin d'acclimatation et le Bois de Boulogne. — Canrobert, Palikao, le duc d'Aumale, le prince de Joinville. — Les Invalides. — M. Crémieux, M. de Rothschild. M. de Lesseps, Nadar, etc. — La revue. Les courses. — Illuminations et feu d'artifice. Le Cirque. — Le Louvre ; le Panorama ; Notre-Dame. — L'Ecole des mines et le Luxembourg. — Le Panthéon, Saint-Sulpice. la Madeleine. — Le Palais-Royal, la Monnaie. — Les bains de rivière. — Les Gobelins. Encore le Louvre ; les Tuileries. — L'Assemblée nationale. — Le Jardin des Plantes — Soirées à l'Elysée et au Ministère des affaires etrangères. etc. — Les sœurs de charité. — Les cafés chantants, Mabille, etc., etc. — Cf. le n° 1256.

1211. — Paris und Frankreich in den Jahren 1834-1874. Von KARL GUTZKOW. Zweite Auflage. — Iena, H. Costenoble, S. D. (1874), pet. in-8, VIII-487 p. [Bibl. nat., Lk⁷ 18013.] [Carn. 17807.]

« Paris et la France, dans les années 1834-1874. par CHARLES GUTZKOW. Deuxième édition.»
Ce volume forme le tome VII des œuvres complètes de l'auteur, première série. Cette édition est beaucoup plus ample que la première (voy. ci-dessus le n° 898). Les trois parties qui ont été ajoutées (p. 345-487) portent pour titres : I. — Impressions de Paris en 1846. — II. Paris après le 2 décembre 1852. — III. A travers la France en 1874.
En tête du volume l'éditeur a réimprimé un tableau de Paris en 1834. Comme l'auteur, dans sa préface, se défend vivement d'avoir des sympathies pour la France, de peur de s'attirer les foudres de M. Dubois-Reymond, il est inutile de dire dans quel esprit ont été écrits les divers articles du romancier Gutzkow.

1212. — Les derniers Bohèmes; Henri Murger et son temps. Par FIRMIN MAILLARD. — Paris, Sartorius, 1874, gr. in-18, xxvi-269 p. et 1 f. de table. [Carn. 6119.]

Intéressante étude rétrospective de mœurs spéciales, mais très parisiennes. La couverture porte une vignette représentant Mimi, la charmante héroïne de Murger. L'auteur a consacré une partie de son volume à la « Brasserie de Martyrs » et à ses hôtes, c'est-à-dire à une époque quelque peu postérieure à la mort de Murger.

1213. — Les Dessous de Paris, par LE GUILLOIS et L. FLEURY ; illustrés par H. DEMARE. — Paris, Fleury éditeur, 10, rue du Croissant, S. D. (1874), in-8, 80 p. Couv. illust. Vignettes. [Bibl. nat., Li³610.]

Publication populaire, non terminée, qui a paru en livraisons à 10 centimes. Elle est grossièrement imprimée, mais assez curieuse. Titres de quelques livraisons : Ces demoiselles ; ces... jolis Messieurs !!! ; le pickpocket ; la mère d'actrice, etc.

1214. — EDOUARD SIEBECKER. Mœurs du jour. Illustrations de A. FLEURY. — Paris, Lacroix, S. D. (1874), in-18. 292 p.; titre gravé. Vignettes. [Bibl. nat., Li³ 526.]

Types et portraits parisiens divisés en trois séries : les femmes, les gens de chez nous, portraits et paysages divers. Les divers chapitres qui constituent ce volume avaient paru avant 1870, dans Le Nain Jaune, Le Courrier français, Le Réveil et d'autres journaux de l'opposition.

1215. — FLÉVY D'URVILLE. Les Ordures de Paris. — Paris, Sartorius, 1874, in-12, 2 f. de titre et 300 p. [Bibl. nat., Li³ 522. Rés.] [Carn., 7047.]

Tableau réaliste et très cru de la prostitution et de la débauche à Paris. Maisons publiques, cafés interlopes, etc Ouvrage très curieux.

1216. — Paris à tous les diables, par PIERRE VÉRON. — Paris, M. Lévy frères, 1874, in-18. 2 f, 310 p. et 1 f. de table. [Bibl. nat., Li³ 521.]

Réunion de chroniques parisiennes qui ont été encore réimprimées en 1882, Paris, C. Lévy, in-18.

1217. — Le petit La Bruyère contemporain. Caractères, types et scènes de la vie ordinaire. La comédie électorale. La guerre civile. — Paris, librairie de la Société des gens de lettres, 1874, in-12. VI-312 p. [Carn. 11217.]

Réunion d'articles qui avaient déjà paru dans différents journaux.
L'auteur a signé la préface : E. D., c'est-à-dire EMILE DACLIN. Son nom se trouve sur la couverture imprimée.

1218. — QUATRELLES. La Guerre à coups d'épingles. Campagne philosophique de 1868 à 1874. — *Paris, librairie du Moniteur universel*, 1874, *in*-18. 2 *f* et 438 p. [Bibl. nat., Li³ 523.]

Esquisses satiriques et chroniques parisiennes par ÉRNEST LÉPINE.

1219. — XAVIER AUBRYET. Madame veuve Lutèce. — *Paris, Lachaud et Burdin, S. D.* (1874), *in*-8. [Bibl. nat., Li³ 520.]

Chroniques parisiennes.

1220. — La Comédie de notre temps......, Etudes au crayon et à la plume, par BERTALL. — *Paris, Plon*, 1874-1875, 2 *vol. gr. in*-8, 651 et 652 *p*. *Planches et vignettes*. [Bibl. nat., Li³ 518.] [Carn. 6322.]

1ʳᵉ série. La civilité, les habitudes, les mœurs, les coutumes, les manières, et les manies de notre époque.
2ᵉ série. Les enfants, les jeunes, les mûrs, les vieux.
Il y a une 2ᵉ édition, *ibid.*, 1874-1880, 2 vol. gr. in-8. — Pour une suite à cet ouvrage, voyez ci-dessous le n° 1241.

1221. — Home sketches in France, and other papers. By the late Mrs. HENRY, M. FIELD. With some notices of her life and character. — *New-York, G.-P. Putnam's sons*, 1875, *in*-12, 256 p. *Portrait*. [Bibl. nat., Li³ 552.]

Intéressantes études parisiennes se rapportant plus particulièrement aux questions religieuses et aux institutions charitables. Un chapitre est consacré à la vie de famille (*home life*).

1222. — The French at home. By ALBERT RHODES....... — *New-York, Dodd and Mead, S. D.* (1876), *in*-16. [Bibl. nat., Li³ 551.]

1223. — Parijs en de Parijzenaars door LOUIS DE SEMEIN, Redacteur van de « Polichinelle ». — *Gouda, G.-B. van Goor Zonen, S. D.* (1875), *in*-8, 284 p. et 2 *ff*. [Bibl. nat., Li³ 544.]

« Paris et les Parisiens. »
La préface porte la date : *Paris, 21 septembre* 1875. Publication hollandaise. Le volume contient une série de tableaux de la vie parisienne : les maisons, les domestiques, les boulevards, les cafés, les fiacres. — La littérature à Paris, la presse et les reporters, la bohème, les cafés-concerts, etc.

1224. — AUGUSTIN CHALLAMEL. Les Amuseurs de la rue. Seize compositions par M. EDOUARD DEBAT-PONSON. — *Paris, Ducroq*, 1875, *in*-12. 2 *f*. de titre, 252 p. et 1 *f*. de table, 16 *grav*. [Bibl. nat., Li³ 532.] [Carn., 11214.]

F Etudes rétrospectives et tableaux contemporains : Bobèche et Galimafrée. — Polichinelle. — Pierrot. — L'escamoteur. — Le musicien ambulant. — Guignol. — L'acrobate, etc.

1225. — Comédies en quatre lignes ; par OSCAR COMETTANT. — *Paris, Pont, S. D.* (1875), *in*-16. [Bibl. nat., Li³ 530.]

Chroniques parisiennes.

1226. — Les Dindons de Panurge ; par PIERRE VÉRON. — *Paris, Lévy frères*, 1875, *in*-18, 2 *f*. et 318 p. [Bibl. nat., Li³ 531.]

Recueil de chroniques et d'esquisses parisiennes.

1227. — ERNEST D'HERVILLY. Mesdames les Parisiennes. — *Paris, Charpentier*, 1875, *in*-18. 2 *f*. et III-383 *p*. [Bibl. nat., Li³ 537.] [Carn., 11021.]

Il a été tiré 25 exemplaires sur papier de Hollande. — Deuxième édition en 1876. — Etudes gracieuses et spirituelles : caractères féminins ; mœurs des femmes à Paris ; épisodes, croquis, anecdotes, récits, etc.

1228. — GABRIEL MARC. Sonnets parisiens, caprices et fantaisies. — *Paris, A. Lemerre*, 1875, *in*-18. VIII-140 p. [Carn., 11219.]

Les pièces de vers contenues dans ce volume avaient paru depuis une dizaine d'années, et à divers intervalles dans différents recueils périodiques. Quelques-unes d'entre elles constituent d'intéressants croquis parisiens ; le plus grand nombre se rapporte au théâtre et au monde dramatique.

1229. — Huit jours à Paris. Septembre 1875. — *Orléans, imp. Jacob*, 1875, *in*-12. 112 p. [Bibl. nat., Lk⁷ 18395.] [Carn.,   .]

Récits intimes, trop intimes et quelque peu prud'hommesques, quelquefois amusants malgré leur saveur provinciale toute particulière. L'auteur — un excellent père de famille — entre dans des détails très circonstanciés sur son voyage. On y trouve des passages tels que celui-ci que je relève (p. 104) dans une description des boulevards : « Dans les kiosques, des marchands de journaux s'offraient à la vente des feuilles du soir (sic!), moins recherchées par un temps de chômage politique. Devant d'autres colonnes, pour ne rien omettre, des gens pressés venaient accomplir une station devenue nécessaire. » (!)

Tout le monde sait, à Orléans, que l'auteur de ce volume est M. J. BASCHET, juge au tribunal civil de cette ville.

1230.—Ces Messieurs et ces Dames, par E. NAVARRO DE LA MIRAGLIA. 30 dessins de PAUL HADOL. — *Paris, Lacroix et Cie, S. D.* (1875), *gr. in-18,* 312 *p.* [Carn. 10024.]

Esquisses, croquis et scènes de mœurs parisiennes qui avaient déjà paru dans plusieurs journaux parisiens.

1231. — PIERRE MAZEROLLES. La Misère de Paris. Les mauvais gîtes. — *Paris, Sartorius,* 1875, *in-18,* 2 *f.* et 324 *p.* [Bibl. nat., Li³ 527.]

Etude sur les hôtels meublés de bas étage, les logis « à la nuit », etc.

1232. — L'Art d'être malheureux; par ALPHONSE KARR. — *Paris, C. Lévy,* 1876, *in-18.* 2 *f.* et 353 *p.* [Bibl. nat., Li³ 547.]

Observations critiques sur la société contemporaine.

1233. — SAINT-GENEST. La Bride sur le cou. Par monts et par vaux. A travers Paris. Au bord de la mer. — *Paris, Dentu,* 1876, *in-18,* 2 *f.* et 476 *p.* [Bibl. nat., Li³ 549.]

La partie la plus parisienne de ce volume occupe les pages 211-327. Esquisses ou chroniques insignifiantes.
Le véritable nom de l'auteur est BUCHERON.

1234. — BACHAUMONT. Les Femmes du monde. — *Paris, Dentu,* 1876, *in-18,* 2 *f.* et 260 *p.* [Bibl. nat., Li³ 536.]

Etudes exclusivement parisiennes. — Le véritable nom de l'auteur est GÉRARD. (?)

1235. — Confidences d'un journaliste; par MAXIME RUDE. — *Paris, Sagnier,* 1876, *in-18.* 2 *f.* et 328 *p.* [Bibl. nat., Li³ 541.]

Mœurs littéraires.

1236. — Esquisses et croquis parisiens; petite chronique du temps présent, par BERNADILLE. — *Paris,*

E. Plon et Cie 1876, *gr. in-18,* 2 *f.* et 400 *p.* [Bibl. nat., Li³ 550.] [Carn., 15423.]

Ce spirituel volume est divisé en quarante-huit chapitres datés du 4 avril 1872 au 2 décembre 1875. Ce sont autant d'articles qui avaient paru précédemment dans « Le Français », sous la signature de BERNADILLE, pseudonyme de VICTOR FOURNEL.

Tous ces articles seront un jour du plus grand intérêt pour l'historien parisien ; je voudrais pouvoir en donner le détail, mais je ne puis que signaler les principaux : les cafés-concerts, p. 34. — Démolition de Clichy, p. 67. — Les examens de l'Hôtel-de-Ville, p. 88. — La foire aux joujoux, p. 108. — Le R.-P. Monsabré, p. 139. — Le bal des artistes dramatiques, p. 163. — La langue verte, p. 226. — Le déménagement, p. 305. — Petites industries parisiennes, p. 327. — Un voyage en bateau-mouche, p. 338, etc., etc.

Il a paru une seconde série de ces « Esquisses » en 1879 ; voy. ci-dessous le n° 1267.

1237. — P.-L. IMBERT. A travers Paris inconnu. — *Paris, G. Decaux, S. D.* (1876), *in-12.* 4 *f.* limin., 292 *p.* et 1 *f. de table.* [Bibl. nat., Li³ 553.] [Carn., 12689.]

Cabarets. — La Bohème. — La guillotine. — Le bal des Auvergnats. — Les chiffonniers de la Butte aux Cailles. — Paris souterrain. — Les carrières d'Amérique, etc.

1238. — La Satire du dix-neuvième siècle, par B. ALCIATOR. Nouvelle édition, revue, augmentée et précédée d'appréciations des meilleurs écrivains. — *Marseille, chez l'auteur,* 1876, *in-18,* xix-40 p.[Carn., 11654.]

Poème satirique sur les mœurs du jour.

1239. — Le Tableau de Paris. Histoire, description, physiologie. Texte des écrivains les plus renommés ; illustrations par les meilleurs artistes ; vues, scènes, objets d'art, etc. — *Paris, à la Librairie illustrée,* 1876, *in-4,* 2 *f.* 233 *p.* et 1 *f. de table.* Vignettes. [Bibl. nat., Lk⁷ 18811.]

Publication populaire qui a paru en trente livraisons. Elle contient la reproduction d'articles de divers auteurs déjà publiés antérieurement. — Le vieux Paris, par LOUIS BLANC. — Histoire de Paris, par EUGÈNE PELLETAN. — Les maisons historiques, par EDOUARD FOURNIER. — Les places, les quais et les squares, par JULES CLARETIE. — Les ponts, les ports et les rues, par FRÉDÉRIC LOCK. — Les jardins de Paris, par EDOUARD ANDRÉ. — La Palais-Royal (jardin et galeries), par AUGUSTE VILLEMOT. — Le Bois de

Boulogne, les Champs-Elysées, Vincennes, par AMÉDÉE ACHARD. — Le Louvre, le palais du Luxembourg, le Palais-Royal, l'Elysée, par FERD. DE LASTEYRIE. — Palais des Tuileries, par ARSÈNE HOUSSAYE. — Palais de Justice, par FRÉDÉRIC THOMAS. — Le Panthéon, par EDGARD QUINET. — Les Invalides, par HENRY MONNIER. — Les prisons, par JULES SIMON. — Paris à vol d'oiseau, par NADAR.

1240. — La Vie fantasque; par PIERRE VÉRON. — *Paris, C. Lévy,* 1876, *in-18, 2 f. et* 308 *p.* [Bibl. nat., Li³ 545.]

Esquisses, chroniques et études parisiennes.

1241. — La Vie hors de chez soi. (Comédie de notre temps.) L'hiver. Le printemps. L'été. L'automne. Etudes au crayon et à la plume, par BERTALL. — *Paris, Plon,* 1876, *gr. in-8,* 667 *p., planches et vignettes.* [Bibl. nat., Li³ 538.]

Tableau de mœurs parisiennes : L'hiver, à Nice ou à Monaco ; au printemps, les étrangers à Paris ; l'été, les Parisiens sont aux eaux ; en automne, rentrée générale à Paris.
Cet ouvrage fait suite à « La Comédie de notre temps » : voyez ci-dessus le n° 1220.
Il a paru une deuxième édition la même année.

1242. — Wanderungen durch Paris aus alter und neuer Zeit von Dr. Med. ROBERT AVÉ LALLEMANT. — *Gotha, F.-A. Perthes,* 1877, *in-8,* VII-384 *p.* [Bibl. nat., Lk⁷ 19650.] [Carn., 14496.]

« Promenades dans le Paris ancien et moderne.... »
L'auteur a étudié la médecine à Paris en 1836-1837 ; plus tard, il y est revenu à différentes reprises et le dernier séjour qu'il fit à Paris eut lieu en 1875, à l'occasion du premier congrès international de géographie. A son retour en Allemagne, il fit à Lübeck une série de conférences sur la capitale de la France, qui ont été réunies pour faire le volume que nous signalons. M. Avé Lallemant est un admirateur passionné de Paris ; ses différents séjours dans la ville lui permettent de faire des comparaisons intéressantes pour l'histoire des transformations des divers quartiers. Le volume comprend 12 chapitres : I. Histoire et topographie. — II. La Cité. — III. Le quartier Latin. — IV. Le quartier Saint-Germain. — V. Le quartier ouvrier. — VI. Le quartier financier. — VII. Les Tuileries et le Louvre. — VIII. L'art au Louvre. — IX. Le Palais-Royal et l'Opéra. — X. Les Parisiens le dimanche. — XI. Versailles. — XII. Saint-Denis.

1243. — ALFRED BOUGEART. Pailles et poutres. Critiques des mœurs d'aujourd'hui. — *Paris, Lemerre,* 1877, *in-12,* XII-203 *p.* [Carn., 12801.]

Recueil d'aphorismes moraux... et immoraux, précédé d'une préface de P. VÉRON.

1244. — MAURICE DUSEIG [NEUR.] Marcelle, poème parisien orné de quatre eaux-fortes. — *Paris, Librairie des Bibliophiles,* 1877, *in-12, 2 f. et* 65 *p.* 4 *fig.* [Carn., 12970.]

Petit poème parisien gracieux et agréable. En plus des exemplaires ordinaires qui sont sur papier vergé, il a été tiré 25 exemplaires sur Chine et 75 sur Wathman, avec double épreuve de chaque eau-forte.

1245. — MAXIME RUDE. Tout Paris au café. — *Paris, Maurice Dreyfous, S. D.* (1877), *in-12, 2 f. et* II-304 *p.* [Bibl. nat., Li³ 662.] [Carn., 14855.]

Les cafés de Paris et leur public.

1246. — Nos bons Contemporains ; par PIERRE VÉRON. — *Paris, C. Lévy,* 1877, *in-18. 2 f. et* 273 *p.* [Bibl. nat., Li³ 587.]

Chroniques et esquisses parisiennes.

1247. — Revue critique parisienne et départementale. — *Paris, imp. Alcan-Lévy, S. D.* (1875-1877), 3 *pièces gr. in-8,* [Bibl. nat., Li³ 539.]

1. — Le grand monde et les salons (1875). Signé : J. MANVILLE.
2. — Le grand monde et les salons (1876).
3. — Silhouettes historiques (1877).

1248. — ADRIEN HUART et DRANER. Guide comique dans Paris pendant l'Exposition. — *Paris, Librairie illustrée, et M. Dreyfous, S. D.* (1878), *in-16, 2 f. et* 130 *p. Vignettes.* [Carn., 14870.]

La couverture imprimée et illustrée sert de titre. Petit guide facétieux, amusant, mais sans importance.

1249. — Le Carnet du baron. Potins et racontars parisiens par le baron DE CALIBRE XII. (23 septembre 1876-10 mars 1877.) — *Paris, imp. Seringe frères,* 1878, *in-8, 2 f. de titre et* 119 *p.* [Bibl. nat., Li³ 557.]

Dix-neuf chroniques datées des 23 septembre 1876-10 mars 1877. Elles avaient déjà paru dans......?

1250. — ELIE FRÉBAULT. La Vie de Paris. Guide pittoresque et pratique du visiteur. — *Paris, Dentu,* 1878, *in*-8, 2 *f. et* 354 *p. Couverture illus-trée.* [Bibl. nat., Li³ 571.] [Carn., 14987.]

Le but de cet ouvrage est d'initier les visiteurs étrangers à certains côtés pittoresques de la vue de Paris ; il contient des tableaux de mœurs qu'on ne trouve pas habituellement dans les « Guides, » et sous ce rapport, il est assez intéressant. Types parisiens, enseignes, modes, etc.

1250 *bis.* — Pierre Véron. Les Mangeuses d'homme. — *Paris, Dentu,* 1878, *in*-18, vii-304 p. [Bibl. nat., Li³ 573.]

Etudes féminines consacrées plus spécialement au demi-monde.

1251. — La France contemporaine, ou Les Français peints par eux-mêmes. Etudes de mœurs et de littérature, recueillies et annotées par J. Baumrgarten... — *Cassel, T. Kay,* 1878, *in*-16. [Bibl. nat., Li³ 575.]

1252. — Guide sentimental de l'étranger dans Paris, par Un Parisien, avec une préface de Louis Ulbach. — *Paris, Calmann Lévy,* 1878, *in*-12, 4 *ff.,* 324 *p. et* 1 *f. de table.* [Carn., 15111.]

Scènes et études très variées et spirituellement écrites.

1253. — Histoires naturelles. Civils et militaires ; texte et dessins par Emile Durandeau ; avec une préface de Théodore de Banville. — *Paris, Tresse,* 1878, *in*-18, xvii-196 *p.* [Carn., 14876.]

Scènes de mœurs et croquis plus ou moins fantaisistes, mais très spirituels ; quelques-uns seulement sont parisiens. Les vignettes intercalées dans le texte sont assez jolies.

1254. — P.-L. Imbert. Les Trappeurs parisiens au xix° siècle. — *Paris, A. Sagnier,* 1878, *in*-12, xii-326 *p.* [Carn., 15068.]

Curieuses études sur les couches les plus inférieures des petits industriels parisiens.

1255. — Impressions du voyage à Paris de Si Ahmed Ould Kadi, Bach-Agha de Frenda. Traduction. — *Alger, typographie et lithographie de A. Bouyer,* 1878, gr. *in*-8, iv-46 *p. et* 23 *f. lithogr. contenant le texte arabe.*

Frenda est une ancienne ville arabe de la province d'Oran, située à 103 kilomètres de Maskara et comprenant plus de 24,000 habitants. Le Bac-Agha est un chef indépendant, nommé par le ministre de la guerre et qui exerce sur son territoire une autorité politique, militaire et administrative : c'est un personnage relativement important. Celui-ci est venu à Paris en même temps que d'autres chefs arabes ; on se souvient encore de leurs grands burnous blancs qu'ils exhibaient dans Paris en 1878.

Si Ahmed Ould Kadi a divisé son opuscule en quatre chapitres ; le premier et le dernier contiennent des observations générales sur la capitale ; le second rend compte de l'Exposition et le troisième de la revue de Vincennes.

1256. — A Diary kept by His Majesty the Shah of Persia, during his journey to Europe in 1878. From the Persian, by especial permission of His Majesty, by Albert Houtum Schindler and Baron Louis de Norman. — *London, Richard Bentley and Son,* 1879, *in*-8, 3 *f. limin.,* 306 *p. et* 1 *f. pour l'achevé d'imprimer.*

Le journal du séjour de « Sa Majesté » à Paris occupe les pages 163-229. Les réflexions que suggèrent au noble visiteur les splendeurs de la capitale sont assez amusantes, mais il éprouve, naturellement, moins d'étonnement que lors de son premier voyage en 1873 (voy. ci-dessus le n° 1210).

Il ne dissimule cependant pas son admiration pour la lumière électrique et le perfectionnement des inventions modernes ; les courses du Bois de Boulogne et la haute société qu'il y a trouvée ont fait une vive impression sur son esprit ; etc.

Les observations du shah de Perse relatives au mouvement parisien, aux voitures, aux individus de la classe inférieure, etc., sont presque toujours, quoique d'une extrême naïveté, assez curieuses.

1257. — French pictures in english chalk. (Second series.) By author of « The member for Paris ». etc. — *London, Smith Elder, and C°,* 1878, *in*-16. [Bibl. nat., Li³ 576.]

1258. — Jones's Journey to Paris, with forty original illustrations. — *London, Warne and C°, S. D.* (1878), *in*-16, 190 *p. Vignettes.* [Carn., 12982.]

La préface est signée : J. J. — Voyage humoristique assez amusant ; les 40 vignettes intercalées dans le texte sont assez curieuses. Cet ouvrage a paru au commencement de l'année 1878, avant l'ouverture de l'Exposition. On trouve à la fin du volume un certain nombre de réclames en faveur des principaux restaurants de la capitale.

1259. — Mrs. Brown at the Paris exhibition. By Arthur Sketchley,...

— *London and New-York, G. Routledge and sons*, 1878, *in*-18, 152 *p.
Cartonnage illustré.* [Carn., 15455.]

Le langage et l'orthographe populaires de ce
petit volume le rendent assez difficile à comprendre ; mais il est assez amusant. « Mrs. Brown »
avait déjà fait un voyage à Paris en 1867. Voy.
ci-dessus le n° 1142.

1260. — Paris after dark, containing a description of the fast women,
their haunts, habits, etc. ; to which
is added a faithful description of the
night amusements and other resorts ;
also all particulars relative to the
working of the social evil in the
French metropolis. The only genuine
and correct night guide published
annually. — *Paris, sold by all the
principal booksellers of the continent
(Boulogne-S.-Seine, imp. J. Boyer)*, S.
D. (1878), *in*-16, 96 *p.* [Bibl. nat., Li³
513 *bis.*)

On lit en tête du titre : « Twelfth year of publication ».
Description des plaisirs interlopes de Paris,
à l'usage des Anglais. Même publication que
« Nocturnal Paris », paru en 1873. (Voy. ci-
dessus le n° 1207.)
Sous le titre de « Paris after dark », il y a
encore eu un tirage en 1882 et deux en 1883. Les
uns et les autres sont sans date.

1261. — Paris herself again in
1878-9. By GEORGE-AUGUSTIN SALA,...
with three hundred and fifty illustrations by BERTALL, CHAM, PELCOQ,
GRÉVIN, GILL, MARIE, MORIN, DEROY,
LALANNE, BENOIST, LAFOSSE, MARS, etc.
Eighth edition. — *London Vizetelly
and C°*, 1884, *in*-8, XVIII-539 *p. Vignettes et grav.* [Bibl. nat., Lk⁷ 22108,
1ʳᵉ édit.]

Cet ouvrage eut un succès énorme lors de sa
publication en Angleterre ; cette huitième édition en est la preuve. Au reste, il mérita ce
succès. car il présente un tableau très exact du
Paris de 1878. Les gravures et les vignettes que
contient le volume sont toutes dues à des artistes
français, ainsi qu'on le voit par leurs noms, qui
figurent sur le titre. Leur exécution est assez
bonne.
La première édition porte la date de 1880.

1262. — Seets l'Paris. Sammywell
Grimes's trip with his old chum Billy
Baccus ; his opinion o'th' French,
and th' French opinion o'th' exhibi-
tion he made ov hissen. By JOHN
HARTLEY... — *Wakefield, William*

*Nicholson and sons ; London, Simpkin,
Marshall and C°*, S. D. (1878), *in*-16,
137 *p. Cartonnage illustré.*

Ecrit en langage populaire et très obscur ; probablement en patois du Yorkshire.
Les tribulations de Sammywell Grimes pendant son séjour à Paris sont assez amusantes...
pour le lecteur.

1263. — Aus dem wahren Milliardenlande. Pariser Studien und Bilder
von MAX NORDAU. — *Leipzig, Duncker und Humblot*, 1878, 2 *vol. in*-8,
VIII-318 et VI-305 *p.* [Bibl. nat., Lk⁷
20156.] [Carn., 14854.]

« Au vrai pays des milliards. Etudes et tableaux parisiens. »
Les deux volumes de M. M. Nordau contiennent une suite de tableaux de la vie parisienne. Les premiers nous présentent divers
quartiers ou localités de la ville (Saint-Germain,
le quartier Latin, le Palais-Royal, les cafés, les
clubs, etc.). Les autres retracent les scènes les
plus variées, avec des considérations sur les
différentes classes de la population, les portraits
de personnages célèbres et des comptes rendus
de fêtes parisiennes. Ces pages sont intéressantes
à lire et l'auteur, tout en critiquant parfois, est
loin de tomber dans cet esprit de dénigrement
systématique si commun chez ses compatriotes.
Cet ouvrage a obtenu une seconde édition en
1881. Voyez aussi l'article suivant.

1264. — Paris unter der dritten
Republik. Neue Bilder aus dem
wahren Milliardenlande, von MAX
NORDAU. — *Leipzig, Verlag von Ber-
nhard Schlicke*, 1881, *in*-8, 377 *p.*
[Bibl. nat., Lk⁷ 20156 *bis.*]

« Paris sous la troisième République. Nouveaux tableaux du vrai pays des milliards. »
Suite de l'ouvrage précédent. Après avoir consacré deux volumes au côté matériel de la vie
parisienne, l'auteur donne ici une série d'études
sur la vie sociale. politique et littéraire à Paris,
depuis 1878 : Paris et la République ; la République et la société ; les salons républicains ; les
nouveaux monuments ; une première à Paris ;
journées historiques ; Victor Hugo, Alphonse
Daudet, Zola et le naturalisme, etc.
Il a paru une traduction italienne de cet ouvrage sous le titre : « Parigi sotto la terza Re-
publica. Nuovi studi e bozzetti dal vero paese
dei miliardi per MAX NORDAU. — *Milano, fra-
telli Treves*, 1881, *in*-8, 435 *pages.*

1265. — Verfehlter Beruf. Humoristische Silhouetten aus dem Pariser
Theaterleben, von GUSTAV SCHNEIDER
in Paris. — *Munich, M. Adlmanseder*,
1878, *pet. in*-8, IV-240 *p.* [Bibl. nat.,
Li³ 572.]

« Vocation manquée. Silhouettes humoristiques de la vie de théâtre à Paris. »
Tableaux de la vie de théâtre à Paris, sous forme de roman. (La critique, les agences, le Conservatoire, la claque, etc.)

1266. — La Comédie parisienne. Scènes mondaines, par ANGE-BÉNIGNE. — Paris, Plon, 1879, in-18, 2 f., 330 p. et 1 f. de table. [Bibl. nat., Li³ 661.]

Scènes dialoguées. — ANGE-BÉNIGNE est le pseudonyme de Mᵐᵉ la comtesse PAUL DE MOLÈNES.

1267. — Esquisses et croquis parisiens; petite chronique du temps présent, par BERNADILLE. Deuxième série, 1876-1878. — Paris, E. Plon et Cⁱᵉ, 1879, gr. in-18, 2 f. et 302 p. [Bibl. nat., Li³ 550.] [Carn., 15423.]

Le pseudonyme BERNADILLE cache le nom de VICTOR FOURNEL, qui a réuni dans ce volume trente-six chroniques publiées par lui dans « Le Français » du 4 janvier 1876 au 26 mars 1878. Il en avait déjà fait paraître un premier volume en 1876. (Voy. ci-dessus n° 1236.)
Ce second volume ne le cède au premier, ni en esprit, ni en intérêt. Dans l'impossibilité de transcrire entièrement la table des chapitres, je signalerai seulement les suivants : Les cartes de visite, p. 1. — En omnibus, p. 21. — Paris dans l'eau, p. 67. — Les cri-cri parisiens, p. 74. — Le jour de Madame, p. 109. — Le jour de l'an à Paris, p. 147. — Les badauds de Paris, p. 173. — Les heures parisiennes, p. 186. — Le Jardin des Plantes. p. 217. — Le dimanche à Paris. p. 289. — Etc.

1268. — Lettres d'un Yankee, par SAINT-PATRICE. — Paris, Dentu, 1879, in-18, 3 f. et 237 p. Vignettes. Couverture illustrée. [Bibl. nat., Li³ 584.]

Ce volume est illustré de cent cinquante dessins par G. LAFOSSE.
Impressions humoristiques d'un Américain à Paris en 1876.

1269. — Ohé! Vitrier! Par PIERRE VÉRON. — Paris, Dentu, 1879, in-18, 3 f. et 294 p. [Bibl. nat., Li³ 590.]

Fantaisies amusantes et spirituelles sur les abus et les préjugés du temps. — 3ᵉ édition en 1880.

1270. — Les Parisiennes, par A. GRÉVIN et A. HUART. — Paris, Librairie illustrée, S. D. (1879), gr. in-8, 796 p. Vignettes coloriées. [Bibl. nat., Li³ 588.] [Carn., 14869.]

Caricatures et croquis parisiens, accompagnés d'un texte fantaisiste et amusant. Cet ouvrage a paru par livraisons.

1271. — QUATRELLES. Le parfait Causeur. Petit manuel rédigé en langue parisienne, suivi de six nouvelles nouvelles. Deux dessins de l'auteur. Deuxième édition. — Paris, J. Hetzel, S. D. (1879), in-18, 2 f. et 367 p., 2 fig. [Carn., 15740.]

Par ERNEST LÉPINE.
Manuel de conversation sous forme de croquis humoristiques, de nouvelles, etc. Volume amusant et spirituel, composé d'articles qui avaient déjà paru dans « La Vie parisienne ».

1272. — Le Petit Paris. Tableaux et figures de ce temps, par CHARLES MONSELET. — Paris, E. Dentu, 1879, in-12, IV-331 p. Couverture illustrée. [Bibl. nat., Li³ 585.] [Carn., 15746.]

Croquis parisiens, spirituels, amusants et très variés.

1273. — Scènes populaires dessinées à la plume, par HENRI MONNIER. Nouvelle édition. — Paris, Dentu, 1879, 2 vol. in-8, 702 et 672 p., plus les titres et 1 f. de table dans chaque vol. Vignettes. [Carn., 15926.]

L'édition originale est de 1830; voy. ci-dessus le n° 677 et cf. le n° 1093.

1274. — Une Troupe de comédiens, par CHARLES MONSELET. — Paris, Tresse, 1879, in-12, 2 f. de tit. et 282 p. [Carn., 15899.]

Scènes diverses et croquis de mœurs parmi lesquels quelques-uns sont parisiens. Quoi qu'en puisse faire croire le titre du volume, il ne s'agit pas de mœurs théâtrales. Ces chroniques fantaisistes et politiques avaient déjà paru sous forme d'articles de journal.

1275. — Visages sans masques, par PIERRE VÉRON. — Paris, Dentu, 1879, in-12, VII-276 p. Couverture illustrée. [Carn., 15898.]

Portraits de personnalités diverses, presque toutes parisiennes. Hommes politiques, artistes dramatiques, littérateurs, gens de robe, etc. — Table alphabétique à la fin du volume.

1276. — Pariser Leben. Bilder und Skizzen, von LUDWIG KALISCH. Zweite Auflage. — Mayence, V. Zabern, 1882, in-8, VII-342 p. [Bibl. nat. Li³ 605.]

« Vie parisienne. Tableaux et esquisses. »
La préface est datée du 4 novembre 1880. —

La première édition avait paru chez le même éditeur, et porte la date de 1880.
Cf. l'art. suivant.

1277. — Les Français jugés par un Allemand. — *Paris, imp. Thierry,* 1881, *in-8, 14 p.* [Bibl. nat., Li³ 605 *bis.*]

La couverture imprimée sert de titre. — Compte rendu de l'ouvrage précédent.

1278. — ALBERT MÉRAT. Poèmes de Paris. Parisiennes, tableaux et paysages parisiens. — *Paris, A. Lemerre,* 1880, *gr. in-18, 128 p.* [Carn., 16741.]

Quelques-unes des pièces de vers que contient ce volume sont gracieuses et assez jolies.

1279. — A travers la France nouvelle. Scènes de mœurs, esquisses littéraires et tableaux ethnographiques recueillis et annotés par J. BAUMGARTEN. — *Cassel, Th. Kay,* 1880, *in-16,* XXXII-372 *p.* [Bibl. nat., Li³ 665.] [Carn., 16177.]

L'introduction est en allemand et tout le reste du volume en français. Il est composé d'un recueil de morceaux assez bien choisis dans les ouvrages de nos meilleurs écrivains. C'est ainsi qu'on y rencontre les noms de CARO, PELLETAN, DE PONTMARTIN, TOPIN, comte DE GASPARIN, TH. GAUTIER, ROQUEPLAN, MÉRIMÉE, DELVAU, P. VÉRON, J. SIMON, CH. NISARD, TAINE, etc., etc. Volume intéressant, principalement en ce qui se rapporte à la peinture des mœurs de la capitale.

1280. — La France qui rit; par J. BAUMGARTEN,.... — *Cassel, T. Kay,* 1880, 2 *vol. in-8.* [Bibl. nat., Li³ 596.]

1281. — Les Araignées de mon plafond, par PIERRE VÉRON. — *Paris, Dentu,* 1880, *in-18.* 2 *f. et* 330 *p.* [Bibl. nat, Li³ 593.]

Scènes et fantaisies.

1282. — EDMONDO DE AMICIS. Souvenirs de Paris et de Londres. Ouvrage traduit de l'italien, avec l'autorisation de l'auteur, par Mᵐᵉ J. COLOMB. — *Paris, Hachette et Cⁱᵉ,* 1880, *in-12, 314 p. et 1 f. de table.* [Carn., 16263.]

Séjour à Paris en 1878, à l'occasion de l'Exposition. — Chapitres intéressants sur Victor Hugo et sur Emile Zola.

La publication originale a pour titre : « Ricordi di Parigi... » (3ᵉ édition, *Milan, Trêves,* 1879, *in-16).* [Bibl. nat., Lk⁷ 21118.]

1283. — L'Hôtellerie des Coquecigrues. (Notes au crayon.) Par NADAR. Préface par THÉODORE DE BANVILLE. — *Paris, Dentu,* 1880. *in-18, 3 f. et* VIII-308 *p. Couv. illust.* [Bibl. nat., Li³ 595.]

Recueil de nouvelles à la main, d'esquisses parisiennes et de facéties spirituelles.

1284. — J.-K. HUYSMANS. Croquis parisiens. Eaux-fortes de FORAIN ET RAFFAELLI. — *Paris, H. Vaton,* 1880, *in-8 carré, 108 p. et 1 f. de table; 8 grav.* [Carn., 16409.]

Les Folies-Bergères. — Types de Paris. — Paysages (parisiens). — Petits coins. — Natures mortes. — Fleurs de narines.
Ces études naturalistes, particulièrement la dernière, sont des types les plus achevés du genre.
Une nouvelle édition (tirage de luxe et à petit nombre) est annoncée par L. Vannier, « éditeur des modernes », dans le *Journal de la librairie* du 29 mai 1886 (feuilleton, *p.* 1108). Celle-ci contient quelques pièces de plus que l'édition de 1880; treize exemplaires — luxe naturaliste ! — sont tirés sur *papier à chandelle!!*

1285. — PIERRE VÉRON. Paris vicieux, côté du cœur. Edition illustrée de 400 dessins de A. GRÉVIN. — *Paris, E. Dentu,* 1880, *in-18, 2 f. et* 278 *p. Couverture illustrée.* [Carn., 16668.]

Chroniques et esquisses parisiennes.

1286. — Le sieur de Va-Partout, par PIERRE GIFFARD. — *Paris, Dreyfous,* 1880, *in-18, 3 f. et 336 p. Couv, illustrée.*[Bibl. nat., Li³ 594.]

Croquis parisiens.

1287. — Un Viaje a Paris durante el establecimiento de la república, por EMILIO CASTELAR ; seguido de Paris y sus cercanias, manual del viajero, por LUIS TABOADA. — *Madrid, la Ilustracion gallega y asturiana,* 1880, *in-16, 3 f.,* VIII-263 *p. et* 2 *f.-328 p. plus* 2 *f. de table et 2 plans.* [Bibl. nat., Lk⁷ 22467.]

Ce volume contient deux ouvrages, avec pagination et titres distincts. D'abord le « Voyage à Paris » par E. CASTELAR, ensuite « Paris et ses environs, manuel du voyageur » par L. TABOADA.

La première partie, paginée au bas des pages, est précédée d'un plan de Paris (français) ; et d'un titre particulier daté de 1878 ; la seconde partie est précédée d'un petit plan du Louvre ; son titre est daté de 1880.

L'auteur de « Un voyage à Paris » étudie principalement la capitale au point de vue de l'histoire politique (1871-1878) et des crises qu'elle a traversées.

« Paris et ses environs » n'est qu'un guide que je n'aurais pas eu à citer dans mon travail s'il ne s'était trouvé réuni à l'ouvrage précédent sous un titre commun.

ADDITION

Les répertoires bibliographiques — et surtout ceux dont le cadre est aussi peu limité que celui d'une BIBLIOGRAPHIE DES TABLEAUX DE PARIS — ne sont jamais terminés. Le lecteur comprendra sans peine que dans le temps, hélas trop long, qu'a duré l'impression de mon travail, j'aie pu accumuler de nombreuses notes et de précieuses indications qui auraient pu y trouver place. Diverses raisons m'ont déterminé à ne pas faire suivre mon dernier article d'un chapitre supplémentaire qui eût contenu les corrections ou les additions que j'ai recueillies pendant ou après la révision de mes épreuves.

Sous cette forme de hors-d'œuvre elles n'eussent peut-être présenté qu'un intérêt trop restreint.

Je veux cependant faire une exception en faveur de la note que j'ai placée ci-après, et le motif qui m'y décide est, en outre de l'importance de cette note, un motif de devoir — d'un devoir qu'il m'est agréable de remplir.

C'est à l'obligeance de M. E. Lambrecht, secrétaire de l'Ecole des langues orientales vivantes, que je dois la note en question, et je suis heureux de saisir l'occasion de le remercier ici de la précieuse collaboration dont je lui suis redevable pour une partie de mon travail. Le peu de connaissance que j'ai de la langue allemande m'avait rendu difficile, pour ne pas dire impossible, l'analyse de près d'une centaine des ouvrages que j'ai cités : M. E. Lambrecht a bien voulu se charger d'analyser et d'apprécier, avec sa compétence et son expérience toutes spéciales, ces ouvrages dont je n'avais pu que donner une description superficielle, ce qui était insuffisant. Si ces analyses sont précises, ces appréciations exactes et utiles, c'est à lui que le lecteur doit s'en montrer reconnaissant.

— 944. (Voy. ci-dessus, p. 149.) —

— Tekhlis oul ibriz fi telkhis Bariz. — *Boulaq*, 1250 (1835), *in-8° de* 210 *pages et 4 p. de table.* [Bibl. de l'Ecole des Langues orientales, C. III-10. — Autre édition : *Boulaq*, 1265 (1849), *in-8° de 6 p. de table et 239 pages.* [Carn., 19005.]

« Purification de l'or dans la description abrégée de Paris. »
Voyage en France, par le cheikh RÉFAA, rédigé en arabe.
L'ouvrage contient des passages importants sur la topographie de Paris, sur les mœurs et coutumes des habitants, sur leurs usages de table, l'habillement, les lieux d'amusement, l'industrie, la religion, les sciences, etc. Le cheikh Réfaa, né à Tahtah (Haute-Egypte), vint à Paris en 1826, à l'âge de 24 ans. On trouve des indications sur son séjour en France dans le *Journal asiatique* (t. II, 1828, pages 96-116). Dans le même recueil (t. XI, 1833, pages 222-251), M. Caussin de Perceval a inséré une analyse détaillée de l'ouvrage, dont l'auteur lui avait communiqué le manuscrit avant de le faire imprimer. Cet article a été tiré à part, sous le titre de : « Relation d'un voyage en France, par le cheikh Réfaa ». *Paris, Impr. royale*, 1833, in-8 de 32 *pages*. [Bibl. de l'Ecole des Langues orientales. Mél. 8°-9.]

TABLE ALPHABÉTIQUE[1]

A

---

(1) Les astérisques indiquent les ouvrages anonymes.

ANDRIEU, probablement le même que le suivant. — Sainte-Geneviève (1833), dans le tome XI des *Cent et Un*, 691.

ANDRIEUX (F.-G.-J.-S.), de l'Acad. franç. — Le Prix Montyon (1831), dans le tome III des *Cent et Un*, 691.—Lettre sur Mlle Cotte (1833), *ibid.*, t. X. Voyez aussi ANDRIEU.

ANDRIEUX, dessinateur. Vignettes de cet artiste (1853), 921 ; (1855), 951.

Ane (*L'*) *promeneur* (1786), 265.

Anecdotes galantes (1760), 157.
— *intéressantes et historiques* (1777), 219.
— *morales* (1760), 158.

ANGE-BÉNIGNE, pseudonyme de Mme la comtesse PAUL DE MOLÈNES. — La Comédie parisienne (1879), 1266.

Anglais (*L'*) *à Paris* (1770), 191.

Anglaisiana (1815), 505.

ANGLEMONT (Edouard D'). — L'Ouverture de la chasse aux environs de Paris (1832), dans le tome VIII des *Cent et Un*, 691. — Le Jardinier de cimetière (1841), dans le tome III des *Français*, 876.

ANGLEMONT (A. PRIVAT D'). Voyez PRIVAT D'ANGLEMONT.

ANGOULEVENT. — Discours sur l'apparition (1613), 4.

ANICET-DIGARD. Voyez DIGARD.

ANNA-MARIE, pseudon. de Mme la comtesse E. D'HAUTEFEUILLE. — La Demoiselle à marier (1840), dans les *Français*, t. II. — La Belle-Mère (1842), *ibid.*, t. V., 876.

Annales (*Les*) *amusantes* (1742), 100.

ANNÉE (Antoine), ? 591.

Année (*L'*) *merveilleuse* (1748), 108, 109, 137.

Ansichten der Hauptstadt (1807), 466.
— *von Paris* (1809), 472.
— *von Paris im jahr* 1809, 473.

ANSPACH (Mlle Maria D'). — La Modiste (1841), dans le tome III des *Français*, 876. — La Religieuse (1841), *ibid.*, t. IV.

ANTHONY (J.). — Le Mont-de-Piété (1834), dans le tome IV du *Nouv. Tabl. de Paris*, 695.

Anti-Babylone (*L'*) (1759), 152, 153.

Anti-Radoteur (*L'*) (1785), 257.

ANTONELLE (D'). — Le Marché au vieux linge (au Temple, 1834), dans le tome I du *Nouv. Tabl. de Paris*, 695.

Appel aux jeunes femmes (1868), 1172.

Après-soupers (*Les*) *du Palais-Royal* (1790), 329.

ARAGO (Dom.-Franç.-Jean). — Les Obsèques de Cuvier (1832), dans le tome V des *Cent et Un*, 691.

ARAGO (Etienne). — Le Figurant (1841), dans le tome III des *Français*, 876.

ARAGO (Jacques) — Une Maison de fous (1832), dans le tome IV des *Cent et Un*, 691. — Chevaliers d'industrie (1833), *ibid.*, t. X. — L'Amateur d'exécutions (1834), *ibid.*, t. XV. — Les Feuilletonistes (1835), dans le *Nouv. Tabl. de Paris*, t. VII, 695.—L'Habituée du Luxembourg et l'habituée des Tuileries (1841), dans le tome III des *Français*, 876. — Physiologie du bonbon (1841), 755 ; — de l'enfant gâté (1842), 785 ; * — de la femme entretenue (1840), 791 ; — des foyers (1841) 797 ; — de la marraine (1842), 823 ; * — du protecteur (1841), 847.

ARBOUSSE-BASTIDE. —A propos de tout (1857), 999.

ARLEQUIN, nom supposé, 1100.

ARLINCOURT (le vicomte D'). — Le Spéculateur (1840), dans le tome I des *Français*, 876.

B

Ballet nouvellement dansé (1625), 27.

BALOCHARD, nom supposé, 746.

BALZAC (Honoré DE). — *? Code pénal (1829), 640. — Traité de la vie élégante (1853), 678. — Les Jeunes Gens de Paris (1834), dans le tome IV du *Nouv. Tabl. de Paris*, 695. — Physiologie de l'employé (1841), 783, 874. — Physiologie du rentier (1841), 853. — La Femme comme il faut (1840), dans le tome I des *Français*, 876. — L'Épicier (1840), *ibid.* — Le Notaire (1840), *ibid.*, t. II. — Monographie du rentier (1841), *ibid.*, t. III. — Monographie de la presse (1843), dans le tome II de *La Grande Ville*, 880. — Un Espion à Paris... (garde du commerce, 1845), dans *Le Diable à Paris*, 919, 921. — Philosophie de la vie conjugale (1845), *ibid.* — Un Gaudissart de la rue Richelieu, *ibid.* — Une Marchande à la toilette, *ibid.* — Ce qui disparaît de Paris, *ibid*, t. II (et aussi 920). — Histoire et physiologie des boulevards (1846), *ibid.*, t. II (et aussi 920). — Voyez encore les nᵒˢ 922, 923 et 1201.

Bambochades, ou Tableaux (1827), 630.

BANVILLE (Th. DE). — Esquisses parisiennes (1859), 1022. — Les Parisiennes (1867), 1145. — Voyez encore 1253, 1283.

BARBIER (Aug.) — L'Indifférence, satire (1846), dans le tome II du *Diable à Paris*, 919 (et aussi 920 et 921).

BARESTE (E.) — Le Phrénologiste (1841), dans le tome III des *Français*, 876.

BARDIN (le général). — Le Muséum d'artillerie (1833), dans le tome XI des *Cent et Un*, 691. — L'Hôtel des Invalides (1833), *ibid.*, t. XII.

BARGINET (A.), de Grenoble. — Le Pont-Neuf et l'île aux Juifs (1832), dans le tome IX des *Cent et Un*, 691. — Montmartre (1833), *ibid.*, t. XII.

BARNA (Franç.) — Voyage (1855), 987.

BARON, dessinateur, 803, 907.

BARRILLOT. — La Mascarade (1863), 1071.

BARTHE (N.-T.) — * La Jolie Femme (1769), 187.

BARTHÉLEMY. — Paris. Revue satirique (1838), 717. — Le Jardin des Plantes (avec MÉRY), dans le tome I des *Cent et Un*, 691.

BASCHET (J.) — *Huit jours à Paris (1875), 1229.

BAST (L.-A. DE). — *? Le Cauchemar (1821), 586. — L'Éclaireur (1824), 604.

BAUDIN (A.). — Paris illuminé (1833), dans le tome XII des *Cent-et-Un*, 691.

BAUDOUIN (Alex.). — * Dictionnaire des gens du monde (1818), 558.

BAUDOUIN DE GUÉMADEUC. — L'Espion dévalisé (1782), 241.

BAUDRY (Et.). — Le Camp des bourgeois (1868), 1158.

BAUDRY DES LOZIÈRES. — Les Soirées d'hiver (1809), 475.

BAUMGARTEN (J.) — La France comique (1871), 1201 ; — contemporaine (1878), 1251 ; — nouvelle (1880), 1279 ; — qui rit (1880), 1280.

BAWR (Mᵐᵉ DE). — La Garde[-malade] (1840), dans le tome I des *Français*, 876.

BAYARD (E.), dessinateur, 878.

BAYLE St. JOHN.— Purple tints (1854), 980.

BAZIN (A.). — L'Epoque sans nom (1833), 686. — Le Bourgeois de Paris, dans le tome I des *Cent et Un*, 691. — La Chambre des députés (1831), *ibid.*, t. II. — Nécrologie (Mayeux, 1831), *ibid.* t. III. —

BURY (lady Charlotte). — *Une année à Paris (1842), 896.

BUSONI (Phil.). — La Bourse (1833), dans le tome XI des *Cent et Un*, 691.

BUSSY (Ch. DE), pseud. de Charles MARCHAL. — Les Toquades (1858), 1018.

BYRNE (Madame William Pitt). — * Realities (1850), 1029.

C

C*** (La baronne DE), 1098.

C*** (Hugues Nelson). Voyez COT-TREAU.

C. D. (Madame), 627.

C. de R., initiales du comte Clément de Ris, 70.

C. S., 681 *bis*.

Cabarets (Les) de Paris (1821), 585.

Cabriolet (Le) brisé (1750), 126.

CADET DE GASSICOURT (Ch.-L.). — * Sᵗ·Géran (1812), 480.

Cafés (Les) de Paris (1819), 566.

CAFFE (P.-L.-B.). — Paris vu dans ses causes (1835), 696, et aussi dans le tome VII de 695.

CAILLOT (Ant.). — Mémoires (1827), 632.

CALIBRE XII (le baron DE), pseudonyme de ?. — Le Carnet du baron (1878), 1249.

CALLIAS (Hector DE). — Les Mirages (1867), 1141.

CAMPAGNE. — Paris moderne (an V), 363.

CAMPBELL (Th.). — Letters (1814), 495.

CAMPE (J.-H.). — Briefe (1790), 313.

CANNING, 621.

Capitale (La) des Gaules (1759), 151, 152.

CAPO DE FEUILLIDE. — Collabore aux *Etrangers* (1844), 910.

Caquets (Les) de l'accouchée, 29.

CARACCIOLI (L.-A. DE). — *Le Livre à la mode (1759), 154, 155. — *Le Livre de quatre couleurs (1760), 156. — *Dictionnaire critique (1768) 178. — Paris le modèle (1777), 222. — *? Lettre écrite du Palais-Royal (1785), 259. — *? Les Entretiens du Palais-Royal (1786), 266 à 268. — *? Diogène à Paris (1787), 281. — Lettres d'un Indien (1789), 314, 314 *bis*. — Paris, métropole (an X), 418.

Caractères (Les) de Théophraste (1688), 59.

CARAGUEL (Clément). Collabore aux *Métamorphoses du jour* (1854), 970.

Carnet (Le) du baron (1878), 1249.

CARO (E.), 1279.

CARRIERA (Rosalba). — Diario (1720), 85, 86.

CARRIÈRE (E.-A.). — Les Hommes et choses en 1857, 1003.

Cartels de deux Gascons (1615), 7.

CARUS (le docteur C.-G.). — Paris (1835), 703.

CASTALDI (G.). — * Viaggio (1800), 400.

CASTELAR (E.). — Un Viaje (1880), 1287.

CASTIL-BLAZE. — Le Musicien (1831), dans le tome II des *Cent et Un*, 691.

CATENACCI (A.), 878.

Cauchemar (Le) éveillé (1821), 586.

Causes (Les) du désordre (1784), 254.

CAVEL. — ?* De l'Élégance des mœurs (1840), 730.

D

E

F

G

H

I

J

K

L

des *Cent et Un*, 691. — La Rue Saint-Honoré (1834), *ibid.*, t. XIV.

Lotz (G.), 552.

Lozières. Voyez Baudry des Lozières.

Lucas (Hip.). — La Femme adultère (1841), dans le tome III des *Français*, 876.

Lucas (Prosp.). — Ecole et Faculté de médecine (1835), dans le tome VI du *Nouv. tabl. de Paris*, 695.

Luchet (Aug.). — Paris, esquisses (1830), 675. — Le Salon de La Fayette (1831), dans le tome II des *Cent et Un*, 691. — Une Représentation à bénéfice (1832), *ibid.*, t. IX. — La Descente de la Courtille (1833), *ibid.*, t. XI. — Les Magasins de Paris (1834), *ibid.*, t. XV. — Une Messe à Saint-Roch (1834), dans le tome I du *Nouv.tabl. de Paris*, 695. — Les Bals champêtres

(1833), *ibid.*, t. II. — Le Cirque Olympique (1834), *ibid.*, t. IV. — Les Passages (1835), *ibid.*, t. VI. — Les Mœurs d'aujourd'hui (1854), 969.

Luchet (J.-P.-L. de La Roche du Maine, marquis de). — * Les Nymphes de la Seine (1763), 169. — *? Le Petit Tableau de Paris (1783), 243, 244. — * Paris en miniature (1784), 253.

Lunettes à éclaircir la vue (1769), 189.

Lurine (Louis). — * Physiologie du vin de Champagne (1841), 871. — Le Treizième Arrondissement (1850), 949. — Il a aussi collaboré aux *Métamorphoses du jour* (1854), 970.

Luynes (Mᵐᵉ de). Voyez Albert (Mᵐᵉ d').

Lytton Bulwer. Voyez Bulwer.

M

M. D. (Karl), 452.

M. D. C., 317 *tcr.*

M. D. L., 189.

M. I., 927.

M. L. D. V. (Legrand de Villiers?), 335.

Mac Donough (le capitaine). — *? The Wandering Hermit, 605.

Macaire (S.). — Les Petits Théâtres du boulevard (1833), dans le tome XIII des *Cent et Un*, 691.

Macé (J.). — * Physiologie du fumeur (1840), 799.

Machart (E.-F.-A.). — * Descarnado (1837), 711.

Madrisio (Nic.). — Viaggi (1718), 81.

Magie (La) démontrée (1748), 116, 137.

Magny (J.-B.-M.). — * Mémoires de Justine (1754), 139. — * Les Spectacles nocturnes (1756), 143.

Maihows (le docteur). — Paris artistique (1750), 124.

Maillard (Firmin). — Les Derniers Bohèmes (1874), 1212.

Maillard (Hipp.). — Physiologie des nègres (1842), 826.

Mailly (le chevalier de). — * La Promenade du Luxembourg (1713), 79.

Mainzer (J.). — Les Cris de Paris (11 types, 1841), dans le tome IV des *Français*, 876. — La Halle (4 types, 1842), *ibid.*, t. V.

Malapeau, dessinateur, 876, 877.

Malassis (A.-P.). Voyez Poulet-Malassis.

Maldan (J.-C.) — * Les Embarras de

N

O

P

Q

R

S

T

U

V

W

X Y Z

ACHEVÉ D'IMPRIMER
Le premier octobre mil huit cent quatre-vingt-six
PAR CHARLES HÉRISSEY, D'ÉVREUX

POUR P. ROUQUETTE
LIBRAIRE A PARIS

BIBLIOGRAPHIE GÉNÉRALE

DES

OUVRAGES SUR LA CHASSE

LA VÉNERIE ET LA FAUCONNERIE

Publiés ou composés depuis le XVe siècle jusqu'à ce jour

En français, latin, allemand, anglais, espagnol, italien, etc

AVEC DES NOTES CRITIQUES

ET L'INDICATION DE LEUR PRIX ET DE LEUR VALEUR DANS LES DIFFÉRENTES VENTES

Par R. SOUHART

Un beau volume in-8 cavalier, à deux colonnes de 380 pages (genre du *Brunet* et du *Cohen*), imprimé avec luxe, contenant de nombreux fleurons, lettres ornées et en-têtes de chapitre.

Tirage à 500 exemplaires sur papier vélin........ .... 25 fr.
Tirage spécial à 50 exemplaires sur grand papier de Hollande.......... 50 fr.

Ce livre, comprenant la description d'environ 3,000 ouvrages sur la chasse publiés depuis le xve siècle, est la bibliographie la plus complète qui ait paru jusqu'à ce jour.

L'ordre alphabétique a été suivi dans une première partie ; une deuxième renferme les ouvrages anonymes, les publications périodiques, journaux, etc.; enfin une table analytique, sous une cinquantaine de rubriques, permet de faire des recherches sur tel ou tel sujet déterminé.

BIBLIOGRAPHIE

DES

OUVRAGES ILLUSTRÉS DU XIXᵉ SIÈCLE

PRINCIPALEMENT DES LIVRES A GRAVURES SUR BOIS

Par J. BRIVOIS

Un fort volume in-8 cavalier, de 500 pages, imprimé avec luxe.

Tirage à 500 exemplaires sur beau papier vergé . . . . . 25 fr.
Tirage à 50 exemplaires sur grand papier de Hollande . . . 50 fr.

Cette belle bibliographie contient la description des plus belles éditions de Bourdin, Charpentier, Conquet, Curmer, Dubochet, Fournier, Hachette, Jouaust, Lemerre, etc., ainsi que le classement des suites de gravures et vignettes, avec notes sur chaque ouvrage. Préface et Table alphabétique.

PARIS QUI SOUFFRE
LA BASSE GEÔLE DU GRAND-CHATELET
ET LES
MORGUES MODERNES

Par ADOLPHE GUILLOT, Juge d'instruction à Paris

PRÉFACE PAR ERNEST DAUDET

Ouvrage orné de 25 illustrations

Un beau volume in-8 cavalier, imprimé avec luxe par HÉRISSEY, d'Évreux, et tiré à 450 exemplaires sur papier vélin . . . .   12 fr.

IL A ÉTÉ FAIT UN TIRAGE SPÉCIAL :

A 25 exemplaires sur papier du Japon . . . .   25 fr.
A 25 exemplaires sur papier de Hollande . . . .   20 fr.

Depuis quelque temps, des œuvres de valeur ont été publiées sur Paris : son histoire, ses monuments, ses idées, ses mœurs ont été plus d'une fois, pour l'historien et le moraliste, le sujet d'études pleines d'originalité et de science.

M. ADOLPHE GUILLOT vient d'ajouter un document curieux à cette série encore incomplète ; son livre est comme le récit d'une pittoresque et savante exploration dans l'un des coins les plus sombres du *Paris qui souffre*. Il fait pénétrer le lecteur dans les étranges arcanes de la basse geôle du Grand-Châtelet, qui recevait autrefois les cadavres ramassés dans la rue, et dans celles de la Morgue, où le crime amène tant de victimes et où souvent les événements politiques ont eu leur répercussion.

Il a dégagé son sujet de ce qu'il aurait pu y avoir, traité à autre point de vue, de trop spécial et de trop vulgaire ; s'élevant dans des régions plus hautes, il s'est attaché à considérer *la Morgue* dans ses rapports avec l'histoire générale et les mœurs publiques ; il a écrit ainsi, à l'aide des pièces des archives et avec l'expérience du magistrat, un livre que les chercheurs et les lettrés consulteront avec intérêt ; il sera lu aussi avec profit par tous ceux qui se préoccupent de l'état moral de notre société.

Une très curieuse préface de M. ERNEST DAUDET donne au volume un attrait de plus.

MOLIÈRE

SUITE COMPLÈTE

DE

TRENTE-TROIS FIGURES D'APRÈS BOUCHER

DE TROIS PORTRAITS :

MOLIÈRE, d'après Boucher; François BOUCHER, d'après Cochin
et Laurent CARS, d'après Cochin

Et de deux Fleurons de BOUCHER, pour les titres, le tout réduit au
cadre de 117 mill. sur 83

POUR ILLUSTRER LES ŒUVRES

Au total, trente-huit figures gravées à l'eau-forte par T. de MARE, sur le premier tirage
de l'édition in-4° en 6 volumes, publiée en 1734

Cette magnifique suite d'estampes, publiée par Mme Ve Lefilleul, format grand in-4°, est
une jolie reproduction des plus belles gravures faites au xviiie siècle, pour illustrer les
Œuvres de Molière.

M. T. de Mare a apporté tous ses soins et tout son talent à reproduire fidèlement ces
jolies estampes, leur laissant leur cachet et leur originalité, et c'est une véritable œuvre
artistique qui tiendra toujours le premier rang parmi les illustrations anciennes et modernes
faites pour cet auteur.

Le format adopté pour cette jolie suite permet de la joindre à toutes les éditions de
l'in-12 au grand in-4°.

Publiée à 90 fr. sur papier de Hollande avec lettre et à 160, 200 et 300 fr. dans les
autres états, cette collection nous a été cédée à des conditions qui nous permettent de
faire profiter les amateurs d'une occasion réelle et, par suite, nous fixons ainsi le prix de
cette suite :

Tirage sur beau papier de Hollande, avec lettre . . . . 40 fr.

Tirage sur beau papier du Japon	Tirage sur papier de Hollande
Eau-forte pure... .... 100 fr.	Eau-forte pure.......... ...... 100 fr.
Noir, avant la lettre............ 100 fr.	Noir, avant la lettre.... . ... 100 fr.
Bistre, avant la lettre.......... 100 fr.	Bistre, avant la lettre.. .... 100 fr.

Tous les exemplaires en eaux-fortes pures et tirage avant la lettre portent la signature
de M. T. de MARE au crayon au bas de la gravure

Le bon marché auquel cette suite est vendue épuisera certainement en peu de temps les
quelques exemplaires qui nous restent ; nos clients feront donc bien de se hâter de nous
envoyer leurs demandes.

COLLECTION DE PORTRAITS

Dessinés par COYPEL et COCHIN, gravée par de MARE, in-18

Tirage in-4° sur japon et hollande

Eau-forte pure ou épreuves terminées avant la lettre, toutes signées par le graveur au crayon

MOLIÈRE, d'après COYPEL; FRANÇOIS BOUCHER, d'après COCHIN,
et LAURENT CARS, d'après COCHIN

Prix de chaque portrait. Eau-forte pure....	4 fr.
— — Avant la lettre....	4 fr.
— — Avec lettre	3 fr.

A. PRIVAT D'ANGLEMONT

PARIS ANECDOTE

LES INDUSTRIES INCONNUES. — LA CHILDEBERT
LES OISEAUX DE NUIT — LA VILLA DES CHIFFONNIERS
VOYAGE DE DÉCOUVERTE DU BOULEVARD A LA COURTILLE PAR LE
FAUBOURG DU TEMPLE

AVEC UNE PRÉFACE ET DES NOTES
Par CHARLES MONSELET

ÉDITION ILLUSTRÉE DE CINQUANTE DESSINS A LA PLUME
Par J. BELON

ET D'UN BEAU PORTRAIT DE PRIVAT D'ANGLEMONT
Dessiné et gravé à l'eau-forte
Par R. DE LOS RIOS

PARIS INCONNU

PORTRAITS ET CARACTÈRES — LE CAMP DES BARBARES
LE FAUBOURG SAINT-JACQUES — LE CULTIVATEUR EN CHAMBRE
LE MARCHÉ AUX JOURNAUX — HISTOIRE D'UNE CHEMISE
MONSIEUR POUPARD
ARTICLES DIVERS — LETTRES — POÉSIES, ETC., ETC.

PRÉCÉDÉ D'UNE ÉTUDE SUR LA VIE DE L'AUTEUR
Par M. ALFRED DELVAU

Nouvelle édition illustrée de soixante-trois dessins à la plume
Par F. COINDRE

L'un ou l'autre de ces deux ouvrages forme un magnifique volume grand in-8 raisin, de 300 à 350 pages, imprimé sur caractères neufs par Jouaust avec une jolie couverture illustrée tirée en couleurs, que nous vendons séparément :

Sur beau papier vélin fort . . . . chacun **12 francs**.

Sur papier du Japon (tirage spécial à 50 exemplaires avec double suite des figures, dans le texte et hors texte. . . . . chacun **30 francs**.

HISTOIRE DE L'ESCRIME

DANS TOUS LES TEMPS ET DANS TOUS LES PAYS

PAR ÉMILE MÉRIGNAC

Maître d'armes

ORNÉE D'EAUX-FORTES PAR E. DE MALVAL ET DE DESSINS PAR MM. RÉCIPON, DUPUY, GIRARDIN, MLLE DANIEL

Deux jolis volumes grand in-8, de 500 pages chacun, imprimés par MOTTEROZ

Tirage à 500 exemplaires sur beau papier vélin . . . . . . 40 fr.

Tirage de luxe à 50 exemplaires sur papier du Japon . . . 200 fr.

Voici un résumé sommaire qui fera comprendre le plan général de cette publication : *Premier volume* : l'Escrime dans l'antiquité, en Chine, dans l'Inde, l'Assyrie, l'Egypte, les Israélites, la Perse, les Grecs, les Romains et les Japonais. — *Deuxième volume* : l'Escrime au moyen âge, et dans les temps modernes, chez les Amazones, les Cythes, les Huns, les Scandinaves, les Goths, les Anglo-Saxons, les Germains, les Gaulois, les Francs et les Français. — *Les Duels.* — *La Chevalerie.* — *Les Tournois.* — *Armes des Français.* — *L'Escrime moderne.*

L'ouvrage contient un beau portrait de l'auteur, un frontispice gravé à l'eau-forte, environ 20 gravures tirées à part en bistre ou en noir et de nombreuses figures dans le texte.

DIDEROT

LE NEVEU DE RAMEAU

AVEC UNE PRÉFACE ET DES NOTES

Par MAURICE TOURNEUX

Orné d'un magnifique portrait de Diderot, d'après un buste de Houdon, et de sept figures

Le tout dessiné et gravé à l'eau-forte par MILIUS

Un beau volume in-8, imprimé avec soin par M. Motteroz et tiré à 500 exemplaires seulement, savoir :

350 exemplaires sur beau papier de Hollande, à . . . . 30 fr.

150 exemplaires sur papier du Japon, à. . . . . 40 fr.

Chaque exemplaire contient une double suite de figures *avant* et *avec* la lettre.

Nous avons fait faire un tirage à part des gravures à 100 exemplaires, 50 eaux-fortes pures et 50 épreuves terminées, de format in-4, savoir :

EAUX-FORTES PURES

25 exempl. sur pap. impér. du Japon, à 50 fr. | 25 exempl. sur papier de Hollande, à 50 fr.

ÉPREUVES TERMINÉES AVANT TOUTES LETTRES

25 exempl. sur pap. impér. du Japon, à 30 fr. | 25 exempl. sur papier de Hollande, à 30 fr.

CONTES ET NOUVELLES

EN VERS

PAR

JEAN DE LA FONTAINE

PRÉFACE DE M. ANATOLE DE MONTAIGLON

DEUX VOLUMES IN-8

Cette magnifique publication, qui se recommande tout particulièrement à MM. les Bibliophiles et Amateurs d'estampes, est illustrée de 70 compositions d'après les dessins originaux d'Honoré FRAGONARD, MONNET, TOUZÉ, MALLET, et de 5 figures inédites de MILIUS.

Elle contient en plus 2 portraits ainsi que 69 fleurons ou culs-de-lampe tirés dans le texte.

L'ouvrage forme deux beaux volumes in-8° en papier vélin, imprimés avec très grand luxe par Hérissey (d'Evreux); les gravures ont été tirées par Clément.

Prix des deux volumes . . . . 60 fr.

Nous avons fait faire un tirage à 400 exemplaires sur papier de choix numérotés, savoir :

100 sur papier des manufactunes impériales du Japon.	Nos 1 à 100.	200 fr.
50 sur papier de Chine extra fort.	Nos 101 à 150.	150 fr.
50 sur papier Whatman.	Nos 151 à 200.	150 fr.
100 sur papier vergé français.	Nos 201 à 300	150 fr
100 sur papier vélin à la cuve.	Nos 301 à 400	150 fr.

Les figures, vignettes et culs-de-lampe, qui ornent cette superbe publication, comprennent :

1° Un portr. de *La Fontaine*, d'ap. *Rigaud*, gr. à l'eau-forte par *Milius*.

2° Un portrait de *Fragonard*, d'après la miniature de Mlle *Gérard*, gravé par *Ricardo de los Rios*.

3° Deux vignettes pour les titres, l'une empruntée à l'édition de 1795, l'autre dessinée par *Choffard*, et toutes deux gravées en réduction par *Ricardo de Los Rios*.

4° Soixante-neuf planches, d'après les dessins de *Fragonard, Touzé, Monnet, Mallet* et *Milius*, ornant chaque conte de *La Fontaine* et gravées par *MM. Lerat, Milius, de Los Rios* et *Mongin*.

5° Soixante-sept en-têtes et culs-de-lampe du dessin de *Choffart*, tirés sur les cuivres d'après ses eaux-fortes, par *G. Boily*, pour l'édition de 1764.

Les exemplaires en papier vélin contiennent les 69 planches ci-dessus désignées, les deux portraits avec la lettre, ainsi que les deux vignettes des titres et les 67 culs-de-lampe ou fleurons tirés dans le texte.

Dans les exemplaires sur japon, chine, whatman, vergé français et vélin à la cuve, les 69 planches, les deux vignettes des titres et les deux portraits se trouvent en double état, *avec* et *avant* la lettre.

LE ROMAN COMIQUE
DE SCARRON

Peint par J.-B. PATER et J. DUMONT LE ROMAIN
PEINTRES DU ROY

RECUEIL DE 16 PLANCHES EN TAILLE-DOUCE RÉDUITES

D'après les gravures au burin de SURUQUE père et fils,
BENOIT AUDRAN, Edme JEAURAT, LÉPICIÉ et SCOTTIN, graveurs du Roy

PAR TIBURCE DE MARE

ET ACCOMPAGNÉ DE NOTICES EXPLICATIVES AU BAS DE CHAQUE FIGURE
ET D'UNE PRÉFACE

PAR ANATOLE DE MONTAIGLON

PLUS UN JOLI PORTRAIT DE SCARRON

Gravé aussi en taille-douce par DE MARE, d'après un dessin original de DESSENNE

Le tout réuni en un beau volume grand in-8, tiré avec soin par M. Georges Chamerot pour le texte et M. Clément pour les gravures; nombreux fleurons et lettres ornées.

Tirage à petit nombre sur papier vélin fort. Prix........ 10 fr.

Un certain nombre d'exemplaires ont été reliés dans un élégant cartonnage à biseaux.

Le volume et son charmant cartonnage........ .... 15 fr.

Un tirage spécial de 575 exemplaires a été fait sur papier de choix numérotés, savoir :

150 exemplaires sur papier impérial du Japon......	60 fr.
25 — — de Chine........................ .	50 fr.
200 — — vergé français....	40 fr.
200 — — vélin à la cuve.....	40 fr.

Tous ces exemplaires ont double état de planches avant la lettre et avec l'explication des figures.

Il a été fait en outre un tirage à part sans texte des gravures à 100 exemplaires, épreuves d'artistes, eaux-fortes pures, premier état avec marques spéciales, savoir :

25 exemplaires sur grand papier impérial du Japon, à........ . ...
25 — sur chine........................... . ...   50 francs
25 — sur vélin à la cuve ....   chacun
25 — sur vergé français........ . ...

Plus un tirage de 100 exemplaires épreuves terminées avant toutes lettres, avec marques, savoir :

25 exemplaires sur grand papier impérial du Japon. à.......... ..
25 — sur chine............. ....   50 francs
25 — sur vélin à la cuve.:................... ......   chacun
25 — sur vergé français... ... .

Ces deux tirages d'artistes ont été tirés de format in-4, afin que l'on puisse les joindre à toutes les éditions in-12 et in-4 du *Roman comique*.

La hauteur du cadre de chaque figure est de 98 millimètres sur 120 de largeur.

EVREUX, IMPRIMERIE DE CHARLES HÉRISSEY

www.ingramcontent.com/pod-product-compliance
Lightning Source LLC
Chambersburg PA
CBHW070759270326
41927CB00010B/2215